대
학
강
의

상

原本大學微言, 南懷瑾 著

2014년 11월 7일 초판 1쇄 인쇄
2014년 11월 17일 초판 1쇄 펴냄

지은이 남회근
옮긴이 설순남

펴낸곳 부키 (주)
펴낸이 박윤우
등록일 2012년 9월 27일
등록번호 제312-2012-000045호
주소 120-836 서울 서대문구 신촌로 3길 15 산성빌딩 6층
전화 02. 325. 0846 팩스 02. 3141. 4066
홈페이지 www.bookie.co.kr
이메일 webmaster@bookie.co.kr
ISBN CODE 978-89-6051-433-1 04140
ISBN CODE 978-89-6051-039-5 (세트)

잘못된 책은 바꿔 드립니다.
책값은 뒤표지에 있습니다.

남회근 저작선 11

대학강의 상

남회근 지음 설순남 옮김

부·키

옮긴이 말

중국에서 1976년에 『논어별재』가 나온 후에 『맹자방통』이 1984년에 나왔다. 남회근 선생이 사서(四書)를 강해한 것은 큰 반향을 불러일으켰는데 특히 젊은 세대 독자들의 반응이 가장 열렬했다고 한다. 『논어별재』와 『맹자방통』을 읽은 독자들은 『대학』과 『중용』의 출판에도 끊임없는 질문과 관심을 보여 왔다. 그 후 십여 년 동안 남 선생은 여러 차례 『대학』을 강해하였는데, 주훈남(周勳男) 선생이 수차례의 강연 기록 및 남 선생의 수기(手記)를 근거로 정리하여 책으로 완성하였고 1998년에 마침내 『원본대학미언(原本大學微言)』이라는 제목으로 대륙과 대만에서 동시에 출판되었다.

남 선생의 『원본대학미언』은 수많은 『대학』 관련 해설서와 차별화된 독특한 성격을 지니고 있다. 그 몇 가지 특징을 언급하는 것으로 옮긴이 말을 대신하고자 한다.

원래 대학은 『예기』의 일부였지만 일찍부터 단행본으로 만들어져 읽힐 정도로 경전으로서의 가치를 인정받았다. 그러다가 송대 이학자들에 의해 본격적으로 유가 정통의 경전으로 숭상받게 되었고, 성리학의 집대성자인 주희가 『대학』을 『논어』, 『맹자』, 『중용』과 함께 사서(四書)라 부르면서부터는 유교 경전의 대표로서 오랜 세월 지존의 지위를 누려 왔다.

하지만 그 세월만큼이나 『대학』의 본모습은 왜곡되고 가려진 부분이 많았다. 주희는 원본 대학의 편차(編次)에 문제를 제기한 정자(程子)의 말에 근거하여 스스로 그 편차를 다시 정하고 새로이 장을 지어 넣기도 하였다. 중국에서는 명·청 시대에 왕양명과 고증학자들이 원본 대학의 정통성을 강조하였고, 우리나라에서도 정약용이 원본 대학의 타당성을 주장하였다. 하지만 중국도 우리나라도 주희의 사서집주(四書集註)를 절대적으로 신봉하고, 그가 "명명덕, 신민, 지어지선"을 삼강(三綱)으로 또 "격물, 치지, 성의, 정심, 수신, 제가, 치국, 평천하"를 팔목(八目)으로 명명하면서 대학의 성격을 위정자의 정치 지침서로 규정한 것을 그대로 추종하였다.

그런데 남 선생은 원본 대학을 근거로 강연하였으며 또 과거의 학자들이 대충 넘어가 버린 부분들을 놓치지 않았다. 가령 대도(大道)를 추구하는 학문과 수양의 절차인 "지(知), 지(止), 정(定), 정(靜), 안(安), 여(慮), 득(得)"의 칠증(七證)의 수양에 대해 대학자 주희는 물론이고 저자인 증자마저 제대로 설명하지 않았다. 그러니 후대 학자들이야 이 문제를 건드리는 사람이 아무도 없었다. 삼강과 팔목을 강조하다 보니 어느새 『대학』은 정치서(政治書)로만 인식되고 있다. 그런 의미에서 남 선생의 『원본대학미언』은 유학의 궁극적 목표인 내성외왕(內聖外王) 혹은 내명외용(內明外用)의 경지에 이르는 방법을 가르쳐 주는 경전으로서의 『대학』 본래 모습을 복원하였다고 할 수 있다.

칠증의 수양을 설명하는 과정에서도 그렇고 격물치지를 설명하는 과정에서도 남 선생은 유·불·도 삼가에 대한 자신의 풍부한 지식과 경험을 십분 발휘하였다. 남 선생 스스로 "유가를 배타적인 종교로 바꾸어 버린 송유(宋儒)들의 잘못을 배우지 말고, 가슴을 열고 다른 사상가들의 학설을 빌려 와서 서로 비교해 본다면 훨씬 이해하기 쉬울 것입니다"라고 말했듯이, 유가의 심법(心法)인 『대학』을 풀이하면서 불학을 비롯한 다양한 학술 사상을 빌려 와서 설명함으로써 독자들이 보다 쉽고 보다 생동감 있게 받아들일 수 있도록 하였다. 말하자면 유·불·도의 학술에 두루 일가견을 지닌 남 선생의 학문적 깊이를 통해 고대 중원 문화의 정품 『대학』이 자신의 진면목을 드러냈다고 하겠다.

이 책의 또 다른 특징이라고 한다면 풍부한 역사적 사례를 들 수 있다. 남 선생은 내명의 학문을 설명하는 과정에서는 불교의 학설과 일화를 많이 들 었지만 외용의 학문인 "수신, 제가, 치국, 평천하"의 이치를 설명하는 과정에 서는 실제 중국의 역사에서 흥미롭고 생생한 예화를 가져와서 깊은 감동과 교훈을 준다. 겉으로는 화려해도 실제로는 문제가 많았던 제왕의 가정을 들 여다보면서 부모 자식의 관계, 남편 아내의 관계를 통해 보편적인 인간의 내 면 심리를 분석해 내는가 하면, 역대로 부자지간, 형제지간, 부부지간에 왕 위 쟁탈을 놓고 벌였던 수많은 혈육 간의 싸움을 통해 숭고한 정치적 덕성이 멀리 있는 것이 아니라 가정 안에 있음을 강조하였다. 천하를 잘 다스린다는 것이 결국은 백성들로 하여금 일상을 편안하게 누리게 해 주는 것이라는 결 론은, 언제 어디에나 보편적으로 존재하는 가깝고도 일상적인 것들 속에 지 고한 이치가 숨어 있음을 다시 한 번 생각하게 한다.

『대학』은 공자의 학문을 계승한 증자가 쓴 "명덕(明德) 외용(外用)의 법칙" 에 관한 한 편의 짧은 논문이다. 하지만 『대학』을 풀이한 남 선생의 책은 수 천 년 중국의 역사와 문화를 망라하였고 유·불·도 삼가의 학설을 자유자재 로 넘나든다. 심신 수양에 관심 있는 사람이라면 그 어디에서도 들을 수 없 는 통합적이면서도 정밀한 견해를 접할 수 있을 것이다. 역사를 좋아하는 사 람이라면 익히 알고 있는 역사의 이면에 감춰진 진실과 내막을 알아가는 재 미를 느낄 수 있을 것이다. 또 유학에 관심이 있는 사람이라면 중국 역사와 함께 변해 온 유학의 모습을 조감하는 소득을 거둘 수 있을 것이다. 묵직한 책 두께만큼이나 방대한 내용을 지녀 새삼 저자의 내공에 머리 숙이게 된다.

이 책을 읽기 전에

남회근 선생이 강술한 『대학』 녹음테이프를 마침내 정리해서 책으로 완성하고 제목을 『원본대학미언(原本大學微言)』으로 정했다.

이 책의 제목에 '원본(또는 고본古本)'이라는 두 글자를 취하게 된 것은 팔백여 년간 유행했던 주자(朱子)의 장구본(章句本)과 구별하기 위해서이다. 『대학』 원본은 서한(西漢)의 대성(戴聖)이 전(傳)을 붙인 『예기』의 제42편 원문이다. 송조(宋朝) 주자의 장구본이 유행한 후부터 다른 수많은 『대학』의 주해서, 예를 들어 사마광(司馬光)의 『대학광의(大學廣義)』 등은 모두 실전되었고 심지어 원본 『대학』조차 오랫동안 유통되지 않았다. 그래서 명(明)나라 가정(嘉靖) 연간에 왕양명(王陽明)이 원본 『대학』을 각인(刻印)하자 당시의 문사들은 놀라고 이상하게 여기면서 이런 책이 있다는 것을 믿지 않았다. 청조(淸朝)의 이돈(李惇)은 심지어 이렇게 말했다. "학자 가운데는 늙어 죽도록 원문을 보지 못한 자도 있었다." 사람들이 주자의 장구만 읽었기 때문에 『예기』를 새긴 사람들도 아예 그 속의 『대학』, 『중용』은 목록만 남기고 글자는 모두 삭제해 버렸던 것이다. 이 책에서 채택한 원문은 청 말의 완원(阮元)이 중간(重刊)한 『송본예기소본(宋本禮記疏本)』에 의거하였다.

남회근 선생이 왜 원본 『대학』으로 강술했는지는 이 책의 제1편 '개종명의'에 상세히 나온다. 그 미언대의(微言大義)는 책 전반에 펼쳐져 있으니 직접 깨닫기를 바란다. 남 선생이 이번에 『대학』을 강술한 것은 마치 하늘에서 쏟아지는 강물이 도도히 흘러가는 듯하고, 또 두루두루 증거와 인용을 들어가며 동서고금의 사실과 학설을 융합하였기 때문에 실로 단락을 나누기가 어렵다. 하지만 독자가 읽기 편리하도록 억지로 아홉 편으로 나누었는데 모두 63장이다. 아홉 편의 내용을 아래에 대략 약술한다.

1. 개종명의

먼저 독자들에게 원본 『대학』의 본문을 숙독하기를 권한다. 그렇게 해야 이 책을 읽어 내려 갈 때에 수시로 『대학』의 본지(本旨)로 되돌아가 깨닫고 검증할 수 있다. 그런 다음에 어떤 교수의 방문에서부터 이야기를 시작하여, 어려서 경서를 통독했던 것과 중화 문화를 지속시키고 싶어 하는 자신의 오랜 염원을 말하였다. 그로부터 오랜 기간 전해져 내려온 사서본(四書本)의 시공을 초월한 가치를 생각하게 되었지만, 안타깝게도 오래전부터 입신양명의 수단으로만 여겨져 왔고 지금에는 오히려 그로 인한 유폐가 남아 있다. 그리하여 전통적인 농촌 교육의 정경을 회상하고, 『천자문』 등 계몽의 읽을거리가 사람 됨됨이를 만드는 데에 훌륭한 기초가 되고 깊은 의미를 지니고 있다고 긍정하였다.

그런 다음에 도(道), 덕(德), 천(天), 대인(大人) 등 중요한 글자를 설명하고, 아울러 『대학』의 사상이 『역경』 건괘(乾卦)의 문언(文言)에서 유래하였음을 지적하였다. 『대학』은 원래 고대 중원 문화의 대표작으로 그 나름의 조리와 맥락을 지니고 있기 때문에 원문을 개편할 필요가 없었다. 또 주자가 "대학지도(大學之道)"를 "초학자가 덕으로 들어가는 문(初學入德之門)"이라고 말한 것에 대해서는 더더욱 그렇게 생각하지 않는다. 이어서 『대학』의 강목 및 내명외용(內明外用)의 수양 순서를 설명하여 독자들로 하여금 먼저 『대학』의 요점을 파악하도록 한다. 거기에서부터 『대학』의 본문 연구로 들어가는데 바로 "대학의 도는 밝은 덕을 밝히는 데 있으며, 백성과 친하게 함에 있으며, 지극히 선한 데 머무르게 하는 데 있다[大學之道, 在明明德, 在親民, 在止於至善]"라는 총강(總綱)이다. 아울러 원본 『대학』의 진면목을 회복하기 위해 먼저 주자가 "친민(親民)"을 '신민(新民)'으로 간주한 것과 『대학』의 순서를 개편한 것에 대해 비판하였다. 주자가 "명덕(明德)"을 '허령불매(虛靈不昧)'라고 설명한 것에 대해서는 더욱 상세히 살펴 연구하였으며, 스스로를 아는 명철함으로부터 시작해야 함을 강조하였다.

2. 칠증의 수양

제2편의 요지는 『대학』에서 말한 "알고 멈춘 뒤에야 정함이 있고, 정한 뒤에야 흔들리지 않을 수 있고, 흔들림이 없는 뒤에야 편안할 수 있고, 편안한 뒤에야 생각할 수 있고, 생각한 뒤에야 얻을 수 있다[知止而后有定, 定而后能靜, 靜而后能安, 安而后能慮, 慮而后能得]"라는 이치를 설명하는 데 있다. "지(知), 지(止), 정(定), 정(靜), 안(安), 여(慮), 득(得)"이라는 칠증의 수양은 실로 중국의 독창적인 유가 심전(心傳)이다. 훗날 도가의 실제 수련자들이 이를 인용하였을 뿐 아니라, 불교가 중국에 전해졌을 때 그것을 빌려 와서 선정(禪定)의 방법을 설명하기도 하였으니 후세에 끼친 영향이 실로 심원하였다. 이러한 칠증의 수양을 어떻게 하는지에 대해 증자는 설명하지 않았는데, 송·원·명·청 이래의 이학가들은 문호(門戶)의 견해에 얽매인 데다가 또 명확하게 설명할 길이 없었으므로 그것을 확대 발전시키는 것은 더 말할 것도 없었다. 그래서 일부러 불가와 도가의 학술을 빌려다가 설명하였다. 내증(內證)의 학문 수양에 관심 있는 독자라면 제2편이 깊이 생각하고 깨닫기에는 가장 적합할 것이다.

3. 내명의 학문

제3편에서는 먼저 『대학』에서 말한 "격물(格物), 치지(致知), 성의(誠意), 정

심(正心), 수신(修身), 제가(齊家), 치국(治國), 평천하(平天下)"의 이치를 해석하였다. 아울러 지금까지 학자들은 "성의(誠意)" 앞에 있는 "격물치지(格物致知)" 및 "물격지지(物格知至)"의 중요한 핵심을 생략하고 논의하지 않았으며, 그로 인해 그 속에 있는 내명과 외용 사이의 서로 연결된 밀접한 관계를 알지 못했다고 설명하였다. 나아가 "성의, 정심, 수신"을 실천하고자 하면 먼저 "격물치지" 해서 "물격지지"에 이르러야 한다고 말하였다. 그래서 '소지(所知)'과 '능지(能知)' 및 '심(心)', '의(意)', '식(識)'에 대해 명확히 구분해 놓았다. 거기에서 더 나아가 심물일원(心物一元), 심능전물(心能轉物)의 이치를 이야기하고 물질문명이 가져올 자아 훼멸의 길을 경고하였다.

요컨대 이 편에서는 "격물"에서 "정심"까지는 내명의 학문에 속한다고 밝혔다. 만약 내명의 수양이 "명덕"의 경지에 이르고 그로부터 "제가, 치국, 평천하"에 외용하려면 모름지기 "수신"으로부터 시작해야 한다. 그러므로 "수신"은 내명과 외용 사이의 중대한 관건이니, 『대학』에서 말한 "천자로부터 서민에 이르기까지 한결같이 자신의 수양을 근본으로 삼아야 한다〔自天子以至於庶人, 壹是皆以修身爲本〕"라는 이치이기도 하다.

4. 외용의 학문

제4편의 요지는 "몸이 닦인 뒤에야 집안이 바로잡히고, 집안이 바로잡힌 뒤에야 나라가 다스려진다〔身修而后家齊, 家齊而后國治〕"라는 이치를 밝히는 데 있다. 먼저 "제가(齊家)"의 '가(家)'는 고대 종법 사회의 대가족의 가(家)이며 현대 핵가족의 가(家)가 아니라고 설명하였다. 아울러 중국 역사 문화에서 어머니의 덕〔母德〕, 어머니의 가르침〔母敎〕의 위대함을 칭송하였다. 동주(東周) 이후로 청 말에 이르기까지 역대로 제왕의 가정은 대부분 크게 문제가 있는 가정이었다. 제4편에서는 제 환공(관중管仲의 위정爲政의 도道도 겸하여 서술하였다), 진시황(여불위呂不韋의 기화奇貨 계획도 겸하여 서술하였다), 유방(그와 옥신각신했던 여후呂后를 겸하여 서술하였다)을 예로 들어 상세히 서술하였

다. 그리고 긍정적인 평가를 내린 경우로는 우순(虞舜)과 한 문제(漢文帝)를 예로 들었다. 한 문제는 어머니의 가르침에서 힘을 얻었고, 우순은 부모와 동생이 심리적 문제를 지닌 가정에서 성장하였지만 부모에게 효순하고 동생에게 우애하였다. 그렇게 하기 쉽지 않기 때문에 특별히 칭송하였다.

5. 내외겸수의 도

제5편에서는 『대학』 원문의 "소위 그 뜻을 성실하게 한다는 것은 자기 스스로를 속이지 않는 것이다[所謂誠其意者, 毋自欺也]"라는 구절에서 "이것을 일러 몸이 닦이지 않으면 그 집안을 바로잡지 못한다고 하는 것이다[此謂身不脩不可以齊其家]"라는 데까지를 이야기하였다. 이 단락은 원본 『대학』의 원문 중에서 주자가 가장 심하게 재배치한 부분이다. 남 선생은 그 원래 순서를 복원하고, 원본 『대학』에서 말한 "성의(誠意)"의 내외겸수인 '팔정지(八正知)'에 대해 상세히 서술하였다. "소위 몸을 닦음이 그 마음을 바르게 함에 있다[所謂脩身在正其心者]"라는 것을 강술할 때에는 노자(老子), 관자(管子), 장자(莊子), 불가(佛家), 의가(醫家)의 심신에 관한 학설을 인용해 설명하였다.

나아가 "소위 그 집안을 바로잡음이 그 몸을 닦음에 있다[所謂齊其家在脩其身]"라는 것을 이야기하면서는, "수신제가(修身齊家)"에서 "친애함[親愛], 천히 여기고 미워함[賤惡], 두려워하고 존경함[畏敬], 가엾고 불쌍히 여김[哀矜], 거만하고 게으름[敖惰]"의 심리적 편향 때문에 중대한 문제를 일으키기 쉽다고 하면서 조(趙) 태후, 무강(武姜), 현장(弦章), 제 경공(齊景公)과 안자(晏子), 병길(邴吉)과 한 선제(漢宣帝), 원제(元帝) 및 도주공(陶朱公)과 그 아들의 역사적 사실을 따로따로 인용하고 설명을 붙였으며, 아울러 그것이 현대인에게 지니는 의미를 풀어 주었다.

6. 집안을 가지런히 하고 나라를 다스리다

제6편은 『대학』에서 "소위 나라를 다스림이 반드시 그 집안을 바로잡음에

있다는 것은〔所謂治國必齊其家者〕"에서부터 "이것을 일러 나라를 다스림이 그 집안을 바로잡음에 있다는 것이다〔此謂治國在齊其家〕"라는 말까지 이야기하였다. 우선 중국의 상고 사회는 '예치(禮治)'를 위주로 하였다고 말하고, 아울러 주 왕실이 치국(治國)하고 제가(齊家)했던 역사적 사실을 인용하여 서술함으로써 효도, 공경, 자애의 이치를 설명하였다. 또 문왕(文王) 이전에 수많은 사람들이 어떻게 왕위를 양보할 수 있었는지의 원인을 설명하였다. 후일의 제왕들이 '법치(法治)'를 중시한 것에 관해서는, 나라를 다스리고 집을 관장하는 원칙을 파악하여 역사에서 교훈을 얻어야 한다. 끝으로 『대학』에서 인용한 『시경』의 시를 통해 제가(혹은 치국에 이르기까지)에서 부덕(婦德)의 중요성을 밝혔다.

7. 나라를 다스리고 천하를 화평하게 하다

제7편은 『대학』의 마지막 단락 "소위 천하를 화평하게 함이 그 나라를 다스림에 있다는 것은〔所謂平天下在治其國者〕"에서부터 "이것을 일러 나라는 이를 이로움으로 여기지 않고 의를 이로움으로 여긴다고 한다〔此謂國不以利爲利, 以義爲利也〕"라는 것까지 강술하였다. 먼저 고대의 '천하'의 원의(原義) 및 "혈구지도(絜矩之道)"의 의미를 말하고, 정치를 맡은 사람들은 먼저 '입덕(立德)'을 해야만 민심을 얻을 수 있으며 특히 언행 하나하나에 유의해야 한다고 설명한다. 다음으로 위진 남북조 시대는 '호(胡)' '화(華)' 민족이 섞인 가운데 '가천하(家天下)'했던 왕조로 거듭 대체되었던 원인과 결과 및 진 목공(秦穆公)이 어떻게 백리해(百里奚)를 중용하였고 어떻게 나라와 나라 사이의 관계를 처리하였는가를 강술함으로써 "치국평천하"의 도를 밝혔다. 끝으로 국가 경제 및 국민 생활과 관련된 재경(財經) 학설에 대해서는 증자(曾子)와 자공(子貢)의 고사, 『사기』 「화식열전」의 관점 및 역사상 재정을 중시한 명재상과 명신들의 견해와 책략을 가지고서, 오랜 기간 전통 유가와 학자들이 의리(義利)의 모순에 빠졌던 것을 바로잡고 그 올가미를 풀어 주었다. 아울러 국민들

이 "백성이 부유하면 나라가 부유하고, 나라가 부유하면 백성이 강해진다[民富卽國富, 國富則民强]"라는 대도(大道)를 향해 전진하기를 기대하였다.

8. 유학의 변화와 국가 발전

순서에 따라 『대학』 원문을 다 강술한 다음, 제8편에서는 불교가 중국 땅에 전래된 후 유가 학설 특히 '사서'·'오경'이 중국 역사 문화에서 겪은 변화 및 그것과 역대 왕조의 성쇠 관계를 총괄적으로 논하였다. 위진 남북조 시대의 현학(玄學)에서부터 이야기를 시작해서 당대의 유·불·도 및 『원도(原道)』, 『복성서(復性書)』의 출현, 송유(宋儒) 이학(理學)의 흥기, 원 왕조의 장밀(藏密) 위주의 유가, 명·청 왕조의 과거 제도의 이로움과 폐단, 양명학설의 흥기를 거쳐서 마지막으로 청 왕조의 "겉으로는 유학을 표방하나 안으로는 불가와 도가를 사용한[外示儒學, 內用佛老]" 이야기를 하였다. 아울러 강희제, 옹정제, 건륭제를 예로 들어 설명을 덧붙였다. 이것은 대단히 생동적인 한 편의 문화 융회사(融會史)이다.

9. 서양 문화와 중국

제9편에서는 명·청 연간의 동서 문화 교류에서부터 이야기를 시작하여, 청 초 이후 서양 국가의 중대한 변혁 및 미국의 흥기와 그 문화가 세계에 미친 강력한 영향을 약술하였다. 나아가 국민들이 마땅히 반성하고 검토해야 할 세 가지 큰 문제를 제시하였다. 최후의 결론이 말하는 바는 다음과 같다. 유구한 중국 역사 문화에서 비록 '제자백가'의 학설이 나타나기는 했어도 입국(立國)의 정신은 여전히 유가의 기초 위에 세워졌다. 유가 사상은 지금껏 국제 사회에서 "멸망해 가는 나라를 흥하게 하고 끊어진 세대를 이어 준다[興滅國, 繼絶世]"라는 것이었으며 약소 국가와 민족을 힘껏 도와주는 데 그 의의가 있었다. 서양인들이 '황인종의 재앙[黃禍]'이라는 오해를 지니게 된 것은, 유가 문화가 미치지 못했던 몽고의 서정(西征)에서 기원하는데, 이것은

중국 역사 가운데 특수한 경우이며 특별한 역사적 배경이 있다(자세한 것은 58장에 보인다). 따라서 서양 학자 새뮤얼 헌팅턴 부류에게 문화 간에 상호 적대시함으로써 인류 전쟁의 비극을 일으키지 말아야 한다고 말한다. 중국은 역사상 수많은 민족이 섞여서 만들어졌고, 중국 문화 역시 역사상 서역, 인도 등지의 문화와 융합되었다. "수용함으로써 커졌으니" 중국과 그 문화가 영원히 마음을 열어서 평화로이 공존하고 서로를 번영시키는 예운(禮運)의 대동(大同) 세계에 도달하기를 희망한다.

　　이상 아홉 편의 개요는 단지 독자들에게 책 전반의 전후 관계를 조감할 수 있게 할 뿐이며, 그 가운데 높은 산과 흐르는 물, 늘어진 버드나무와 화려한 꽃의 풍경 및 곳곳에 사람을 황홀케 하고 수시로 지혜로운 해석을 일으키는 것들은 독자들이 직접 유람하기 바란다.

　　마지막으로 설명해야 할 것은 다음과 같다. 백 권에 가까운 녹음테이프를 정리해 초고로 완성하는 과정에서 문자 정리 작업에 참여한 사람으로는 채책(蔡策), 이숙군(李淑君), 노정무(勞政武) 등이 있다. 교정에 참여한 사람으로는 이소미(李素美), 류우훙(劉雨虹), 내신국(來新國), 이청원(李青原), 위지창(韋志暢), 조해영(趙海英), 주수정(朱守正), 팽가항(彭嘉恒), 마유혜(馬有慧), 진정국(陳定國), 진미진(陳美珍), 두충고(杜忠誥), 사금양(謝錦揚), 진조봉(陳照鳳), 구양철(歐陽哲), 곽항안(郭姮晏) 등이 있다. 타자 및 대조에 참여한 사람으로는 굉인(宏忍) 법사, 부리(傅莉), 이의화(李儀華), 이인려(李茵麗) 등이 있다. 이처럼 많은 지혜와 힘이 모여 마침내 문자로 된 초고가 완성되었고, 마지막으로 내가 다시 정리하게 되었다. 비록 학식이 부족하여 책임을 맡기 부족함을 알지만 퇴직하여 비교적 시간이 있으니 사양할 이유가 없었다. 이제 조심스레 남 선생의 강술 대작을 출판하니 만약 틀린 곳이 있다면 그 허물은 나에게 있다. 여러 선진들이 아낌없이 정정해 주신다면 감사하겠다.

차례

제3편 내명의 학문

제4편 외용의 학문

하권

제7편 나라를 다스리고 천하를 화평하게 하다

제8편 유학의 변화와 국가 발전

제9편 서양 문화와 중국

원본 대학

大學之道, 在明明德, 在親民, 在止於至善. 知止而后有定, 定而后能靜, 靜而后能安, 安而后能慮, 慮而后能得. 物有本末, 事有終始, 知所先後, 則近道矣.

古之欲明明德於天下者, 先治其國, 欲治其國者, 先齊其家, 欲齊其家者, 先脩其身, 欲脩其身者, 先正其心, 欲正其心者, 先誠其意, 欲誠其意者, 先致其知, 致知在格物.

物格而后知至, 知至而后意誠, 意誠而后心正, 心正而后身脩, 身脩而后家齊, 家齊而后國治, 國治而后天下平.

自天子以至於庶人, 壹是皆以脩身爲本. 其本亂, 而末治者否矣. 其所厚者薄, 而其所薄者厚, 未之有也. 此謂知本, 此謂知之至也.

所謂誠其意者, 毋自欺也. 如惡惡臭, 如好好色, 此之謂自謙. 故君子必愼其獨也. 小人閒居爲不善, 無所不至. 見君子而後厭然, 揜其不善, 而著其善. 人之視己, 如見其肺肝然, 則何益矣. 此謂誠於中, 形於外. 故君子必愼其獨也. 曾子曰, 十目所視, 十手所指, 其嚴乎. 富潤屋, 德潤身, 心廣體胖, 故君子必誠其意.

詩云, 瞻彼淇澳, 菉竹猗猗. 有斐君子, 如切如磋, 如琢如磨. 瑟兮僩兮,赫兮喧兮. 有斐君子, 終不可諠兮. 如切如磋者, 道學也. 如琢如磨者, 自脩也. 瑟兮僴兮者, 恂慄也. 赫兮喧兮者, 威儀也. 有斐君子, 終不可諠兮者, 道盛德至善, 民之不能忘也.

詩云, 於戲, 前王不忘. 君子賢其賢而親其親, 小人樂其樂而利其利, 此以沒世不忘也. 康誥曰, 克明德. 大甲曰, 顧諟天之明命. 帝典曰, 克明峻德. 皆自明也.

湯之盤銘曰, 苟日新, 日日新, 又日新. 康誥曰, 作新民. 詩云, 周雖舊邦, 其命惟新. 是故君子無所不用其極.

詩云, 邦畿千里, 惟民所止. 詩云, 緡蠻黃鳥, 止於丘隅. 子曰, 於止知其所止, 可以人而不如鳥乎. 詩云, 穆穆文王, 於緝熙敬止. 爲人君, 止於仁. 爲人臣, 止於敬. 爲人子, 止於孝. 爲人父, 止於慈. 與國人交, 止於信. 子曰, 聽訟, 吾猶人也. 必也使無訟乎. 無情者, 不得盡其辭. 大畏民志, 此謂知本.

所謂脩身在正其心者, 身有所忿懥, 則不得其正. 有所恐懼, 則不得其正. 有所好樂, 則不得其正. 有所憂患, 則不得其正. 心不在焉, 視而不見, 聽而不聞, 食而不知其味. 此謂脩身在正其心.

所謂齊其家在脩其身者, 人, 之其所親愛而辟焉, 之其所賤惡而辟焉, 之其所畏敬而辟焉, 之其所哀矜而辟焉, 之其所敖惰而辟焉. 故好而知其惡, 惡而知其美者, 天下鮮矣. 故諺有之曰, 人莫知其子之惡. 莫知其苗之碩. 此謂身不脩, 不可以齊其家.

所謂治國必齊其家者, 其家不可教, 而能教人者, 無之. 故君子不出家, 而成教於國.

孝者, 所以事君也. 弟者, 所以事長也. 慈者, 所以使衆也. 康誥曰, 如保赤子, 心誠求之, 雖不中, 不遠矣. 未有學養子, 而後嫁者也.

一家仁, 一國興仁. 一家讓, 一國興讓. 一人貪戾, 一國作亂, 其機如此. 此謂一言僨事, 一人定國.

堯舜率天下以仁, 而民從之. 桀紂率天下以暴, 而民從之. 其所令反其所
好, 而民不從. 是故君子有諸己, 而後求諸人. 無諸己, 而後非諸人. 所藏
乎身不恕, 而能喩諸人者, 未之有也. 故治國在齊其家.

詩云, 桃之夭夭, 其葉蓁蓁. 之子于歸, 宜其家人. 宜其家人, 而后可以教
國人. 詩云, 宜兄宜弟. 宜兄宜弟, 而后可以教國人. 詩云, 其儀不忒, 正是
四國. 其爲父子兄弟足法, 而后民法之也. 此謂治國在齊其家.

所謂平天下在治其國者, 上老老, 而民興孝, 上長長, 而民興弟, 上恤孤,
而民不倍. 是以君子有絜矩之道也. 所惡於上, 毋以使下, 所惡於下, 毋以
事上, 所惡於前, 毋以先後, 所惡於後, 毋以從前, 所惡於右, 毋以交於左,
所惡於左, 毋以交於右, 此之謂絜矩之道.

詩云, 樂只君子, 民之父母. 民之所好好之, 民之所惡惡之, 此之謂民之
父母. 詩云, 節彼南山, 維石巖巖. 赫赫師尹, 民具爾瞻. 有國者不可以不
愼, 辟, 則爲天下僇矣.

詩云, 殷之未喪師, 克配上帝. 儀監于殷, 峻命不易. 道得衆則得國, 失衆
則失國. 是故君子先愼乎德, 有德此有人, 有人此有士, 有士此有財, 有財
此有用. 德者, 本也, 財者, 末也. 外本內末, 爭民施奪. 是故財聚則民散,
財散則民聚. 是故言悖而出者, 亦悖而入, 貨悖而入者, 亦悖而出.

康誥曰, 惟命不于常. 道善則得之, 不善則失之矣. 楚書曰, 楚國無以爲
寶, 惟善以爲寶. 舅犯曰, 亡人無以爲寶, 仁親以爲寶. 秦誓曰, 若有一個
臣, 斷斷兮, 無他技, 其心休休焉, 其如有容焉. 人之有技, 若己有之, 人之
彦聖, 其心好之, 不啻若自其口出, 寔能容之. 以能保我子孫黎民, 尚亦有
利哉! 人之有技, 媢嫉以惡之, 人之彦聖, 而違之俾不通, 寔不能容. 以不
能保我子孫黎民, 亦曰殆哉!

唯仁人放流之, 迸諸四夷, 不與同中國. 此謂唯仁人爲能愛人, 能惡人.
見賢而不能擧, 擧而不能先, 命也, 見不善而不能退, 退而不能遠, 過也. 好
人之所惡, 惡人之所好, 是謂拂人之性, 菑必逮夫身. 是故君子有大道, 必

忠信以得之, 驕泰以失之.

生財有大道, 生之者衆, 食之者寡, 爲之者疾, 用之者舒, 則財恆足矣. 仁者以財發身, 不仁者以身發財. 未有上好仁, 而下不好義者也. 未有好義, 其事不終者也, 未有府庫財, 非其財者也. 孟獻子曰, 畜馬乘, 不察於雞豚, 伐冰之家, 不畜牛羊, 百乘之家, 不畜聚斂之臣, 與其有聚斂之臣, 寧有盜臣. 此謂國不以利爲利, 以義爲利也. 長國家而務財用者, 必自小人矣. 彼爲善之. 小人之使爲國家, 菑害並至, 雖有善者, 亦無如之何矣. 此謂國不以利爲利, 以義爲利也.

대학의 도는 밝은 덕을 밝히는 데 있으며, 백성과 친하게 함에 있으며, 지극히 선한 데 머무르게 하는 데 있다. 알고 멈춘 뒤에야 정함이 있고, 정한 뒤에야 흔들리지 않을 수 있고, 흔들림이 없는 뒤에야 편안할 수 있고, 편안한 뒤에야 생각할 수 있고, 생각한 뒤에야 얻을 수 있다. 모든 사물은 근본과 말단이 있고 일에는 끝과 시작이 있다. 먼저 하고 나중에 할 바를 알면 도에 가까워질 것이다.

옛날에 밝은 덕을 천하에 밝히려는 자는 먼저 그 나라를 다스리고, 그 나라를 다스리려는 자는 먼저 그 집안을 바로잡고, 그 집안을 바로잡으려는 자는 먼저 그 몸을 닦고, 그 몸을 닦으려는 자는 먼저 그 마음을 바르게 하고, 그 마음을 바르게 하려는 자는 먼저 그 뜻을 성실하게 하고, 그 뜻을 성실하게 하려는 자는 먼저 그 지식에 이르렀으니, 지식에 이르는 것은 사물의 이치를 궁구하는 데 있다.

사물의 이치를 궁구한 뒤에야 지식이 지극해지고, 지식이 지극해진 뒤에야 뜻이 성실해지고, 뜻이 성실해진 뒤에야 마음이 바르게 되고, 마음이 바르게 된 뒤에야 몸이 닦이고, 몸이 닦인 뒤에야 집안이 바로잡히고, 집안이 바로잡힌 뒤에야 나라가 다스려지고, 나라가 다스려진 뒤에야 천하가 화평해진다.

천자로부터 서민에 이르기까지 한결같이 몸을 닦는 것을 근본으로 삼아야 한다. 그 근본이 어지러운데 말단이 다스려지는 경우는 없다. 그 후하게 해야 할 데에 박하게 하고, 그 박하게 해야 할 데에 후하게 한 경우는 지금껏 없었다. 이것을 일러 근본을 안다고 하고, 이것을 일러 지식이 지극하다고 한다.

소위 그 뜻을 성실하게 한다는 것은 자기 스스로를 속이지 않는 것이다. 마치 독한 냄새를 싫어하듯 하며 좋은 색을 좋아하듯 하니 이것을 일러 스스로 겸손함이라 한다. 그러므로 군자는 반드시 홀로 있는 곳에서도 삼가야 한다. 소인은 혼자 있을 때 선하지 않은 행동을 함이 이르지 않는 데가 없다. 군자를 본 후에는 숨기려 하여 그 선하지 못한 일은 가리고 그 선한 일만 드러내려 한다. 남들이 자신을 보기를 제 몸의 허파나 간을 보듯 하니 무슨 이익이 있겠는가. 이것을 일러 안에서 성실하면 밖으로 나타난다고 한다. 그러므로 군자는 반드시 홀로 있는 곳에서도 삼가야 한다. 증자가 말하기를 "열 눈으로 보는 바와 열 손가락으로 가리키는 바가 무섭구나!" 하였다. 부는 집을 윤택하게 하고 덕은 몸을 윤택하게 하니, 마음이 넓어지고 몸도 살찐다. 그러므로 군자는 반드시 그 뜻을 성실하게 해야 한다.

『시경』에 말하기를 "저 기수 모퉁이를 보니, 푸른 대나무가 무성하구나! 아름다운 군자여, 잘라 놓은 듯하고 켜 놓은 듯하고, 쪼아 놓은 듯하고 갈아 놓은 듯하다. 엄숙하고 굳세구나! 빛나고 점잖구나! 아름다운 군자여! 끝내 잊을 수 없구나" 하였다. 잘라 놓은 듯하고 켜 놓은 듯하다는 것은 학문을 말한 것이다. 쪼아 놓은 듯하고 갈아 놓은 듯하다는 것은 스스로를 수양함이다. 엄숙하고 굳세다는 것은 마음으로 두려워함이다. 빛나고 점잖다는 것은 겉으로 나타나는 위풍이다. 아름다운 군자를 끝내 잊을 수 없다는 것은 풍성한 덕과 지극한 선을 백성이 잊을 수 없음을 말한 것이다.

『시경』에 말하기를 "아! 전대의 성왕들을 잊지 못하네!" 하였다. 군자는 그들의 어짊을 어질게 여기고 그 친한 사람을 친하게 여기지만, 소인은 즐겁게 해 주심을 즐거워하고 이롭게 해 주심을 이롭게 여긴다. 이런 까닭에 세상에 없어도 잊지 못하는 것이다. 「강고」에 말하기를 "덕을 밝히기를 잘하라" 하였고, 「태갑」에 말하기를 "하늘의 밝은 명령을 늘 돌아본다" 하였으며, 「제전」에 말하기를 "큰 덕을 밝히기를 잘한다" 하였다. 이 모두가 스스로 밝히는 것이다.

탕왕의 반명에 말하기를 "진실로 어느 날 새로울 수 있다면 나날이 새롭게 하고 또 나날이 새롭게 하라" 하였다. 「강고」에 말하기를 "새로워지는 백성을 격려하라" 하였다. 『시경』에는 말하기를 "주나라는 비록 옛 나라이지만 그 천명이 새롭다" 하였다. 그러므로 군자는 그 최선을 다하지 않은 바가 없다.

『시경』에 말하기를 "서울 땅 천 리는 오직 백성들이 머무르는 곳이다" 하였다. 『시경』에 말하기를 "울어 대는 황조여! 언덕 한구석에 머물렀구나" 하였다. 이에 공자가 말씀하시기를 "머무름에 있어 그 머무를 곳을 아니, 사람이 새만도 못해서 되겠는가" 하였다. 『시경』에 말하기를 "덕이 높으신 문왕이시여! 한없이 밝으시며 공경하여 편안히 머무셨구나" 하였다. 그는 남의 왕이 되어서는 인에 머물렀고, 남의 신하가 되어서는 공경에 머물렀고, 남의 아들이 되어서는 효도에 머물렀고, 남의 아버지가 되어서는 자애로움에 머물렀고, 남들과 사귐에 있어서는 믿음에 머물렀다. 공자께서 말씀하시기를 "송사를 처리함은 나도 남과 같지만 반드시 송사가 생기지 않도록 하리라!" 하였다. 진실이 없는 사람들로 하여금 그 거짓말을 다하지 못하게 함은 백성들의 마음을 크게 두렵게 하기 때문이니, 이것을 일러 근본을 안다고 한다.

소위 몸을 닦는 것이 그 마음을 바르게 함에 있다는 것은 마음에 노여워하는 바가 있으면 그 바르게 함을 얻지 못하고, 두려워하는 바가 있으면 그 바르게 함을 얻지 못하고, 좋아하고 즐기는 바가 있으면 그 바르게 함을 얻지 못하고, 근심하는 바가 있으면 그 바르게 함을 얻지 못한다는 것이다. 마음이 있지 않으면 보아도 보이지 않으며, 들어도 들리지 않으며, 먹어도 그 맛을 알지 못한다. 이것을 일러 몸을 닦음이 그 마음을 바르게 함에 있다고 하는 것이다.

소위 그 집안을 바로잡음이 그 몸을 닦음에 있다는 것은 사람들이 친애하는 바에 편벽되고, 천히 여기고 미워하는 바에 편벽되고, 두려워하고 존경하는 바에 편벽되고, 가엾고 불쌍히 여기는 바에 편벽되고, 거만하고 게으른 바에 편벽되기 때문이다. 그러므로 좋아하면서도 그 나쁨을 알고, 미워하면서도 그 아름다움을 아는 사람은 천하에 드물다. 그러므로 속담에 이런 말이 있으니 "사람은 그 자식의 악함을 알지 못하고, 그 모종의 충실함을 알지 못한다" 하였다. 이것을 일러 몸이 닦이지 않으면 그 집안을 바로잡지 못한다고 하는 것이다.

소위 나라를 다스림이 반드시 그 집안을 바로잡음에 있다는 것은, 그 집안을 가르치지 못하면서 다른 사람들을 가르칠 수 있는 사람은 없기 때문이다. 그러므로 군자는 집을 나서지 않고서도 나라에 가르침을 이룬다.

효는 군주를 섬기는 것이고, 제는 어른을 섬기는 것이고, 자는 백성들을 부리는 것이다. 「강고」에 말하기를 "어린아이를 보호하듯이 한다" 하였으니, 마음에 진실로 구하면 비록 딱 들어맞지는 않더라도 멀지 않을 것이다. 자식 기르는 것을 배운 뒤에 시집가는 사람은 없다.

한 집안이 인하면 한 나라에 인이 흥하고, 한 집안이 사양하면 한 나라에 사양함이 흥하고, 한 사람이 탐하고 어그러지면 한 나라가 난을 일으키니, 그 기틀이 이와 같다. 이것을 일러 한마디 말이 일을 그르치며, 한 사람이 나라를 안정시킨다고 하는 것이다.

요순이 천하를 인으로써 거느리자 백성들이 그를 따랐고, 걸주가 천하를 포악함으로써 거느리자 백성들이 그를 따랐으니, 그 명령하는 바가 자기가 좋아하는 바와 반대되면 백성들이 따르지 않는다. 그러므로 군자는 자기에게 선이 있은 뒤에 다른 사람에게 선을 구하며, 자기에게 악이 없어진 뒤에 다른 사람의 악을 비난하는 것이다. 자기 자신에게 간직하고 있는 것이 어질지 못하고서 남을 깨우칠 수 있는 사람은 없다. 그러므로 나라를 다스림이 그 집안을 바로잡음에 있는 것이다.

『시경』에 말하기를 "복숭아꽃이 예쁘고 그 잎은 무성하구나. 그 아가씨 시집가니 그 집안 식구에게 마땅하네" 하였으니, 그 집안 식구에게 마땅한 후에야 나라 사람들을 가르칠 수 있는 것이다. 『시경』에 말하기를 "형에게도 마땅하고 아우에게도 마땅하다" 하였으니, 형에게 마땅하고 아우에게 마땅한 후에야 나라 사람을 가르칠 수 있는 것이다. 『시경』에 말하기를 "그 위의가 어그러지지 않는지라 이 사방 나라를 바르게 한다" 하였으니, 그 부자와 형제 된 자가 족히 본받을 만한 후에야 백성들이 본받는 것이다. 이것을 일러 나라를 다스림이 그 집안을 바로잡음에 있다는 것이다.

소위 천하를 화평하게 함이 그 나라를 다스림에 있다는 것은, 윗사람이 늙은이를 늙은이로 대우함에 백성들이 효를 일으키며, 윗사람이 어른을 어른으로 대우함에 백성들이 제를 일으키며, 윗사람이 고아를 구휼함에 백성들이 저버리지 않는다는 것이다. 이런 까닭에 군자는 혈구지도를 지니고 있는 것이다. 윗사람에게서 싫었던 것으로써 아랫사람을 부리지 말며, 아랫사람에게서 싫었던 것으로써 윗사람을 섬기지 말며, 앞사람에게서 싫었던 것으로써 뒷사람에게 가하지 말며, 뒷사람에게서 싫었던 것으로써 앞사람을 따르지 말며, 오른쪽 사람에게서 싫었던 것으로써 왼쪽 사람을 사귀지 말며, 왼쪽 사람에게서 싫었던 것으로써 오른쪽 사람을 사귀지 말 것이니, 이것을 일러 혈구지도라고 하는 것이다.

『시경』에 말하기를 "즐거우신 군자여, 백성의 부모로다" 하였는데, 백성들이 좋아하는 바를 좋아하고 백성들이 싫어하는 바를 싫어하니, 이것을 일러 백성들의 부모라 하는 것이다. 『시경』에 말하기를 "깎아지른 저 남산이여, 돌이 쌓여 험하구나. 밝게 빛나는 사윤이여, 백성들이 모두 너를 바라본다" 하였는데, 국가를 소유한 사람은 삼가지 않으면 안 되니, 편벽되면 천하 사람들에게 죽임을 당하게 된다.

『시경』에 말하기를 "은나라가 사람들을 잃지 않았을 때에는 능히 상제에게 짝했네. 마땅히 은나라를 거울로 삼을지니 큰 명은 보존하기 쉽지 않네" 하였는데, 사람들을 얻으면 나라를 얻고 사람들을 잃으면 나라를 잃음을 말한 것이다. 이런 까닭에 군자는 먼저 덕을 삼가는 것이니, 덕이 있으면 이에 사람들이 있고, 사람들이 있으면 이에 토지가 있고, 토지가 있으면 이에 재물이 있고, 재물이 있으면 이에 사용함이 있는 것이다. 덕이라는 것은 근본이요 재물이라는 것은 말단이다. 근본을 밖으로 하고 말단을 안으로 하면, 백성을 다투게 하여 겁탈하는 가르침을 베푸는 것이다. 이런 까닭에 재물이 모이면 백성이 흩어지고, 재물이 흩어지면 백성이 모이는 것이다. 이런 까닭에 말이 도리에 어긋나게 나간 것은 또한 도리에 어긋나게 들어오고, 재물이 도리에 어긋나게 들어온 것은 또한 도리에 어긋나게 나가는 것이다.

「강고」에 말하기를 "천명은 일정한 곳에 있지 않다" 하였는데, 선하면 그것을 얻고 선하지 못하면 그것을 잃음을 말한 것이다. 「초서」에 말하기를 "초나라는 보배로 여길 것이 없고 오직 선을 보배로 여긴다" 하였다. 구범이 말하기를 "도망 온 사람은 보배로 여길 것이 없고 친한 사람을 사랑함을 보배로 여긴다" 하였다. 「진서」에 말하기를 "만일 어떤 한 신하가 성실하고 다른 기예가 없으나 그 마음이 곱고 용납함이 있는 듯하여, 남이 가지고 있는 기예를 자기가 소유한 것처럼 여기며 남의 훌륭하고 성스러움을 그 마음에 좋아하여 자기 입에서 나온 것보다 낫게 여긴다면, 이는 남을 포용할 수 있음이다. 이로써 나의 자손과 여민을 보전할 수 있으니 오히려 또한 이로움이 있구나! 남이 가지고 있는 기예를 시기하고 미워하며, 남의 훌륭하고 성스러움을 어겨서 그로 하여금 통하지 못하게 하면, 이것은 포용하지 못함이다. 이로써 나의 자손과 여민을 보전할 수 없으니 또한 위태롭구나!" 하였다.

오직 인한 사람이라야 이들을 추방하여 유배하되 사방 오랑캐의 땅으로 내쫓아 더불어 중국에 함께 있지 않으니, 이를 일러 오직 인한 사람이라야 남을 사랑할 수 있고 남을 미워할 수 있다고 하는 것이다. 어진 사람을 보고도 선발하여 쓰지 못하고, 선발하여 쓰되 먼저 하지 못함은 명이고, 선하지 못한 사람을 보고도 물리치지 못하고, 물리치되 멀리하지 못함은 과실이다. 다른 사람이 싫어하는 바를 좋아하고 다른 사람이 좋아하는 바를 싫어하니, 이것을 일러 사람의 본성을 거스른다고 하는데, 재앙이 반드시 그 몸에 미칠 것이다. 이런 까닭에 군자는 큰 도가 있으니, 반드시 충과 신으로써 그것을 얻고 교만함과 방자함으로써 그것을 잃는다.

재물을 생산함에 큰 도가 있으니, 그것을 생산하는 사람은 많고 그것을 먹는 사람은 적으며, 그것을 생산하는 사람은 빠르고 그것을 쓰는 사람은 느리면 재물이 항상 풍족할 것이다. 인한 사람은 재물로써 몸을 일으키고, 인하지 못한 사람은 몸으로써 재물을 일으킨다. 윗사람이 인을 좋아하고서 아랫사람들이 의를 좋아하지 않는 경우는 없고, 아랫사람들이 의를 좋아하고서 그 일이 끝마쳐지지 않는 경우는 없으며, 창고에 재물이 그의 재물이 아닌 경우가 없다. 맹헌자가 말하기를 "마승을 기르는 사람은 닭과 돼지를 살피지 않고, 얼음을 쓰는 집안은 소와 양을 기르지 않고, 백승의 집안은 재물을 모으고 거둬들이는 신하는 기르지 않으니, 재물을 모으고 거둬들이는 신하를 기르느니 차라리 도둑질하는 신하를 두라" 하였다. 이것을 일러 나라는 이를 이로움으로 여기지 않고 의를 이로움으로 여긴다고 한다. 국가의 어른이 되어 재용에 힘쓰는 사람은 반드시 소인으로부터 시작된다. 저를 잘한다고 여겨 소인으로 하여금 국가를 다스리게 하면 재앙과 해가 함께 이르게 되니, 비록 잘하는 사람이 있더라도 또한 어찌할 수가 없다. 이것을 일러 나라는 이를 이로움으로 여기지 않고 의를 이로움으로 여긴다고 한다.

일러두기 ─────────

1. 이 책은 대만 노고문화공사에서 나온 『원본대학미언(原本大學微言)』을 번역한 것이다. 상권은 2013년에 나온 13쇄를, 하권은 2012년에 나온 13쇄를 번역 대본으로 하였다.

2. 원서 『원본대학미언』에 나오는 『대학』 원문은 청 말 완원(阮元)이 중간(重刊)한 『송본예기소본(宋本禮記疏本)』에 의거하였다.

3. 『대학강의』 상권과 하권 본문 시작 전에 증자가 저술한 원본 『대학』 전문을 해석과 함께 실었다. 상권에는 전체 원문을 넣고 그다음에 해석을, 하권에는 단락별로 해석과 원문을 실어 찾아보기 쉽도록 하였다.

4. 『대학강의』 본문에 나오는 다양한 출처의 인용문들은 모두 원서의 한자를 따랐다. 다만 원서의 오류가 분명한 경우는 교정하여 실었다. 문장 부호는 우리말 문장 부호로 바꾸었다.

5. 『대학강의』 상권에 '이 책을 읽기 전에'라는 제목으로 원서 편집자의 말을 넣었다. 그 내용을 읽으면 책이 나오게 된 배경, 각 편의 핵심 내용 등을 간략히 알 수 있다.

6. 본문 중간중간에 나오는 『대학』 원문과 해석은 상하 괘선을 넣어 다른 인용문과 구별하였다. 또 『대학』에 나오는 주요 용어는 모두 큰따옴표로 처리하여 다른 용어와 구분하였다.

7. 중국어 인명과 지명은 신해혁명 전후를 구분하지 않고 모두 한자음으로 읽었다. 다만 널리 통용되는 일본, 몽골, 만주, 티베트 등의 일부 인명과 지명은 원지음대로 표기하였다.

8. 각주에서 원주 표시가 없는 것은 모두 옮긴이 주이다. 다만 일부 지명에 대한 각주는 원서 본문 괄호 안의 것을 각주로 넣었으며 따로 표시하지 않았다.

제1편

개종명의[1]

1
하버드대 교수의 방문

『대학(大學)』강연에 들어가기 전에 먼저 원본『대학』의 원문부터 보여 드렸습니다. 평소에 많이 읽으셨으면 하는데 아예 외워 버린다면 더 좋습니다. 그러면 앞으로 설명할 때에 훨씬 편하겠지요. 이제 원본『대학』의 원문에서는 어떻게 말했는지 한번 보십시오.

만약 주자(朱子)가 개편한『대학』장구(章句)를 보신 적이 있는 분이라면 생소한 느낌이 들 수도 있습니다. 어쩌면 뜻밖이라고 생각할지도 모릅니다. 그렇다면 이 강연에서는 왜 주자의 개편본을 사용하지 않고 본래 모습의 원본『대학』을 사용하는 것일까요? 앞으로 강연에서 그 까닭을 충분히 설명하게 될 것입니다. 여러분께 재차 당부 드리지만, 강연을 듣기에 앞서 제로(齊魯) 문화의 아름다움을 그득 지니고 있는 이 글을 꼼꼼히 읽고 외우십시오.

병자년 초가을, 그러니까 1996년 팔월 말에 하버드 대학교의 교수 한 분이 중국을 방문했습니다. 그는 악록서원(嶽麓書院)에서 개최한 공자회의에 참가하기 위해 호남(湖南)에 왔다가 막 미국으로 돌아가는 참이었습

---

1 '개종명의(開宗明義)'란 글의 첫머리에 요지를 밝힌다는 의미이다. 원래는『효경(孝經)』제1장의 편명(篇名)이었다.

니다. 가는 길에 홍콩을 들렀는데 다행히 사전에 시간 약속이 되어 겨우 이야기를 나눌 기회를 얻었습니다. 사실 그렇게 하지 않았으면 빈 시간이 없는 제가 손님을 맞기란 쉬운 일이 아닙니다.

당신처럼 연세도 높은 양반이 아직도 뭐가 그리 바쁘냐고 사람들은 문곤 합니다. 그럴 때면 뭐라고 말하기도 그렇고 해서 그냥 웃기만 하지요. 사실 진정 학문에 뜻을 둔 사람에게는 영원히 빈 시간이라고는 없는 법입니다. 더욱이 평생에 걸쳐서 '내명(內明)'의 학문을 추구하는 사람이라면 모름지기 일생의 모든 정력을 배우고 깊이 생각하는 데에 써야 합니다. 그런 후에야 비로소 시공을 초월하여 몸과 마음을 얽어맨 속박에서 벗어나는 자유를 얻을 수가 있습니다. 그런 경지는 보통 사람들에게 설명할 방법도 없거니와 말해 봤자 알아듣기 쉽지 않습니다.

어려서부터 읽으면 유익한 점이 많다

다시 그 저명한 교수의 방문에 관해 말씀드리겠습니다. 그가 들려준 이야기는 다음과 같았습니다. 한번은 하버드 대학교에서 동서양의 많은 학자들이 모여 사서(四書)의 으뜸인 『대학』을 읽게 되었다고 합니다. 전체 요지를 담고 있는 제1장을 읽고서 "대학의 도는 밝은 덕을 밝히는 데 있다〔大學之道, 在明明德〕"라는 데 대해 토론했는데, 제각기 관점이 다른지라 시간이 흘러도 일치된 결론을 얻을 수가 없었습니다.

그런데 중국 모 대학에서 온 어떤 학자가 발언권을 뺏다시피 해서 이렇게 말했다는 겁니다. "제 생각에는 정신을 소모하고 시간을 낭비해 가면서까지 토론할 필요가 없는 문제인 것 같습니다. 그냥 '명명덕(明明德)'에서 첫 번째 '명(明)' 자를 빼 버리면 됩니다!" 이 말을 들은 장내의 학자들은 눈이 휘둥그레지고 입이 얼어붙어 버렸답니다. 참으로 웃지도 울지도 못할 어처구니없는 일이지요.

그 교수의 이야기가 끝나자 당시 듣고 있던 우리도 웃을 수밖에 없었습니다. 제가 얼른 물어보았습니다. "그래서 어떻게 됐습니까?" "나중에 제가 슬쩍 그 사람에게 말해 주었습니다. '당신 너무 오만방자한 것 아닙니까?' 하고요. 결국은 사람들에게 사과를 하더군요." 저는 그 이야기를 다 듣고 나서 이렇게 말했습니다. "저는 수십 년간 국외와 심지어는 국내에서조차 그런 엉터리 이론을 너무나 많이 들어 봤습니다. '사공은 늘 봐 왔던 터라 신기할 것도 없다(司空見慣, 不足爲奇)²는 말도 있지 않습니까." 하지만 말은 그렇게 했어도 속으로는 크게 놀랐을 뿐 아니라 부끄럽고 자책감마저 들었습니다.

사실 저는 어릴 때 정식으로 가숙(家塾)³에서 배웠습니다. 당시 제일 먼저 읽었던 것이 『대학』이었는데, 정말 열심히 외웠습니다. 장성한 후인 민국(民國) 초년에는 이른바 서양 학당에서 공부했습니다. 물론 그곳에서는 『대학』과 『중용(中庸)』 따위는 아예 다루지 않았습니다. 하지만 워낙 어려서부터 읽고 외웠던 바탕이 있는지라 기억 저편에 자리 잡은 채 끝내 사라지지 않았습니다.

나중에 중앙군사학교에서 정치학을 가르치다가 우연한 기회에 어떻게 『대학』과 『중용』을 강의하게 되었습니다. 그야말로 가벼운 수레를 몰고 아는 길을 가는 격이었으나 그래도 제 생각에는 그런대로 괜찮은 강의였지요. 그 후 중일 전쟁의 후방 기지였던 사천(四川)의 오통교(五通橋)에서 그 지방 인사의 요청을 받아 다시 한 번 『대학』과 『중용』을 강연하게 되었습니다. 사실 강연 때마다 큰 요지와 원리는 변하지 않았습니다. 하지만

---

2 흔한 일이라는 뜻으로, 사공(司空)은 옛날의 관직명이다.
3 선생을 집으로 청해서 교육하는 방식으로 가정 교사를 말한다.

가르치고 배우다 보면 선생과 학생이 함께 자란다는 말처럼, 해를 거듭할수록 인생 경험이 더해지다 보니 그 깊이에서 확연히 차이가 났습니다.

기풍을 열되 스승이 되지는 않는다

　대만에 온 후 중년에 접어들면서 역사와 시대의 전변을 재차 겪게 되었고, 그로 인해 세상사에 대한 이해가 깊어졌습니다. 청나라 시인 전겸익(錢謙益)이 "마구간 속의 늙은 말은 부질없이 길을 알고, 부뚜막 아래에는 고생한 수레바퀴 애꿎게 땔나무가 된다네[櫪中馬老空知道, 爨下車勞枉作薪]"라고 읊었듯이 말입니다. 자못 가슴 뭉클한 데가 있는 시입니다.

　"마구간 속의 늙은 말은 부질없이 길을 아네"라는 구절은, 아무리 길을 잘 아는 노련한 말이라 할지라도 늙어 버리면 아무런 쓸모가 없어진다는 사실을 한탄한 것입니다. 결국에는 마구간에서 사육당하면서 살아 있는 천리마의 표본이나 될 뿐입니다.

　"부뚜막 아래에는 고생한 수레바퀴 애꿎게 땔나무가 된다네"라는 것은 또 무슨 뜻일까요? 십구 세기 이전에 중국에서 사용한 수레바퀴는 모두 나무로 만들었습니다. 이 나무 수레바퀴는 오랜 세월 굴러다니다 보면 나중에는 닳고 닳아서 도저히 사용할 수 없게 되고 맙니다. 시골 사람들은 낡은 수레바퀴를 가져다 땔나무로 사용하곤 했습니다. 즉 땔나무로 사용할 정도로 가치가 없어졌다는 뜻이지요. 여러분은 이 두 구절을 읽기만 해도 제 심정을 이해할 수 있을 것입니다.

　그래서 저는 당시 장(蔣) 교장[4]이 쓴 『과학적학용(科學的學庸)』의 식견에

---

4 장개석(蔣介石)을 가리킨다.

대해 그다지 동의하지 않았습니다. 게다가 저의 학문적 태도 역시 결단코 구차하지 않습니다. 하지만 정치부에서 저에게 강연을 요청해 왔는데 거절한다는 것은 인정상, 그리고 당시의 시대 상황에서는 불가능한 일이었습니다. 그처럼 미묘한 상황에서 제 자신이 처신했던 방법은 마치 『대학』의 "조그마한 저 꾀꼬리 언덕 한구석에 머물렀구나〔緡蠻黃鳥, 止於丘隅〕", "머무름에 있어서 그 머무를 곳을 안다〔於止, 知其所止〕"라는 것과 꼭 같았다고 하겠습니다.

돌이켜 생각해 보면 저 역시 참으로 여러 차례 충동을 느꼈습니다. 원시 유가의 학문에 뜻을 두고 연구할 만한 유망한 인재들이 있다면 내가 장차 그들의 선구자가 되리라는 생각도 했습니다. 청나라 시인 공자진(龔自珍)이 "기풍을 열되 스승이 되지는 않으리라"고 말했던 것처럼 말이지요. 그러나 결국은 실망하고 말았습니다. 또 학생들에게 수차례 강연을 하고 그들이 기록해 놓은 것을 책으로 펴내고자 하는 생각도 여러 번 하였지만 매번 기록해 놓은 내용이 마음에 들지 않아 그만두곤 했습니다. 학생들이 잘못 기록해서가 아니라 제가 강연한 내용이 철저하지 못해서였습니다. 옛 사람들은 "백에 하나도 쓸모가 없는 것이 서생〔百無一用是書生〕"이라고 말했습니다. 하지만 "백에 하나도 쓸모가 없는 서생"이 되는 일조차 그리 쉬운 일은 아닙니다. 원가가 너무 많이 들거든요.

2
오랜 억울함을 풀 길 없는 사서

『대학』은 사서(四書) 가운데 첫 번째 책입니다. 『중용』은 두 번째인 셈입니다. 사실 이렇게 말하는 것은 역대로 사서를 편성한 순서에 따른 것입니다. 더 자세히 말하면 『대학』은 공자의 학생인 증삼(曾參)이 자신이 깨달은 바를 써 놓은 한 편의 학습 논문이고, 『중용』은 증자의 학생이면서 공자의 손자인 자사(子思)가 자신이 깨달은 바를 써 놓은 한 편의 학습 논문입니다. 『예기(禮記)』 속에 들어 있던 이 두 편의 논문을 송대(宋代)부터 『논어』, 『맹자』와 한데 묶어서 '사서'라고 부르기 시작했습니다.

과거에 합격해 공명을 얻는 데 잘못 사용되다

세월을 거슬러 올라가서 팔구십 년 전으로 되돌아간다면 사서를 모르는 사람이 거의 없었을 겁니다. 그 명성은 중국인 특히 중국 지식인의 모든 사상을 천여 년간 완벽하게 구속해 왔으며 지식인의 의식 형태를 제한해 왔습니다. 어느 누구도 감히 그 경계선을 넘으려 들지 않았습니다. 특히 송대 이후로, 더 엄밀하게 말해 남송 이후로 한 사람의 지식인이 생활의 방편을 찾고자 한다면, 더욱이 과거에 합격하여 관직에 나아가고자 한다면 사서를 술술 외워야만 했습니다. 그것도 주희(朱熹)의 견해를 그대로 따라야만 했지요. 마치 현대의 젊은이들이 명문 학교에 합격하고 학위를 받기 위해 교과서에 나오는 문제들을 죽기 살기로 외우는 것과 꼭 같았습니다.

그러나 그 모든 것이 "천하 영웅들의 기운을 소모시키는[銷磨天下英雄氣]" 장애물일 뿐이었습니다. 오직 명 말 청 초의 산서(山西) 태곡(太谷) 일대 사람들만은 그렇게 하지 않았습니다. 우수한 인재들은 반드시 상업을 통해 치부했는데, 그런 용기와 식견이 없는 사람들만 어쩔 수 없이 사서를 공부해 과거 시험을 보았습니다.

원(元)·명(明) 이후 청조(淸朝)에 이르는 육칠백 년간 시행된 이른바 삼급취사(三級取士)의 단계란, 현시(縣試)에 합격해 수재(秀才)가 된 다음에 향시(鄕試)에 합격한 거인(擧人)을 거쳐 전국적인 시험에서 합격해 진사(進士)가 되거나 장원(狀元)으로 급제하는 것을 말합니다. 이 모든 과정에서 시종일관 사서와 오경(五經)인 『시경(詩經)』, 『서경(書經)』, 『역경(易經)』, 『예기(禮記)』, 『춘추(春秋)』라는 이 일련의 책들에서 벗어날 수가 없었습니다. 학식이 아무리 풍부하고 재주가 아무리 높고 제자백가의 학문에 능통했다 하더라도, 과거 시험 답안의 내용이 사서와 오경의 범위를 벗어났다가는 합격일랑 생각지도 말아야 했습니다. 관직으로 나아가는 길에서 영원히 멀어지게 될 뿐이었지요.

사상 통제 수단이 되어 버린 '신팔고'

명조(明朝)부터는 과거 시험의 작문 형식으로 특별한 문체를 만들어 냈는데 이것을 '팔고(八股)'[5]라고 불렀습니다. 만약 자신의 학문이 한유(韓愈)나 소동파(蘇東坡)보다 훨씬 낫다고 생각해서 문장 격식을 팔고에 의거하지 않는다면, 곧바로 엉덩이를 툭툭 털고 시험장을 떠나야 했습니다. 이러한 팔고 의식은 청조(淸朝)가 망한 후에도 여전히 발전하였으며 더 심해지기도 했습니다.

국민당이 정권을 잡고 있던 시기에는 시험 답안에 만약 삼민주의(三民主義)라는 이른바 '당팔고(黨八股)'가 들어가지 않으면 출세할 생각을 버려야 했습니다. 그 후의 정당도 유사한 틀에서 벗어나지 못했지요. 그래서 수십 년 전에는 공가점(孔家店)[6]을 타도하고 팔고문을 버리자는 대혁명의 물결이 일어나고야 말았습니다. 필연적인 추세이자 결과였습니다. 그런데 구팔고(舊八股)를 버리고 나자 예전보다 더 심해진 신팔고(新八股)가 출현할 줄 누가 알았겠습니까? 예전의 팔고는 단지 문장의 격식을 제한했을 따름이었지만 현재의 팔고는 오히려 사상을 통제하는 수단이 되었습니다. 시대가 진보한 것인지 아니면 퇴보한 것인지 참으로 알 수 없습니다. 중국 문화는 언제나 그 휘황찬란함을 부흥시킬 수 있을까요!

---

5 명·청 시대에 과거 시험의 답안 작성에 사용하도록 규정된 특수한 문체. 파제(破題), 승제(承題), 기강(起講), 입제(入題), 기고(起股), 중고(中股), 후고(後股), 속어결구(束語結句)의 여덟 부분으로 구성되는데 이를 통해 사서를 중심으로 한 유가 경전의 내용을 논술 식으로 서술하는 것이다. 엄격하게 규정된 형식에 따라야 했기 때문에 실질적인 자기주장이나 창의적인 내용을 쓰기는 어려웠다.

6 직역하면 "공씨네 가게"라는 뜻으로, 공자가 제창한 학문인 유가(儒家)를 빗댄 말이다.

3
농촌교육을 책임지던 시골 서생

저는 때때로 이처럼 고금(古今)과 신구(新舊)의 대전환기에 태어난 것이 아주 재미있으면서도 다행스러운 일이었다고 생각합니다. 물론 그 사이에 겪은 위험과 고생은 일일이 말로 다할 수 없기는 합니다만.

전통적인 농촌 정경

저는 어려서 바닷가 마을에서 성장하였는데 그곳 주민들은 농사도 짓고 고기도 잡으면서 살았습니다. 동남쪽 해안의 구석진 그 마을은 산 높고 물 맑은—사실 물은 짜고 탁했습니다만—곳이었습니다. 아침 안개와 저녁 노을이 아름다운 데다 바다 물결이 찰랑거리는 마을이었습니다.

바다에 면해 있는 곳은 원래 어떤 풍조이든 가장 먼저 전해지는 법입니다. 동양의 풍조가 되었건 서양의 풍조가 되었건 아주 빨리 작은 마을로 불어왔습니다. 취사용 부싯돌이 완전히 사라지기도 전에 신식 성냥이 한 갑 한 갑 들어왔습니다. 바다 위에도 마찬가지로 교만한 기풍이 넘실대고 있었습니다. 제 세상인 양 설치고 다니는 화륜선이 울려 대는 기적 소리에 모두들 해변으로 뛰어가서 구경하느라 정신이 없었습니다. 얼마나 신기하고 놀라웠는지 모릅니다. 나중에는 또 하늘을 나는 비행기와 그 앞좌석에 타고 있는 사람을 보게 되었습니다. 물론 그리 높이 나는 비행기는 아니었습니다. 눈으로 볼 수 있을 정도였으니까요. 모두들 사람이 어떻게 하늘을 날 수 있을까 하고 더욱 신기해했습니다. 밤을 밝히던 청유등(靑油燈)[7]과 양초도 점차 석유등에 밀려났습니다. 촛불에 비해 석유등이 너무나 밝았기 때문입니다.

하지만 마을은 경찰이니 촌장 따위가 없이도 오랜 세월 조용히 잘 지내왔습니다. 비교적 연세가 지긋한 지보(地保)[8]가 있을 뿐이었지요. '지보'란 예전 청조(淸朝)의 제도로서 지방의 가장 말단 관직이었는데 '보정(保正)'이라고도 불렀습니다. 하지만 서로가 잘 아는 사람들인지라 보정이 하는 일이라야 기껏 자기 한 몸 지키는 정도였습니다. 관청에서 무슨 공문이 내려오면 포고문을 붙인다거나 아니면 문간에 서서 인사나 하는 것이 고작이었지요. 어쩌다 사람들이 시끄럽게 떠들어 대는 소리를 듣고서 보정을 불러오면 틀림없이 어느 집 닭을 도둑 맞은 것이었습니다. 시골에서는 닭도둑의 출현이 옛날 태평천국(太平天國)의 난보다 더 신기하고 무서운 사건이었습니다.

이런 시골 생활이 이십 세기 초까지 줄곧 유지되어 왔습니다. 병란이나 흉년을 제외하고는 대대로 거의 아무런 변화가 없었습니다. 송대 시인들은 정감이 넘치는 시를 잘 지었는데 범성대(範成大)의 전원시가 그러합니다.

---

7 식물성 기름을 사용한 등.
8 청대(淸代)에 시작되어 민국(民國) 초까지 있었던 마을의 치안 담당인을 말한다.

신록이 산과 들을 두르고 시내는 온통 흰빛이라 　　　　　綠遍山原白滿川

소쩍새 울음 속에 비가 연기처럼 내리네 　　　　　　　子規聲裡雨如煙

향촌의 사월에는 한가한 사람 드물어라 　　　　　　　鄕村四月閒人少

누에치기 끝내면 또다시 모내기라네 　　　　　　　　　纔了蠶桑又揷田

뇌진(雷震)의 「촌만(村晩)」이라는 시도 그렇습니다.

연못가에 풀 무성하고 물은 둑에까지 찼는데 　　　　　草滿池塘水滿陂

서산에 걸렸던 낙조는 찬 물결 속으로 사라지네 　　　山銜落日浸寒漪

소 등에 걸터앉아 집으로 돌아가는 목동은 　　　　　牧童歸去橫牛背

가락도 없이 입에서 나오는 대로 단소 불어 대는구나 　短笛無腔信口吹

저는 가랑비가 바람에 흩날리는 날이나 고즈넉한 황혼녘이 될 때면 언제나 문가에 서서 경이롭게 그런 광경을 바라보았습니다. 저도 소 등을 타고 저들의 신명 나는 피리 소리를 배워 보고 싶었습니다. 하지만 안타깝게도 그 목적은 이루지 못한 채 한평생 오로지 입에서 나오는 대로 허풍이나 치면서 칠팔십 년을 보냈습니다. 그래 봤자 소 등에 걸터앉아 단소를 불어 대던 어린 친구의 고명함에 훨씬 못 미치니 참으로 한심한 노릇이지요!

농촌의 자발적인 교육

이렇듯 조용한 작은 마을에서도 몇몇 아이들은 공부를 하고 싶어 했습니다. 사실대로 말하면 어른들의 극성이었습니다. 시골 아이들은 도무지 공부라는 것이 뭔지 몰랐습니다. 게다가 듣자 하니 선생님을 모셔다가 책을 읽는데 제대로 못 읽었다가는 손바닥을 맞는다는 것이었습니다. 그러니 아이들에게는 정말 재미없는 노릇이지요. 하지만 어른들은 하나같이 이렇게 말했습니다. "천자는 영웅호걸을 중시하고 글은 너희들을 가르친다. 모든 것이 다 하찮지만 오직 책 읽기만이 고상하다." 그래서 어떻게든 책을 읽어야만 했습니다.

삼천여 년에 걸쳐 행해진 중국인의 교육은 예로부터 모두 농촌에서 시작되었으며 또 자발적인 것이었습니다. 이십 세기 이전에 교육을 관장한 사람들은 지식인 가운데서도 이미 일정 정도의 성취를 거둔 고급 지식인만을 염두에 두었습니다. 역대의 과거 시험이라는 것도 실은 이미 선발된 민간 지식인들 가운데서 가려 뽑아 벼슬을 주는 형태였지요. 사실 벼슬은 일종의 낚싯밥에 불과했습니다. 위정자들은 그것을 이용해 천하의 영웅 인재들을 낚았습니다. 요즘 정부에서 하는 것처럼 교육 예산을 책정하는 일도 없었거니와 최소한의 의무 교육에 대한 계획조차 없었습니다.

십구 세기 말부터 이십 세기 초까지 시골 마을에서 행해지던 가정 교사 교육은, 자제들의 공부에 열성을 지니고 있던 한 집 혹은 몇몇 집이 중심이 되어 낙제한 수재(秀才)를 모셔 오는 형태였습니다. 이른바 "기구한 운명은 요절하느니보다 못하니 집안이 가난하여 어쩔 수 없이 훈장이 된" 선생님이 몇 명 혹은 수십 명의 아이들을 모아 놓고 책을 읽혔습니다. 청대 사람의 시를 한 수 인용해서 그 광경을 한번 살펴보겠습니다.

한떼의 까마귀 저녁 바람에 떠들어 대는데	一群烏鴉噪晚風
학동들은 일제히 소리 질러 대니 목청도 좋구나	諸生齊放好喉嚨
조 전 손 리 주 오 정	趙錢孫李周吳鄭
천 지 현 황 우 주 홍	天地玄黃宇宙洪
『삼자경』 끝나면 『감략』 뒤적이고	三字經完翻鑑略

『천가시』끝내면『신동』을읽네   千家詩畢念神童

그중에 총명한 아이는   其中有個聰明者

하루 세 줄『대학』과『중용』을 읽는다네   一日三行讀大中

여러분도 읽어 보면 참 재미있는 시라고 생각하실 것입니다. 하지만 아마도 무슨 뜻인지는 잘 모르는 분이 많을 겁니다. 이 시를 이해하기 위해서는 먼저 팔구십 년 전의 아동 교육용 도서에 대해 알아야 합니다. 가장 기본이 되는 책 여덟 권이『백가성(百家姓)』,『삼자경(三字經)』,『천자문(千字文)』,『천가시(千家詩)』,『감략(鑑略)』,『신동(神童)』이었습니다. 거기에서 더 깊이 들어가면『대학』,『중용』이 덧붙었습니다.

4
아동 계몽 교육에 관해 분석하다

『백가성(百家姓)』은 매 구가 네 글자인데, 첫 번째 구가 '조전손리(趙錢孫李)'이고 두 번째 구가 '주오정왕(周吳鄭王)'입니다. 왜 첫 번째 성이 조(趙)씨냐고 묻는 사람도 있습니다. 그것은 이 책이 송대(宋代)에 편찬되었는데 송조(宋朝)의 황제가 바로 조씨였기 때문입니다. 두 번째 성이 전(錢)씨인 것은 강남 절강(浙江)의 봉왕(封王)이 전류(錢鏐)였기 때문입니다. 조씨 황제가 첫 번째이고 돈(錢) 있는 사람이 두 번째라는 의미가 아닙니다. 그런데 위의 시 제3구에서는 왜 '주오정'까지만 썼을까요? 그것은 시를 지을 때 칠언시(七言詩)는 여덟 글자까지 쓰면 안 되기 때문입니다. 그다음은 읽어 보기만 하면 알 수 있습니다.

『천자문(千字文)』역시 매 구가 네 글자로서 대단히 훌륭한 책입니다. 천 개의 서로 다른 글자를 이용해 중국 문화의 요체를 표현하였는데, 이 책의 첫 번째 구가 '천지현황(天地玄黃)'이고 두 번째 구가 '우주홍황(宇宙洪荒)'입니다. 하지만 위의 시에서는 일곱 글자를 맞추기 위해 마지막 글자를 빼버렸기 때문에 '천지현황우주홍'이 된 것입니다. 그렇게 하면 평측(平仄)도 맞고 압운(押韻)도 됩니다.

하룻밤 사이 백발이 되며 쓴 『천자문』

『천자문』의 저자는 양 무제(梁武帝) 때 산기원외랑(散騎員外郎)을 지낸 주흥사(周興嗣)입니다. 역대로 정사(正史)에서는 이처럼 한 줄밖에 언급하지 않았지만, 야사(野史)에 기록된 것을 보면 내막이 그처럼 간단하지만은 않았습니다.

주흥사는 본래 무제와는 문자지교(文字之交)를 맺은 친구 사이였습니다. 제(齊)나라 당시에는 조정의 동료이기도 했습니다. 그러던 것이 무제가 황제가 되면서 그만 군신 관계로 변하고 말았습니다. 친구 사이에서 군신 관계로 변했으니 둘 사이가 원만했을 거라고들 말하지만, 사실 군주와 벗한다는 것은 호랑이를 벗하는 것과 다르지 않습니다. 가히 최악의 일이라고 할 수 있지요.

한번은 주흥사가 실수로 무제에게 잘못을 저지르고 말았습니다. 화가 난 무제는 그를 죽이든지 아니면 아주 엄하게 처벌하리라 마음먹었습니다. 하지만 아무래도 그렇게까지는 할 수 없어서 일단 그를 가두어 두라고 명했습니다. 그런 다음 무제는 이렇게 말했지요. "너는 글재주가 아주 뛰어났었지. 만약 하룻밤 사이에 천 개의 서로 다른 글자를 가지고 훌륭한 글 한 편을 짓는다면 너를 사면해 주겠노라." 그렇게 되어 주흥사는 하룻밤 동안 심혈을 기울여 『천자문』이라는 글을 써냈습니다. 그런데 글을 다 쓰고 나자 하룻밤 사이에 그만 머리카락이고 눈썹이고 수염이고 간에 모두 하얗게 세어 버렸습니다.

생각해 보십시오. 천 개의 서로 다른 한자를 이용하여 우주, 물리, 인정, 세태를 망라하는 문장을 써냈습니다. 그것도 하룻밤에 말입니다. 그것은 잘 다듬어진 한 편의 '중국 문화 강령'을 써낸 것과 마찬가지였지요. 물론 시대적으로는 남북조 시기의 양 무제 시대까지 제한되었겠지만 그렇다

하더라도 정말 어려운 일이었을 겁니다. 무제 자신도 문학적 자질이 비범한 사람이었기 때문에 주흥사가 하룻밤 사이에 쓴 『천자문』을 본 순간 탄복하지 않을 수 없었습니다. 그래서 용서를 얻은 것은 물론이고 상까지 받았습니다.

『삼자경(三字經)』은 매 구가 세 글자인데, 유가 학설 가운데 공자의 관점인 "사람은 처음부터 본성이 선하다〔人之初, 性本善〕"라는 구절로부터 시작해서 유가의 기본 이념을 종합적으로 서술해 청소년을 교육하는 책이었습니다. 과거의 아동 교육용 책들이 지금은 고전문학연구소의 자료실에나 가 있습니다.

『천가시(千家詩)』는 당(唐)·송(宋) 시인들의 명시를 모아 초학자들의 작시(作詩) 교재로 만든 책입니다. 청 말 민국 초의 석인본(石印本)[9] 가운데는 이어(李漁)의 운대(韻對)가 붙어 있는 것도 있습니다. 예를 들어 '천대지(天對地)', '우대풍(雨對風)', '산화대해수(山花對海樹)', '적일대창궁(赤日對蒼穹) 등 참 재미있습니다.

옛날에는 공부해서 공명을 얻으려면 시 짓는 재능을 타고났든지 못 타고났든지 반드시 작시 시험을 치러야 했습니다. 시를 지으려면 먼저 대자(對子)[10]를 배워야 했습니다. 특히 청조에 이르면 대자를 짓는 것이 시를 짓는 것보다 더 성행했습니다. 이런 풍조는 당대(唐代)에서 시작되어 민국에 이르기까지 지속되었지요. 몇 년을 공부해서 좋은 시를 지을 줄 모른다면 엉터리 시라도 끼적거려야 했습니다. 어떤 사람은 이렇게 말합니다. "과거 중국은 시인의 나라였다." 다소 과장이 들어갔다 치더라도 풍자하는 바가 있는 말입니다.

---

9 사진 석판에 의한 영인본을 말한다.
10 한 쌍의 대구(對句)의 글귀 즉 대련(對聯)을 가리킨다.

사람 노릇을 배운 다음 정치를 논하다

『감략(鑑略)』은 중국 통사를 집약시키고 또 집약시킨 책입니다. 청소년들이 자기 나라의 역사를 이해하기 편하게 그 대강만을 기술한 겁니다.

『신동(神童)』이나 『제자규(弟子規)』는 아이들에게 먼저 사람 노릇을 하게끔 올바른 품행을 가르치는 책입니다. 당연히 정치의식에는 그다지 치중하지 않았습니다. 청 말에 유신변법(維新變法)이 시작되어 과거 제도를 없애고 서양 학당을 세우면서부터 일본 메이지 유신의 방식을 좇아 가숙이나 서원에서 행해지는 교육은 법으로 승인하지 않게 되었습니다. 게다가 법적으로 가숙은 사숙(私塾)이라 하고 신식 학교만을 정규 교육이라고 불렀습니다. 청 왕조가 물러나고 민국이 들어섰어도 여전히 북양군벌(北洋軍閥) 정권 아래 있던 민국의 소학교와 중학교에서는 『신동』이니 『제자규』니 하는 골동품을 사용하지 않고, 교육부 주관으로 『수신(修身)』이라는 교재를 편찬했습니다.

『수신』은 북벌(北伐) 시기까지 사용하다가 국민당 정부가 들어서자 다시 폐기해 버리고 『공민(公民)』이라는 과목으로 바꾸었습니다. 중일 전쟁을 전후해서는 정당끼리 서로 다투었기 때문에 다시 『정훈(政訓)』으로 고쳤습니다. 그 후 중화인민공화국이 성립되자 『정치(政治)』 과목으로 바뀌었습니다. 『정훈』이건 『정치』건 그 목적은 전국의 인민들이 정치에 대해 잘 알도록 교육시키는 것이었습니다. 하지만 사람 노릇이라고 하는 기본 교육을 토대로 하지 않으면 어떻게 훌륭한 국민, 훌륭한 공복(公僕)이 될 수 있다는 말입니까!

5

소리 내어 읽고 외우는 독서법

ㄹ

앞에서 말한 『삼자경』, 『백가성』, 『천자문』, 『천가시』 외에도 당시 가숙이나 민간 사회에서 보편적으로 유행했던 책으로 『증광석시현문(增廣昔時賢文)』이라는 책이 있었습니다. 말하자면 교과 과정 이외의 교재였던 셈이지요. 옛사람들의 명언을 모아 놓은 이 책에는 인생 처세에 관한 격언들이 들어 있었습니다. 다소 소극적인 것도 있고 적극적인 것도 있었지만 아무튼 남녀노소 가릴 것 없이 읽기 쉽고 또 외우기가 쉬웠습니다. 거의 모든 사람들이 수긍하는, 마치 인성(人性)의 공명(共鳴) 같다고 할까요. 예를 들어 "길이 멀어야 말의 힘을 알 수 있고 일이 오래되어야 사람의 마음이 드러난다(路遙知馬力, 事久見人心)"라든지, "호랑이를 그리면 가죽은 그려도 뼈는 그리기 어렵고, 사람을 알면 얼굴은 알아도 마음은 알지 못한다(畫虎畫皮亂畫骨, 知人知面不知心)"라든지, "말이 달리는데 힘이 없으면 그 모두가 말랐기 때문이고, 사람이 풍류를 모르면 오로지 가난하기 때문이다(馬行無力皆因瘦, 人不風流只爲貧)" 등 재미있으면서도 의미가 있는 글이 아주 많습니다. 그중에는 당·송 시인들의 명구도 많고 소설에서 뽑아 온 것도 있습니다. 또 입에서 입으로 전해지는 민간 속담도 들어 있습니다. 하지만 문학적, 철학적인 맛을 지니고 있어서 일부러 언급한 것입니다.

편지나 쓰고 장부나 기록할 줄 알면 된다

그렇다면 당시 농촌에서 행해지던 가숙의 공부는 성공적이었을까요? 대부분은 실패했다고 할 수 있습니다. 아이를 가숙에 보내는 부모들은 대부분 그저 글자 몇 자 알아서 앞으로 장부나 쓸 줄 알면 된다고 말했습니다. 농촌은 본시 일손이 부족한 터라 공부해서 벼슬하는 것은 바라지도 않았지요. 편지깨나 쓸 줄 알면 시골에서는 재원으로 통했습니다. 실제로 그랬습니다.

당시 제가 보았던 시골 사람들은 타지로 나간 집안의 누군가에게 편지를 보내려고 할 때나, 혹은 외지 사람에게서 편지가 왔을 때는 일단 그것을 들고 길거리나 다른 사람 집으로 갔습니다. 그러고는 공부는 했지만 시험에 떨어져서 아예 탁자를 펴 놓고 전문적으로 남의 편지를 대신 써 주거나 장부를 기록해 주면서 살아가는 사람을 불러다가 편지를 쓰거나 읽어 달라고 했습니다.

그래서 이런 이야기도 있습니다. 어떤 남편이 돈 벌러 타지로 나갔는데 그만 우산 가져가는 것을 잊어버렸습니다. 그래서 집으로 편지를 했는데, "돈이 있으면 돈을 가지고 오고 돈이 없으면 목숨을 가지고 오라"라고 썼습니다. 편지를 본 식구들은 깜짝 놀랐습니다. 나중에야 '우산〔傘〕'을 '목숨〔命〕'으로 잘못 썼다는 것이 밝혀졌습니다.

또 하나는 직접 겪은 일입니다. 제가 시골에서 살 적에 저와 나이가 엇비슷했던 그 사람은 시골 훈장 밑에서 함께 공부했던 제 이웃이었습니다. 이십여 년이 지나 대만에서 우연히 만났을 때는 정말로 "처음 보았을 때는 꿈이 아닌가 의심하고 슬퍼하면서 각자 나이를 묻노라" 하는 심정이었습니다. 그는 나를 알아보았는데 저는 거의 알아보지 못할 뻔했습니다. 저는 여기에서 무슨 일을 하느냐고 물어보았습니다.

그가 대답했습니다. "장사를 한다네. 비교적 순조로워서 재산도 약간 모았지. 지금은 큰 식당을 하나 열려고 해. 마누라는 고향에 있네. 한데 여기에서 마누라를 또 하나 얻었어. 집에서는 모르지. 자네도 여기 온 걸 보니 정말 기쁘기 그지없네. 자네는 혹시 우리 집 소식을 자세히 아는가? 편지를 쓰고 싶어도 적당한 사람을 찾을 수가 없었는데 자네가 나를 좀 도와주게나!" 제가 말했습니다. "자네도 공부를 하지 않았나?" 그 사람의 대답은 이랬습니다. "아이고, 자네는 내가 얼마나 꼴통이었는지 아직도 모른단 말인가? 그때 한두 해 공부해서 겨우 큰 글자 몇 개 알았는데, 그나마도 지금은 그 선생한테 도로 다 돌려줘 버렸네."

동향 사람이고 그것도 어릴 적 친구이니 인정상 마다할 수 없어서 매번 편지를 대신 써 주었습니다. 이런 비서 노릇은 사실 참 힘든 일입니다. 시골 사람들이 알아볼 수 있도록 써야 하고 또 사투리도 잘 알아야 하니 말입니다.

한번은 이 친구가 급한 일로 저를 찾아 달려왔습니다. 그때 저는 마침 바쁜 일이 있었는데, 곁에 서서는 어서 붓을 잡고 편지를 쓰라고 재촉하는 것이었습니다. 제가 말했습니다. "자네는 어쩌면 그렇게 꽉 막혔나? 지금 한창 바쁜 게 보이지도 않나? 급하면 자네가 직접 쓰게!" 그랬더니 그 사람이 이렇게 말했습니다. "내가 붓을 잡으면 이건 마치 몽둥이를 집어든 것 같아. 하지만 자네야 만년필로 몇 번 줄만 그으면 되잖는가. 간단한 일이잖아." 저는 그 말을 듣자 얼른 말했습니다. "자네는 내가 자네 대신 편지 한 통 쓰는데 얼마나 많은 대가를 치러야 하는지 알기나 하는가?" 그는 이 말을 듣더니 눈이 휘둥그레지면서 말하는 것이었습니다. "뭐? 고작 편지 한두 장 쓰느라 손가락 조금 움직이는 걸 가지고 뭐 그렇게까지 말할 것 있나!"

제가 말했습니다. "정말 이해를 못하는구먼. 잘 생각해 봐. 우리 어머니가 열 달 동안 나를 배 속에 품고 있다가 낳았고 또 몇 년간 젖을 먹여서 키웠네. 그 후 이십여 년간 고생고생해서 공부시켰는데 학비는 고사하고 밥값만 해도 얼만가? 그런데 이제 와서 자네 비서 노릇이나 하면서 편지나 쓰라니. 생각해 보게, 이렇게 되기까지 밑천이 얼마나 들었는지." 그는 제 말을 듣자 어안이 벙벙해져서 한참을 생각하더니 웃으면서 말하는 것이었습니다. "자네 말도 맞기는 하네만 그렇다고 이렇게 야단치면 어쩌나. 어찌 되었든 빨리 편지나 한 통 써 주게!"

학동들은 일제히 소리 질러 대나니 목청도 좋다

앞에서 인용한 시는 예전에 가숙에서 벌어지던 교육 광경을 묘사한 것인데, 작가의 이름은 남아 있지 않지만 아마도 뜻을 펴지 못한 문인이 생활의 방편으로 훈장 노릇을 하면서 지은 시인 듯합니다.

첫 번째와 두 번째 구는 당시 가숙에서 아동들이 책 읽던 모습을 대단히 생생하게 잘 묘사하고 있습니다. 시골 아이들 가운데 정말로 공부를 좋아하는 아이는 별로 없었습니다. 이것이야말로 교육학자들이 연구해야 할 어린이의 성향(性向) 문제입니다. 아이들이 가장 신나는 때는 공부를 파하고 집으로 돌아가는 황혼녘이었습니다. 윗자리에 앉으신 선생님께서 앞으로 몇 번만 잘 읽으면 오늘 공부를 끝내겠노라 말씀하시면, 아이들은 정신을 바짝 차리고 오늘 배운 부분을 큰 소리로 낭송합니다. 자기를 위해서 읽는 것이 아니라 선생님께 들려 드리려고 읽는 것이었지요.

저학년은 『백가성』이나 『삼자경』을 읽고 고학년은 『천자문』이나 『천가시』 등을 읽는데, 저마다 눈을 부릅뜬 채 의기양양하게 앉아 있지만 슬쩍슬쩍 서로 치고받아 가면서 웃음 띤 얼굴로 소리를 내지릅니다. 그 모습은 정말로 "한 떼의 까마귀 저녁 바람에 떠들어 대는데, 학동들은 일제히 소리 질러 대나니 목청도 좋구나"라는 것이었습니다. 『백가성』을 읽는 아이는 "조전손리주오정"일 것이고 『천자문』을 읽는 아이는 "천지현황우주홍"일 것입니다. "『삼자경』 끝나면 『감략』 뒤적이고, 『천가시』 끝내면 『신동』을 읽네." 이 모두가 실제 상황이었습니다.

마지막 두 구는 "그중에 총명한 아이는, 하루 세 줄 『대학』과 『중용』을 읽는다네"입니다. 이것은 학생들 가운데 비교적 총명한 아이가 있어서 장차 과거 시험을 보고자 준비하는 경우, 선생님이 매일 그 아이에게는 『대학』이나 『중용』을 몇 줄씩 더 가르치는 것을 말합니다. 하지만 가르친다고는 해도 글자나 깨우쳐 주는 것이지 『대학』과 『중용』의 심오한 뜻을 들려주는 것은 아니었습니다. 사실 선생님 자신도 아직 진정으로 이해하지 못했을 수도 있습니다. 대부분의 선생님이 죽어라 외우기만 시키면서 앞으로 천천히 이해하게 될 것이라고 말했습니다.

제 경우를 보더라도 그렇습니다. 당시 선생님께서 책을 외우게 하면서 앞으로 천천히 이해하게 될 것이라고 하신 말씀을 일이십 년이 지나 곱씹어 보면, 참으로 선견지명이 있었구나 하는 생각이 들면서 그 발뺌식 교육법에 감탄하게 됩니다. 참으로 절묘한 유머가 숨어 있었다고 하겠습니다.

6

세 문자를 알아야 중국 문화를 이해한다

정식으로 『대학』과 『중용』을 풀이하기 전에 우선 중국 문화에서 중요한 세 문자의 함의에 관해 알아야 합니다. 그것은 바로 도(道), 덕(德), 천(天) 자입니다. 거기다 대인(大人)이라는 명사의 뜻까지 보태고 나서 『대학』이나 『중용』을 읽으면 훨씬 읽기 편할 것입니다.

중국 문자는 아주 옛날부터 다른 민족의 문자와는 달랐습니다. 형태상 네모진 중국 글자는 인도의 범문(梵文), 고대 이집트의 상형 문자와 더불어 모두 하나의 도형으로 사유 언어의 의미를 표현합니다. 그래서 한대(漢代)에 이르면 문자를 전문적으로 연구하는 학문이 생겼습니다. 그것은 육서(六書)를 가지고 중국 문자의 형성 및 그 용법을 설명하는 것입니다.

이른바 '육서'란 상형(象形), 지사(指事), 회의(會意), 형성(形聲), 전주(轉注), 가차(假借)를 말합니다. 이런 것은 한학(漢學) 가운데서도 가장 빼어난 '소학(小學)'과 '훈고(訓詁)'의 범주에 속합니다. 그러나 그것은 전문적인 학문 분야로서 굳이 이 자리에서 길게 설명할 필요는 없습니다. 다만 여기에서 말하는 '한학(漢學)'은 한대의 문자학이나 고증학을 가리키는 말이지 외국인들이 중국의 문학이나 학술을 일컬어 부르는 한학(漢學)과는 그 의미가 다릅니다.

그렇다면 왜 제가 고서를 읽으려면 먼저 도, 덕, 천 등의 글자와 대인이 라는 말을 이해해야 한다고 할까요? 그것은 한대의 문자학인 소학 및 훈 고와도 관계가 있습니다. 우리가 춘추 전국 시대 이후의 제자백가 서적을 읽을 때, 특히 유가와 도가 서적을 읽을 때는 이상의 몇 글자가 서로 다른 어구와 편장(篇章)에서 사용되었을 경우 동일한 의미로 이해해서는 안 되 기 때문입니다. 그러지 않았다가는 자신의 사유를 다른 길로 끌고 가기 십 상입니다.

'도' 자의 다섯 가지 의미

'도(道)'에는 다음과 같은 다섯 가지 의미가 있습니다.

첫째, '도로(道路)'라고 할 때의 도입니다. 다시 말해서 길을 도라고 부 릅니다. 고서의 많은 주해에서 "도란 경로이다(道者, 徑路也)"라고 한 것이 바로 이 뜻입니다.

둘째, 이치 혹은 방법상의 원리 원칙을 집약한 명사입니다. 예를 들어 『역경』「계사전(繫辭傳)」에서 "음양이 갈마드는 것을 도라 한다(一陰一陽之 謂道)"라고 말한 것과 같습니다. 의약(醫藥)에서 불변의 원리는 의도(醫道) 혹은 약물(藥物)의 도라고 부릅니다. 정치에 이용되는 원칙은 정도(政道) 라고 부릅니다. 군사에 사용되는 것은 병도(兵道)라고 부릅니다. 『손자(孫 子)』열세 편 속에 나오는 "병이란 궤도이다(兵者, 詭道也)"라는 말이 그런 뜻입니다. 심지어 자고이래 사람들이 입버릇처럼 말하는 "도둑질에도 도 가 있다(盜亦有道)"라고 할 때의 도(道) 역시 그런 뜻입니다. 천도(天道), 지 도(地道), 인도(人道)라고 할 때의 도 자가 모두 특정한 법칙을 가리키는 도 입니다.

셋째, 형이상학의 대명사로서 『역경』 「계사전」에서 "형이하인 것을 기라 하고〔形而下者謂之器〕", "형이상인 것을 도라 한다〔形而上者謂之道〕"라고 할 때의 도입니다. 형이하(形而下)라는 말은 물리 세계와 물질세계에서 형상을 지니고 있는 것을 가리키는 말인데, '기(器)' 자가 바로 형상을 지니고 있는 것을 가리킵니다.

그렇다면 물질적인 혹은 물리적인 형상을 초월한 본체 즉 만상(萬象)의 주인이 될 수 있는 그것은 무엇일까요? 그것은 유물적일까요, 아니면 추상적이고 유심적일까요? 우리 조상들이 내린 전통적인 답은 '물(物)'도 아니고 '심(心)'도 아니었습니다. 심과 물은 각자 별개의 것으로서 그것 즉 본체의 작용이자 현상에 불과합니다. 무엇이라 딱히 이름 붙일 수 없는 그 것을 바로 도라고 불렀습니다.

예를 들어 『노자(老子)』라는 책에서는 맨 처음에 "도는 도라고 할 수 있으면 상도가 아니다〔道可道, 非常道〕"라는 말로써 도를 설명했는데, 바로 형이상에서 출발한 것입니다. 사실 '대학지도(大學之道)'라고 할 때의 도 역시 형이상에서 나온 이념입니다.

넷째, '말한다'는 뜻입니다. 고대 중원 문화에서는 늘 사용하던 용어로서, 민간 통속 소설만 좀 들여다봐도 곳곳에서 찾아볼 수 있습니다. '내 천천히 말할 테니 들어 보시오〔且聽我慢慢道來〕'라든지 혹은 "그가 말하기를〔他道〕", "할멈이 말하기를〔老婆子道〕" 등 너무 많아서 이루 다 셀 수가 없습니다.

다섯째, 한(漢)·위(魏) 시대 이후로 이 도(道) 자는 특정 종교나 학술 종파의 최고 종지 혹은 이념을 나타내는 대명사로 변했습니다. 예를 들어 협의도(俠義道)나 오두미도(五斗米道) 등이 그렇습니다. 당대(唐代)에 이르면 불가에서도 그것을 대명사로 사용했는데 "도는 날마다 사용하는 평범함 속에 있다〔道在尋常日用間〕"라는 말 같은 것입니다. 도가는 더 말할 필요도 없습니다. 도(道) 자를 거의 자기네 도가(道家)만을 위해 존재하는 말처럼 여겼으니까요. 송대에 이르면 거기에서 한술 더 뜹니다. 유가 학설, 유가 학파를 뜻하는 유학(儒學) 외에 도학(道學)이라는 명사를 따로 만들어서는, 마치 자기들이 유학이나 유림(儒林) 외에 공맹(孔孟)에게서 전해지지 않은 또 다른 도학의 도를 지니고 있는 것처럼 생각했습니다. 어찌 기괴한 일이 아니겠습니까!

'덕' 자의 여러 가지 의미

요즘 사람들은 '덕(德)' 자를 보기만 해도 자연스럽게 '도덕(道德)'을 연상합니다. 게다가 도덕이라는 말이 좋은 사람을 나타낸다는 것은 의심의 여지가 없습니다. 흔히 나쁜 사람에게는 "덕이 부족하다(缺德)"라고 말합니다. 사실 도와 덕을 한데 묶기 시작한 것은 한·위 이후부터였는데, 그것이 점차 입에 붙어 당대(唐代)에 이르면 『노자』를 아예 『도덕경』이라고 부르기 시작했습니다. 그리하여 도덕은 인격과 행위에 있어서 가장 보편적이면서도 가장 높은 표준이 되고 말았습니다.

하지만 전통적인 오경(五經) 문화에 따르면 "덕이란 얻는다는 것이다(德者, 得也)"라는 또 다른 해석이 존재합니다. 이미 어떠한 행위의 목적에 도달한 것을 가리켜 덕이라고 부르는 것입니다.

『상서(尙書)』「고요모(皐陶謨)」편의 정의에 따르면 모두 구덕(九德) 즉 아홉 종류의 행위 표준이 있습니다. "관대하면서 엄격하다. 유순하면서 확고하다. 신중하면서 공손하다. 다재다능하면서 삼가다. 순종하면서 강직하다. 정직하면서 온화하다. 대범하면서 날카롭다. 과단성 있으면서 독실하다. 굳세면서 의롭다(寬而栗. 柔而立. 愿而恭. 亂而敬. 擾而毅. 直而溫. 簡

而廉. 剛而塞. 彊而義〕."

『상서』「홍범(洪範)」 편에서는 그와는 별도로 삼덕(三德)에 대해 말했습니다. "첫째는 바르고 곧은 것이다. 둘째는 강함으로써 이기는 것이다. 셋째는 부드러움으로써 이기는 것이다〔一曰正直. 二曰剛剋. 三曰柔剋〕."

『주례(周禮)』「지관(地官)」 편에서는 또 '지(知)·인(仁)·성(聖)·의(義)·중(中)·화(和)'의 육덕(六德)에 관해 언급했습니다.

그 밖에 덕(德) 자와 관련해서 다음과 같은 경우도 있습니다. 위(魏)·진(晉) 이후 보급된 불교, 불학에서는 보시(布施)를 제창했습니다. 자신이 소유한 것을 중생에게 다 베풀어야 수행의 공적을 쌓을 수 있다고 가르쳤던 것입니다. 그런데 그것을 『서경』에 나온 동의어를 빌려 와서 공덕(功德)이라고 불렀습니다. 그로 인해 후세 사람들은 덕(德) 자를 들으면 습관적으로 공덕이라는 말과 붙여서 설명하곤 했습니다.

상고 시대의 전통문화에서 덕 자가 지닌 의미를 알아본 후 그것을 종합하고 다시 간략화해서 설명하자면, '도' 자는 체(體)를 가리키고 '덕' 자는 용(用)을 가리킨다고 할 수 있습니다. 이른바 '용(用)'이란 사람들이 생리적, 심리적으로 일으키는 각종 행위의 작용을 가리킵니다. 이러한 인식은 『대학』이라는 책을 연구하는 데 특히 중요한 부분입니다. 그러지 않았다가는 '명덕(明德)'과 '명명덕(明明德)'의 갈림길에서 갈피를 잡지 못하기 십상입니다.

고문(古文)은 원래 간략화를 원칙으로 하기 때문에, 오늘날 중국인의 교육을 문자학에서 시작하지 않으면 자신의 문화조차 이해하지 못하게 됩니다. 이해는커녕 옛사람들은 죽어 마땅한 놈들이고 전통문화는 골칫덩어리라고 생각하게 됩니다.

'천' 자의 다섯 가지 의미

'천(天)' 자를 보면 정말로 "아이고 하느님!" 소리가 절로 나옵니다. 고서를 읽다가 '천' 자가 튀어나왔다고 합시다. 자세히 살펴본다면 그 의미가 그리 쉽지만은 않을 겁니다. 똑같은 천이지만 어떤 곳에 쓰였느냐에 따라 그 뜻이 다릅니다. 이제 그것을 종합해 보면 도 자와 마찬가지로 다섯 가지 의미를 지니고 있습니다.

첫째, 과학적인 천입니다. 천문학적으로 천체의 하늘을 가리키는 말이지만 끝이 없는 우주를 포괄하는 말이라고도 할 수 있습니다. 왜 안 그렇겠습니까? 서양에서는 우주(宇宙)를 비행한다고 말하지만 우리는 '하늘[天]'을 비행한다고 말합니다. 그 둘이 같은 것인데도 각자 문화의 차이로 인해 사용하는 용어가 다를 뿐입니다.

둘째, 종교적인 천입니다. 지구상에 존재하는 인류와는 달리 눈에 보이지 않고 손으로 만질 수 없는 주재자가 별도로 존재한다는 사실을 나타내며, 그러한 존재를 하늘이라고 부릅니다. 상고 이래의 전통적인 관습상 때로는 '제(帝)'나 '황(皇)' 자와 동일한 뜻으로 사용했습니다. 하지만 제나 황은 뭐라 딱히 이름 붙일 수 없는 그것을 인격화한 것일 뿐입니다. 천 자를 사용하면 훨씬 추상적인 것이 됩니다. "하늘과 사람의 경계[天人之際]"라는 인식이 보여 주듯이 주재자가 존재한다는 뜻을 지니고 있습니다.

셋째, 형이상학적인 천입니다. 그것은 해, 달, 별이 늘어서 있는 천체를 가리키는 자연과학의 범주에 속하지도 않으면서 그렇다고 종교적인 유심론의 하늘도 아닙니다. 그것은 심(心)과 물(物)이 아니라, 심과 물 그리고 모든 만상의 근원입니다. 양(梁)나라 부선혜(傅善惠) 대사가 다음의 시에서 말한 것과 같은 것입니다. "천지보다 먼저 생겼고 형체도 없이 본디 고요하네. 만상의 주인이 될 수 있고 사시를 좇아 시들지 않는다[有物先天地,

無形本寂廖. 能爲萬象主, 不逐四時週)." 간단히 말하면 철학에서 '본체(本體)'라고 말하는 천입니다.

넷째, 심리적이고 정서적인 천입니다. 사람들이 습관적으로 묵인하는 '운(運)' 또는 '명(命)'과 관련된 하늘입니다. "하늘의 이치와 선량한 마음〔天理良心〕"이라고 할 때 도덕적인 행위가 의지하는 정신적인 하늘을 가리킵니다. 또 "궁함이 극에 달하면 하늘에 부르짖고, 고통이 극에 달하면 부모에게 부르짖는다〔窮極則呼天, 痛極則呼父母〕"라고 말할 때처럼 순수하고 관념론적인 천입니다.

다섯째, 시간이나 공간을 나타내는 말과 묶여 사용되는 천입니다. 예를 들어 일 년 삼백육십오 '일〔天〕', '오늘〔今天〕', '내일〔明天〕', '어제〔昨天〕' 및 '서쪽〔西天〕', '동쪽〔東天〕' 등입니다.

요컨대 중국 고서에 나오는 천 자의 여러 가지 서로 다른 뜻을 먼저 알아야 합니다. 이것은 『중용』이라는 책을 연구할 때 특히 중요합니다. 이제 됐습니다. 『대학』을 본격적으로 설명하기도 전에 하루하고도 또 하루가 지나고 말았군요.

7

대인의 학문에 관해 살펴보다

ㄹ

『대학』을 공부하기 위해서는 본문에 들어가기 앞서 '대인(大人)'이라는 명사를 알아야 합니다. 중국 전통문화에 관한 기록인『예기』에 따르면 옛 사람들은 팔 세가 되면 '소학(小學)'에 들어갔습니다. 먼저 청소와 응대에 관해 배우는 것에서 시작하여 차츰 '육예(六藝)' 즉 예(禮)·악(樂)·사(射)· 어(御)·서(書)·수(數)를 배웁니다.

청소란 인간의 기본적인 생활상의 위생과 노동을 말합니다. 응대란 사람과 사람 사이, 이른바 인륜상의 언어·예의·태도를 말합니다. 육예가 포괄하는 내용은 대단히 넓습니다. 예(禮)는 문화의 총화를 통칭하는 말입니다. 악(樂)은 생활의 예술을 말하는데 물론 음악도 포함합니다. 사(射)는 무공을 배우는 것으로, 상고 시대의 무기는 활과 화살이 위주였기 때문에 활쏘기의 사(射) 자로 나타냈습니다. 어(御)는 말과 마차를 모는 기술을 말합니다. 서(書)는 문자학을 가리키는데 여기에는 공문서의 학습도 포함됩니다. 수(數)는 산수와 수학을 가리키는 말로서, 상고 시대 과학의 선구였습니다.

팔 세에 소학에 들어가서 이십 세가 되면 더는 아이라고 할 수가 없습니다. 가족끼리 관례(冠禮)를 치르면 이제 정식으로 성인이 됩니다. 하지만 관례를 치르기 전인 십팔 세에 머리를 묶어도 역시 성인으로 쳐줍니다. 이른바 "머리를 묶고 관을 쓴〔束髮而冠〕" 후에는 한 단계 더 나아가 '대학(大學)'을 배워야 합니다.

어떤 사람을 대인이라고 하는가

  그렇다면 우리가 지금 살펴보려 하는 『대학』은 고대에 성인의 학문이라고 말하던 것일까요? 아니면 송대 유학자 주희 선생이 애매모호한 말로 주석을 붙인 것처럼 "대학이란 대인의 학문〔大學者, 大人之學也〕"일까요? 『대학』 첫머리에 나오는 "대학지도(大學之道)"가 대인의 학문을 가리킨다고 치면 어떤 사람을 대인(大人)이라고 할 수 있습니까? 중국 문화 삼천여 년간의 관습처럼 관직에 있거나 심지어 돈으로 관직을 산 사람조차 모두 대인이라고 부르는 것일까요? 증자(曾子)의 원래 뜻이 어떻든, 혹은 주희의 주해가 어떻든지 간에 『대학』이라는 책은 벼슬아치들을 전문적으로 가르치는 책이 결코 아닙니다.

  글자의 어원학적 측면에서 보면 대인이라는 명사는 중국 문화의 전적 가운데서도 이른바 '군경지수(群經之首)'[11]라고 하는 『역경』에서 나왔으며 출처도 스물아홉 곳이나 됩니다. 예를 들면 건괘(乾卦) 구이(九二)와 구오(九五)의 "대인을 만나 이롭다〔利見大人〕", 승괘(升卦)의 "대인을 만나 이롭다〔用見大人〕", 혁괘(革卦) 구오의 "대인이 호랑이처럼 변하다〔大人虎變〕" 등이 있습니다. 하지만 대단히 유감스럽게도 『역경』에서 대인을 언급한 곳마다 "큰 벼슬을 한 사람"을 가리키는 대인인지, 아니면 "나이가 꼭 찬

---

11 여러 경전 가운데 으뜸이라는 뜻이다.

어른"이라는 뜻의 대인인지 확실히 정의하지 않았습니다. 하지만 건괘 「문언전(文言傳)」에서는 다음과 같이 말하고 있습니다.

무릇 대인이란 천지와 그 덕을 같이하고, 일월과 그 밝음을 같이하며, 사시와 그 순서를 같이하고, 귀신과 그 길흉을 같이한다. 하늘이 열리기 이전부터 있어 하늘도 그것을 거스르지 않고, 하늘이 열린 이후에는 하늘의 시간을 받드니 하늘도 또한 그것을 거스르지 않는데 하물며 사람이랴! 하물며 귀신이랴!

夫大人者, 與天地合其德, 與日月合其明, 與四時合其序, 與鬼神合其吉凶. 先天而天弗違, 後天而奉天時, 天且弗違, 而況於人乎! 況於鬼神乎!

귀신도 어찌할 수 없고 하늘도 바꾸어 놓지 못하는 그런 대인은 도대체 어떤 사람일까요? 이쯤에서 지난 일을 하나 말씀드리겠습니다.

건괘 「문언전」의 새로운 해석

제가 성도(成都)에 있던 그해에 대학자이신 봉계(蓬溪) 양자언(梁子彥) 선생과 이 문제를 놓고 토론한 적이 있었습니다. 양 선생의 학문은 주희의 '도문학(道問學)'과 육상산(陸象山)의 '존덕성(尊德性)'을 조화시킨 것이었습니다. 그런데 변론을 계속하다가 선생은 이렇게 말했습니다. "당신의 생각은 어떻습니까?" 그래서 제가 대답했지요. "만약 『대학』과 『중용』을 공자의 문하에서 전승된 대(大)학문이라고 받들 것 같으면, 제 생각에 『대학』은 건괘의 「문언전」에서 끌어와서 더 발전시킨 것이고 『중용』은 곤괘의 「문언전」에서 끌어와서 더 설명한 것이라고 말할 수 있습니다." 곤괘의 「문언전」에서는 다음과 같이 말했습니다. "군자는 중심이 훌륭하고 피부가 통하여 바른 위치에 처하며, 내면의 아름다움이 사지로 뻗쳐 사업에서 발현되니 아름다움의 극치이다〔君子黃中通理, 正位居體, 美在其中, 而暢於四肢, 發於事業, 美之至也〕."

양 선생은 제 말을 듣자 이렇게 말했습니다. "당신의 견해는 참으로 앞 사람들이 미처 생각하지 못한 겁니다. 하지만 그렇게 보면 이 대인이라는 말이 문제가 되지 않겠습니까." 제가 말했습니다. "그렇지 않습니다. 송대 유학자들은 사람마다 다 요순(堯舜)이 될 수 있다고 주장하지 않았습니까? 그렇다면 사람마다 다 대인인 셈이지요!"

양 선생은 다급하게 물었습니다. "당신은 이미 그 경지, 그런 대인의 수양에 도달하셨단 말씀입니까?" 제가 말했습니다. "어찌 저뿐이겠습니까. 양 선생께서도 이미 그러하십니다." 그가 말했습니다. "좀 더 자세히 말씀해 주시지요." 그래서 저는 이렇게 말했습니다.

"'무릇 대인이란 천지와 그 덕을 같이한다'고 하였는데, 저는 여태껏 하늘을 땅이라고 여긴 적이 한 번도 없었습니다. 또 땅을 하늘이라고 여긴 적도 없었습니다. 머리 위는 하늘이고 발로 밟고 있는 것은 땅이라 여기니, 천지와 그 덕을 같이하지 않는다고 어떤 사람이 말하겠습니까! 또 '일월과 그 밝음을 같이한다'고 하였는데, 저는 여태껏 밤낮을 거꾸로 뒤집어서 밤을 낮으로 생각해 본 적이 없거든요! '사시와 그 순서를 같이한다'고 하였는데, 저는 여름에 가죽옷을 입는다거나 겨울에 홑옷을 입지 않습니다. 봄은 따뜻하고 여름은 덥고 가을은 시원하고 겨울은 춥다는 것을 아주 잘 알고 있으니, 사시와 그 순서를 같이하지 않는다고 어떤 사람이 말하겠습니까! '귀신과 그 길흉을 같이한다'고 하였는데, 누구라도 귀신은 미묘하고 알기 어려운 존재라고 생각합니다. 그러니 그것을 피하면 크게 길한 건 당연하지요. 공자께서도 '귀신을 공경하되 멀리하라'고 말씀하셨지 않습니까. 길한 것은 좇아가고 흉한 것은 피한다는 사실은 어린아이라도 아는 것입니다.

어떤 것이 천지보다 먼저 생겨났더라도 일단 천지가 생겨나면 그것 역시 천지 운행의 변화 법칙을 벗어날 수가 없습니다. 또 다른 천지가 생겨나지 않은 다음에는 말이지요. 그래서 '하늘이 열리기 이전부터 있어 하늘도 그것을 거스르지 않고, 하늘이 열린 이후에는 하늘의 시간을 받든다'고 한 것입니다. 귀신이 있다면 귀신도 천지자연의 법칙을 벗어나지 못할 겁니다. 그래서 '하물며 사람이랴! 하물며 귀신이랴!'라고 말한 것이지요."

제가 이렇게 말하자 양 선생은 자리에서 벌떡 일어나더니 제 어깨를 꽉 잡고서 말했습니다. "내 나이 이미 육십을 넘었지만 이렇게 명백한 인륜의 도를 듣기는 평생 처음입니다. 당신 말대로 하면 성인이라는 것도 본래는 평범한 사람일 뿐이군요. 너무나 기뻐서 당신에게 절이라도 해야겠습니다."

이렇게 되자 당황한 저는 얼른 그를 부축하며 말했습니다. "저는 까마득한 후배입니다. 아무것도 모르고 떠들어 댄 것이니 노 선배께서 널리 양해해 주십시오." "아니오. 나야말로." "아닙니다. 저야말로."

이 이야기는 여기에서 끝났지만 그 후로 양 선생은 가는 곳마다 저를 추켜세우곤 했습니다. 이제 와서 그 당시 선배님의 풍모를 돌이켜 생각해 보면 좀처럼 만나기 어려운 분이셨습니다.

그러고 보니 『대학』의 대인에 관해서는 이미 아주 상세히 말씀드리고 말았군요. 만약 그래도 이해가 가지 않는다면 억지로 정의를 내려 보겠습니다. 무릇 배움에 뜻을 두어 내적 수양과 외적 지식이 특정 수준에 도달할 수 있는 사람을 대인이라고 부릅니다. 내적 수양과 외적 지식을 어떻게 길러 나가는가 하는 문제는 계속해서 연구하다 보면 자연히 알게 될 것입니다.

대학의 본래 모습을 돌려주다

정식으로 『대학』 원문을 강연하기에 앞서 '원본 대학' 혹은 '대학 원본'이라고도 부르는 이른바 원문에 관해 먼저 설명하고자 합니다.

왜 그렇게 부르는 것일까요? 그것은 송대 이후 특히 남송 이후로 인쇄되어 전해지는 『대학』은 모두 주희 선생이 그의 스승인 이정(二程)[12] 선생의 학설을 근거로 원본을 새로 개편하고, 거기다 자신이 깨달은 것을 주해로 붙여 놓은 '대학 장구(章句)'이기 때문입니다. 한술 더 떠서 명대 이후로는 사서에 의거하여 과거 시험을 봤으며 그것도 주희의 주를 표준으로 삼을 것을 규정했습니다.

이제 우리가 『대학』을 풀이하려면 증자가 썼던 원래의 모습 그대로 복원시켜야 합니다. 옛사람을 존중한다는 뜻에서라도 경서(經書)의 원래 모습을 복원시켜야 합니다. 이건 결코 지나친 말이 아닙니다! 정이천 선생과 주희 선생은 공맹의 학문에 대해 확실히 높고 깊은 조예가 있었습니다. 참으로 일가를 이루었다고 말한다 해도 과언이 아닙니다. 하지만 그렇다고 해서 자기들 마음대로 경문(經文)을 뜯어고칠 수는 없습니다. 그럴 이유가 없습니다. 그들의 학문 주지(主旨)가 바로 주경(主敬)과 존성(存誠)이었는데, 자기 마음대로 선현의 원문을 뜯어고치다니 어찌 크게 불경스럽고 불성실한 태도가 아니겠습니까? 이것이야말로 논리적으로 자가당착의 잘못을 범한 것입니다. 그러나 우리는 먼저 정주(程朱)의 학설에서 어떻게 설명하는지를 들어 보아야 합니다. 만약 정주의 잘못을 알게 된다면 『대학』의 진면목도 자연히 드러나게 될 것입니다. 이제 『대학』의 앞에다 주자가 뭐라고 썼는지를 보십시오.

---

12 북송의 성리학자였던 정명도(程明道)와 정이천(程伊川) 형제를 말한다.

정자께서 말씀하시기를 『대학』은 공자가 남긴 글로서 초학자들이 덕으로 들어가는 문이다. 오늘날에 옛사람들의 학문하던 순서를 알 수 있는 것은 오로지 이 글이 남아 있기 때문이다. 『논어』, 『맹자』는 그다음 가는 글이다. 학자들이 반드시 이것으로부터 배운다면 거의 잘못이 없을 것이다.

子程子曰. 大學, 孔氏之遺書. 而初學入德之門也. 於今可見古人爲學次第者, 獨賴此篇之存. 而論, 孟次之. 學者必由是而學焉, 則庶乎其不差矣.

저런! 저런! 정주의 이학(理學)이 무엇보다도 사도(師道)를 존중하기는 하지만 성현은 더욱 존경합니다. 『대학』이라는 책이 공자의 제자이며 소위 선현인 증자가 남긴 글임은 이학가(理學家)들도 모두 공인하는 바입니다. 그런데 주 선생은 자신의 스승을 너무나도 존중한 나머지, 입을 열자마자 대뜸 정자(程子)라고 부르는 것도 부족해서 정자 앞에다 특별한 존칭이었던 '자(子)' 자를 더 보탰습니다. 증자는 아예 제쳐 놓고 언급하지 않았을 뿐 아니라, 공자도 '자' 자를 떼어 버리고 오만하게 '공씨'라고 바꾸고는 결국 "『대학』은 공씨가 남긴 글"이라고 고쳐 버렸습니다. 그것은 명(明)·청(淸) 이래로 법정의 서기 나리들이 글을 쓰는 방식과 꼭 같았습니다. 증자의 저작권을 쉽사리 공씨 문하로 돌린다고 판결 내리고, 그것도 공자를 수익자(受益者)로 지정하는 대신 공씨 문하의 공유물에 불과하다고 결정 내렸습니다. 그리하여 송대 이후의 이학가들은 하나같이 자신이 공맹의 학문을 직접 계승했다고 여겼으며, 자기 주장을 내세우고 자기 마음대로 경문을 뜯어고치는 것을 당연시했습니다. "증자가 나를 어떻게 하겠어!" 했던 것입니다.

여기에서 그치지 않고 주 선생은 또 이렇게 말했습니다. "초학자들이 덕으로 들어가는 문이다." 이런! 『대학』 첫머리에서 밝혀 놓은 본서의 개종명의 첫 구절이 명명백백하게 "대학의 도"이건만 그는 "초학자들이 덕으로 들어가는 문"이라고 말했습니다. 주 선생이 북송 신종(神宗) 시대에 태어나서 소동파(蘇東坡)를 만났더라면 소동파는 틀림없이 그의 이런 필법에 크게 반박하는 글을 썼을 것입니다. 만약 그가 청 초의 김성탄(金聖歎)을 만났더라면, 애석하게도 그는 원래부터 이학가들에게 그리 관심을 두지 않는 사람이기는 했지만 그렇지 않았더라면 아마도 주자에 관해 훨씬 정채롭고 유머 넘치는 비평을 썼을 것입니다.

하지만 이 쉰여섯 자의 단문을 얕봐서는 안 됩니다. 우리가 명·청 육백 년 사이에 태어났더라면, 그리고 과거 시험에서 수재니 거인이니 진사니 하는 공명을 얻고자 했다면 이 단문을 그대로 외우지 않을 수 없었을 것입니다. 주자의 장구(章句)에서는 이렇게 말했노라고 구구절절 그대로 외워야만 했을 것입니다. 만약 조금이라도 그 사상을 위반했을 시에는, 작게는 시험 볼 자격을 영구히 취소당했을 것이며 크게는 밥그릇조차 보존하지 못했을 것입니다.

학문이 그런 정도까지 제약을 받았으니 문자옥(文字獄)[13]이 얼마나 무서운 것이었는지는 더 말해 무엇하겠습니까? 과거 중국의 제왕이나 정치가들은 모두 이렇게 편협한 인성을 지니고 있었습니다. 그로 인해 중국 문화와 문명의 진보는 끝끝내 특정 테두리 안에서 맴돌 수밖에 없었지요. 공맹이후의 유학자들은 영원히 겉과 속이 다른 사람들이었습니다. "폐하 만세"를 소리 높여 외치면서 벼슬이나 얻어 자기 자신을 높이려고 할 뿐이었습니다.

『대학』에서 말한 "수신(修身)"의 학문이 정말 그런 것일까요?

---

13 명·청 시대에 특정한 글자나 말을 쓰지 못하게 탄압했던 사건을 말한다.

8
고대 중원 문화의 정수

이제 『대학』 원문의 첫 번째 단락을 읽어 보겠습니다. 『대학』의 가장 기본적인 종지가 담겨 있는 곳이기도 합니다.

대학의 도는 밝은 덕을 밝히는 데 있으며, 백성과 친하게 함에 있으며, 지극히 선한 데 머무르게 하는 데 있다. 알고 멈춘 뒤에야 정함이 있고,[14] 정한 뒤에야 흔들리지 않을 수 있고, 흔들림이 없는 뒤에야 편안할 수 있고, 편안한 뒤에야 생각할 수 있고, 생각한 뒤에야 얻을 수 있다. 모든 사물은 근본과 말단이 있고 일에는 끝과 시작이 있다. 먼저 하고 나중에 할 바를 알면 도에 가까워질 것이다.

大學之道, 在明明德, 在親民, 在止於至善. 知止而后有定, 定而后能靜, 靜而后能安, 安而后能慮, 慮而后能得. 物有本末, 事有終始, 知所先後, 則近道矣.

다 읽으셨으면 제가 한 가지 유의할 점을 말씀드리겠습니다. 『대학』과 『중용』 두 책은 문장이 간결하고 미려해서 이른바 바람직한 글이라고 할 수 있습니다. 후대의 『맹자』 역시 그렇습니다. 저는 가숙에서 공부하던 어

린 시절에 작문도 함께 배웠는데 선생님께서 말씀하시기를 『대학』, 『중용』, 『맹자』의 문장은 꼼꼼히 읽고 외우라고 하셨습니다. 그렇게 하면 틀림없이 문장을 매끄럽게 잘 쓸 수 있게 된다는 것이었습니다. 『노자』, 『장자(莊子)』, 『초사(楚辭)』[15]의 문장은 초학자들에게 적합한 글이 아닙니다. 초학자가 그 문장을 배웠다가는 지나치게 자유분방해져 오만방자한 글이 되기 십상입니다.

북방과 남방의 문학 풍격

사실 『대학』과 『중용』의 문장은 간결하고 세련되었을 뿐 아니라 참으로 온유돈후(溫柔敦厚)한 아름다움을 지니고 있습니다. 저는 개인적으로 서른 이후에, 다시 말해서 고서를 많이 읽고 공부한 후에 대담하게도 다음과 같은 결론을 내렸습니다. 『대학』, 『중용』, 『맹자』는 제로(齊魯) 문화의 정품(精品)이며 고대 중원 문학의 정화(精華)를 보여 준다고 말입니다. 물론 『예기』와 『춘추』의 문장도 대부분 그렇습니다.

『노자』, 『장자』, 『초사』는 남방 문화와 문학의 정화를 보여 주는 문장으로서, 사람의 마음을 확 트이게 하고 그 예술적 경지[意境]가 대범합니다. 양자를 비교해서 말할 것 같으면 중원 문학은 당대(唐代) 두보(杜甫)의 시처럼 소박하면서도 중후한 멋이 있습니다. 마치 하남(河南)과 산서(山西)

---

14 "知止而后有定"의 일반적인 해석은 "머무를 곳을 안 뒤에야 정함이 있다"라는 것이다. 하지만 저자는 본서에서 '知'와 '止'를 각기 수양의 한 단계로서 순차적으로 설명하고 있기 때문에 "알고 멈춘 뒤에야 정함이 있다"라고 해석하였다. 자세한 내용은 제2편 칠증의 수양에서 지(知)와 지(止)의 상호 관계를 참고할 것.

15 한(漢)의 유향(劉向)이 초나라 굴원(屈原)의 「이소(離騷)」를 비롯한 여러 사람의 사(辭)를 모은 책이다.

의 밀가루 음식이나 북방의 교자만두를 먹는 것 같습니다. 남방 문학은 당대 이백(李白)의 시처럼 호방하면서도 정감이 넘치는 것이 마치 흰쌀밥에 생선 반찬을 곁들여 놓은 것 같습니다. 다시 말해 고대 중원의 문화와 문학은 마치 독일 게르만 민족의 문명처럼 웅혼하고 질박합니다. 남방의 문화와 문학은 프랑스 문화처럼 풍류가 넘치고 멋스럽습니다.

어쨌든 여러분께서는 많이 읽고 많이 외우시기 바랍니다. 읽을 때는 큰 소리로 마치 노래를 부르듯이 읽어야 합니다. 제가 공부하던 당시에는 선생님께서 그 까닭을 설명해 주시지 않았습니다. 그냥 "자꾸만 읽다 보면 앞으로 네 스스로 깨닫게 될 거다"라고만 했습니다. 옛말에도 "구구절절 외울 수 있을 정도로 읽다 보면 장차 스스로 깨닫게 될 날이 있다"라고 했는데 참으로 맞는 말입니다.

『대학』의 첫 단락으로 병을 치료하다

제가 아주 재미있는 경험담을 하나 들려 드리겠습니다. 젊은 시절의 저는 다방면에 흥미가 많았습니다. 특히 호기심이 많고 신비한 것을 좋아했기 때문에 곳곳을 돌아다니면서 스승을 찾고 그들에게 도에 관해 물었습니다. 슈퍼맨처럼 되든지 신선이나 부처가 된다면 얼마나 좋을까 하고 생각했던 시절이었지요.

1930년대 호남(湖南) 일대에는 성이 소(蕭)씨인 우두머리가 이끄는 비밀 결사가 있었습니다. 듣자 하니 도(道)뿐 아니라 술법도 지니고 있다는 것이었습니다. 정말 그렇다면 얼마나 좋은 일입니까! 물론 저는 온갖 방법을 다 동원해서 그 사람을 만나러 갔습니다. 그런데 참 이상한 일이 벌어지고 있었습니다. 제가 갔을 때 그는 마침 병자를 치료하기 위해 주문을 외우고 있었습니다. 왼손에는 물 한 잔을 들고 오른손에는 칼을 쥐고서 마구 휘두르면서, 입으로는 계속해서 중얼중얼 무슨 소린지 알 수 없는 주문을 외우는 것이었습니다. 주문이 끝나자 그는 병자에게 물을 마시라고 했습니다. 그러자 병자가 말하는 것이었습니다. "훨씬 좋아진 것 같네요."

저는 그 모습을 보고 생각했습니다. '이건 출가한 승려들이 「대비주(大悲咒)」를 소리 내어 읽고서 사람들에게 물을 마시게 하는 것과 똑같지 않은가?' 하지만 그가 외우던 주문은 「대비주」의 법문이 아니라고 누군가 저에게 말해 주었습니다. '좋다. 내 한번 알아보리라.' 먼저 그가 외우던 그 법문을 가르쳐 달라고 하는 것도 썩 괜찮을 것 같았습니다.

온갖 어려움을 거쳐 재삼 간청하는 저에게 마침내 그는 내가 자기와 인연이 있으며 하느님도 저에게 가르쳐 주는 것을 허락했노라고 말했습니다. 드디어 진정으로 도를, 아니 구결(口訣)을 전수받는 그날이 되었습니다. 먼저 천기를 누설하지 않겠다는 맹세를 한 것은 물론입니다. 말하자면 일대일로 입에서 마음으로 전수해 주는 것이니 공개해서는 안 되는 극비 중의 극비라는 것이지요. 그런데 그가 주문을 전수해 주는 순간 저는 크게 실망했을 뿐 아니라 하마터면 큰 소리로 웃을 뻔했습니다. 그가 전수해 준 주문이 무엇이었는지 아시겠습니까? 우리가 조금 전에 읽었던 바로 그 『대학』의 첫 단락이었습니다! 저는 속으로 말했습니다. '하느님 맙소사! 당신이 전수해 주겠다는 그것은 벌써부터 알고 있는 것이오. 열두 살 때부터 외웠던 것이니 당신보다 훨씬 빨리 훨씬 잘 외울 거요. 오히려 내가 당신의 스승이 되어야 할 판이오.'

그렇지만 여러분은 웃어서는 안 됩니다. 그들은 정말 성심성의를 다해 주문을 외워 시골 사람들의 병을 치료해 주고 있었습니다. 때로는 그것이 정말로 효험이 있기도 했습니다. 그렇기 때문에 사람들이 그를 믿었던 것이겠지요. 만약 저나 여러분이 외웠다면 틀림없이 영험이 없었을 것입니다. 왜냐하면 여러분이나 저는 그것을 믿지 않기 때문입니다. 이것은 심령학의 영역에 속하는 것으로서 간단한 문제가 아닙니다. 지식인들이 믿지 않는다고 해서 반드시 맞는 것만은 아닙니다. 마찬가지로 어리석은 백성의 미신이라고 해서 반드시 틀린 것만은 아닙니다. 그 속에 담겨 있는 이치는 때때로 깊은 학문에서 나온 경우도 있거든요!

이런 일도 있었습니다. 한번은 서남의 변경 지방에서 축유과(祝由科)[16]를 할 줄 안다는 사람을 만났습니다. 주문을 외우고 부적을 그려 병을 치료할 수 있다는 것이었습니다. 저는 그가 상처 입은 사람을 지혈시키는 것도 보았습니다. 저도 배우고 싶어서 그에게 전수해 달라고 부탁했지요. 그런데 그 주문을 듣는 순간 정말 기가 막혀 웃음도 나오지 않았습니다. 아마 제가 그 사람과 똑같이 했더라도 백이면 백 영험이 없을 것은 뻔한 일이었습니다. 그의 지혈 주문이 어떤 것이었는지 한번 들어 보십시오.

"동쪽에서 온 붉은 어린아이, 커다랗고 붉은 두루마기를 걸치고, 머리에는 붉은 술을 단 모자를 썼구나. …… 태상노군(太上老君)[17]께서 급하게 명령하노니, 멈춰라!" 그가 움직이던 손을 멈추자 상처에서 흐르던 피가 정말 멈추는 것이었습니다. 이것은 그에게 믿는 마음이 있었기 때문입니다. 이것 역시 심령학에 속하는 문제인데 모든 종교적 미신 행위가 다 여기에서 비롯됩니다.

방금 말씀드린 그 당시 '대학지도(大學之道)' 한 대목을 이용해서 병을 치료하던 일파는 청 말 민국 초의 민간 비밀 결사였는데 이른바 동선사(同善社)[18]의 지류였습니다. 당시에는 무슨 일관도(一貫道)[19]니 하는 것은 아

---

16 고대 의학에서 분류해 놓은 과목 가운데 하나로서 주문으로 병을 치료하는 축유술을 말한다. 민간에서는 아직도 전승되고 있지만 현대 의학에서는 미신으로 간주하여 정규 의료 제도에서 제외하고 있다.

17 노자를 말한다.

직 없었습니다. 나중에 그런 인물이나 종파에 대해 훤히 알게 되었지만 정말 얘깃거리도 못 되는 것들입니다. 지금은 그런 사이비 비밀 결사에 대해 이야기하려는 것이 아니고 『대학』을 설명하려는 것입니다.

---

18 유·불·도 삼교의 합일을 주창한 비밀 결사. 삼교 합일의 주장이 십일 세기 이후로 보편적인 추세가 되면서 십삼 세기 이후 백련교(白蓮敎), 팔괘교(八卦敎), 진공교(眞空敎), 동선사(同善社) 등과 같은 중국의 민간 종교는 모두 삼교 학설을 혼합하여 교의를 만들었다. 현재에도 사원 하나에 삼교의 신상을 함께 모신 모습을 중국 전역에서 볼 수 있다.

19 중국의 종교. 유·불·선·기독교·회교 등을 융합하여 일관한다는 뜻에서 일관도라 했다.

9
『대학』 수양의 순서

이제 정식으로 『대학』 첫 단락의 네 구절을 살펴보겠습니다.

> 대학의 도는 밝은 덕을 밝히는 데 있으며, 백성과 친하게 함에 있으며, 지극히 선한 데 머무르게 하는 데 있다.
>
> 大學之道, 在明明德, 在親民, 在止於至善.

고문은 이처럼 간략합니다. 현대적 관점에서 말한다면 이런 고문은 춘추 전국 시대의 간체문(簡體文)이라고 할 수 있습니다. 인류의 사상과 언어를 집약해서 문자로 변화시키되, 원래의 성분을 영원히 보존하고 있고 또 그것을 후세에 오래도록 전해 주는 이런 것이야말로 바로 우리가 말하는 고문입니다.

이 네 구절을 해석하면서 남송 이후로는 이학가들의 주해(註解)를 거쳐야만 했습니다. 특히 정주학파(程朱學派) 이후의 학자들은 반드시 정주의 학설을 그대로 따라야만 했습니다. 그래서 『대학』 하면 습관적으로 삼강팔목(三綱八目)이 있다고들 말합니다. '강(綱)'은 강령, '목(目)'은 조목으로, '강목(綱目)'은 주희가 맨 먼저 즐겨 사용했던 말입니다. 예를 들어 그는 중국 역사를 비판하는 데 있어서 사마광(司馬光)의 『자치통감(資治通鑑)』의 관점에 전적으로 동의하지는 않았는데, 그가 자신의 관점에 따라 다시 엮은 역사책을 후인들은 『자양강목(紫陽綱目)』이라고 불렀습니다.

사실 강목(綱目)이란 작문이나 학술 분류에서 사용되는 논리적 방법입니다. '강'은 전제(前提)로서 표제라고도 말할 수 있고, '목'은 분류해 놓은 것을 가리킵니다. 재미있는 것은, 우리 귀에 익숙한 '상강(上綱)' [20]이라는 정치 용어가 사실은 유가 학설에서 먼저 사용되었다는 사실입니다. 결코 어느 누군가가 만들어 낸 말이 아니었습니다.

예전에 말하던 것처럼 『대학』이라는 책에 삼강팔목이 들어 있다면 무엇이 삼강이고 무엇이 팔목이라는 것입니까?

답은 이렇습니다. 『대학』에서 가장 먼저 언급한 "명덕(明德), 친민(親民), 지선(至善)"이 바로 삼강입니다. 고대 전통문화에서 말하는 "군위신강(君爲臣綱), 부위자강(父爲子綱), 부위처강(夫爲妻綱)"의 삼강이 아닙니다. 그렇다면 팔목은 무엇입니까?

답은 『대학』의 뒷부분에 나오는 "격물(格物), 치지(致知), 성의(誠意), 정심(正心), 수신(脩身), 제가(齊家), 치국(治國), 평천하(平天下)"입니다.

사실 『대학』이라는 책을 놓고 그 속에 삼강이 있다고 말하는 것은 맞는 말이 아닙니다. 『대학』의 강목을 말할 것 같으면 마땅히 사강(四綱), 칠증(七證), 팔목(八目)이 있다고 해야 할 것입니다.

---

20 가장 높은 원칙에 올려놓는다. 원칙적 입장에 선다는 의미.

사강, 칠증, 팔목

그렇다면 '사강(四綱)'은 무엇입니까?

"명명덕(明明德), 친민(親民), 지어지선(止於至善)" 외에 가장 중요한 전제인 "도(道)"자를 더해야 대학의 도인 대도(大道)라고 말할 수 있습니다. 자세한 이유는 나중에 천천히 명변(明辯)[21]해 드리겠습니다. 하지만 '이경주경(以經註經)'[22]의 원칙에 입각해서 살펴보면『대학』의 첫 두 단락에서 바로 알 수 있습니다. 본문에서 명백하게 "모든 사물은 근본과 말단이 있고 일에는 끝과 시작이 있다. 먼저 하고 나중에 할 바를 알면 도에 가까워질 것이다"라고 쓰지 않았습니까? 그러니 대도(大道) 혹은 도(道)야말로 으뜸가는 강령이 아니겠습니까?

그렇다면 무엇 때문에 다시 일부러 '칠증(七證)'[23]을 언급했을까요?『대학』본문을 보면 사강(四綱) 다음에 바로 대도(大道)와 명덕(明德)을 추구하는 일곱 단계가 나오기 때문입니다. 대도를 추구하는 학문과 수양의 절차라고도 말할 수 있습니다. 학문과 수양에서의 일곱 단계 수련이라고 말한다고 해서 안 될 것도 없습니다. 바로 "지(知), 지(止), 정(定), 정(靜), 안(安), 여(慮), 득(得)"으로 여기에『대학』학문의 개요가 들어 있습니다. 그 다음에 나오는 이른바 '팔목(八目)' 즉 "격물, 치지, 성의, 정심, 수신, 제가, 치국, 평천하"는 친민(親民)을 위한 실제적인 학문과 수양이라고 할 수 있습니다.

혹은 이렇게도 말할 수 있습니다. 처음 "대도"에서 "명명덕"에 이르기까지는 모든 사람이 자립적으로 수행해야 할 학문입니다. 또 송대 이학가들

---

21 분명하게 변론하다.

22 경문(經文)으로 경문(經文)에 주석을 붙이는 방식을 말한다.

23 칠증(七證)에서 '증(證)'은 불교에서 깨달음에 들어가는 것을 가리키는 말이다.

이 장자(莊子)의 학설을 함부로 가져다가 스스로를 선전했던 '내성외왕(內聖外王)'의 학설에서 내성(內聖)의 학문이기도 합니다. "명명덕"에서 "친민"에 이르러야 비로소 진정한 "수(修)·제(齊)·치(治)·평(平)"의 공덕을 이루어 냈다고 말할 수 있습니다. 자기 자신이 설 뿐 아니라 다른 사람도 세워 주고, 자신을 이롭게 할 뿐 아니라 다른 사람도 이롭게 하는 외왕(外王)의 학문의 실제적인 응용인 셈입니다. 하지만 자기 자신이 서는 내명(內明)이건 혹은 다른 사람을 세워 주는 외용(外用)이건 모두 "지선(至善)"의 경지에 도달해야만 비로소 인류 대도를 완성했다고 할 수 있습니다.

이러한 예비 학식을 갖춘 후에 다시 백화문을 사용해서 『대학』의 첫 네 구절을 간단하게 직역해 보겠습니다. "대학의 도는 먼저 명덕의 수양을 명백히 함에 있으며, 그런 연후에 비로소 민간으로 깊이 들어가 친민의 일을 할 수 있고, 지극히 원만한 지선의 경지에 도달한다."

그렇습니다. 이렇게 『대학』 원문을 직역해 놓고 보니, 하룻밤 묵힌 기름에 볶아 놓은 밥처럼 본래의 제맛이 하나도 느껴지지 않습니다. 게다가 이 네 구절 속에 들어 있는 네 개의 명사는 마치 자다가 남의 다리 긁는 식으로 전혀 요점을 집어내지 못하고 있습니다. 그렇기 때문에 누에고치에서 실을 뽑아내듯이 조금씩 연구해야 하는 것입니다.

백화문으로 고문의 뜻을 직역해 놓으니 본래의 맛이라고는 조금도 느낄 수 없는 사이비가 되어 버렸습니다. 결국은 유가에서 학문하는 방법으로서 가르쳐 왔던 이른바 "넓게 공부하고[博學], 자세히 물어보고[審問], 신중하게 생각하고[愼思], 명확히 판단[明辨]"해서 선택할 수밖에 없습니다. 바로 요즘 말하는 '분석과 종합의 방법'을 사용해서 연구하는 것이지요.

자신이 서고 다른 사람도 세워 지선에 이른다

첫째, 이천여 년 전 춘추 시대 말 전국 시대 초의 중국 전통문화는 본디 유가와 도가가 아직 나누어지지 않았던 도통(道統)[24]의 시대였습니다. 제자백가들이 제각기 사상을 설파했지만 하나같이 '도(道)' 자를 표방하고 있었습니다.

이 책의 저자인 증자는 그러한 시대에 태어났고, 게다가 공자의 칠십이현 제자 가운데서도 도통(道統)의 심법(心法)을 전승한 중견 인물이었습니다. 당시는 정치 체계나 사회 풍속에서 적어도 표면상으로는 아직 주 황실을 중앙으로 받들고 있었습니다. 특히 문화적 관습에서는 여전히 주대(周代)에 제정된 주례(周禮)를 표준으로 삼고 있었습니다. 이른바 자제가 팔세가 되면 소학에 입문하고, 머리를 묶고 관을 쓰는 십팔 세 혹은 이십 세가 되면 다시 성인의 학문을 익히는 것은 모두가 진정한 대인(大人)이 되기 위한 준비라고 할 수 있습니다. 더는 어린아이인 소인(小人)이 아닌 것입니다.

그렇다면 대인의 학문이 가르치는 것, 다시 말해 한 사람이 사람 노릇을 하기 위해 가르치는 인륜지도(人倫之道)란 무엇입니까? 무엇보다 먼저 이 "명덕(明德)"에 대해 잘 알아야 한다는 것입니다. 그렇기 때문에 이 구절에는 '명(明)' 자가 두 개 들어 있습니다. 첫 번째 명(明) 자는 동사로 봐야하고 두 번째 명(明) 자는 형용사나 명사로 봐야 합니다. 이런 용법은 상고 시대에는 아주 흔한 것이었습니다. 가령 "부부(父父), 자자(子子), 친친(親親)"의 경우에도 첫 번째 글자는 동사로 봐야 하고 두 번째 글자는 명사입

---

24 도통이란 유학의 도를 전하는 계통을 말하며 송나라 주희가 주장하였다. 주희는 유학의 도통이 공자(孔子)-증자(曾子)-자사(子思)-맹자(孟子)-이정자(二程子, 정호와 정이 형제) 등의 계보로 이어져서 성리학으로 연결된다고 설명하고, 성리학이 유학의 정통임을 주장하였다.

니다. 그러니까 "아버지 된 자는 아버지의 본분을 다해야 하고, 아들 된 자는 아들의 본분을 다해야 하고, 친척 된 자는 친척의 본분을 다해야 한다"라는 말입니다.

이런 이치를 알고 나면 상고 시대 전통 교육의 주요 종지는 한 사람을 교육하여 인도(人道) 즉 인륜의 본분을 완성하게 하는 데 있었음을 알 수 있습니다. 사람됨이야 좋든 나쁘든 상관 않고 지식과 기능만을 가르치는 것이 아니었습니다. 노동자가 되든 농민이 되든 장사꾼이 되든 관리가 되든 학자가 되든 군인이 되든 황제가 되든, 그것은 모두 직업상의 차이일 뿐이기 때문입니다. 직위는 다르더라도 올바른 사람됨은 반드시 필요합니다. 그것이야말로 본분입니다. 직업과 직위가 아무리 영화롭고 눈부시더라도 그 사람됨이 나쁘면 나머지 것은 말할 필요도 없습니다.

둘째, "대학지도(大學之道)"의 도(道)는 근본입니다. 다른 말로 체(體)라고도 할 수 있습니다. "명덕(明德)"은 도를 실천에 응용한[致用] 것으로서 도의 본체[道體]로부터 나오는 심리적 혹은 신체적 행위입니다. "친민(親民)"은 한 개인의 도와 덕의 성취가 세상으로 향해서, 다시 말해 몸소 사회 속으로 들어가 백성을 가까이 하고 그들을 위해 일하는 것입니다. 그러니까 "명덕"으로써 안으로 자신을 세운 다음, 밖으로 다른 사람을 세우는 데에까지 이용하는 것입니다. 한 개인이 자기 자신을 세우는 명덕이건 다른 사람을 세우는 데 이용하는 친민이건 그 최종 결과는 모두 "지선(至善)"의 경지에 도달해야만 합니다.

셋째, 만약 그런 논리대로라면 어떻게 해야 더욱 명확하게 표현할 수 있을까요? 비슷한 예를 들어 비유하거나 비교해 봄으로써 좀 더 명확하게 만드는 논리학적 방법을 이용하는 수밖에 없습니다. 그렇다면 무엇을 빌려 와서 비유할까요? 옆집에 사는 불가(佛家)를 찾아가서 의논해 보고 불학(佛學)을 빌려 와서 설명하는 수밖에 없습니다.

자신이 깨닫고 다른 사람을 깨닫게 해서
깨달음이 완전해지다

불(佛)은 고대 인도의 범어인 '붓다〔佛陀〕'를 간략하게 번역한 말입니다. 불(佛)을 중국어로 설명한다면 "불이란 깨달음이다〔佛者, 覺也〕"라고 말할 수 있습니다. 그렇다면 무엇을 깨닫는다는 말입니까? 심성(心性) 자체를 깨닫는 것입니다. 어떻게 해야 심성 자체를 깨달아서 부처가 될 수 있습니까? 그러려면 먼저 대승(大乘) 보살도의 공덕을 수행해야만 합니다. 이른바 자기 자신을 이롭게 하고 다른 사람을 이롭게 하여 공덕의 완전함과 지혜의 완전함에 도달해야만 비로소 부처가 될 수 있습니다. 이것은 유가에서 말하는 자기 자신을 세우고 다른 사람을 세우는 것과 같습니다. 그렇기 때문에 자기 자신이 깨닫고 다른 사람을 깨닫게 함으로써 깨달음이 완전해지면 그런 사람을 부처라고 부르는 것입니다.

불학으로 유가의 학설을 비유하자면 부처는 바로 성인의 경지이고 보살은 현인의 경지입니다. '보살(菩薩)'은 범어인 보리(菩提)[25]와 살타(薩埵)[26]를 간략하게 부르는 말입니다. 초기 번역에서는 '개사(開士)' 혹은 '대사(大士)'라고 부르기도 했습니다.

불학에서 비근한 예를 빌려 와서 『대학』의 "대학지도(大學之道)"를 설명하자면 "명명덕(明明德)"이란 바로 자기 자신이 깨닫는 것입니다. "친민(親民)"은 다른 사람을 깨닫게 만드는 것입니다. "지어지선(止於至善)"은 바로 깨달음이 완전해져서 도를 얻고 성인이 되는 것입니다. 그렇게 보면 도가(道家)였던 열자(列子)가 말했던 것과 딱 들어맞습니다. "동쪽에도 성

---

25 깨달음이라는 뜻이다.
26 유정(有情) 곧 사람이라는 뜻이다.

인이 있고 서쪽에도 성인이 있지만 그 마음이 같고 그 이치도 같구나[東方有聖人, 西方有聖人, 此心同, 此理同]." 그렇지 않습니까? 잘 생각해 보세요.

이제 말씀드린 이치를 이해했다면 이 네 구절 다음에 이어지는 문장도 알 수 있을 것입니다. "지(知), 지(止), 정(定), 정(靜), 안(安), 여(慮), 득(得)"이라는 일곱 단계의 학문과 수양의 순서는 완전히 앞의 네 구절에 대한 주해(註解)에 해당합니다. 그렇지 않다면 『대학』을 아무리 읽어 봐도 마치 교조적인 조문(條文) 같아 보이는 이 글은 도무지 앞의 글과 이어지지 않습니다. "알고 멈춘 뒤에야 정함이 있고[知止而后有定]"에서부터 마지막 구절인 "생각한 뒤에야 얻을 수 있다[慮而后能得]"까지 도대체 무엇을 얻는다는 말입니까?

앞에서 말했던 이치대로라면 "생각한 뒤에야 얻을 수 있다[慮而后能得]"는 바로 "명덕(明德)"이라는 목적을 달성했다는 뜻임을 알 수 있습니다. 그렇지 않다면 "밝은 덕을 밝히는[明明德]"이라는 이 말에서 어떤 식으로 밝히기 시작하라는 것인지 알 수 없을 겁니다. 물론 "명덕"의 경지에 이를 수 있다면 "대학지도"의 도의 경지에도 진정 이를 수 있을 것입니다.

그러고 보면 한·위 이래로 유가, 불가, 도가에서 각기 수행의 성취를 지칭하는 말로 전통문화의 관용어인 '득도(得道)'라는 용어를 사용했음을 알 수 있습니다. 사실 득도라는 이 명칭은 바로 『대학』의 "생각한 뒤에야 얻을 수 있다[慮而后能得]"는 이치에서 온 것입니다. 그것이 당(唐)·송(宋) 이후로 불가의 선종(禪宗)이 보급되고 유행하면서부터는 참선(參禪)으로 '명심견성(明心見性)' 하여 득도한다고 표방했습니다. 도가도 이를 따라서 '수심연성(修心煉性)' 하여 득도한다고 표방했지요. 당연히 이에 뒤질세라 이학가들은 '존심양성(存心養性)' 하여 득도한다고 표방했던 것입니다. 여러분도 생각해 보십시오. "생각한 뒤에야 얻을 수 있다"는 증자의 이 한마디가 얼마나 무궁무진한 맛을 내포하고 있습니까!

한편 선종에서는 득도를 '개오(開悟)'라고 부르기도 합니다. 진정으로 깨달아야만 비로소 불학의 이념을 이해할 수 있다는 뜻입니다. 혹은 '명각(明覺)'이라고 부른다는 논리도 있습니다. '명각'이니 '각명(覺明)'이니 '명덕'이니 '득도'니 하는 이런 말들은 모두 그 의미가 자욱한 안개 사이로 보일 듯 말 듯 어슴푸레할 뿐입니다. 그러한 언어의 속박에서 벗어나면 그들 사이에 아무런 차이도 없다는 것을 알게 됩니다.

10
주희가 주제넘게 『대학』을 고쳤다

원래는 이쯤에서 그다음 단락인 "알고 멈춘 뒤에야 정함이 있고"에서부터 "생각한 뒤에야 얻을 수 있다"까지의 '칠증(七證)'에 대해 말씀드리려고 했습니다. 그런데 남송 이후로 칠팔백 년에 걸쳐서 정주(程朱)의 장구(章句)의 학설이 중국 문화에 끼친 영향이 너무나 컸기 때문에 우리 역시 짚고 넘어가지 않을 수 없습니다. 이는 선배 학자에 대한 존경의 태도이기도 한데, 그 영향력을 함부로 말살시켜 버려서는 안 될 것입니다. 주자의 장구를 보도록 하겠습니다.

정자께서 말씀하셨다. 친은 마땅히 신으로 봐야 한다. 대학이라는 것은 대인의 학문이다. 명은 그것을 밝힌다는 말이다. 명덕이라는 것은 사람이 하늘에서 얻은 바로서 영묘하여 어둡지 않으며, 모든 도리를 갖추고 있어서 만사에 대응할 수 있는 것이다. 그러나 하늘이 인간에게 부여한 기질에 얽매이고 사람의 욕망에 가리워서 때때로 어두워진다. 그러나 그 본체의 밝음이 일찍이 그친 적은 없었다. 그러므로 학자는 마땅히 그 일어나는 바를 좇아 그것을 밝히고 그로써 그 처음 상태를 회복시켜야 할 것이다. 신이라는 것은 옛날 것을 바꾸는 것을 말한다. 스스로 그 밝은 덕을 밝히고, 또 마땅히 다른 사람에게도 미치게 하여 그로 하여금 또한 옛날부터 물들어 있던 나뿐 습관을 버리게 해야 함을 말한다. 지라는 것은 반드시 옳음에 이르고서 옮기지 않는다는 뜻이다. 지선이라는 것은 사리가 마땅히 그러함의 극치이다. 밝은 덕을 밝히고 백성을 새롭게 하는 것이 모두 지선의 경지에서 멈추어서 옮기지 않아야 함을 말한다. 대개 반드시 천리의 지극함을 다하고 인욕의 사사로움은 조금도 없어야 한다. 이 세 가지가 대학의 강령이다.

程子曰, 親當作新. 大學者, 大人之學也. 明, 明之也. 明德者, 人之所得乎天, 而虛靈不昧, 以具衆理而應萬事者也. 但爲氣稟所拘, 人欲所蔽, 則有時而昏. 然其本體之明, 則有未嘗息者. 故學者當因其所發而遂明之, 以復其初也. 新者, 革其舊之謂也. 言旣自明其明德, 又當推以及人, 使之亦以去其舊染之汚也. 止者, 必至於是而不遷之意. 至善, 則事理當然之極也. 言明明德, 新民, 皆當止於至善之地而不遷. 蓋必有以盡夫天理之極, 而無一毫人欲之私也. 此三者, 大學之綱領也.

여러분들은 이 글을 경시해서는 안 됩니다. 그 속에 담긴 사상은 후일 원(元)·명(明)·청(淸) 삼대에 걸쳐 육칠백 년간이나 영향을 미쳤으며, 한(漢)·당(唐) 이래의 중국 문화가 발전하는 데 장애물이 되었습니다. 심하게 말한다면 중화 민족이 오늘날 쇠약해진 것도 다 여기에 원인이 있습니다. 민국 초기에 일어났던 오사 운동에서 공가점(孔家店)을 타도해야 한다고 외쳤던 것도 사실 괜한 소리가 아니었습니다. 원래 "공씨네 가게"는 물건도 진짜고 가격도 저렴했는데, 남송 이후로 이학가들이 공씨네 가게로 들어와서 손님이 주인의 자리를 빼앗고 나서부터는 공씨네 가게 상품이 변하고 말았습니다. 위조품이 너무 많이 섞여 든 것입니다. 그 중에서도 특히 두드러지는 위조품이 바로 정주의 학설입니다.

'친민'을 '신민'으로 고치다

먼저 짚고 넘어가야 할 것은 그 스승 정이(程頤)의 의견을 분별없이 채택한 주희가 너무나 대담하게도 고문 『대학』의 첫머리에 있는 "재친민(在親民)"에 대해 "정자께서 말씀하셨다. 친은 마땅히 신으로 봐야 한다[程子曰, 親當作新]"라고 말한 사실입니다. "모반을 일으키는 데는 다 이유가 있다"라는 말도 있지만 이것이야말로 명백히 문서를 고쳐 쓰는 행위가 아닙니까? 진회(秦檜)가 악비(岳飛)에게 날조된 죄명을 씌워 처형한 것과 뭐가 다르겠습니까?

"친민(親民)"의 친을 '신(新)' 자로 해석해야 한다는 사실에 대단히 자신이 있었던 주희는 뒤에 나오는 "구일신 일일신(苟日新, 日日新)"을 들어 자신이 그렇게 고친 것이 타당함을 증명했습니다. 그리하여 그는 조용히 앉아 마음을 관조해 보면 사람의 심성은 미묘하다느니, 모든 사람이 그와 같으면 학문이 있다고 말할 수 있고 그래야만 잘못을 새롭게 고칠 수 있으며 그래야만 비로소 '신민'이라고 할 수 있다고 큰소리쳤습니다.

하지만 뒤 문장에서 "격물", "치지", "성의", "정심", "수신"과 같은 개인적인 학문과 수양의 성취 다음에 바로 이어서 나오는 "제가", "치국", "평천하"가 모두 "친민"의 학문임은 어째서 몰랐을까요? 사람들이 매일같이 '신민'하려고 한다면 수시로 정책을 바꾸고 또 늘 무슨 대혁명 같은 것을 일으켜야 하지 않겠습니까? 그렇기 때문에 이 사상은 후대에 너무나 큰 폐단을 남겼습니다.

마음대로 『대학』의 순서를 개편하다

　주자는 거기에서 그치지 않고 자신의 관점에 따라 고문 『대학』의 문장 순서를 새로 개편하여 열 장으로 나누었습니다. 그 결과 남송 이후의 『대학』과 『중용』은 '우일장(右一章)'이니 '우십장(右十章)'이니 하는 주석이 붙게 되었습니다. 제 어린 시절에는 책을 읽다가 지친 학동들이 큰 소리로 이렇게 말하곤 했습니다. "아이고, 또 멍청해지는 제1장이네!"

　남송 이후로 청 말 민국 초에 이르기까지는 지식인이 시험에 합격해서 공명을 얻으려면, 정주의 장구(章句)의 학설을 표준으로 삼는 기존의 규범을 그대로 따르지 않을 수 없었습니다. 하지만 주자가 살아 있던 당시에는 당권파(當權派) 가운데 정주의 학설에 반대하는 사람도 많았습니다. 다만 애석하게도 그들은 역사상 정치적 자질이 너무나 형편없었던 인물이었기 때문에, 당시에 별다른 역할을 하지 못했을 뿐 아니라 후세에도 그들을 언급하려는 사람이 없습니다. 누군지 아시겠습니까? 바로 남송의 진회(秦檜)와 한탁주(韓侂胄)였습니다. 그들은 정주의 학설이 위학(僞學)임을 지적하면서 금지해야 한다고 말했습니다. 만약 역사상 간신이라는 죄명만 없었다면, 그래서 단지 학술만 놓고 말한다면 그렇게까지 나무랄 수는 없을 것입니다.

　북송 시기의 구양수(歐陽修), 사마광, 소동파 같은 인물이 주자 당시에 있었더라면 주자의 학설은 틀림없이 비판을 받았을 것입니다. 당시 왕안석(王安石)의 경학에 대한 조예가 주희에 미치지 못한 것이 아님에도 불구하고, 신종(神宗)이 과거 시험에서 왕안석의 주해를 표준으로 삼겠노라는 명령을 내리자 결국 반대에 부딪쳤습니다. 그리하여 왕안석의 주해는 후세에 더욱 전해지지 않게 되었습니다.

　이런 예를 보건대 주자는 어찌 시대의 행운아가 아니겠습니까? 증국번

(曾國藩)이 만년에 "책은 믿지 않아도 운은 믿는다"라고 말했던 것과 꼭 같습니다. 송(宋)·원(元) 이래로 정주의 학설이 크게 행세하게 된 까닭이 주자 자신에게 있었던 것은 아닙니다. 사실은 정권을 잡은 지도자인 제왕들이 그것을 빙자하여 천하의 선비들을 옥죄는 데 사용했기 때문입니다. 감히 선유(先儒)의 말씀을 위반하지 말고, 특히 군주의 명을 위반하지 말고 순순히 말 잘 들으라는 것이었습니다.

한 글자의 잘못과 관련된 이야기

그러고 보니 문득 생각나는 이야기가 있습니다. 선종(禪宗)에 관한 이야기인데 자못 비슷한 점이 있어서 들려 드릴까 합니다. 성당(盛唐) 시기에 선종이 한창 전파될 무렵이었습니다. 강서(江西)의 백장산(百丈山)에 사는 백장 선사라는 분이 승려들을 모아 놓고 설법을 했는데 모여든 승려의 수가 천 명을 넘었습니다. 청중 가운데는 백발노인도 한 사람 있었는데 하루도 빠지지 않고 매일같이 오고, 또 가장 늦게 자리를 뜨는 것이었습니다. 오랜 기간 그러다 보니 백장 선사의 주의를 끌게 되었습니다.

한번은 백장 선사가 설법을 끝내고 모두 자리를 떴는데 예의 그 노인만이 아직 자리를 떠나지 않고 있었습니다. 백장 선사는 일부러 다가가서 물었습니다. "매번 얼른 자리를 뜨지 못하는 것으로 봐서 저에게 물어볼 게 있는 거지요?" 노인이 말했습니다. "중대한 의문이 있는데 대사께서 좀 풀어 주실 수 없을까요?"

백장 선사가 말했습니다. "물어보십시오!"

노인이 말했습니다. "저 역시 오백 생(生) 이전에는 불법을 강연하던 법사였습니다. 어떤 사람이 저에게 묻기를 '수행하는 사람도 인과응보를 받나요?' 하기에 저는 즉시 '인과응보를 받지 않습니다[不落因果]' 하고 대답했습니다. 그 일로 인해 저는 인과응보를 받아 여우의 몸으로 변하고 말았고 끝내 해탈을 얻지 못했습니다. 도대체 어디가 잘못된 것입니까?"

백장 선사는 노인의 말을 다 듣고는 이렇게 말했습니다. "다시 물어보십시오." 노인은 그대로 반복해서 백장 선사에게 가르침을 청했습니다. "수행하는 사람도 인과응보를 받나요?" 백장은 엄숙하고도 큰 소리로 대답했습니다. "인과응보를 알게 됩니다[不昧因果]."

이 말을 들은 노인은 크게 기뻐하면서 무릎을 꿇고 절을 했습니다. "이제야 해탈을 얻었습니다! 내일, 스님께서는 자비를 베푸시어 뒷산 동굴 속으로 오셔서 제 몸을 화장해 주십시오. 하지만 저를 축생으로 여기지 마시고 오백 생 이전으로 생각하시어 출가인의 의식에 따라 화장해 주십시오."

백장 선사는 고개를 끄덕여 승낙했습니다. 다음 날 정식으로 가사를 차려입은 백장은 죽은 스님 한 분을 뒷산에서 화장할 것이라고 사람들에게 말했습니다. 이 말을 들은 사람들은 의아해했습니다. 요 며칠 사이에 스님이 죽은 일이 없었기 때문입니다. 그런데도 노스님께서는 죽은 스님을 화장하러 가자고 하시니 어떻게 된 일인지! 결국 모두 뒷산으로 갔는데 백장이 동굴 속에서 죽은 여우 한 마리를 끌고 나오는 것이었습니다. 방금 태어난 송아지만큼이나 큰 여우였습니다. 백장은 손수 불을 들고 출가인의 예법에 따라 화장했습니다.

이 이야기는 후세에 전해져서 함부로 선도(禪道)에 대해 이야기하는 사람을 '야호선(野狐禪)'이라고 부르게 되었습니다. 제가 이런 이야기를 하는 것은 주자를 모욕하고자 해서가 아닙니다. 증자가 쓴 『대학』의 원문은 틀림없이 '친민'인데 왜 군이 '신민'으로 고치려고 했던 것일까요? 만약 증자가 알았다면 분별력 없는 짓이라고 웃지 않았겠습니까!

주자가 "이 '친민(親民)'의 친 자는 '새롭게 한다(新)'는 뜻도 포함하고 있다"라고 했거나, "'친'이라는 말은 그 뜻이 '신'과 같다"라고 했다면 괜찮았을 겁니다. 그렇게 비난받을 정도는 아니었을 것입니다. 그런데 굳이 원문을 고칠 필요가 있었을까요! 사실 명대의 이학가인 왕양명(王陽明) 역시 주자가 너무 지나쳤다는 것을 알고 '친민'을 '신민'으로 고친 것에 동의하지 않았습니다.

11
"밝은 덕을 밝힌다"는 무엇을 밝히는 것인가

이어서 주자가 "명덕(明德)"을 해석한 것을 보면 기묘한 논리는 계속됩니다.

여기에서 먼저 알아야 할 것이 있습니다. 후세에 이학(理學)이라고 불리는 학술 사상은 주자의 스승인 이정(二程)으로부터, 그러니까 송대 중엽 이후로 갑자기 우뚝 솟아났으며, 중국 철학사에서 송유(宋儒)라 불리는 학술 체계를 형성했습니다.

송대에 이학이 일어난 배경

사실 거슬러 올라가 보면 이학이 어느 날 갑자기 일어난 것은 아니었습니다. 당·송 이후로 지식인들의 처지는 이미 말이 아니었습니다. 그 까닭은 당에서 송에 이르는 시기에 불교의 선종과 도교 사상이 성행하여 상층과 하층 사회로 보급되면서 전통의 공맹 사상은 거의 빛을 잃어버렸기 때문입니다. 그리하여 점차 불가와 도가의 학문을 학습한 후에 유가 공맹의 도를 중심으로 하여 왼쪽으로는 도가에 반대하고 오른쪽으로는 불가를 배척하는 송유(宋儒)의 이학적 특색을 형성해 나갔습니다. 어떻게 보면 그러한 태도는 민족의식의 완강한 편견에서 나온 것으로서 인류 문화 전반을 이해하려는 태도는 아니었습니다. 하지만 옛사람들에게 그러한 태도를 요구한다는 것은 다소 무리가 있습니다.

그들은 당대(唐代) 한유(韓愈)의 「원도(原道)」라는 문장을 들어 중국 고유의 도통(道統)이 "요·순·우·탕·문왕·무왕·주공·공자·맹자"로 전승되다가, 비록 맹자에 이르러 끊어졌지만 송유인 자신들이 새로이 도를 깨달아 계승한다고 표방했습니다. 제가 평소에 늘 하는 말이지만 전통문화를 공부한 사람들은 노유(老儒)이건 신유(新儒)이건 할 것 없이 모두가 스스로를 높이는 잘못을 범하기 쉽습니다. 그들은 "요·순·우·탕·문왕·무왕·주공·공자·맹자" 이후로 어느 누구도 진짜 유학자가 아니며, 공맹 이후로는 오직 자신들만이 진정으로 유학을 알고 있는 사람이라고 생각합니다. 저는 수십 년간 그런 유학자들을 너무나 많이 만났고 또 봐 왔습니다. 그러니 송대 이학가들의 심리 역시 예외가 아니었으리라 생각합니다.

그런데 한유의 「원도」보다 더 중요한 영향을 끼친 문장은 한유의 제자인 이고(李翶)가 쓴 「복성서(復性書)」였습니다. 하지만 이고의 「복성서」가 그의 귀의(歸依) 사부였던 약산(藥山) 선사의 격려에서 나온 글임은 아무도 알지 못합니다.

선종에서 주장하는 명심견성 하여 득도한다는 것은 불가에서 말하는 모든 중생의 자성(自性) 본체는 원래 밝게 빛나고 맑고 깨끗하다는 것에서 나온 것입니다. 그것이 욕정(欲情)과 같은 마음의 습성에 오염되기 때문에 생사의 윤회 속으로 떨어지게 되는 것입니다. 이른바 윤회라는 것은 끊임없이 순환하고 반복된다는 뜻입니다. 어떤 사람이 일념으로 자신의 본심을 밝게 하고 본성을 드러나게 하여 본래의 상태로 되돌아갈 수 있다면 마침내 도를 깨닫고 부처가 될 것입니다.

마찬가지로 당·송 이후의 도가 역시 선종과 서로 관련이 있었습니다. 예를 들면 도교 『청정경(淸靜經)』의 종지 역시 "사람이 항상 맑고 고요할 수 있으면 천지가 모두 그에게 돌아간다[人能常淸靜, 天地悉皆歸]"라고 말할 수 있습니다.

어떤 사람이 사상이나 학술을 추구하고자 하면, 적어도 생활을 하고자 하면 완전히 현실에서 벗어나 홀로 살아간다는 것은 어떤 시대라도 절대 불가능합니다. 특히 당대의 지식인이었던 유학자, 예를 들어 이정(二程) 선생이나 주희 같은 지식인이 당시의 불가와 도가의 학문과 수양을 배워서 자신에게 돌이켜 구하고, 그것으로써 새로이 유가 사상을 일으키고 스스로 일가를 이루었던 일은 그리 크게 나무랄 일도 아닌 것입니다. 여기에 관해서는 여러분이 정주(程朱) 양가의 유집(遺集)을 읽어 보고 또 역사의 변천을 살펴보면 훤히 알 수 있습니다.

하지만 끝내 찬성할 수 없는 것은, 분명히 다른 학파의 자본을 빌려 와 놓고는, 혹은 다른 사람의 밑천을 몰래 사용해 놓고는 그 사람 집 대문을 손가락질하면서 '이단'이라고 큰 소리로 욕한 사실입니다. 참으로 치가 떨리다 못해 소인에도 미치지 못하는 거짓 학문을 말한 것이라는 생각마저 들게 합니다.

영묘하여 어둡지 않다는 주자의 '허령불매' 설 탐구

이제 주자가 "명명덕"과 "친민" 혹은 "신민"의 뜻을 어떻게 설명했는지 보도록 하겠습니다. 앞에서 이미 인용했지만 설명의 편의상 다시 한 번 인용하겠습니다. 주자는 이렇게 말했습니다. "명은 그것을 밝힌다는 뜻이다. 명덕이라는 것은 사람이 하늘에서 얻은 바로서 영묘하여 어둡지 않으며, 모든 도리를 갖추고 있어서 만사에 대응할 수 있는 것이다. 그러나 하늘이 인간에게 부여한 기질에 얽매이고 사람의 욕망에 가리워서 때때로 어두워진다. 그러나 그 본체의 밝음이 일찍이 그친 적은 없었다. 그러므로 학자는 마땅히 그 일어나는 바를 좇아 그것을 밝히고 그로써 그 처음 상태를 회복시켜야 할 것이다. 신이라는 것은 옛날 것을 바꾸는 것을 말한다. 스스로 그 밝은 덕을 밝히고, 또 마땅히 다른 사람에게도 미치게 하여 그로 하여금 또한 옛날부터 물들어 있던 나쁜 습관을 버리게 해야 함을 말한다."

이 대목은 주희 선생이 송유 및 정주 이학의 최고 종지를 설명한 곳이라고 할 수 있습니다. 이것을 현대 백화를 사용해서 좀 더 자세히 말해 보겠습니다. "『대학』에서 말하는 '명덕'은 무엇을 말하는 것인가? 그것은 사람의 생명 가운데 본래부터 있는 성(性)으로서 원래 영묘하여 어둡지 않으며 모든 도리를 구비할 수 있고 만사에 대응할 수 있다."

하지만 주의하십시오! 이것은 주자의 설명입니다. "타고난 인성(人性)은 본래 영묘하여 어둡지 않으며, 인성은 본래 이성을 지니고 있어서 만사(만물)에 대응할 수 있다. 그러나 이 '허령불매'는 타고난 천성 및 기질에 의해 얽매이고 또 마음의 욕망에 의해 가려지기 때문에 때로는 혼미해지기도 한다. 비이성적이 된다고 말할 수도 있다. 그러나 그 인성의 본체는 여전히 아주 맑고 밝으며 잠시라도 멈춘 적이 없다. 따라서 학문의 도란 그것이 기질을 발동시키고 인욕을 발동시킬 때 그것을 명확하게 하기만 하면 즉시 그 처음 모습을 회복하게 된다."

보십시오! 인성은 본래 선하다고 했던 맹자의 학설을 주자도 틀림없이 알고 있었을 것입니다. 그런데도 그는 '성선설(性善說)'을 사용하지 않고 "영묘하여 어둡지 않다"는 뜻의 '허령불매(虛靈不昧)' 네 글자로 인간의 본성을 설명했습니다. 그는 자신이 무슨 말을 하는지도 모르고 있습니다. 마치 승려가 불경이나 불가의 학설은 믿지 않고 온갖 기이한 학설을 배워서는 불학에 대항하는 격입니다.

허령불매는 일종의 심리상의 경지인데, 의식을 형성하는 지각이나 감각의 심리 상태라고 말할 수도 있습니다. 그것은 부모에게서 태어난 이후의 후천적인 현상이나 작용으로서, 후천적인 개성이 아직 확고하게 형성되지 않은 상태를 말합니다. 만약 그것이 부모에게서 태어나기 이전의 선천적인 성(性)이라고 말한다면 문제가 많을 것입니다.

게다가 허령불매는 주자가 불가의 선종과 도가에서 중시하는 심지(心地) 수련의 용어를 그대로 따온 것이었습니다. 장자는 "방이 텅 비어 넓으면 넓을수록 보다 많은 빛이 내부에 가득 차니 길하고 상서롭다. 거기에 머물러라〔虛室生白, 吉祥. 止止〕"라고 말했습니다. 백장 선사가 말했던 '영광독요(靈光獨耀)'나 심지어 선사들이 늘 쓰는 '일념영명(一念靈明)' 같은 것들은 모두 고요히 수양을 하는 가운데서 심리상으로 다다르는 어떤 경지나 상태인데, 어떻게 그것이 증자가 쓴『대학』의 "명덕"의 뜻이라고 우기는 것일까요?

좋습니다. 타고난 인성 자체가 바로 허령불매라고 합시다! 하지만 주자는 사람에게는 타고난 기질지성(氣質之性)이란 것이 또 있어서 그것이 허령불매를 구속하면 인성은 가려지게 된다고 말했습니다. 그렇다면 허령불매한 인성에는 두 가지 마성(魔性)이 동시에 병존하는 셈인데, 하나는 기질(氣質)이고 하나는 인욕(人欲)입니다. 그 둘은 또 어디에서 왔을까요? 주자 본인이 말한 것처럼 모두 성(性) 본체로부터 온 것일까요? 그래서 후세 사람들이 정주의 이학을 설명하면서 '이기이원론(理氣二元論)'이라고 말하는 모양입니다. 사실 그는 인욕과 본체의 관계에 대해 명확하게 설명하지 않았습니다. 그러니 "이(理)·기(氣)·욕(欲)"의 삼원론(三元論)이라고도 말할 수 있지 않겠습니까!

주자는 또 말했습니다. 허령불매한 이성은 그 자체가 명확하고 아울러 멈춘 적이 없기 때문에, 인욕이 발동하려고 할 때 그것 즉 허령불매한 이성의 작용을 명확하게 하기만 하면 처음의 허령불매를 회복할 수 있다고 말이지요! 이것이 바로 이학가들이 말한 "인욕을 깨끗하게 다하면 천리가 흐른다〔人欲淨盡, 天理流行〕"라는 것입니다. 주자의 "그 처음 상태를 회복시킨다"라는 구절이 바로 이고의 「복성서」에서 왔습니다. 그런데 만약 어떤 사람이 "그 처음 상태를 회복시키기는 했는데 그러다가 영원히 허령불매 속에만 있게 되는 것은 아닙니까?"라고 묻는다면 어떻게 합니까? 문제는 또 있습니다.

첫째, 그 기질지성이 힘을 키워서 당신의 허령불매보다 더 커진다면, 또 다시 그것에 구속되어서 허령불매는 질질 끌려다녀야 합니까?

둘째, 만약 인욕이 기질지성에 의지하고 기질이 인욕을 도와서 당신의 허령불매가 두 적의 합공을 막아 내지 못하면 또 어떻게 됩니까?

이런 식으로 궤변을 늘어놓는다면 서양 문화에서 말하는 전능하신 하느님일지라도 영원히 사탄을 없애 버리지 못할 것입니다. 사탄이 영원히 하느님과 병존한다면 그런 전능은 무능이나 다를 바 없지 않습니까!

이쯤에서 그만하고 더 이상 변론할 필요가 없을 듯합니다. 선종의 덕산(德山) 선사는 이렇게 말했습니다. "현묘한 논변을 다해 봤자 허공에 털 한 올 떠다니는 것 같고, 세상의 중요한 일에 힘써 봤자 거대한 골짜기에 물 한 방울 던지는 것 같다〔窮諸玄辯, 若一毫置於太虛. 竭世樞機, 似一滴投於巨壑〕." 논변해 봤자 결국은 말장난일 뿐입니다.

가장 중요한 결론은 바로 이것입니다. 주자가 말한 허령불매는 그다음 구절에 나오는 "지(止), 정(定), 안(安), 정(靜)"의 수련에 있어서 하나의 경지라고 말할 수 있을 뿐입니다. 그것을 가지고 "명명덕"은 바로 '허령불매'라고 주해를 붙여서는 안 됩니다. 또 그것을 사람 천성의 원초적인 본체라고 여겨서는 더더욱 안 됩니다. 그랬다가는 주자는 권위와 학벌을 가지고 독단한다는 비난을 받을 것입니다. 적어도 생선 눈알과 진주를 혼동하는 잘못을 저질러서는 안 될 것입니다. 어찌 참으로 안타까운 일이 아니겠습니까?

셋째, 만약 사람이 살아 있는 동안에 그럭저럭 수양으로 허령불매에 이르렀다면, 죽은 다음에 그 허령불매는 어디로 가는 걸까요? 그것은 여전히 존재합니까, 아니면 죽은 다음에는 없어져 버립니까? 사후에도 존재하든 존재하지 않든 간에 이 이성의 작용이라는 것은 생물적인 것입니까, 아니면 순수 물리적인 것입니까? 본체는 결국 물(物)입니까, 아니면 심(心)입니까? 이 문제에 관해서는 종교, 철학, 과학을 막론하고 모든 인류 문화가 오늘날까지도 결론을 내리지 못하고 있습니다. 설사 결론을 내렸다 할지라도 한마디로 설명하기 참으로 어려운 문제이므로 다음 기회에 다시 말씀드리기로 하겠습니다.

주자가 "친민"을 '신민'으로 고친 것이 그럴듯해 보이고 또 말이 된다 하더라도, 결국은 분별없는 행동이었고 억지가 있음은 이미 앞에서 말씀드렸습니다.

아무튼 이렇게 거듭거듭 검토해 봤으니 이제 결론을 내려야 할 것 같습니다. "명명덕"은 도대체 무슨 뜻일까요? 그 답은 "스스로 내명(內明)의 학문의 준칙을 밝혀 '대학지도'의 강령으로 삼는다"라는 것입니다. 어떻게 해야 "명명덕"의 실제에 도달할 수 있는지에 관해서는 다음 구절에 나오는 "지(止), 정(定), 정(靜), 여(慮)" 등의 학문적 단계를 밟으면 깨달음을 얻게 될 것입니다.

유가를 배타적인 종교로 바꾸어 버린 송유(宋儒)들의 잘못을 배우지 말고, 가슴을 열고 다른 사상가들의 학설을 빌려 와서 서로 비교해 본다면 훨씬 이해하기 쉬울 것입니다. 예를 들어 노자는 "다른 사람을 아는 사람은 지혜롭고 자기 자신을 아는 사람은 밝다〔知人者智, 自知者明〕"라고 말했는데, 이 말을 빌려 와서 "명명덕"을 설명할 수도 있습니다. 그 까닭은 거의 모든 사람이 자기 자신에 대해 잘 모르기 때문입니다. 바꾸어 말하면 사람에게는 자기 자신을 아는 밝음이 부족합니다. 선사들이 말하는 것처럼 사람마다 자신의 본래 모습을 알지 못하기 때문에 그 마음을 밝히지 못하고 그래서 도를 깨달을 수 없는 것입니다.

또 공자보다 이른 시기에 살았던 관중(管仲)도 이렇게 말했습니다. "성인은 은밀함을 두려워하고 어리석은 사람은 밝음을 두려워한다〔聖人畏微, 愚人畏明〕." "귀와 눈을 밝게 하여 만물을 주관하는 것이 생의 덕이다〔聰明當物, 生之德也〕." 모두 같은 이치입니다. 그렇기 때문에 학문의 도는 무엇보다도 "명명덕"에 있는 것입니다.

됐습니다! 『대학』의 강령은 이제 모두 살펴보았습니다. 이제부터는 다음 구절에 나오는 "지(知), 지(止), 정(定), 정(靜), 안(安), 여(慮), 득(得)"이라는 칠증(七證)의 학문에 관해 검토하도록 하겠습니다.

제2편

칠증의 수양

12
천고에 밝히기 어려운 것은 스스로를 '아는' 것

제가 『대학』에 나오는 "알고 멈춘 뒤에야 정함이 있고, 정한 뒤에야 흔들리지 않을 수 있고, 흔들림이 없는 뒤에야 편안할 수 있고, 편안한 뒤에야 생각할 수 있고, 생각한 뒤에야 얻을 수 있다〔知止而后有定, 定而后能靜, 靜而后能安, 安而后能慮, 慮而后能得〕"라는 구절을 놓고, 이것을 "대학지도"의 '칠증(七證)'이라 말하는 것에는 언뜻 보기에 평범하고 별다른 의미가 없어 보입니다. 하지만 사실 이것은 증자가 유가의 심법을 추구하는 데 있어 수양의 단계로서 일부러 제시해 놓은 것일 뿐 아니라, 주(周)·진(秦) 이전 유가와 도가가 나누어지지 않았던 전통문화에서 학문과 수양의 특징을 설명해 주는 말이기도 합니다.

만약 우리가 중국에서 불가와 도가의 발전사에 관해 알고 있다면 "지(知), 지(止), 정(定), 정(靜), 안(安), 여(慮), 득(得)"이라는 이 칠증의 설법을 진·한 이후로는 신선의 도를 수련하는 도가에서 곧잘 인용하였다는 사실을 알 것입니다. 동한 이래로 불학이 중국에 전해지면서부터는 소승(小乘)의 선정을 수양하는 나한(羅漢) 과위(果位)와 대승도(大乘道)의 보살위(菩薩位)를 수양하는 지관(止觀)의 방법에서도 "지(止), 정(定), 정(靜), 여(慮)"의 설법을 빌려 썼습니다. 그리고 지금까지 이천여 년을 아무런 흔들림 없이 전해 내려 왔습니다. 증자가 『대학』을 저술한 때가 기원전 470년 무렵이었는데, 이 시기는 그리스 철학자 소크라테스가 막 태어난 때였습니다. 불학이 중국에 전해지기 시작한 것이 대략 서기 65년 이후이니, 증자가 살았던 시기와는 약 오백여 년이라는 거리가 있습니다.

먼저 이러한 문화적, 역사적 거리를 알고 있어야만 불가와 도가의 학술을 빌려 와서 설명하기가 비교적 자연스러우며 또 선입관이나 거부감 같은 것을 떨쳐 버릴 수 있습니다.

그런데 『대학』에서 열거한 수증(修證)[27]의 일곱 단계 가운데 첫 번째는 '지(知)'입니다. 우리는 이 지(知) 자의 뜻이 '안다'임을 알고 있습니다. 지각(知覺)이니 지식(知識)이니 지기(知己)니 지심(知心)이니 하는 말, 심지어 하늘이 알고 땅이 알고 네가 알고 내가 안다고 하는 말도 모두 이 '지' 자를 빌려 써서 나온 말들입니다. 안다면 아는 것이지 무슨 문제가 또 있을까요.

하지만 자세히 살펴보면 참으로 많은 문제가 드러날 것입니다! 사람은 어떻게 해서 모든 일과 모든 사물을 자연스럽게 알 수 있는 것일까요? 대개는 나면서부터 아는 것이라고 여겨 왔고, 어떤 사람은 말하기를 우리에게는 '영성(靈性)' 또는 '마음(心)'이 있어서 모든 사물을 알 수 있는 것이라고 했습니다. 요즘 사람들은 생명체에는 뇌가 있어서 그 작용으로 모든 것을 알 수 있다고 말합니다. 하지만 영성이라고 말하든 마음이라고 말하든 아니면 뇌라고 말하든, 그 모든 것은 인류 문화의 소산일 뿐이며 인류 스스로가 굳게 믿고 있는 학설에 불과합니다. '선천적으로 타고난 지성(能知之性)'의 근원이 어디에서 왔으며 어떻게 생겨났는가 하는 문제는 여전히 과학과 철학에서 중대한 문제입니다.

---

[27] 수양을 통한 깨달음이라는 뜻이다.

이것과 송대 이학가들이 주장하는 성리(性理)나 이성(理性)의 지(知) 및 명대의 저명한 이학가인 왕양명 선생이 맹자의 이론에서 가져와 제기했던 '양지(良知)' 및 '양능(良能)'의 학설 등은 모두 인류 문화에서 영원히 해결하지 못한 기본 문제들입니다.

중국 철학사의 측면에서 보면, 특히 불가의 철학이 중국으로 전해진 이후로 '지(知)'와 '각(覺)'을 같은 뜻으로 해석하는 일이 많았습니다. 논리적이고 과학적인 분석에 따르면 이 두 글자의 뜻은 아무렇게나 뒤섞어서 사용해서는 안 됩니다. 심리학적으로 또 의학적으로 지각과 감각은 반드시 뚜렷하게 구분해야 합니다.

예를 들어 초당(初唐) 시기에 선종 육조(六祖)인 혜능(慧能) 대사의 제자였던 하택(荷澤) 선사는 아주 직접적으로 말했습니다. "지라고 하는 한 글자가 뭇 오묘함의 문이로다[知之一字, 衆妙之門]." 이 말은 틀림없이 '지(知)'가 바로 덕으로 들어가는 문이라는 의미일 것입니다. 이처럼 지는 도를 밝히고 도를 깨닫는 가장 기본적인 작용입니다. 무지(無知)한 사람은 나무토막이나 돌멩이처럼 도와는 아무런 관련이 없습니다.

만약 어떤 사람이 식물인간이 되었다면 그가 보이는 반응들은 '유지(有知)'라고 해야 할까요, 아니면 '무지(無知)'라고 해야 할까요? 혹은 단지 생리적인 반사 작용일 뿐일까요? 이 역시 논쟁의 여지가 많은 문제입니다. 거기까지는 건드리지 않는다 하더라도 과연 이 지(知)가 바로 인간 생명의 근원인 것일까요? 하택 선사가 말했던 "지라고 하는 한 글자가 뭇 오묘함의 문이다"라는 말과 왕양명의 '양지'와 '양능' 학설에서의 '지성(知性)'이라는 것은 전적으로 맞는 말일까요?

설파해 주지 않으셔서 감사합니다

　선종이 막 사방으로 빛을 발하던 중당(中唐), 만당(晩唐) 시기에 이미 선사들은 "지라고 하는 한 글자가 뭇 오묘함의 문이로다"라는 말에 대해 무언의 반응을 보였습니다.

　가장 유명한 사건은 향엄(香嚴) 선사의 일화입니다. 향엄 선사는 오랜 시간을 위산(潙山) 선사에게 배웠는데, 어느 날 위산 선사가 이렇게 말했습니다. "자네는 하나를 물으면 열을 대답하고 열을 물으면 백을 대답하니, 이 모두 자네가 총명하고 영리해서 잘 깨닫기 때문이야. 생사의 근본, 부모가 낳지 않았을 때에 대해서 한마디로 말해 보겠나?" 위산이 이렇게 물은 것은 짐짓 향엄을 난처하게 만들려는 뜻에서였습니다.

　향엄은 탄식하면서 말했습니다. "그림 속의 떡으로는 허기를 채울 수 없습니다. 부디 대사께서 저에게 설파해 주십시오." 위산이 말했습니다. "만약 지금 내가 자네에게 말해 준다면 나중에 자네는 분명 나를 욕할 것이네. 내 말은 내 말일 뿐 자네와는 끝내 아무런 상관이 없을 것이네."

　향엄 선사는 이 말을 듣자 평소에 자신이 보던 경서(經書)를 불살라 버렸습니다. 그러고는 아주 분한 듯이 말했습니다. "내 평생 불법을 배우지 않으리라. 구름처럼 떠돌아다니면서 밥이나 얻어먹는 중노릇을 하리라." 향엄은 위산 선사에게 작별 인사를 하고는 울면서 떠나 버렸습니다.

　한번은 남양(南陽)에 도착해서 혜충(慧忠) 국사가 과거에 묵어 갔던 절에 거처하게 되었습니다. 그는 그곳을 매우 좋아했습니다. 어느 날 잡초를 파다가 벽돌 조각이 나왔는데, 무심코 내던진 벽돌 조각이 대나무에 맞아 퉁 하고 소리가 울렸습니다. 그러자 그는 홀연히 깨달았습니다. 곧장 숙소로 돌아와서 깨끗이 목욕하고 향을 피우더니 위산이 있는 곳을 향해 절하면서 말했습니다. "대사님, 참으로 대자대비하시니 그 은혜가 부모보다 더합니다. 만약 그때 저에게 설파해 주셨더라면 제게 오늘의 일이 있었겠습니까!" 그리하여 그는 한 편의 게송(偈頌)을 지었습니다.

한번 쳐서 아는 바를 다 잊어버리니	一擊忘所知
더 이상은 수양따위를 빌리지 않네	更不假修持
안색을 바꾸고 옛길에서 떨쳐 일어나	動容揚古路
고요히 거짓으로 떨어지지 않노라	不墮悄然機
사방 어느 곳에도 종적은 없나니	處處無蹤跡
소리나 색은 겉으로 드러난 자태이지	聲色外威儀
도에 이르렀다고 하는 사람들은	諸方達道者
하나같이 천기에 올라갔다 말하네	咸言上上機

그 사실을 안 위산 선사는 이렇게 말했습니다. "그 아이가 마침내 완전히 깨달았구먼!"

이 고사는 자신이 아는 바를 잊어버려야만 비로소 도에 들어가는 문에 가까워질 수 있음을 설명해 줍니다.

혼돈은 끝내 좋은 보답을 얻지 못했다

그 밖에 도가의 시조라고 여겨지는 노자 역시 일찌감치 이런 말을 했습니다. "성스러움을 끊고 지혜를 버리면 백성의 이익이 백 배나 더한다[絶聖棄智, 民利百倍]." 이 말은 스스로 도를 얻었다고 생각하는 성인들이 오히려 백성을 도탄에 빠뜨렸으며, 스스로 지식이 있는 지자(智者)라고 생각하는 사람이 많아질수록 세상은 더욱 태평에서 멀어질 뿐이라는 노자의 생각을 분명하게 보여 줍니다. 그래서 노자는 "아는 사람은 말을 하지 않고 말을 하는 사람은 알지 못한다〔知者不言, 言者不知〕", "큰 도는 이름이 없다〔大道無名〕"라고 했습니다.

장자는 그런 뜻을 '우언(寓言)'의 형식을 사용하여 말했습니다. 남해에 대제(大帝)가 있었는데 그 이름을 숙(鯈)이라고 했습니다. 북해에 대제가 있었는데 그 이름을 홀(忽)이라고 했습니다. 중앙에도 대제가 있었는데 그 이름을 혼돈(混沌)이라고 했습니다.

어느 날 남북의 두 대제가 혼돈이 있는 곳에서 만났습니다. 혼돈이 그들에게 아주 잘 대해 줬기 때문에 남북 두 대제는 어떻게 해야 혼돈의 은덕에 보답할 수 있을까 하고 의논했습니다. 의논한 결과 이렇게 결론을 내렸습니다. "사람마다 얼굴에 일곱 개의 구멍이 있기 때문에 볼 수 있고 들을 수 있고 먹을 수 있고 숨쉴 수 있는 것인데, 오직 혼돈만이 그런 기능이 없으니 너무 가엾지 않소! 그래, 팝시다! 우리 둘의 뜻이 같으니 마음과 힘을 합해 구멍을 파 줍시다." 그리하여 매일 구멍 한 개씩을 파더니 칠 일째 되는 날 드디어 일곱 개의 구멍을 다 팠습니다. 그랬는데 혼돈은 그만 죽어 버리는 것이었습니다! 그야말로 복이 화를 부르고 은혜를 원수로 갚은 꼴이었습니다.

앞에서 인용한 불가와 도가의 고사가 설명해 주는 바는, 그들 모두 '지(知)'가 결코 심성(心性)이나 도체(道體)의 묘법이 아니라고 생각했다는 사실입니다. 지(知)는 도의 본체가 아닙니다. 바꾸어 말하면 지(知)는 '능(能)'이 아니라 '소(所)'일 뿐입니다. 지(知)는 사물을 알 수 있는 '곳〔所〕'에서 생겨나는 최초의 작용에 불과합니다.

13

끊임없이 흘러 '멈추지' 않으니 왜 그러한가

『대학』에서 말하는 "지(知), 지(止), 정(定), 정(靜), 안(安), 여(慮), 득(得)" 의 일곱 가지 학문 수양의 단계 가운데 첫 번째 요점인 지(知) 자는 앞에서 검토했습니다. 이제 두 번째 단계인 '지(止)' 자를 살펴볼 차례입니다. 물론 여러분은 지(止)가 '멈춘다'는 뜻임을 모두 알고 있습니다. 그러나 무엇을 멈춘다는 말인가요? 이 문제는 정말 함부로 말해서는 안 되는 것입니다. 무엇보다 지(止) 자에 두 가지 뜻이 있다는 사실을 아는 것이 가장 좋은 방법입니다.

첫째, 내재적(內在的) 즉 내명(內明)의 학문에서의 지(止)입니다. 송대 이학가들이 장자의 말에서 빌려 와 사용했던 내성(內聖)의 학문에서 말하는 지(止)라고도 할 수 있습니다.

둘째, 외용적(外用的)인 지(止)입니다. 장자가 말한 외왕(外王) 즉 외용(外用)의 학문에서의 지(止)라고도 할 수 있습니다. 위로는 천하를 다스리는 제왕에서부터 아래로는 공(工)·농(農)·상(商)·학(學)을 포함해 사업을 경영하는 모든 사람에 이르기까지, 혹은 한 집안의 가장이나 지극히 평범한 보통 사람조차 어떻게 자신의 생각과 행위를 적당한 선에서 멈추는가 하는 문제입니다.

'지(知)'와 '지(止)'의 상호 관계

이 '지(止)'자의 정의에 내명(內明) 즉 내성(內聖)과 외용(外用) 즉 외왕(外王)이라는 이중 작용이 포함되어 있음을 알았습니다. 그리고 내명의 지(止) 자부터 설명해야만 외용의 지(止)의 작용까지 언급할 수 있습니다.

그런데 내명의 지이건 외용의 지이건 간에 먼저 '지지(知止)'라는 명사의 논리적 순서부터 설명해야 할 것입니다. 그것은 지지(知止)라는 이 두 글자가 함께 연결되어 있으면 다음과 같은 문제가 생기기 때문입니다. 먼저 '알아야[知]' 비로소 '멈출[止]' 수 있는가, 아니면 먼저 '멈추어야[止]' 비로소 '알[知]' 수 있는가?

그 답은 먼저 알아야 비로소 멈출 수 있다는 것입니다. 이성적인 지지(智知)가 주관하고 주도하기 때문입니다. 이 '지(知)'가 바로 주인입니다. 반면에 '지(止)'는 손님이고 객관적이고 다스림을 받습니다.

예를 들어 앞에 불이 있는 것을 보면 자동적으로 멈추어 서게 됩니다. 이것이 바로 지(知)가 주인이고 멈추는[止] 작용은 손님인 경우입니다. 하지만 배가 불러서 더 이상 먹고 싶지 않으면 반응이 의식이나 뇌로 전달되어 먹는 동작을 멈추게 됩니다. 이럴 때는 지(止)가 주인입니다. 배가 불렀으니 이제 더 이상 먹어서는 안 된다는 것을 안다[知]고 할 때의 지(知)는 손님이 됩니다.

주자가 주석을 붙인 『대학』은 이 부분에서 지(止)에만 착안하고 지(知)는 특별히 신경 쓰지 않았습니다. 아니면 의식적이었든 무의식적이었든 대충 넘어가 버렸는지는 알 수가 없습니다. 하지만 이 부분이 관건이기 때문에 적당히 넘어가서는 절대 안 됩니다.

이런 관건을 이해한 다음에 "알고 멈추다[知止]" 혹은 "알고 멈춘 뒤에야 정함이 있다[知止而后有定]"라는 말을 살펴보십시오. 이치에 맞지 않습니까? 바꾸어 말하면 그렇게 보는 것이 추리의 순서에도 맞고, 또 내명(內明)이라고 하는 이성의 길을 쉽게 이해할 수 있다는 것입니다.

결론은 물론 지(知)는 주인으로서 앞장서서 이끌어 가고, 지(止)는 손님으로서 이끄는 대로 만들어진 하나의 경계라는 것입니다.

이만큼 이야기하면 아마 여러분은 저에게 묻고 싶을 것입니다. "여기저기에서 끌어와 자기 멋대로 이야기하면서 도대체 무슨 말을 하려는 겁니까?" 그렇습니다. 저는 이렇게 말하고 싶습니다. 이른바 "알고 멈추는[知止]" 내명의 학문이란 모든 사람이 자신의 심리 상태를 분명히 알아야 한다는, 아니 더 나아가 자신의 생각과 기분을 분명하게 말할 수 있어야 한다는 것입니다.

위로는 천자 곧 제왕에서부터 아래로는 평민에 이르기까지 모든 사람에게, 깨어나서부터 다시 잠들 때까지의 하루라는 시간 동안에 얼마나 많은 생각과 잡념과 환상이 거쳐 가는지 이루 다 셀 수가 없습니다. 특히 떠올랐다가 사라져 버리는 각종 크고 작은 감정은 더더욱 말할 필요도 없습니다. 이처럼 복잡다단한 생각과 감정은 우리가 잠들어 있는 순간에도 마치 다면경(多面鏡)에 비춘 것처럼 각종 기괴하고 난해한 꿈으로 나타납니다. 그 누가 이런 생각과 감정을 맑고 고요하고 편안한 곳에 있는 그대로 늘어놓을 수 있겠습니까? 아마 절대로 불가능하다고 말할 것입니다. 하지만 정답은 오히려 "할 수 있다"입니다.

문제는 어떻게 해야 "알고 멈출[知止]" 수 있을지를 모른다는 데 있습니다. 그래서 저는 늘 말합니다. "영웅은 천하를 정복할 수는 있어도 자기 자신을 정복하기는 어렵다"라고요. 자신의 심사를 눌러서 평정(平靜)으로 돌아감으로써 노자의 "기를 오로지하고 부드러움에 이르러 어린아이 같을 수 있겠는가[專氣致柔, 能嬰兒乎]"라는 말을 실천할 수 있으면, 점차 "지지(知止)"에 도달하고 나아가 "명덕(明德)"이라는 결과를 얻을 수 있습니다.

이쯤에서 다시 선종의 게송 한 수를 빌려 와서 더 분명히 말씀드리겠습니다. 한평생 제자를 엄격하게 가르쳤던 임제(臨濟) 대사가 임종 시 쓴 게송으로서, 나태하지 말고 부지런히 수행하라는 가르침이 들어 있습니다.

끊임없이 흘러 멈추지 않으니 어째서 그러한가	沿流不止問如何
참된 비춤은 끝이 없으니 말해 버리면 달라져 버린다네	眞照無邊說似他
형상을 벗어나고 이름을 벗어나니 사람은 받지 못하지	離相離名人不稟
털 한 올을 불어 사용했어도 급히 갈아 두어야 하리	吹毛用了急須磨

털 한 올을 불어 사용했어도 급히 갈아 두어야 하리

이 게송이 뜻하는 바는 무엇입니까?

첫 번째 구절인 "끊임없이 흘러 멈추지 않으니 어째서 그러한가[沿流不止問如何]"라는 말에는 다음과 같은 뜻이 있습니다. 우리 사람의 생각, 욕망, 감정, 의식 등은 태어나서부터 죽을 때까지 매일 매시간 매초 끊임없이 흘러가면서, 때로는 외부 경계[外境]에 마음이 움직이기도 하고 때로는 마음에 따라 외부 경계를 만들어 내기도 하면서 영원히 정지하는 법이 없습니다. 스스로에게 물어보고 다른 사람에게도 물어보지만 어떻게 해야 멈출 수 있습니까?

두 번째 구절은 "참된 비춤은 끝이 없으니 말해 버리면 달라져 버린다네[眞照無邊說似他]"라는 것입니다. 하지만 스스로 돌이켜 생각해 보고, 자신이 타고난 천성에는 본래부터 '능지지성(能知之性)'의 작용이 존재함을 알아야 합니다. 스스로 그 지성(知性)을 일으켜서 마치 요사스러운 사물을 비춰 주는 거울인 양 자신의 망상(妄想)과 망정(妄情)을 비추어 보고 통제해야 합니다. 시선을 고정시킨 채 꼼짝하지 않고 계속 비추다 보면 어느덧 거울 속의 환영은 보이지 않게 됩니다. 거울이 맑고 고요해집니다! 신묘해집니다! 그런 식으로 계속 돌이켜 생각하고 돌이켜 비추어 보면 그에게 다가가는 것처럼 느껴집니다. 그가 누구냐고요? 굳이 말하자면 그는 바로 '도(道)'입니다! 하지만 그렇더라도 그것 같다고 말할 수 있을 뿐, 결코 궁극적인 대도(大道)는 아닙니다.

세 번째 구절인 "형상을 벗어나고 이름을 벗어나니 사람은 받지 못하지〔離相離名人不稟〕"라는 말이 뜻하는 바는 이렇습니다. 인성(人性)의 궁극인 도체(道體)는 모든 현상의 이름과 형상을 벗어난 것입니다. 그러다 보니 사람들은 끝내 그것을 알지 못하고 이해하지 못하고 또 명확하게 말하지 못합니다. 그것은 영원히 당신 몸에 머물러 있지도 않습니다. 왜냐하면 그 몸이라는 것은 어차피 공허한 것이기 때문입니다.

네 번째 구절은 "털 한 올을 불어 사용했어도 급히 갈아 두어야 하리〔吹毛用了急須磨〕"라는 것입니다. '털을 분다〔吹毛〕'는 표현은 고대에 날카로운 보검을 형용하는 말이었습니다. 머리카락을 칼날에 갖다 대고 혹 불기만 하면 끊어질 정도로 칼날이 아주 예리하다는 뜻입니다. 이 말은 사람이 총명하고 지혜로운 것을 형용하기도 합니다. 당신이 아무리 예리하고 아무리 유능하더라도 수시로 돌이켜 반성하고 스스로를 닦아서 평정을 되찾지 않으면 금방 끝장나고 말 것입니다. 그뿐 아니라 사람의 마음이란 것은 마치 빙빙 돌아가는 수레바퀴가 멈추지도 않고 되돌아오지도 않는 것처럼, 나쁜 습성에 물들면 감당할 수 없게 타락해 버립니다. 그래서 이렇게 말한 것입니다. "당신이 마치 머리카락을 끊어 버리는 날카로운 보검처럼 총명하고 영리하다고 하더라도, 언제 어디서고 그것을 잘 보호하고 길러야 합니다. 또 일단 사용했으면 그것이 아무리 가벼운 일이었을지라도 반드시 날카롭고 깨끗하게 갈아 두어야 합니다."

임제 대사는 선종 오종(五宗) 가운데 임제종(臨濟宗)의 시조였는데, 이 게송은 제가 참으로 즐겨 감상하고 탄복해 마지않는 것입니다. 성리(性理)의 수양을 쉽고도 가볍게 문자화하였으니 보통 시인은 결코 도달할 수 없는 경지입니다. 그런 것을 빌려 와서 "지지(知止)"의 학문 수양의 경지를 설명하였으니 틀림없이 잘 아셨을 것입니다. 좋습니다. 이 대목은 여기까지만 말씀드리기로 하고 우리 역시 "털 한 올을 불어 사용했어도 급히 갈아 두어야" 하겠지요!

14

정말로 말하기 어려운 것은 '정'이다

앞에서 보았던 지지(知止)의 지(止)는 내명(內明)의 학문에 속하는 것이었습니다. 불학에서 말하는 '제심일처(制心一處)'와 '계심일연(繫心一緣)'의 제지(制止)의 '지(止)'가 불가 소승 선관(禪觀)의 심지(心地) 법문의 원칙인 것과 마찬가지입니다.

인류 전체를 놓고 본다면 기원전 사오백 년간 동일한 시기에 동일한 양상으로 인류의 심성 수양과 학문을 중시했던 곳은 오직 중국과 인도뿐이었습니다. 이 두 나라에서는 그것과 관련된 과학이 비슷하게 발전했습니다. 기타 이집트, 바빌로니아, 그리스 같은 곳에서는 일찍부터 철학이 태동하긴 했어도 여전히 희미한 단계였고 점차 종교가 주도하는 초기 서양 문화를 형성하게 되었습니다.

하지만 감추고 자시고 할 필요 없이 말씀드려서 "지(止), 정(定), 정(靜), 안(安)"의 구체적인 연구에서는 인도의 불학이 가장 정밀하고 또 가장 과학적입니다. 이 대목에서 주의하십시오. 제가 말하는 것은 몸과 마음, 성(性)과 명(命)을 수양하는 '과학'을 가리키는 것이지 소리, 빛, 전기, 화학 등의 응용과학과 같은 '자연 과학'이라는 말이 결코 아닙니다. 이런 개념을 아무렇게나 섞어 사용해서는 안 됩니다.

'지(止)'와 '정(定)'의 인과관계

이제 계속해서 연구하려면 "알고 멈춘 뒤에야 정함이 있다(知止而后有定)"라는 말이 지적했듯이 '지(止)'에서 '정(定)'에 이르는 두 단계에 대해 토론해야 합니다. 간단히 구분지어 말하면 지(止)는 정(定)의 원인이고, 정은 지의 결과입니다. 또는 지(止)는 정(定)의 전주곡이고, 정은 지의 효과라고도 말할 수 있습니다.

제가 생각하기에는 이런 경로를 따라 설명하는 것이 유가의 심법(心法)인 『대학』을 연구하는 데 있어서 더욱 가치가 있고, 상고 시대 전통문화의 정화가 지닌 특색을 더 잘 드러낼 수 있습니다. 민족의식 때문에 강조하는 것이 아니라 사실이 그렇습니다. 하지만 그렇더라도 불학을 빌려 와서 설명하지 않으면 여전히 애매모호할 것입니다. 송·원·명·청 이래로 유학의 이학가들은 파벌 개념에 사로잡혀 기존의 울타리만 사수하느라 여념이 없었습니다. 그 결과 유학의 도를 더 발전시키지 못했을 뿐 아니라 오히려 유학의 도가 쓸모없는 땅에서 자라도록 방치해 버렸습니다. 참으로 안타까운 노릇입니다.

대승 불학과 소승 불학에서 그 수증(修證) 원칙의 기본은 바로 "계(戒)·정(定)·혜(慧)"의 삼학(三學)입니다. 이른바 계학(戒學)이란 상고 시대 중국 문화의 예학(禮學)에서 "예의(禮儀)는 삼백이요, 위의(威儀)는 삼천이라"라고 한 것처럼, 심리 행위에서부터 입신 처세에까지 두루 영향을 미치는 것입니다. 심지어는 온 세상 생물들의 도덕과도 밀접한 연관이 있습니다. 그것은 인류 세계 모든 법률의 법리 철학과도 중요하고 밀접한 관계가 있습니다. 하지만 사람들이 자기 편할 대로 그것을 종교 문서 속으로 집어넣어 버렸기 때문에 정말 한마디로 설명하기 힘듭니다. 주제에서 너무 벗어나면 안 되니까 이쯤에서 그만두지요.

지(止)나 정(定)과 관련된 수증은 특히 불학에서 큰 깨달음을 추구하는 데 있어 중심이 됩니다. 인도 범어를 중국어로 번역하면서 그 영향이 가장 널리 전파된 것이 바로 '선정(禪定)'이라는 명사였습니다. 사실 범어의 '선나(禪那, dhyana)'는 마음을 고요하게 가라앉히고 깊이 생각한다는 뜻을 내포하고 있습니다.

그런데 위·진 이후의 초기 번역에서는 원래의 '선(禪)' 음은 그대로 남겨 두고 거기다가 『대학』의 "지지이후유정(知止而后有定)"에서 '정(定)' 자를 빌려 와서 선정(禪定)이라고 불렀습니다. 초당에 이르러 현장(玄奘) 법사는 이것을 다시 '정려(靜慮)'라고 번역했습니다. 그러고 보면 『대학』의 "흔들림이 없는 뒤에야 편안할 수 있고, 편안한 뒤에야 생각할 수 있다[靜而后能安, 安而后能慮]"라는 말에서 용어를 빌려 와서 '사유수(思惟修)'[28]의 뜻을 표현해 냈음이 더욱 분명해집니다.

그러나 엄격하게 말하면 불학을 수행하여 깨달음을 얻는 데 있어서 지(止)와 정(定)은 그 작용과 경지가 각기 다릅니다. 예를 들어 불가에서는 이렇게 말합니다. "향상[29]이 강을 건너는 것처럼 흐름을 끊으면서 건너가는구나[如香象渡河, 截流而過]." 이 말은 참으로 적당한 표현입니다. 우리가 그 어지러운 생각들을 잠시라도 멈추게 하고 싶으면, 반드시 큰 힘을 지닌 코끼리가 도도히 흘러가는 물결을 끊어 가면서 강을 건너가는 용기를 지녀야만 합니다. 이것이 바로 "알고 멈추어서[知止]" "머무르는[止]" 모습입니다.

'지(止)'의 외용(外用)적 측면에 대해서는 이렇게 말할 수 있습니다. 어떤 사람이든 이 사회에서 살아가려면 자신의 위치가 있어야 합니다. 다시 말해 일생 동안 무엇을 할 것이지를 스스로 확정지어야 한다는 말입니다.

---

28 선(禪)의 다른 용어. "생각 없음을 생각함[以思無思]" 또는 선종의 '참(參)'과 같은 말이다.
29 몸은 푸르고 향기가 나며 바다나 강을 돌아다닌다고 하는 상상의 코끼리.

어떤 일을 하든지 자신이 어떻게 처신해야 할지를 알고 있어야만, 즉 하나의 이념에 "머물러야[止]"만이 어떤 변화에도 동요되지 않고 후회 없이 일을 처리할 수 있습니다. 그렇게만 할 수 있다면 도도히 흘러가는 세파 속에서도 자신을 지켜 나갈 수 있습니다.

불학의 수증 단계로 '지(止)'와 '정(定)'을 설명하다

그러나 대승 불학과 소승 불학에서는 지(止)와 정(定)의 성과를 통칭해서 '삼마지(三摩地)'라고 부릅니다. 옛날에는 '삼매(三昧)'라고 번역했는데 현장 법사가 다시 '사마타(奢摩他)'라고 번역했습니다. 발음의 차이로 각기 다른 글자를 사용한 것입니다. 또는 '삼마발저(三摩鉢底)'라고도 번역하는데, 정(定)과 혜(慧)가 같은 경지의 결과임을 가리키는 말입니다. 마치 『대학』의 "지, 지, 정, 정, 안, 여, 득"의 총화(總和)와 같습니다.

조급하게 생각하지 말고 먼저 불학의 수증 방법을 간략히 알아보기로 하겠습니다. 불학에서는 정(定)에 대해 어떻게 말했을까요? 먼저 대승 불법과 소승 불법이 '정학(定學)'에 대해 서로 다른 원칙을 지니고 있음을 말씀드려야겠습니다.

불가에서는 소승의 내명(內明), 정학(定學)을 통칭해서 '사선팔정(四禪八定)'이라고 말합니다. 그것은 불법은 물론이고 세상의 어떤 종교나 종파 혹은 일반 학자들까지도 모두 들어갈 수 있는 일종의 심신 수양의 경지입니다. 그 나아가는 단계를 사선(四禪)으로 나누었는데, 초선(初禪)은 "마음이 하나의 대상에 집중된 상태로 욕계를 벗어나 기쁨과 즐거움이 생기는" 심일경성(心一境性)의 이생희락(離生喜樂), 이선(二禪)은 "선정에 들어 기쁨과 즐거움이 생기는" 정생희락(定生喜樂), 삼선(三禪)은 "기쁨의 경계를 벗어나 오묘한 즐거움의 경계에 드는" 이희묘락(離喜妙樂), 사선(四禪)은 "온갖 정념을 버려 청정한 마음인" 사념청정(捨念淸淨)이 됩니다. 그러한 마음의 경지를 사정(四定)으로 나누어 공무변처정(空無邊處定)[30], 식무변처정(識無邊處定)[31], 무소유처정(無所有處定)[32], 비상비비상처정(非想非非想處定)[33]이 됩니다.

하지만 불가에서 말하는 사선팔정은 보편적인 법입니다. 그러니까 불법은 물론 다른 방면에서도 심신 수양 과정에서 이와 동일한 경험을 하고 동일한 느낌을 받는다는 말입니다. 불법에는 보편적인 법으로서 정(定)과는 다른 것이 또 있는데, 바로 아라한의 멸진처정(滅盡處定)[34]입니다. 불학에서는 그것들을 종합해서 '구차제정(九次第定)'이라고 부릅니다. 이것이 바로 소승 불학의 수증의 학문입니다.

만약 유가와 도가가 아직 나누어지지 않았던 상고 시대 전통문화의 도학(道學)을 가지고 말한다면, 이것은 '내시(內視)'와 '정사(精思)'라는 실제 학문 수양의 뜻이기도 합니다. 이것은 결코 없는 것을 엮어서 어려운 말을 갖다 붙여놓은 것이 아니라 과학성을 지닌 실험입니다. 맹목적인 미신이나 숭배는 더더구나 아니며 사람이 도달할 수 있는 경지입니다. 공자보다 먼저 태어났던 관중은 심술(心術)의 중요성을 언급하면서 "생각하고 생각하면 귀신과도 통한다[思之, 思之, 鬼神通之]"라고 말했습니다. 공자보다

---

30 물질인 이 육신을 싫어하고 가없는 허공의 자재(自在)함을 기뻐하여 공이 가없다는 이치를 알고 수행하여 이르는 경지를 말한다.

31 공무변처에서 더 나아가 식(識)과 상응하여 청정하고도 적정(寂靜)한 과보의 세계에서 노니는 선정을 말한다.

32 식무변처에서 더 나아가 소연(所緣)이 아주 없음을 관(觀)하며 무소유의 해(解)를 얻고, 그 수행의 힘으로 닿게 되는 경지를 말한다.

33 하지(下地)의 "거친 생각이 없고[非想]" 그렇다고 "세밀한 생각이 없지도 아니한[非非想]" 경지를 말한다.

34 모든 심상(心想)을 없애고 해탈과 열반의 경지에 이르기를 바라면서 닦는 선정을 말한다.

나중에 태어났던 장자는 이것을 "신명이 와서 머문다[神明來舍]"라는 말로 표현했습니다.

관자(管子)나 장자가 말한 귀(鬼)니 신(神)이니 하는 것들은 동화나 민간 통속 소설에 등장하는 귀신과 같은 것이 아닙니다. '귀(鬼)'는 어두컴컴한 정신의 상태를 가리키는 말이고, '신(神)'은 위아래로 통달함을 가리키는 명사입니다. 장자가 말한 신명(神明)과 같은 뜻입니다. 소승 불학의 사선 팔정을 가지고 말한다면 모두 비상비비상처정(非想非非想處定)의 경지에 속합니다.

대승 불학에서도 사선팔정의 중요성을 인정하기는 하지만 그보다는 '지(止)'와 '관(觀)'[35]이라는 두 가지를 중심으로 '정학(定學)'과 '혜학(慧學)'의 작용을 개괄합니다. 물론 가장 중요한 것은 최후의 것입니다. 반드시 혜학의 성취를 통해야만 깨달음을 얻어 부처가 될 수 있습니다.

'각(覺)'와 '관(觀)'의 네 단계

대승 불학과 소승 불학에서 지(止)와 정(定)과 관련된 큰 원칙은 이제 대략 아셨습니다. 하지만 심리 작용이라는 측면에서 아직 가장 중요한 설명이 남아 있는데, 그것은 바로 어떻게 해야 지(止)와 정(定)의 상태에 도달할 수 있는가 하는 방법상의 문제입니다.

소승 불학의 선관(禪觀)에서는 여기에 대해 각(覺)과 관(觀)이라는 두 가지 작용이 있다고 지적했습니다. '각'은 지각과 감각을 포괄하는 것입니

---

35 범어로는 각각 '사마타(奢摩他)'와 '비파사나(毗婆舍那)'라고 음역한다. 지(止)를 닦는 것은 곧 정(定)을 닦는 것이요, 관(觀)을 닦는 것은 혜(慧)를 닦는 것으로 바로 '정혜쌍수(定慧雙修)'를 말한다.

다. '관'은 이성적이고 지혜로운 심리 상태입니다. 자신의 마음을 돌이켜 보거나 사상이나 생각을 되짚어 보면 틀림없이 자신의 현재 생각이나 사상을 알 수 있습니다.

예를 들어 담배를 피우고 싶다거나 술을 마시고 싶다고 생각하면, 그렇게 생각하는 동시에 우리는 자신이 지금 뭔가를 생각하고 있음을 지각하게 됩니다. 좀 더 자세히 말한다면 우리가 지금 뭔가를 생각하거나 걱정한다고 할 때 그와 동시에 우리는 자신이 지금 무엇을 하고 있는지를 '안다'는 것입니다.

이런 작용을 심리학에서는 '감시 의식'이라고 부르기도 합니다. 철학 이론으로는 '이성적 작용' 혹은 '이지적 작용'이라고 부를 수 있습니다. 바꾸어 말하면 우리가 무슨 생각을 하거나 혹은 희로애락의 감정이 일어나려고 하는 순간에 자신은 틀림없이 그것을 알고 있습니다. 그렇지 않다면 심사가 어지러운 그 순간에 어떻게 골치 아파 죽겠다느니, 화가 나서 죽겠다느니 하고 말할 수 있겠습니까?

이렇게 쉬운 이치를 이해했다면 소승 선관에서 말하는 '각(覺)'이라는 것이 지각과 감각의 작용을 가리키는 말임을 알 수 있을 것입니다. '관(觀)'은 그와 동시에 자기 마음을 이해하고 관찰하는 본능이 존재함을 가리킵니다. 그런 까닭에 지(止)와 정(定)의 수양에 도달하기 위해서는 네 가지 정식(程式)을 만들어 볼 수 있습니다.

첫째, 유각유관(有覺有觀)은 초보적인 참선 수양의 경지입니다. 둘째, 유각무관(有覺無觀)은 아마도 반쯤은 어둠 속으로 가라앉은 경지일 것입니다. 셋째, 무각유관(無覺有觀)은 아마도 생각이 제자리를 벗어나서 이리저리 어지럽게 흩어지는 경지일 것입니다. 넷째, 무각무관(無覺無觀)은 맑고 빛나는 심경에 도달한 것으로서, 주희가 『대학』의 "명명덕(明明德)" 해석에서 제기했던 '허령불매(虛靈不昧)'의 경지입니다. 이학가들 가운데는 그것을 '소소영령(昭昭靈靈)'이라고 부르는 사람도 있었습니다. 또 선사들 가운데는 그것을 '역력고명(歷歷孤明)'이라고 부르는 사람도 있었습니다. 만약 어떤 사람이 심성을 수양해서 정말로 그런 경지에 이르렀다면, 당연히 '대인지학(大人之學)'의 "알고 멈춘 뒤에야 정함이 있다"라는 말의 표준에 합치될 것입니다. 그러나 대승 불학의 견지에서 본다면 설사 수양이 그러한 경지에 이르렀다 할지라도 아직 반밖에 도달하지 못했다고 말할 것입니다.

생각해 보십시오. 송대 이학가들은 『대학』의 "천자로부터 서민에 이르기까지 한결같이 자신의 수양을 근본으로 삼아야 한다[自天子以至於庶人, 壹是皆以脩身爲本]"라는 구절에 근거하여, 황제인 천자로부터 신하인 왕후장상에 이르기까지 모두 그러한 학문 수양을 갖춤으로써 허령불매에 이르고 욕망을 모두 없애 세상 사람들의 본보기가 될 것을 요구했습니다. 그들에게 승려보다 더 승려다워질 것을 요구한 것이 아니고 무엇입니까?

이학가들은 이렇게 말했습니다. "요순은 그렇게 할 수 있었다. 사람이라면 다 요순처럼 될 수 있으니 어찌 못 한다는 것이 있을 수 있겠는가!" 참으로 융통성 없고 현실과 동떨어짐이 극에 달했습니다. 그러니 결국 남송의 강산이 "평상시에는 조용하게 앉아서 심성에 관해 이야기하고, 위기가 닥치면 죽음으로써 군왕에게 보답하네[平時靜坐談心性, 臨危一死報君王]"라는 속에서 끝장나고 말았지요!

그래서 훌륭하신 한 문제(漢文帝)께서는 이렇게 말씀하셨나 봅니다. "수준을 좀 낮추시오. 너무 고상한 이야기는 하지 마시오[請卑之, 毋高論]." 그래야만 제왕이나 주인들이 알아듣지 않겠습니까! 사실 그들은 운이 좋고 기회가 닿아 제왕도 되고 주인도 되었지만 인품으로만 보면 평범한 사람에 불과했습니다. 심지어 평범한 사람들보다 더 평범하고 보잘것없는 사람도 있었습니다.

대승 불학에서는 지(止)와 정(定)의 수양에서 어떤 원칙을 내세울까요? 현장 법사가 번역한 불학에는 '유각유관(有覺有觀)'이라는 용어 대신에 더욱 정교하고 세밀하게 표현한 '유심유사(有尋有伺)'라는 말이 있습니다. '심(尋)'은 예를 들면 재빠른 고양이가 쥐를 잡으려 찾고 있는 것입니다. '사(伺)'는 황룡남(黃龍南) 선사가 말한 것처럼 "마치 재빠른 고양이가 쥐를 잡으려고 눈동자는 조금도 깜빡이지 않고 네 발은 땅에 버티고 섰고 온 털은 한 방향을 향하였고 머리와 꼬리는 곧추세우고" 기회를 엿보다가 재빨리 움직이는 것입니다. 요즘 말로 하면 심(尋)은 손전등을 들고 이리저리 찾는 것이고, 사(伺)는 모든 불빛이 일제히 하나의 사물에 비춰지는 것입니다. 그러므로 첫 단계에서는 유심유사(有尋有伺)의 심리 상태를 이용하여 마음의 맑고 고요한 경지를 붙잡아야 합니다. 차츰 능숙해지면 두 번째 단계인 '무심유사(無尋有伺)'의 심경에 도달하게 됩니다. 다시 말해서 그렇게 애쓰지 않고도 자연스레 도달할 수 있습니다. 마지막으로 '무심무사(無尋無伺)'의 단계에 이르면 의식이 맑고 밝아지며 마음이 거울과 같은 경지에 이르게 됩니다.

실상은 이 밖에도 심리적 작용인 희(喜)나 낙(樂)을 결합한다든지 난(煖), 정(頂), 인(忍)과 같이 심신이 함께 전화(轉化)되는 작용도 있어서 한 마디로 말하기는 어렵습니다.

요컨대 우리는 이미 많은 노력과 시간을 들여 불학의 사상을 빌려 와서 "알고 멈춘 뒤에야 정함이 있다"라는 학문 수양의 개념을 설명했습니다. 그러고 보니 주자의 허령불매의 학설이 결코 공허하고 망령된 말이 아니라 그 나름의 견지를 지니고 있다고 칭찬하기도 했습니다. 하지만 그것을 『대학』 "명명덕"을 설명하는 데 끌어다 붙여서는 안 될 것입니다.

15

"평온하여 먼 데까지 이른다"는 것은

이제 계속해서 살펴볼 것은 "정한 뒤에야 흔들리지 않을 수 있고, 흔들림이 없는 뒤에야 편안할 수 있다(定而后能靜, 靜而后能安)"라는 두 구절 가운데 들어 있는 '정(靜)'과 '안(安)'의 이치입니다.

사람의 심리 의식만 놓고 말한다면, 만약 어떤 사람이 마음을 정했다고 하면 당연히 흔들림 없는 '평온한(靜)' 느낌이 들 것입니다. 특히 사람은 하루하루를 극도의 긴장감과 분주함 속에서 생활하기 때문에 한순간의 평온함이라 할지라도 아주 크게 느낄 것입니다. 하지만 반드시 그렇지만은 않습니다. 어떤 사람들은 긴장하고 분주한 생활에 길들여진 나머지, 하루라도 아무 일 없이 평온하게 지나가면 오히려 심한 적막감을 느끼고 심지어는 비애감마저 듭니다. 이 사회에는 그런 사람들의 비율이 평온함을 좋아하는 사람들에 비해 적어도 삼 분의 이는 넘을 것입니다.

그렇다면 학자, 문인, 예술가, 과학자, 시인 같은 사람들만 평온함을 좋아하겠군요! 사실은 아닙니다. 그런 사람들은 의식과 정서의 변화가 너무나 급박하기 때문에 그들에게서는 한순간의 평온함도 찾아볼 수 없습니다. 다만 외적인 환경에 그다지 치중하지 않는 데다가 평온함(靜)과 유사한 일종의 '정(定)'의 경지에 익숙해졌을 뿐입니다. 그들은 갑자기 어떤 특별한 지각이나 감각에 부딪히기도 합니다. 그것은 보통 사람들이 영감(靈感)이니 직각(直覺)이니 혹은 직관(直觀)이라고 부르는 것입니다. 사실 영원히 의식의 범주를 벗어나지 못하므로 진정한 평온함은 느낄 수가 없습니다.

중점은 '담박'에 있다

좋습니다! 질문이 나왔군요.

"제갈량이 말한 천고의 명언인 '담박하여 뜻을 분명히 하고 평온하여 먼 데까지 이른다[淡泊明志, 寧靜致遠]'는 진정한 평온함이라고 할 수 있지 않습니까?"

비슷합니다. 하지만 각별히 주의해야 할 것이 있습니다. 공명 선생의 "담박하여 뜻을 분명히 한다"라는 말에서 요점은 '담박(淡泊)'에 있습니다. 담박함을 달게 받아들이고 심지어 담박함을 즐기는 데에 이르면 당연히 "평온하여 먼 데까지 이를" 수 있습니다.

어떤 사람의 담박함이 공자가 말한 "채소 음식을 먹고 냉수를 마시고 팔을 구부려 베노라[飯蔬食, 飲水, 曲肱而枕之]", "의롭지 못하고서 부유하고 귀해지는 것은 나에게는 뜬구름과 같다[不義而富且貴, 於我如浮雲]"라는 경지에 도달했다면, 그 사람은 인생의 수양이 고도의 평온함에 이르렀다고 말할 수 있습니다.

공명 선생의 평생의 학문과 수양은 가슴속에서 우러나온 이 두 마디에 힘입었습니다. 그는 융중(隆中)[36]에 있을 때 이미 한(漢) 말의 형세로 보아

---

36 호북성(湖北省) 양양현(襄陽縣) 서쪽에 있는 산. 제갈량이 이 산에 초려(草廬)를 짓고 살았다.

장차 천하가 셋으로 나누어지리라는 것을 알고 있었습니다. 하지만 그는 궁지에 빠져 오갈 데 없는 유비를 만나게 되어 결국 위나라와 오나라 사이에 자리를 잡고 말았습니다. 설상가상으로 그 평범함이 둘째가라면 서러울 어린 군주 아두(阿斗)를 만났습니다. 그가 천하가 삼분된 것을 달게 받아들여 아두를 끌어안고서 촉 땅에서 편안하게 여생을 보냈더라면, 당시는 물론이고 후세에 그의 일생을 어떻게 묘사했을까요? 그가 죽음을 무릅쓰고 여섯 차례나 기산(祁山)[37]으로 출정하여 전력을 다하다가 일생을 마쳤던 것은 바로 "담박하여 뜻을 분명히 하고(淡泊明志)"자 했던 자신의 본심을 표현하려고 했기 때문입니다.

후인들은 공명이 자오곡(子午谷)으로 군사를 출병시키자던 위연(魏延)의 제의를 듣지 않았던 것이 그의 실책이라고 말합니다. 그래서 진수(陳壽)[38]도 공명을 평가하기를, 정치에는 뛰어났지만 용병(用兵)에는 뛰어나지 못하였다고 말했습니다. 하지만 자신이 살아 있는 동안에는 형세가 삼분의 일로 정해져 있다는 사실을 그가 이미 알고 있었음을 몰랐기 때문에 한 말입니다. 기산으로 여섯 차례나 출정했던 것은 오직 서촉(西蜀)을 방위하는 데 그 목적이 있었지 공격하려던 것이 아니었습니다. 그것은 피차가 다 알고 있었을 뿐 아니라 상대는 결코 약자가 아니었습니다. 설사 자오곡으로 출병시켰다 하더라도 승산은 그리 높지 않았습니다. 만약 위연이 이 길을 향해서 출병하였다가 만에 하나 중도에 반역이라도 했다면 앞뒤로 적의 공격을 받아야 했을 것입니다. 어쩌면 한평생의 명성이 하루아침에 무너지고 죽을 곳조차 얻지 못했을지도 모릅니다. 그래서 이 계획에 반대했던 것입니다. 이것이 "평온하여 먼 데까지 이른다(寧靜致遠)"라는

37 감숙성(甘肅省) 서화현(西和縣) 동북쪽에 있는 산. 제갈량이 위나라를 칠 때 여섯 번 이 산에 갔다.
38 서진(西晉)의 역사가로 『삼국지(三國志)』의 저자이다.

것이며, 바로 제갈량이 '빛날〔亮〕' 수 있었던 까닭입니다.

그의 의도는 당대 시인 두보도 이미 간파했습니다. 그래서 두보는 시에서 제갈량을 칭찬하며 "나라 위해 몸 바치리라 뜻을 세워 군무로 고생하였네〔志決身殲軍務勞〕"라고 읊었습니다.

'동(動)'과 '정(靜)'의 현상

이제 다시 본론으로 돌아가겠습니다. 과학과 철학의 관점에서 이 세계와 이 우주를 살펴본다면 어떤 상태라야 '정(靜)' 혹은 '정태(靜態)'라고 부를 수 있는 것일까요? 게다가 '정'이라는 작용은 정말 있습니까?

과거 오륙십 년 전에 명성이 높았던 한 선생님이 철학 강의에서 이렇게 말했습니다. "중국 문화의 병폐는 '정(靜)' 자에 있습니다. 게다가 오로지 수정(守靜), 주경(主敬), 존성(存誠)밖에 몰랐으니 이 모두가 유가 철학의 잘못입니다." 어떤 사람이 중국 문화가 정말로 그가 말한 대로냐고 묻기에 저는 큰 소리로 웃고 말았습니다. 참으로 헛된 명성이 아닐 수 없습니다.

기본적으로 중국 문화 어디에서고 우주가 정태적이라고 말한 적이 결코 없으며 정(靜)의 작용 하나만 있다고도 하지 않았습니다. 예를 들어 뭇 경전의 으뜸이라고 다들 공인하는 『역경』에서도 첫머리 건괘의 「상사(象辭)」에서 이렇게 말했습니다. "하늘의 운행은 강건하다〔天行健〕." "하늘의 운행이 강건하다"라는 것은 무엇을 말하는 걸까요? 이 우주 천체가 영원히 움직이고 있다는 말입니다. '행(行)' 자는 걸어가거나 운행한다는 뜻입니다. 다음 구절의 "군자는 이것으로써 자기 자신을 강하게 하고 쉬지 않는다〔君子以自强不息〕"라는 것은, 사람들에게 천지를 본받아서 영원히 자기 자신을 강하게 하라고 가르치는 말입니다. 게으름을 부리거나 중도에 그만두어서는 안 됩니다. 만약 천지와 우주가 운행하지 않는다면 『역경』에서 말한 이치대로 건곤(乾坤)이 없어져 버릴 것입니다.

천지와 우주만이 영원히 움직이고 있는 것이 아니라 온갖 생명체 역시 영원히 움직이고 있습니다. 이른바 정(靜)이란 완만한 움직임일 뿐인데, 혹은 지나치게 빠른 움직임이라고도 말할 수 있습니다. 그래서 감각상으로 '고요하다[靜]'고 부르는 것입니다. 사실 진정한 정(靜)은 결코 존재하지 않습니다.

노자는 이렇게 말했습니다. "대저 만물은 번성하지만 각기 그 근원으로 다시 되돌아간다. 근원으로 되돌아가는 것을 정이라 하고 이를 일러 천명으로 돌아감이라고 한다[夫物芸芸, 各復歸其根. 歸根曰靜, 是謂復命]." 이것을 보면 이른바 정(靜)이라는 것은 끊임없이 생겨나서 계속 이어지며, 너무 빨라서 오히려 완만하게 보이는 동작일 뿐이라는 사실을 알 수 있습니다. 이른바 물리학의 진공 상태는 결코 절대적인 무(無)의 상태가 아닙니다. 압력을 지니고 있는 동시에 반압력도 존재하기 때문에 모든 것을 파괴할 수도 있고 모든 것을 생성시킬 수도 있습니다. 단지 사람들이 아직 어떻게 이용해야 할지를 모르고 있을 뿐입니다.

그러나 모순되게도 천지 우주 간에는 진정한 '동(動)' 역시 존재하지 않습니다. 이른바 동(動)과 정(靜)은 정반(正反)이나 음양(陰陽)처럼 한 사물의 양면적인 변화 규칙에 불과합니다. 사람들의 의식이나 지식에서만 동이니 정이니 하고 부를 뿐입니다. '공(空)'과 '유(有)' 역시 그 이치가 동일합니다. '생(生)'과 '멸(滅)'도 예외가 아닙니다.

형이상적인 도의 고요함

그렇다면 도대체 진정한 정태(靜態)라는 것이 있을까요? 네, 있습니다. 심리 의식의 작용과 물질세계의 현상에 다 존재합니다. 이 말은 진정한 동과 정의 구별은 없고 다만 형이상적인 도체(道體)의 기능을 가리킬 따름이라는 뜻입니다.

특히 내명(內明)의 학문, 즉 심리적 수양에 치중하면 더욱 쉽게 정태를 느껴 볼 수 있습니다. 마음이 움직이고 생각이 일어나는 순간과는 큰 차이가 있기 때문입니다. 사실 심성 수양에서 정태는 지(止)와 정(定)의 경지와 비교해서 깊고 얕음의 차이가 있을 뿐입니다.

아주 적절한 비유를 들어서 설명해 보겠습니다. 심리나 의식의 물결은 정서적인 파동을 동반하기 마련입니다. 마치 "황하의 물이 하늘에서 내려오면(黃河之水天上來)" 흙과 진흙까지도 같이 내려와서 막을 방법이 없는 것과 마찬가지입니다. 역대로 물을 다스리는 방법은 막힌 물을 터서 소통시키는 것과 제방을 쌓는 것이었습니다.

『대학』에서 말하는 마음을 다스리는 방법의 첫 단계는 바로 "알고 멈추는(知止)" 것입니다. 이른바 지(止)의 방법은 마치 물을 다스리는 것처럼 먼저 제방을 쌓고, 지지(智知)를 이용해 마음을 한곳으로 모은 다음 점차 흐르는 양을 분산하여 소통시키는 것입니다. 세차게 흐르는 물과 같은 마음을 도랑으로 이끌어 들여서 평원이나 호수로 들어가게 만들면, 차츰 물결이 잔잔해져서 바람이 불어와도 잔물결조차 일지 않게 됩니다. 바로 "알고 멈춘 뒤에야 정함이 있다(知止而后有定)"라는 경지에 이른 것입니다.

하지만 반드시 알아 두어야 할 것이 있습니다. 이러한 정(定)의 경지는 단지 내명(內明), 즉 스스로 마음을 수양하고 다스리는 현상일 뿐 아직 정혜(定慧)라는 최고의 경지는 아닙니다. 그런 다음에 '정(定)'에서 '정(靜)'에 이르는데, 이것은 정의 경지[定境]에서 양과 작용의 차이를 가리키는 것입니다. '정(靜)'에 이르면 외부 세계와 단절되는데, 그것은 마치 『서경』에 기록된바 대순(大舜)이 "사나운 바람과 뇌성 치는 비에도 미혹되지 않았던[烈風雷雨弗迷]" 것과 같습니다.

이렇게도 말할 수 있습니다. 보아도 보이지 않고 들어도 들리지 않는, 설사 산이 무너지고 땅이 갈라진다 해도 보이지도 들리지도 않는 것처럼 심경의 고요한 경지[靜境]만이 존재합니다. 하지만 설사 그렇더라도 아직은 '정(靜)'의 과정일 뿐입니다.

고요한 경지에서 더 깊이 들어가면 이제는 내적인 경지[內境]와 외적인 존재[外在]의 차이가 없는 경지에 이르게 되는데, 이 부분은 명확하게 말하기가 어렵습니다. 『능엄경(楞嚴經)』에 나오는 말을 이용해서 표현하는 수밖에 없습니다. "청정함이 극에 이르니 빛나서 두루 이르고 고요함으로 비추니 품은 것이 헛되고 부질없다. 그러고서 인간 세상을 바라보니 마치 꿈속의 일인 듯하구나[淨極光通達, 寂照含虛空. 卻來觀世間, 猶如夢中事]." 그러나 주의해야 할 것이 있습니다. 여기에서 말한 "빛나서 두루 이른다[光通達]"의 '빛나서[光]'는 일반 종교나 미신에서 말하는 번갯불, 혹은 태양이나 달빛, 혹은 머리 위에 둥글게 그려 놓은 빛무리가 결코 아닙니다. 여기에서 말하는 '빛나서[光]'는 형용사이며, 지혜로써 얻는 빛이지 결코 어떠한 형상을 지닌 빛이 아닙니다.

천 근만큼이나 무거운 '능(能)' 자

앞에서 말씀드린 것이 이해되었다면 다시 증자의 『대학』으로 돌아와서 계속 읽겠습니다. 이른바 "정이후능정(定而后能靜)"이라는 구절인데, 그가 사용한 모든 '능(能)'자는 그저 전치사나 어조사로 사용된 것이 아닙니다.[39] 먼저 지지(知止)해야 비로소 정(定)을 얻을 수 있습니다. 또 정(定)이 있어야 비로소 정(靜)을 얻을 수 있습니다. 이렇게 계속되는 능(能) 자는 실로 한 글자가 천 근의 무게를 지니고 있으므로 가벼이 넘겨서는 안 됩니다. 젊은 친구들 중에는 겨우 며칠 혹은 몇 달간 정양(靜養)하는 수련을 하고서 엄청나게 큰소리치는 사람들이 있습니다. 그러면 저는 그런 친구들에게 웃으면서 이렇게 말합니다. "자네는 참으로 유능하네. 내가 무능한 게 부끄럽네그려."

한편 정(定)과 정(靜)의 차이는 물을 가지고 비유하는 수밖에 없습니다. 흘러가는 탁한 물을 유리병에 담아서 흔들리지 않게 놔두면 그것은 바로 지(止)의 상태와 비슷합니다. 그런 다음에 약간의 명반을 집어넣으면 수질이 차츰 맑아지는데, 그것은 바로 정(定)의 상태와 비슷합니다. 물속에 들어 있는 흙이니 모래니 하는 혼탁한 물질들이 모두 바닥에 완전히 가라앉아서 물이 깨끗해지면 유리와 물의 색깔이 같아져 구분이 가지 않는데, 그것이 바로 정(靜)의 경지와 비슷하다고 하겠습니다. 됐습니다! 이제부터는 정(靜)을 구하려고 애쓰지 마십시오. 애쓰는 순간 "그대의 마음은 시끄러워져서" 정에서 멀어지고 맙니다!

---

39 ~해야 비로소 ~할 수 있다는 의미이다.

16

어디에도 없는 마음을 편안하게 해 주다

이미 정(靜)을 얻었는데, 왜 또 "흔들림이 없는 뒤에야 편안할 수 있다〔靜而后能安〕"라고 말했을까요? 우리는 보통 안정(安靜)이라고 말합니다. 즉 먼저 '안정(安定)'이 되어야 비로소 '고요해질〔靜〕' 수 있는 것입니다. 그런데 왜 『대학』에서는 거꾸로 '정(靜)'한 다음에 비로소 '안(安)'할 수 있다고 말했을까요?

그렇습니다. 우리 개개인 혹은 사회가 주위 상황으로 인해 떠들썩하고 시끄러워지면 먼저 안정(安定)되어야만 비로소 평안하고 고요해질〔寧靜〕 수 있습니다. 그래서 '안정(安靜)'이라는 말이 습관화된 것입니다. 하지만 『대학』에서 "흔들림이 없는 뒤에야 편안할 수 있다"라고 하는 심성 수양을 중시하는 내명(內明)의 실천 경험이면서 동시에 인류 사회의 역사적 경험으로부터 얻은 외용(外用)의 결론입니다. 마음이 어지러우면 몸은 편안할 수 없습니다. 사회가 어지러우면 나라는 편안할 수 없습니다. 그것은 너무나 당연한 사실입니다.

심성 수양을 통해 "흔들림이 없는 뒤에야 편안할 수 있는" 경지에 이른다는 내명의 학문을 이야기하면서도, 증자는 그 실제 상황에 대해서는 『대학』 본문에서 아무런 설명도 하지 않았습니다. 송대 이학가들도 이 '안

(安)' 자에 대해서는 대충 넘어가고 자세히 설명하지 않았습니다. 사실 안(安)이라는 이 글자는 정말 설명하기 어렵습니다. 어쩔 수 없이 옆집에서 찾아볼 수밖에 없는데, 도가의 설명은 너무 오묘하고 또 생리적이고 물리적인 변화에만 치우쳐 말하기 때문에 자칫 오해가 생길 수 있습니다. 무슨 특이한 조화를 부려 보겠다고 나서면 오히려 도에서 더욱 멀어지고 맙니다. 그러니 결국 불가에서 빌려 오는 편이 그래도 논리에 맞을 듯합니다.

먼저 몸과 마음의 경안에 이르러야 한다

어쨌든 지(止)와 정(定)을 수양하는 방법과 이론을 설명하려면 불가에서 수입하는 편이 물건도 진짜고 가격도 적당해서 남을 속이지 않습니다. 앞에서 정(定)의 학문을 살펴볼 때 불가에는 그 밖에도 난(煖), 정(頂), 인(忍)과 세제일법(世第一法)이라는 현상들이 더 있다고 말씀드렸는데, 이것을 '사가행(四加行)'이라고 부릅니다. 이른바 '가행(加行)'은 현대 상공업에서 사용하는 가공(加工)이라는 용어와 그 의미가 같습니다. 대승 불교든 소승 불교든 간에 정(定)을 수양하는 방법에는 모두 사가행이라고 하는 부차적인 작용이 들어 있습니다. 그러나 대승 불교에서는 지(止), 관(觀)을 수양하는 원칙에서 경험을 총괄하여 이런 사가행을 '경안(輕安)'이라는 명사로 부릅니다. 참으로 핵심을 찌르는 말이라고 할 수 있습니다. 경안은 '심경안(心輕安)'과 '신경안(身輕安)' 두 측면을 포괄합니다.

그러므로 진정으로 내명(內明)의 학문의 심성 수양을 하고자 한다면, "정한 뒤에야 흔들리지 않을 수 있고, 흔들림이 없는 뒤에야 편안할 수 있다"라는 경지, 즉 송대 이학가들이 말한 "인욕이 깨끗이 없어지면 천리가 흘러간다[人欲淨盡, 天理流行]"라는 경지에 이르러야만 비로소 "사람이 물을 마심에 차고 따뜻함을 저절로 알게" 됩니다. 또 마음과 몸이 "가볍고 편안하고[輕安]" 맑고 새로운 느낌을 지니게 됩니다. 그러나 『역경』 「계사전」에서 "마음을 씻고 은밀한 곳으로 물러나 숨는다[洗心退藏於密]"라고 한 것 같은 높은 경지에는 아직 이르지 못했습니다.

그런 이치를 이해한다면 경안(輕安)과 서로 상반된 것이 바로 '조중(粗重)'[40]임을 알 수 있습니다. 우리 같은 사람들은 마음이 세심하지 못하고 경박스러운 것이 매우 자연스러운 현상입니다. 그렇다면 그런 사람의 신체는 어떻습니까? 사실 병적인 조중(粗重)의 굴레에서 벗어난 적이 한시도 없습니다. 그러나 사람들은 이미 그러한 '조중'의 감각에 익숙해진 나머지, 갑자기 자기 몸이 마치 없어지기라도 한 듯이 가벼워지는 것을 느끼면 틀림없이 미쳐 버릴 것입니다. 자기 자신이 없어졌다고 생각할 것입니다.

그래서 도가나 티베트(西藏)의 밀종(密宗)을 신봉하는 사람들 중에는 결사적으로 기와 맥을 수련하는 등, 자신의 몸을 전화(轉化)시켜 흔적도 없이 공중을 날려고 생각하는 사람도 있습니다. 하지만 그들은 부처가 거듭 훈계했던 경고를 잊어버렸습니다. 신견(身見)을 없애 버리기는커녕 오히려 '견혹(見惑)'[41]이라는 장애를 키웠을 뿐입니다. 또 노자가 "자신의 몸을 버려도 몸이 살아남는다[外其身而身存]"라고 말한 원리도 알지 못합니다.

마음을 가져오면 너에게 편안함을 주겠노라

한 걸음 더 나아가서 '심안(心安)'과 '안심(安心)'의 상승 작용에 대해 알고자 한다면, 여기에서 중국 선종의 이조(二祖)인 신광(神光) 선사의 이야

---

[40] 신체의 거칠고 무거운 상태를 이른다.
[41] 마음 속 번뇌를 가리키는 것으로, 견지(見地)상의 번뇌이다.

기를 간략히 소개해 드리겠습니다. 신광 선사는 출가하기 전에 『역경』 등을 연구하여 학문적 조예가 대단히 깊은 대학자였습니다. 형이상의 도를 추구하기 위해 오랜 세월을 향산(香山)에서 정좌하여 수도했습니다. 생각해 보십시오. 오랜 세월에 걸쳐 정(定)이니 정(靜)이니 하는 수련을 했으니 그는 이미 상당한 경지에 올랐을 것입니다.

후일 그는 선종의 조사(祖師)인 달마(達磨) 대사가 숭산(嵩山)의 소림사에서 면벽참선하고 있다는 말을 듣고는 만나서 불법을 얻고자 대사를 찾아갔습니다. 달마 대사는 보자마자 대뜸 호통을 치며 훈계하기 시작했는데 참으로 보기 민망할 정도였습니다. 하지만 신광 선사는 간절한 결심을 나타내기 위해 심지어 자기 팔까지도 잘라 버렸습니다. 그러자 달마 대사는 그에게 다그쳐 물었습니다. "네가 바라는 것이 무엇이냐?" 신광은 이렇게 말했습니다. "제 마음이 평안하지 않으니 대사께서 제게 편안함을 주십시오[我心未寧, 乞師與安]." 그러자 달마 대사가 말했습니다. "마음을 가져오면 너에게 편안함을 주겠다[將心來與汝安]." 신광은 이 말을 듣자 한참을 어안이 벙벙해져 있더니 이렇게 말했습니다. "마음을 찾아보았지만 얻을 수 없었습니다[覓心了不可得]." 즉 이런 말입니다. "아무리 제 마음을 찾으려고 애써 봤지만 어디에 있는지 찾을 수가 없었습니다." 그러자 달마 대사가 말했습니다. "너에게 마음을 편안하게 해 주었노라[與汝安心竟]." 즉 "내 이미 너에게 마음을 편안하게 해 주었다!"라는 것입니다. 이에 신광은 크게 깨달음을 얻어 마침내 선종의 이조가 되었습니다.

생각해 보십시오. 이 이야기가 『대학』의 "흔들림이 없는 뒤에야 편안할 수 있다"라고 한 것과 관련이 있을까요, 없을까요? 도대체 달마와 신광은 어떻게 마음을 편안하게 했을까요? 이것이야말로 "마음을 씻어 은밀한 곳으로 물러나 숨는" 오묘함일 것입니다! 하지만 반드시 "흔들림이 없는 뒤에" 느껴 봐야 할 것입니다.

17

내명의 수양으로 '밝은 덕'을 깨닫는 이치

"흔들림이 없는 뒤에야 편안할 수 있다(靜而后能安)"라는 구절 다음에 이어지는 것은 "편안한 뒤에야 생각할 수 있고(安而后能慮)", "생각한 뒤에야 얻을 수 있다(慮而后能得)"라는 것입니다. 시간을 절약하기 위해 빠른 속도로 결론을 내리도록 하겠습니다. "지지(知止)"에서 시작해서 "정(定), 정(靜), 안(安)"에 이르는 순서는 정학(定學)을 배우고 수양하는 단계라고 말할 수 있습니다. 이른바 "정(靜), 안(安)"은 정학(定學)의 효과가 확충되는 단계입니다. "여(慮)"와 "득(得)"은 바로 혜관(慧觀)의 성과입니다.

'여(慮)', '사(思)', '상(想)'의 뜻

'여(慮)' 자는 원래 생각한다(思想)의 '사(思)' 자로 풀이하는데, 그 뜻이 확대되고 발전해 '근심하다(憂思)'는 뜻으로도 쓰입니다. 현대에 와서 늘 사용되는 명사로 우려(憂慮), 고려(顧慮), 고려(考慮), 사려(思慮) 같은 것들은 그 뜻에 있어서 약간의 차이는 있지만 대체로 생각한다는 사(思) 자에 그 중심이 있습니다.

고서를 읽으려면 무엇보다 먼저 한자의 훈고에서 시작해야 합니다. 왜냐하면 문자는 사상이나 언어를 나타내는 부호이기 때문입니다. 특히 방괴자(方塊字)[42]인 한자는 글자 하나하나가 부호가 되는데, 하나의 부호에 여러 개의 유사한 뜻이 종합됩니다. 여러 개의 자음과 모음을 한데 연결해서 하나의 부호로 만들어 하나의 뜻을 나타내는 다른 문자들과는 다릅니다. 지금은 사회 구조가 달라지고 또 여러 문화와 교류하다 보니 문자도 변해서 몇 개의 글자를 모아야 비로소 하나의 의미를 나타낼 수 있게 되었습니다.

『대학』에서 '여(慮)' 자를 이용해서 '정사(精思)'라는 의미를 나타낸 것은 당시의 습관이었습니다. 진·한 이후로는 시대의 변이를 좇아 '사(思)' 자를 이용하는 경우가 많았습니다. 하지만 일반적으로 말을 할 때는 '상(想)' 자를 이용하는 것이 보편적이었습니다. 위(魏)·진(晉) 이후 수(隋)·당(唐)에 이르는 기간에는 범어로 된 불학이 중국에 수입되면서 '인명(因明)'[43]적인 사고에 치중해야 했는데, 그로 인해 평소에 구분 없이 사용하던 사(思) 자와 상(想) 자를 엄격히 나누어서 설명해야 했습니다.

'상(想)' 자는 심리적인 것으로, 머릿속이 잡다한 현상을 일러 '망상(妄想)'이라고 했습니다. 심지어는 그것을 '망심(妄心)'이라고도 불렀습니다. 이런 현상들은 마구 떠오르고 또 자신도 모르는 사이에 왔다가 잠시 후에는 왜 그런지도 모른 채 지나가 버립니다. 허망하고 실재하지 않기 때문에 망상이라고 부르는 것입니다. 하지만 '사(思)' 자는 망상과는 다릅니다. 그것은 세밀하고 평온해서 망상처럼 마음을 어지럽히는 작용을 하지는 않습니다. 예를 들어 우리가 예전에 읽었던 책이나 겪었던 일을 갑자기 잊어버렸을 때, 애써 추억하고 찾아내려고 하는 것은 상(想)의 작용입니다. 하지

---

42 글자의 형태가 네모난 것을 말한다.

43 범어의 본뜻은 논리학이며, 중국 등지에서는 특히 불교 논리학을 인명이라 부른다.

만 너무나 잘 기억하고 있는 책이나 일이라서 도무지 찾으려고 마음을 쓸 필요도 없이 자연스러우면서도 수월하게 알게 되는 것은 바로 사(思)의 작용입니다.

"생각한 뒤에야 얻을 수 있다"는 이치

지금까지 말씀드린 것들이 이해가 된다면 "생각한 뒤에야 얻을 수 있다〔慮而后能得〕"라고 한 말의 뜻을 알 수 있을 것입니다. 심지어 "생각한 뒤에야 얻을 수 있다"라는 이치는 바로 자사(子思)가 『중용』에서 말했던 "힘쓰지 않고도 가운데에 처하고, 생각하지 않고도 얻는다〔不勉而中, 不思而得〕"라는 경지와 같다고도 말할 수 있습니다. 불학에서 말하는 '혜관(慧觀)'과 '관혜(觀慧)'가 서로 같은 경지인 것과 마찬가지입니다.

그렇다면 "생각한 뒤에야 얻을 수 있다"라는 것은 무엇을 얻는다는 말일까요? 그 답은 이렇습니다. "지(知), 지(止), 정(定), 정(靜), 안(安)"이라는 마음을 다스리는 수양을 거친 다음에는 생각하는 능력이 개발되어 "명명덕"으로 들어가서 도를 발견하는 진정한 성과를 얻게 됩니다.

이것은 위에서 말한 "대학지도"와 "명명덕"이 헛된 말과 사상이 아니라 실질적인 내용을 지닌 학문 수양임을 보여 줍니다. 그렇기 때문에 바로 다음에 "모든 사물은 근본과 말단이 있고 일에는 끝과 시작이 있다. 먼저 하고 나중에 할 바를 알면 도에 가까워질 것이다〔物有本末, 事有始終, 知所先後, 則近道矣〕"라는 결론이 나오는 것입니다. 이 말은 어떤 것이든지 근본이 되는 바탕과 꼭대기에 해당하는 말단을 지니고 있으며, 어떤 일이든지 최초로 시작되는 동기가 있고 그런 후에 최후로 성취하는 결론이 있다는 뜻입니다. 만약 어떤 것을 먼저 해야 나중에 좋은 성과를 거둘 수 있는지를 안다면 그런 사람은 도로 들어가는 문에 가까이 다가갈 수 있습니다. 마찬가지 이치로 "대학지도"와 "명명덕"의 학문 성과를 이해하려면 먼저 "지(知), 지(止)"로부터 시작하여 단계를 밟아서 "정(定), 정(靜), 안(安), 여(慮)"로 들어가고, 그런 후에 "득(得)"하여 "명덕"을 깨달아야만 비로소 진정으로 "대학지도"의 큰길에 가까이 갈 수 있다고 하겠습니다.

그러고 보니 정말 우습고 한편으로는 부끄럽기까지 합니다. 증자는 『대학』을 쓰면서 우리를 위해 설명해 놓은 머리말에서 겨우 쉰여덟 자만 사용했는데, 우리는 이렇게 많은 시간과 정력을 들이고도 아직 제대로 이해한 것인지조차 모릅니다. 장자가 이 사실을 안다면 아마도 우리가 죽은 사람의 뼈를 몰래 물어뜯고 있다고 큰 소리로 비웃겠지요. 그나마 제대로 물지도 못해서 발가락을 두정골(頭頂骨)로 잘못 알고 있고요. 하지만 괜찮습니다. 우리가 이렇게 공부하는 것은 육칠십 년 전에 비하면 그래도 훌륭합니다.

어제 류우훙(劉雨虹) 여사가 재미있는 이야기를 하나 들려주셨습니다. 옛날 어떤 마을에 한 부자가 가숙(家塾)을 열고는 선생님을 두 분 모셔 왔습니다. 한 선생님은 위층에서, 또 한 선생님은 아래층에서 학생들에게 『대학』을 가르치고 있었습니다.

위층 선생님은 이렇게 가르쳤습니다. "지지이후능, 정정이후능, 정정이후능, 안안이후능, 여려이후능(知止而后能, 定定而后能, 靜靜而后能, 安安而后能, 慮慮而后能)." 이런, 어쩌다가 '득(得)' 자가 없어져 버렸나?

아래층 선생님도 『대학』을 가르치고 있었습니다. "지지이후능정정, 이후능정정, 이후능안안, 이후능려려, 이후능득득(知止而后能定定, 而后能靜靜, 而后能安安, 而后能慮慮, 而后能得得)." 아이고! 여기는 '득(得)' 자가 하나 더 늘었네?

아래층에서 한 학생이 말했습니다. "선생님, 위층 선생님이 '득' 자를 빼

먹었어요." 그러자 선생님이 말했습니다. "그럼 좋다. 우리가 '득' 자 하나
를 위층에 빌려 주면 되겠구나!"

참 재미있는 이야기입니다. 꾸며 낸 이야기 같지만 사실 옛날에는 정말
이런 선생님이 있었습니다. 제가 어렸을 때에는 이런 유의 이야기를 많이
들었는데 이제 와서 보니 저 역시 그 중의 하나인 셈이군요.

18

영원한 제왕의 학문

『대학』의 첫 번째 단락이 끝나고 이어지는 대목이 바로 옛사람들에게 가장 환영을 받았던 '팔목(八目)'입니다. 이른바 "격물(格物), 치지(致知), 성의(誠意), 정심(正心), 수신(脩身), 제가(齊家), 치국(治國), 평천하(平天下)"입니다. 그런데 그들이 일부러 그랬는지 아니면 아무 뜻 없이 그랬는지 모르겠지만 "성의(誠意)" 앞에 있는 "격물치지(格物致知)"와 "물격지지(物格知至)"라는 요점은 언급하지 않았습니다. 마치 공씨네 가게의 작은 주인인 증자의 진품은 아무렇지 않게 내다 버리고, 지식인들이 관직에 나아가는 비결로 여기는 것들만 판매하는 식입니다.

그런 다음에는 그것을 가지고 황제 자리에 있는 어르신을 위협하면서 그에게 요순(堯舜)이 되라고 강요했습니다. 그러지 않아도 홀로 외롭게 천하를 짊어지고 있는 '고가(孤家)'에게, 그러지 않아도 스스로 덕이 부족하다고 말하는 '과인(寡人)'에게[44] 그 평범한 '나[我]'라는 말조차 못하게 하고 굳이 알아듣기 힘든 '짐(朕)'이라는 말을 쓰게 만들었습니다. 그토록 오랜 세월을 변함없이 위아래가 서로를 속인 역사야말로 참으로 기이하기

---

44 고가(孤家)와 과인(寡人) 모두 군주가 자신을 겸손하게 지칭하는 말이다.

짝이 없는 일이 아닙니까!

요즘 들어 외국 학자들이 또다시 중국 위협론 구호를 외치면서 유가의 학설이 서양 문화에 대해 큰 적수요 위협이라고 말합니다. 공씨네 가게에서 파는 인류학, 즉 '천하위공(天下爲公)' 및 '세계대동(世界大同)'의 인애(仁愛)라는 진품이 또다시 가짜에게 모멸당하고 있습니다. 이것이 바로 불가에서 말하는 "가장 동정할 만한[至可憐憫]"일입니다.

대문필가 증자의 내성외왕

이제 증자의 문장이 얼마나 훌륭한지 원문을 한번 보도록 하겠습니다.

옛날에 밝은 덕을 천하에 밝히려는 자는 먼저 그 나라를 다스리고, 그 나라를 다스리려는 자는 먼저 그 집안을 바로잡고, 그 집안을 바로잡으려는 자는 먼저 그 몸을 닦고, 그 몸을 닦으려는 자는 먼저 그 마음을 바르게 하고, 그 마음을 바르게 하려는 자는 먼저 그 뜻을 성실하게 하고, 그 뜻을 성실하게 하려는 자는 먼저 그 지식에 이르렀으니, 지식에 이르는 것은 사물의 이치를 궁구하는 데 있다.

사물의 이치를 궁구한 뒤에야 지식이 지극해지고, 지식이 지극해진 뒤에야 뜻이 성실해지고, 뜻이 성실해진 뒤에야 마음이 바르게 되고, 마음이 바르게 된 뒤에야 몸이 닦이고, 몸이 닦인 뒤에야 집안이 바로잡히고, 집안이 바로잡힌 뒤에야 나라가 다스려지고, 나라가 다스려진 뒤에야 천하가 화평해진다.

천자로부터 서민에 이르기까지 한결같이 몸을 닦는 것을 근본으로 삼아야 한다. 그 근본이 어지러운데 말단이 다스려지는 경우는 없다. 그 후하게 해야 할 데에 박하게 하고, 그 박하게 해야 할 데에 후하게 한 경우는 지금껏 없었다. 이것을 일러 근본을 안다고 하고, 이것을 일러 지식이 지극하다고 한다.

古之欲明明德於天下者, 先治其國, 欲治其國者, 先齊其家. 欲齊其家
者. 先脩其身, 欲脩其身者, 先正其心, 欲正其心者, 先誠其意, 欲誠其
意者, 先致其知, 致知在格物.

物格而后知至, 知至而后意誠, 意誠而后心正, 心正而后身脩, 身脩而后
家齊, 家齊而后國治, 國治而后天下平.

自天子以至於庶人, 壹是皆以脩身爲本. 其本亂, 而末治者否矣. 其所厚
者薄, 而其所薄者厚, 未之有也. 此謂知本, 此謂知之至也.

이 글을 읽어 보면 앞 단락과 그다지 긴밀하게 연결되어 있는 것 같지
않습니다. 그뿐 아니라 난데없이 불쑥 튀어나온 것이 마치 아무렇게나 끌
어다 붙여놓은 것 같습니다. 현대식 교육을 받은 사람은 일정한 형식을 갖
춘 논문에 익숙한 나머지 더더구나 논리에 맞지 않는 것처럼 느껴질 것입
니다.

하지만 실제로는 그렇지 않습니다. 증자의 글을 자세히 읽어 보면 그가
정말로 제로(齊魯) 문화의 대문필가임을 발견하게 될 것입니다. 그는 앞에
서 내명(內明)의 학문에 대해 말한 다음 이어서 이렇게 말했습니다.

"당신이 진실로 '명명덕(明明德)'을 깨달았다면, 그리하여 '자기 자신이
서고 다른 사람을 세우며〔自立立人〕', '자기 자신을 이롭게 하고 다른 사람
을 이롭게 하며〔自利利他〕', 몸소 세상에 들어가 '친민(親民)'하고 세상을
구제하고자 한다면, 즉 내명(內明)의 학문을 외용(外用)하여 천하를 태평
하게 하고 공덕이 세상에 두루 미치게 하고자 한다면 당신은 반드시 '명명
덕'의 외용(外用)이 어디에서 시작되어야 하는지를 알아야 합니다."

그래서 대뜸 이렇게 말한 것입니다.

"옛날에 밝은 덕을 천하에 밝히려는 자는 먼저 그 나라를 다스리고, 그

나라를 다스리려는 자는 먼저 그 집안을 바로잡고, 그 집안을 바로잡으려는 자는 먼저 그 몸을 닦고, 그 몸을 닦으려는 자는 먼저 그 마음을 바르게 하고, 그 마음을 바르게 하려는 자는 먼저 그 뜻을 성실하게 하고, 그 뜻을 성실하게 하려는 자는 먼저 그 지식에 이르렀으니, 지식에 이르는 것은 사물의 이치를 궁구하는 데 있다."

그런 다음에 "사물의 이치를 궁구한 뒤에야 지식이 지극해지고, 지식이 지극해진 뒤에야 뜻이 성실해지고 ……"라면서 다시 갔던 길로 되돌아왔습니다. 이렇게 한 번은 바로 한 번은 반대로 하는 방식은 엄연히 당·송 시기에 선종 대사들이 사용하던 교육법이었습니다.

문장의 논리 구조를 가지고 말한대도 원칙에 대단히 잘 들어맞습니다. 그는 먼저 문제가 되는 "평천하(平天下)"를 전제로 삼은 다음, 결국에는 "지식에 이르는 것은 사물의 이치를 궁구하는 데 있다[致知在格物]"라는 것으로 귀결시켰는데, 이것은 앞서 내명의 학문에서 말했던 '지지(知止)'의 지식과 상호 호응하고 있습니다.

참으로 엄격하면서도 명쾌하기 짝이 없습니다. 어떻게 하면 "뜻을 성실하게[誠意]" "마음을 바르게[正心]" 할 수 있는가 하는 등의 세부 항목에 대해서는 뒤 문장에서 나누어 설명함으로써 전체적으로 산만해지지 않도록 했습니다.

증자의 글을 읽은 다음 잠시 그가 태어났던 춘추 전국 시대를 생각해 봅시다. 전통문화는 타락하고 사회도덕은 쇠미해졌으며 제후 간의 정치 도덕은 혼탁해졌습니다. 게다가 스승인 공자께서 돌아가신 후로 부모의 나라였던 노나라는 이미 돌이킬 수 없는 지경에 이르고 말았습니다. 세상 풍조는 옛날 같지 않고 사람의 욕망만이 판치고 있었으니 그로서는 얼마나 가슴이 아팠겠습니까!

하지만 어떻게 해 볼 도리가 없었습니다. 새로 일어나는 강력한 제후들은 '왕도(王道)'의 학문으로 천하를 평정한다는 것이 어떤 것인지, '패도(覇道)'의 학문으로 국가를 다스린다는 것이 어떤 것인지도 몰랐습니다. 오직 명성과 이익을 다투는 데만 혈안이 된 것이 당시의 보편적인 현상이었습니다.

그런 까닭에 그에게는 평생 배운 것을 글로 써서 후세에 전하겠다는 희망밖에 없었습니다. 그것은 훗날 사마천(司馬遷)이 말했던 "하늘과 사람의 경계를 연구하고 고금의 변화에 통달하여〔究天人之際, 通古今之變〕", "명산에 갈무리해 두었다가 후세의 성인군자를 기다리는〔藏之名山, 以俟百世聖人君子〕" 서글픈 심정이었을 것입니다.

장자와 견해가 비슷하다

그런데 이 단락을 읽고 나니 그의 후배이면서 도가인 장자가 얼른 연상됩니다. 장자의 저작 속에 『대학』이 단락의 주(註)로 삼기에 딱 적당한 곳이 있는데, 그것을 읽어 보면 아마도 확연히 깨달을 수 있을 것입니다. 송대 이학가들이 이 둘을 유가와 도가로 나눈 것이 얼마나 꽉 막힌 생각이었는지 탄식하게 됩니다.

장자가 한 말을 열거해 보겠습니다.

제왕의 공은 성인이 보잘것없게 여기는 일이다.
帝王之功, 聖人之餘事也.

복량의란 사람은 성인의 자질은 지니고 있었지만 성인의 도는 지니지 못하였다. 나는 성인의 도는 지니고 있지만 성인의 자질은 지니지 못하였다. 나는 그를 가르치고자 하였는데, 그는 과연 성인이 되기를 바랐기 때문이었다. 그렇지 않다 하더라도 성인의 도를 가지고서 성인의 자질이 있는 이에게 일러주는 것은 또한 쉬운 일이다. 나는 도를 그대로 지킴으로써 그에게 도를 알려 주려 하였다. 사흘 뒤에는 천하를 잊게 되었는데, 천하를 잊게 된 뒤에도 나는 도를 그대로 지켜 칠 일 뒤에는 만물을 잊게 되었다. 이미 만물을 잊게 된 뒤에도 나는 도를 그대로 지키기만 하였는데, 구 일 뒤에는 삶을 잊을 수 있게 되었다. 이미 삶을 잊게 된 뒤에는 아침 햇살처럼 깨달음이 열렸다. 깨달음이 열린 뒤에는 유일한 도를 볼 수 있게 되었다. 도를 볼 수 있게 된 뒤에는 시간의 변화가 없게 되었다. 시간의 변화가 없게 된 뒤에는 죽음도 없고 삶도 없는 경지에 들어갈 수 있게 되었다.

夫卜梁倚有聖人之才, 而無聖人之道. 我有聖人之道, 而無聖人之才. 吾欲以敎之, 庶幾其果爲聖人乎! 不然, 以聖人之道, 告聖人之才, 亦易矣. 吾猶守而告之. 參日 而後能外天下. 已外天下矣, 吾又守之, 七日而後能外物. 已外物矣, 吾又守之, 九日 而後能外生. 已外生矣, 而後能朝撤. 朝撤, 而後能見獨. 見獨, 而後能無古今. 無古 今, 而後能入於不死不生.

장자에 관해서는 제가 별도로 강연한 것이 있습니다. 지금 인용한 곳은 증자의 "옛날에 밝은 덕을 천하에 밝히려는 자는〔古之欲明明德於天下者〕" 이라는 단락에 담긴 뜻을 설명해 줍니다. 역대의 영웅이나 제왕 혹은 현대의 영명한 지도자들과 사장님들은 과연 자신이 성인의 자질을 지니고 있는지 그리고 성인의 도를 지니고 있는지 스스로 알고 있었을까요?

또 있습니다. 바로 증자가 언급했던 가장 중요한 항목인 '명명덕(明明德)'의 덕입니다. 만약 덕이 부족하다면 설사 성인의 자질과 성인의 도를 지니고 있다 한들 천하를 평정하는 사람이 될 수 없습니다.

성왕은 반드시 덕과 술을 겸비해야 한다

참으로 기이하게도 인도에서 수입된 불학을 보면 석가모니 역시 같은 설법을 했습니다. 불학에서는 진정으로 천하를 태평하게 다스릴 수 있는 제왕이라면 그의 공덕은 이미 부처와 같다고 했습니다. 그러한 명왕(明王)을 전륜성왕(轉輪聖王)이라고 부릅니다. 하지만 역사를 '쇠세(衰世), 승평(昇平), 태평(太平)'으로 구분하는 춘추(春秋) 삼세관(三世觀)과 마찬가지로 전륜성왕도 몇 등급으로 나뉩니다. 최상급은 천하를 태평하게 만들 수 있는 금륜성왕(金輪聖王)이고 그다음은 은륜성왕(銀輪聖王)이며 그 아래로 동륜성왕(銅輪聖王), 철륜성왕(鐵輪聖王)까지 있습니다.

이른바 '전륜(轉輪)'은 힘써 한 시대를 구해 낸다는 의미를 지니고 있는데, 수레바퀴를 태평성세까지 굴러가게 해야만 비로소 역사상 성왕의 공덕을 지닌 인물로 인정받게 된다는 뜻입니다. 민간 풍속에서는 염라대왕 앞에 앉아서 빈둥거리고 있는 인물을 전륜왕이라고 부르는데, 이는 잘못 이해한 것입니다. 사실 그것들은 모두 세상을 혼탁하게 만드는 마왕입니다!

그리하여 부처님 역시 세상을 다스리는 제왕학(帝王學)에 관해 말씀하셨고 이것을 제자들이 기록하였으니, 바로『인왕호국반야바라밀경(仁王護國般若波羅密經)』이라고 부르는 것입니다. 사실 여기서 인왕(仁王)은 불경을 중국어로 번역할 때 중국 문화에 들어맞게 하기 위해서 유가에서 주장한 인애(仁愛)의 '인(仁)' 자를 빌려 온 것이었습니다.

그렇기 때문에 바꾸어 말하면 바로 '성왕(聖王)'의 학문이라고 할 수 있습니다. 그러나 부처님께서 말한 내용은 지나치게 내명(內明)의 학문을 수양하는 데 편중되어 있기 때문에, 성인의 도에 관해서는 말했어도 성인의 치술(治術)에 관해서는 언급하지 않았습니다. 그런 까닭에 불교 사원에만 전해지고, 또 승려들이 "나라에 재앙이 그치기"를 비는 기도문으로 사용하는 것쯤으로만 여겨지게 되었습니다!

아무튼 세상을 다스리는 덕(德)과 술(術)에 관해서는, 이천 년 전 중국의 유가와 도가를 중심으로 한 법가(法家), 병가(兵家), 종횡가(縱橫家) 등을 포함한 학술 이외에 후세에 등장한 모든 저작은 하나같이 지엽적인 말단에 지나지 않는다고 대담하게 말할 수 있습니다. 그것들은 모두 한때의 폐단을 구제할 수는 있어도 영원한 정론으로 삼기에는 부족합니다. 어쩌면 저 역시 이미 일종의 편견에 사로잡혀 있는지도 모르겠습니다.

19

먼저 할 바와 나중에 할 바를 아는 지성

"알고 멈춘다[知止]"에서부터 "생각한 뒤에야 얻을 수 있다[慮而后能得]" 까지의 한 단락은, 개인적인 내명의 수양을 통해 "명명덕"에 이르는 것으로 매듭지었습니다. 각 단계마다 그 나름의 경지와 실제적인 효과를 지니고 있음도 알게 되었습니다. 그런데 이제 난데없이 산봉우리 하나가 나타나서 길을 돌아가게 생겼습니다. "명명덕"을 "제가, 치국, 평천하"로 확대시켜 버린 겁니다. 그보다는 "명명덕"을 "백성과 친하게 함에 있다[在親民]"의 행위로 밀고 나갔다고 말하는 편이 오히려 맞을 것 같습니다. 다만 지표가 너무 높고 목표가 너무 크기 때문에 그 중심점을 개인의 수양인 "성의, 정심, 수신"의 범위에 한정시켜 놓았습니다.

이것은 마치 여러분이 솜씨를 발휘해서 "제가, 치국, 평천하"의 과업을 달성해 보겠다고 나서려는데, 난데없이 여러분에게 당신의 학문과 수양이 진정으로 "성의, 정심, 수신"의 표준에 도달했는가를 스스로 헤아려 보라고 요구하는 것과 마찬가지입니다. 어떤 사람이 말에 올라타고 채찍을 휘날리며 출발하려고 하는 찰나, 대뜸 와서는 찬물을 한 바가지 끼얹으면서 말 머리를 돌려 집으로 돌아가서 베개 베고 심사숙고해 보라고 말하는 것과 무엇이 다릅니까?

심사숙고했다고 칩시다. 그런데 또다시 어려운 문제를 내면서 이렇게 말합니다. 진정으로 "성의, 정심, 수신"을 해내고 싶으십니까? 그러려면 반드시 "지식을 이룬다[致知]"의 지식[知]에 관해 알아야 합니다! 또 여러분이 "지식을 이룬다"의 지식에 관해 알고 싶다면 반드시 "사물의 이치를 궁구[格物]"해야만 가능할 것입니다!

뒤집어 말하면 여러분이 진정으로 "사물의 이치를 궁구[物格]"했다면, "지식이 지극해진다[知至]"의 지식[知]에 대해서 틀림없이 알게 될 것입니다! 여러분이 "지식이 지극해진다"의 지식에 대해 알게 되면 비로소 처음에 말했던 "지(知), 지(止)"에서 "여(慮), 득(得)"에 이르는 과정을 통해 깨달았던 "명덕"의 묘용(妙用)을 알게 되고, 비로소 "성의, 정심, 수신"의 덕성을 지닐 수 있을 것입니다. 그런 다음에야 비로소 자기 자신을 아는 밝음을 지니게 되고 자신이 어디로 가야 하는지도 알게 됩니다. 그렇게 되면 "제가"를 하든 "치국"을 하든 "평천하"를 하든 다 좋습니다. 혹은 일생을 마치고 자연을 베고 눕게 될 때에도 여한이 없을 것입니다.

그런데 "사물의 이치를 궁구한 뒤에야 지식이 지극해진다[物格知至]"라고 할 때의 '지(知)'와 처음에 나왔던 "알고 멈춘 뒤에야 정함이 있다[知止而后有定]"라고 할 때의 '지(知)'는 같은 것입니까, 다른 것입니까? 대충 넘어가서는 안 될 문제입니다.

태아는 지성을 지니고 있을까

이제 '지(知)' 자에서 이야기를 시작하겠습니다. 물론 지(知)는 인간이 본래부터 지니고 있는 지각 작용을 말합니다. 하지만 그렇게만 이해한다면 그러한 지의 작용으로는 '중묘지문(衆妙之門)'[45]에 이르지 못합니다. 현대인이 좋아하는 과학적 분석을 통해 검토해 보겠습니다. 예를 들어 어린아이가 태아였을 때에는 지각이 있을까요, 없을까요? 이 문제는 현대 생물학과 의학에서도 연구 중인데 아직까지 정확한 정론이 없습니다.

사실은 어린아이가 태에 있는 동안에도 이미 지각을 지니고 있습니다. 그러나 사람들은 태아의 지성(知性)을 본능적인 반응 혹은 생리적인 반응이라고 부릅니다. 이러한 지성은 어린아이가 출생한 다음 현저히 드러나는 생리적인 물리 반응에 비하면 훨씬 미약합니다. 바꾸어 말하면 감각 작용의 뚜렷함에 못 미친다고 할 수 있습니다. 그것은 어린아이가 막 태어났을 때와 성장 단계에서는 후천적 지성의 의식 분별 작용이 아직 성숙하지 않았기 때문에, 그의 '배워서 아는(所知)' 지성이 단지 생리적 물리적인 감각 상태로만 편중되어 작용을 일으키기 때문입니다. 예를 들어 배가 고프거나 아프거나 혹은 뭔가 불편하면 우는 것입니다.

사실 감각으로 아는 것은 모두 지성의 '소지(所知)'의 작용입니다. 다만 우리 같은 성인(成人)들은 순전히 사상이나 사유에 속하는 작용을 '지성(知性)'이라고 부를 뿐입니다. 심지어 지성의 비교적 선량한 일면은 '이성(理性)'이라고 부르고, 감각 기관 및 신경 작용에 속하는 생리 반응은 '감각(感覺)'이라고 부릅니다. 감각하고 있을 때에도 그것이 식별하는 작용을 일으킨다면 그것은 '지각(知覺)'이라고 부릅니다. 감각을 하건 지각을 하건 그 과정에서는 이른바 칠정(七情)이니 육욕(六欲)이니 하는 작용이 동시에 일어나는데, 이러한 일시적인 마음 상태를 '정서(情緒)'라고 부르고 이러한 정서가 비교적 장시간 지속될 때는 '감정(感情)'이라고 부릅니다. 일시적인 정서이건 지속적인 감정이건—현대인들은 '감성(感性)'이라고도 부릅니다— 세월이 흘러 쌓이다 보면 한 사람의 습성을 형성하게 되고

---

45 『노자』 제1장에 나오는데 "만물의 오묘함의 문"이라는 의미로 '도(道)'를 가리킨다.

인격의 일부분이 되어 버립니다. 이렇게 복잡하고 세밀한 각종 심리 상태는 사실 넓은 의미의 '지(知)'의 묘용(妙用)입니다.

더 깊이 들어간다면 모든 생물 가운데 동물은 과연 지성이 있을까요? 답은 "있다"입니다. 다만 인류의 지성과 비교해 봤을 때 그 작용에서 많고 적음의 성분 차이가 있을 뿐입니다. 그렇기 때문에 '영지지성(靈知之性)'을 지닌 모든 것을 '중생(衆生)'이라고 부르는 것입니다. 이 명칭은 『장자』에서 제일 먼저 나왔습니다. 후에 불학을 번역하면서 이 명칭을 오래도록 빌려 쓰고는 되돌려주지 않은 탓에 마치 불학에서 만들어 낸 전유물인 양 변해 버린 것입니다.

그렇다면 예를 들어서 세균이니 미생물이니 식물이니 하는 것들도 지성을 지니고 있을까요? 거기에 대한 답은 "그건 좀 말하기 어렵다"라는 것입니다. 현대 과학의 분류법에 따르면 그런 것들은 끊임없이 생성되는 기능 즉 화학적, 물리적 작용만 지니고 있습니다. 하지만 좀 더 상세히 파고들자면 이처럼 끊임없이 생성되는 자연 물리적 화합(化合)은 형이상의 본체가 지니고 있는 생지(生知) 혹은 감지(感知)이므로 훗날 과학과 철학이 새로이 만나게 되는 날 다시 이야기하도록 합시다!

왕양명은 어떻게 치지하였는가

제가 여기에서 이렇게 큰소리 뻥뻥 쳐 가면서 자연 과학의 문제까지 들먹이고 있는 걸 과학자들이 들었다면 아마 배꼽을 쥐고 웃을 것입니다. 그렇지만 왜 우리는 "치지격물(致知格物)"을 이야기할 때 이런 문제까지 언급해야 할까요?

우선 이러한 사실을 알아야 합니다. 팔구십 년 전 만주족의 청 왕조를 뒤집어엎던 시기, 즉 중화 민족 대혁명의 시기에 서양의 학술이 동양으로 대거 수입될 때 일본을 통해서 들어왔는데, 서양 문명 가운데 자연 과학 지식을 번역하면서 자연 과학을 격치(格致)의 학문이라고 불렀습니다. 바로 『대학』의 "치지재격물(致知在格物)"과 "물격이후지지(物格而后知至)"에서 따온 것이지요. 그래서 이 대목을 설명하는 과정에서 저도 모르게 언급하게 된 것입니다.

둘째로, 명대 이학(理學)의 대가였던 왕양명(王陽明)에 대해 아셔야 합니다. 그는 어려서부터 유가의 이학을 파고들기를 좋아했습니다. 한번은 "치지재격물"의 참뜻을 알고 싶어서 대나무를 마주하고 전심을 다해 '궁구하기〔格〕' 시작했습니다. 대나무가 사물〔物〕이니 마음을 집중해서 대나무를 마주하고 있는 것이 바로 격물(格物)이 아니겠습니까? 그는 정신을 바짝 차리고 마음을 흐트러지지 않게 하여 전심으로 대나무를 궁구했습니다.

"동쪽 울타리 아래에서 국화를 따는데 멀리 남산이 눈에 들어오네〔採菊東籬下, 悠然見南山〕"라고 했던 도연명(陶淵明)의 가볍고 소탈함도 아니고, "서로 바라보아도 둘 다 싫증나지 않는 건 오직 경정산뿐이로구나〔相看兩不厭, 只有敬亭山〕"라고 했던 이백(李白)의 한적한 정취도 아니었습니다. 그러나 궁구한 지 얼마 지나지 않아 그만 병이 나고 말았습니다. 나중에 그는 비로소 결론을 내렸습니다. '격물(格物)'의 뜻은 가슴속의 물욕(物欲)을 궁구하는 것이지 결코 외물(外物)을 마주하고 억지로 궁구하는 것이 아니었다고 말입니다.

능지와 소지를 명확히 판별하다

하지만 그래도 가장 중요한 문제는 지성(知性)의 '지(知)'입니다. 앞에서 어린아이가 처음 태어났을 때에도 선천적인 지성을 지니고 있다고 말씀 드렸는데, 태아였을 때는 늘 안온한 상태에 처해 있었기 때문에 어린아이 의 '지(知)'는 아직 명암이 뚜렷이 나누어지지 않은 어슴푸레한 상태라고 할 수 있습니다. 성인이 된 후 이미 의식이 뚜렷이 형성되어 시비호오(是 非好惡)가 나누어진 상태와는 물론 다릅니다.

바꾸어 말하면 어린아이는 성장 과정에서 뇌를 싸고 있는 두개골이 닫 힌 후로, 즉 의학에서 말하는 숨구멍이 막힌 후로는 일상 활동의 영향과 외부 환경의 작용으로 인해 나면서부터 타고났던 지성의 '지(知)'가 점차 분화하고 변화함으로써 후천적인 의식을 형성하게 됩니다. 그와 더불어 생각할 수 있는 지각 작용과 느낄 수 있는 감각 작용을 지니게 됩니다. 지 각과 감각이라는 두 종류의 작용이 서로 얽혀서 의식과 사상이 생긴 이후 의 '소지(所知)'의 지성을 형성합니다.

이 '소지성(所知性)'의 지(知)에 대해 잠시 경계선을 그어 놓도록 합시 다. 선천적으로 타고난 본능적인 지성의 지는—성장한 후로 알게 된 선악 시비 등에 물들지 않은—'능지(能知)'의 지(知)라고 부르겠습니다. 이것은 왕양명이 『대학』과 『맹자』의 학설에서 취했던 이른바 '양지(良知)'와 '양능 (良能)'에서의 능지(能知)와 같은 것입니다. 하지만 여기에서 말하는 이 '능지(能知)'는 인류라는 현실적인 생명체에만 한정하는 것으로서, 어린 아이 때부터 원래 지니고 있던 지성이라는 의미에서 능지라고 이름 붙인 것입니다. 최초의 원시 생명, 그러니까 철학에서 말하는 형이상적 본체의 기능인 '지(知)'를 포괄하는 것은 아닙니다. 이 점은 분명히 해 두어야 합니 다. 지금은 형이상적 도의 본체에 대해 논의하는 것이 아니기 때문입니다.

나면서부터 지니고 있는 선천적인 '능지'의 지와 후천적인 의식이 형성 된 이후의 '소지'의 지를 명확히 구분할 수 있다면, 이제 다시 '대학지도' 의 처음으로 돌아가서 읽어 보십시오. 증자가 맨 먼저 언급했던 "알고 멈춘 뒤에야 정할 수 있다[知止而后能定]"라고 할 때의 지(知)는, 사람들이 후천적인 소지(所知)의 지로부터 수양을 시작함을 가리키는데, 점차 단계를 밟아 나아가다가 마침내 "생각한 뒤에야 얻을 수 있는[慮而后能得]" "명명덕(明明德)"의 내명(內明)의 경지에 이르게 됩니다. "생각하여 얻은[慮而得]" 후에 계속해서 "명명덕"의 외용(外用)인 "친민(親民)"의 학문을 개발하여 "제가, 치국, 평천하"의 공적을 세우고자 한다면 반드시 먼저 "성의, 정심, 수신"의 학문 수양에 도달해야 합니다.

그런데 여기에서 또다시 "지식에 이르는 것은 사물의 이치를 궁구하는 데 있다[致知在格物]"라는 '지(知)'를 언급했습니다. 이 지(知)는 '지지(知止)'의 지(知)와 그 효용이 다릅니다. 그렇기 때문에 지(知)에는 '능지(能知)'와 '소지(所知)'의 구분이 있음을 알 수 있는 것입니다. 상고 문자는 일반적으로 간략히 썼기 때문에 한 글자로 다중의 개념을 개괄해 냈습니다. 그런 사실을 잘 모르고 있다고 하더라도 『대학』 같은 고서의 고문을 읽어 보면 무슨 지(知)니 무슨 지(知)니 하면서 지에서 시작해서 지로 끝나는 것이, 오히려 읽으면 읽을수록 무슨 소린지 알 수가 없게 만듭니다. 차라리 모르는 것이 낫다 싶어집니다.

그렇다면 이러한 '능지'나 '소지'의 지(知)는, 우리가 생각할 수 있고 지각할 수 있는 지(知)와 마찬가지로 하나의 기능일까요? 그 작용에 있어서 차이가 나기 때문에 구분 짓기 위해 서로 다른 명칭이 생긴 게 아닐까요? 그렇습니다. 『대학』 맨 처음에 나오는 "지지(知止)"의 지(知)는 그 후에 "생각한 뒤에야 얻을 수 있다[慮而后能得]"의 여(慮) 자로 사용되었습니다. 고문의 '여(慮)' 자는 후세에 사용된 '사(思)' 자이기 때문입니다. 바꾸어 말하면 '사려(思慮)'의 사(思)가 바로 지성(知性)의 선구 작용입니다.

"나면서부터 신령스럽다"에 관해서는 『내경』을 참고하라

선진(先秦) 시기에는 제후국의 문자 언어가 아직 완전히 통일되지 않았기 때문에, 나면서부터 지니고 있는 능지의 '지(知)'에 대해 그 용도가 달랐고 사용하는 문자 부호 역시 제각기 달랐습니다. '신(神)'이라고 부르는가 하면 어떤 나라에서는 '영(靈)'이라고 불렸고 또 어떤 나라에서는 '사(思)'라고도 불렀습니다. 심지어 한·위 이후로는 불학이 번역되면서 그것을 '지(智)'라고 부르기도 하고, 혹은 아예 범어의 음을 가져와서 '반야(般若)'라고 부르기도 했습니다.

예를 들어 상고 역사에서 중국인의 조상인 황제(黃帝) 헌원(軒轅)을 묘사한 곳을 보면 이렇게 기록했습니다. "나면서부터 신령스러웠고 어려서 말을 할 수 있었으며 어린 나이에 숙성하였고 자라면서 인정이 두텁고 민첩하였으며 성장해서는 총명하였다[生而神靈, 弱而能言, 幼而徇齊, 長而敦敏, 成而聰明]." 이른바 "나면서부터 신령스럽다"라는 말은 바로 태어나면서부터 '아는[知]' 천부적인 재능을 지니고 있었다는 뜻입니다. 여기에서는 '신'과 '영' 두 글자를 합해서 사용했습니다.

만약 우리가 중국 고대의 과학서를 이용해서 이해하고자 한다면 반드시 황제(黃帝)의 『내경(內經)』을 찾아봐야 합니다. 하지만 제가 말하는 것은 고대 과학이기 때문에 현대 과학과는 논리 범주의 차이가 있습니다. 『내경』은 중국 고대의 의리학(醫理學), 생명학, 생물학 등의 시조라고 말할 수 있습니다.

『내경』은 유물론적 관점에서 시작하여 인간 생명의 생화(生化) 작용에 대해 설명한 다음 황제가 기백(岐伯)에게 다음과 같이 질문하고 있습니다.

"추위, 더위, 건조함, 습함, 바람, 불이 사람에게 합해지면 어떻게 됩니까? 그것이 만물에 대해서는 어떻게 생화합니까?" 기백이 말하기를 "그것이 하늘에 있으면 현[46]이 되고 사람에게 있으면 도가 되며 땅에 있으면 화[47]가 됩니다. 화는 오미를 생겨나게 하고 도는 지를 생겨나게 하며 현은 신을 생겨나게 합니다." 황제가 말하기를 "무엇을 신이라 합니까?" 기백이 말하기를 "신 말입니까! 귀는 들리지 않지만 눈이 밝아지고 마음이 열려서 뜻이 앞에서 인도하니, 지혜롭게 홀로 존재하지만 입으로 말할 수 없습니다. 다 같이 보지만 홀로 보이니 보는 것이 어두운 듯합니다. 훤히 홀로 밝아 마치 바람이 구름을 걷어 내는 듯합니다. 그러므로 신이라고 합니다."

"생각하므로 마음이 존재할 곳이 있고, 신이 돌아갈 곳이 있습니다. 바른 기가 머물러서 운행하지 않기 때문에 기가 맺히게 되는 것입니다."

寒暑燥濕風火, 在人合之奈何? 其於萬物, 何以生化? 歧伯曰, 其在天爲玄. 在人爲道. 在地爲化, 化生五味. 道生智. 玄生神. 帝曰, 何謂神? 歧伯曰, 神乎神! 耳不聞, 目明心開而志先, 慧然獨存, 口弗能言, 俱視獨見, 視若昏, 昭然獨明, 若風吹雲. 故曰神.

思則心有所存, 神有所歸, 正氣留而不行, 故氣結矣.

여기에서 유의해야 할 것은 기백이 언급한 독존(獨存), 독견(獨見), 독명(獨明)이라는 신(神)의 세 가지 요점입니다. 이것은 『대학』 뒷부분에서 말하는 "신독(愼獨)"과 중요한 관계가 있습니다.

어쨌든 이런 자료들을 먼저 인용한 것은 그것이 "치지격물(致知格物)"의 "지지(知至)"와 매우 중요한 관계가 있다는 사실을 이해시키기 위해서였습니다.

---

46 물리 세계의 본원을 가리킨다.
47 물질의 상호 화합을 가리킨다.

20
치지와 격물

『대학』의 도는 "밝은 덕을 밝히는 데 있다(在明明德)"라는 말의 관건이 되는 두 구절 "치지재격물(致知在格物)"과 "물격이후지지(物格而后知至)"의 의미를 밝히기 위하여 많은 시간을 들여 가면서 먼저 지성(知性)의 작용을 설명했습니다. 또 일부러 능지(能知)와 소지(所知)의 정의에 대해서도 설명했습니다.

이제 다음과 같은 결론을 내리겠습니다. 『대학』 제1절의 "알고 멈춘 뒤에야 정함이 있다(知止而后有定)"에서부터 "먼저 하고 나중에 할 바를 알면 도에 가까워질 것이다(知所先後, 則近道矣)"까지는, 사람이 성장한 이후부터 의식적 사유인 소지(所知)를 이용해 수양하기 시작해서 "명명덕(明明德)"의 내명의 경지에까지 이르는 것을 말합니다.

하지만 그렇더라도 여전히 개인적인 자립(自立)의 학문에 속합니다. 만약 내명의 학문을 얻은 다음 "친민(親民)"으로 나아가서 "다른 사람을 세우는(立人)", 즉 세상 사람을 이롭게 하는 덕업(德業)을 세우고자 한다면 반드시 진일보 수양하여 '능지'지성(能知之性)의 대기대용(大機大用)[48]에

---

48 뛰어난 임기응변의 기량을 완벽하게 활용한다는 뜻이다.

관해 완전히 깨달아야만 비로소 가능할 것입니다. 그렇기 때문에 증자는 "치지격물(致知格物)"과 "물격지지(物格知至)"라는 중요한 지표를 제기했던 것입니다. 그러나 이 두 구절의 요점이 어디에 있는가를 알기 위해서는 먼저 '치지'와 '격물' 두 명사의 정의에 대해 이해해야 합니다.

'사람을 아는' 데에서 '만물을 아는' 데에 이르다

이른바 '치(致)' 자는 도달한다는 '도(到)' 자와 동의어입니다. '지(知)'는 바로 지성(知性)의 지입니다. '치지(致知)'는 이 두 글자를 한데 모아 하나의 명사로 만든 것으로서, 그 뜻은 먼저 자신의 '능지'지성(能知之性)의 근본을 살펴보아야 한다는 것입니다. 그래서 '치지(致知)'라고 부르는 것인데, '지지(知至)'라고도 말할 수 있습니다.

이런 이치는 『대학』첫 단락의 결론에 아주 뚜렷이 나타나 있습니다. "이것을 일러 근본을 안다고 하고, 이것을 일러 지식이 지극하다고 한다〔此謂知本, 此謂知之至也〕." 그런데 주자는 이 두 구절의 결론을 뚝 떼어다가 뒤쪽에다 갖다 놓고 단독으로 하나의 장(章)으로 편성한 다음 "우(右)는 전문(傳文)의 5장이니, 격물치지의 뜻을 해석한 것이나 지금은 없어졌다"라고 했습니다. 어찌 자기 자신을 속이고 남도 속이는 엄청난 거짓말이 아니겠습니까!

다음으로 상고 문자를 인용하여 '격(格)'의 뜻을 설명하도록 하겠습니다. 예를 들어 '유신래격(有神來格)'이나 '유묘래격(有苗來格)' 등에서 격(格)은, 우리가 알고 있는 '간격을 둔다'는 뜻의 격이나 '격자무늬'라고 할 때의 격과는 그 의미가 전혀 다른 '온다'는 뜻입니다. 그래서 지성(知性)의 지가 정말로 능지(能知)의 근본에 도달할 수 있으면 만사 만물의 성리(性

理)를 알게 된다고 말한 것입니다.

원래 만사 만물의 성리는 "명덕(明德)"의 '능지' 지성(能知之性)과 한 몸의 양면입니다. 바꾸어 말하면 이것이 바로 증자가 말한 공문(孔門)의 심물일원론(心物一元論)의 근본 학설입니다. 그렇기 때문에 후세 유가들도 "백성은 나와 한 형제(民吾同胞)"임을, 즉 모든 사람이 동포임을 알고 있었습니다.

"만물은 나와 함께한다(物吾與也)"라는 말처럼 만물은 나와 밀접한 관련이 있습니다. 그래서 '물(物)' 자를 '격(格)' 자에 붙여서 하나의 명사로 만들어 '격물(格物)'이라고 부른 것입니다. 마음속의 물욕을 다 없애야만 비로소 '격물(格物)'이라고 부를 수 있는 것은 결코 아닙니다.

사실 "치지격물"의 이치에 대해서는 공자의 손자이자 증자의 문하 자사가 『중용』에서 명확하게 해석해 놓았습니다.

"오직 천하의 지극한 성(誠)을 지닌 사람만이 자신의 성(性)을 실현할 수 있다. 자신의 성을 실현할 수 있으면 다른 사람의 성을 발휘할 수가 있다. 다른 사람의 성을 발휘할 수 있으면 만물의 성을 발휘할 수 있다. 만물의 성을 발휘할 수 있으면 천지가 만물을 낳고 기르는 것을 도울 수 있다. 천지가 만물을 낳고 기르는 것을 도울 수 있으면 천지와 더불어 나란히 설 수 있다(唯天下至誠, 爲能盡其性. 能盡其性, 則能盡人之性. 能盡人之性, 則能盡物之性. 能盡物之性, 則可以贊天地之化育. 可以贊天地之化育, 則可以與天地參矣)."

이것을 보면 다른 사람의 성(性)을 발휘하는 것은 단지 자신의 내명 수양의 한 단계에 불과함을 알 수 있습니다. 거기에서 더 나아가 반드시 만물의 성(性)을 발휘하는 "격물치지"에 이르러야만 비로소 내성외용(內聖外用)의 학문이라고 할 수 있습니다.

이제 말씀드린 '치지'와 '격물' 두 명사의 뜻을 이해했다면, "치지격물"

이라는 지표가 오로지 "성의(誠意), 정심(正心), 수신(脩身)"을 위해서 요약해 낸 것임을 알 수 있을 것입니다. 『대학』이 성인(成人)의 학문이 될 수 있는 것도 이 때문입니다. 그래서 증자는 결론에서 이렇게 말했던 것입니다. "천자로부터 서민에 이르기까지 한결같이 몸을 닦는 것을 근본으로 삼아야 한다. 그 근본이 어지러운데 말단이 다스려지는 경우는 없다. 그 후하게 해야 할 데에 박하게 하고, 그 박하게 해야 할 데에 후하게 한 경우는 지금껏 없었다. 이것을 일러 근본을 안다고 하고, 이것을 일러 지식이 지극하다고 한다."

이러한 이치를 보다 간단하고 명백하게 이해시키기 위해 또다시 다른 학문에서 빌려 와서 설명하도록 하겠습니다. 사실 일반 학자들은 이런 제 방식을 대단히 싫어하고 반감을 드러냅니다. 그들 문파의 식견이 너무 깊다 보니 그럴 것입니다. 다행히 저는 학자라고 할 수도 없고 또 한평생 학자가 되겠다는 생각을 하지도 않았기 때문에 '마음이 원하는 대로' 말할 수 있습니다. 사실은 "다른 산의 돌을 가지고 옥을 갈아 흠을 없애는[他山之石, 可以攻玉]" 이치인데 말입니다.

그렇다면 "치지격물" "물격지지"의 의미는 결국 무엇일까요? 불학의 한 구절만 인용하면 알 수 있습니다. 바로 부처님이 말씀하신 "마음이 외물로 전화될 수 있다면 여래와 같을 것이다[心能轉物, 卽同如來]"라는 것입니다. 선종 대사들이 말하는 "마음과 외물이 한결같이 혼연일체를 이루게 되면 본디 안과 밖의 구분이 없다[心物一如, 渾然全體, 本無內外之分]"라는 이치입니다. 굳이 전통 유학 및 상고 시대 유가와 도가가 나누어지지 않았을 때의 학설을 근거로 하여 설명하라고 한다면, 만약 그렇더라도 역시 있습니다. 게다가 적지도 않으니 지금부터 말씀드리도록 하지요!

『역경』「계사전」은 참조할 만하다

전통문화 중에서 유가의 이념을 가지고 "치지격물"의 이치를 설명하고자 한다면 반드시 『역경』을 꼽아야 할 것입니다. 특히 송대 이학가 정주의 학설을 가지고 말하자면 그들은 증자의 『대학』이 '대인지학(大人之學)'을 위해 지은 것이라고 여겼습니다. 하지만 대인(大人)이 무엇인지에 대해서는 명확한 설명을 하지 않았습니다. 당연한 말이지만 십오 세에 『대학』에 들어가면 처음 배우는 것이 바로 "제가, 치국, 평천하"의 '대인지학'이라는 주희의 설명대로는 아닐 것입니다.

'대인지학(大人之學)'이라는 관념이 『역경』 건괘의 「문언전」에 들어 있는 대인의 풍모에서 나온 것임은 이미 말씀드렸는데, 증자의 『대학』이 건괘의 「문언전」에서 발전되어 나왔다는 것도 아울러 설명했습니다. 그렇다면 이제 다시 『역경』「계사전」을 인용하여 증자의 "치지격물" 설을 설명한다면, 조리에도 맞고 더할 나위 없이 명확하지 않겠습니까! 다음은 「계사전」에 나오는 "치지격물"과 관련된 연구 자료 열두 항목인데, 참고가 되면 좋겠습니다.

1. 마치 천지와 같아 어긋남이 없다. 지혜가 만물에 두루 통해 천하를 구제할 방도를 갖추니 허물이 없다. 온갖 것에 통하면서도 잘못된 곳으로 빠지지 않는다. 우주와 합일되어 생명의 가치를 아니 근심이 없다. 대지를 본받아 인을 돈독히 하니 능히 사랑을 베풀 수 있다.

與天地相似, 故不違. 知周乎萬物, 而道濟天下, 故不過. 旁行而不流. 樂天知命, 故不憂. 安土敦乎仁, 故能愛.

2. 천지의 모든 조화를 포괄하되 어긋남이 없다. 만물을 원만하고 완전히 생성시키되 하나도 빠뜨리지 않는다. 주야의 도에 통달하여 생사를 안다. 그러므로 신은 일정한

장소가 없고 역은 고정된 본체가 없다.

範圍天地之化而不過. 曲成萬物而不遺. 通乎晝夜之道而知. 故神無方, 而易無體.

3. 인으로 드러나고 작용 속에 숨어 있으며, 만물을 고취시키되 성인처럼 근심하지 않으니 성덕과 대업이 지극하도다!

顯諸仁, 藏諸用, 鼓萬物而不與聖人同憂, 盛德大業至矣哉!

4. 부유한 것을 대업이라 한다. 날로 새로워지는 것을 성덕이라 한다.

富有之謂大業. 日新之謂盛德.

5. 역이란 도대체 어떤 것인가? 역은 만물을 개발하여 인간 세상을 완성하는 것으로 천하의 도리 중에서도 으뜸이니, 단지 이런 것일 뿐이다! 이런 까닭에 성인은 역경으로써 천하의 온갖 이치에 통하고, 역경으로써 천하의 온갖 사업을 완수하고, 역경으로써 천하의 온갖 의혹을 판단한다.

夫易, 何爲者也? 夫易, 開物成務, 冒天下之道, 如斯而已者也. 是故聖人以通天下之志. 以定天下之業. 以斷天下之疑.

6. 하늘의 도를 밝게 안 후에 사람들의 삶을 살핀다. 이것은 신물을 일으켜 사람들의 삶을 보다 윤택하게 하는 것이다. 성인은 이것으로 재계하여 그 덕을 신묘하고 밝게 한다.

是以明於天之道, 而察於民之故. 是興神物以前民用. 聖人以此齋戒, 以神明其德夫.

7. 만물을 구비하여 사용케 하고 도구를 만들어 천하를 이롭게 한다.

備物致用, 立成器以爲天下利.

8. 이런 까닭에 군자는 어떤 일이나 행위에 앞서 역에 의거해 미리 상황을 파악하는데, 그 반응이 마치 메아리와 같다. 먼 것이나 가까운 것뿐 아니라 깊거나 어두운 것까지도 빠짐없이 파악한다. 천하의 지극한 정밀함이 아니고서 누가 이와 같을 수 있겠는가.

是故君子將有爲也, 將有行也, 問焉而以言, 其受命也如嚮. 無有遠近幽深, 遂知來物, 非天下之至精, 孰能與於此.

9. 정기가 물이 되고 유혼이 변화한다.

精氣爲物, 游魂爲變.

10. 기미를 알면 참으로 신묘하다! 신묘한 최고의 경지를 파악해 변화를 아는 것이 덕의 성대함이다.

知幾其神乎! 窮神知化, 德之盛也.

11. 도덕을 순순히 잘 따르고 좇고 의에 의뢰한다. 이치를 밝히고 본성을 실현하여 그것으로써 천명에 이른다.

和順於道德而理於義. 窮理, 盡性, 以至於命.

12. 장차 그것으로써 성명의 이치를 따른다.

將以順性命之理.

『역경』「계사전」에 관해서는 『역경계전별강(易經繫傳別講)』[49]에서 이미 상세히 말씀드렸기 때문에 여기에서 다시 설명하지는 않겠습니다. 제 생각에는 한번 읽어 보기만 해도 이해되리라 여겨집니다!

여기 인용한 「계사전」 열두 항목을 더 간략히 정리하자면, '격물'에 관해서는 "지혜가 만물에 두루 통해 천하를 구제할 방도를 갖춘다", "만물을 원만하고 완전히 생성시키되 하나도 빠뜨리지 않는다", "만물을 고취시키되 성인처럼 근심하지 않는다", "만물을 개발하여 인간 세상을 완성한다", "신물을 일으켜 사람들의 삶을 보다 윤택하게 한다", "만물을 구비하여 사용케 하고 도구를 만들어 천하를 이롭게 한다", "빠짐없이 파악한다", "정기가 물(物)이 된다"의 여덟 곳이 가장 중요합니다.

---

49 이 책은 남회근 저작선 3 『주역계사강의』(부키)란 제목으로 번역되어 있다.

이치를 밝히고 본성을 실현하여
그것으로써 천하를 구제하다

'치지'와 관련해서는 "기미를 알면 참으로 신묘하다! 신묘한 최고의 경지를 파악해 변화를 아는 것이 덕의 성대함이다", "이치를 밝히고 본성을 실현하여 그것으로써 천명에 이른다", "장차 그것으로써 성명의 이치를 따른다"라는 세 곳이 가장 중요합니다. 이것을 압축시키고 또 압축시켜서 더 간단히 줄여 보면 "치지격물"함으로써 "성의, 정심, 수신"에 도달한다고 했을 때 그 요점은 바로 "이치를 밝히고 본성을 실현하여 그것으로써 천명에 이른다"라는 것에 있음을 알 수 있습니다.

"장차 그것으로써 성명의 이치를 따른다"라는 말은 '격물'을 통해, '명덕(明德)'의 외용(外用)에서 가장 중요한 근본인 '수신(脩身)'에 도달한다는 것입니다. 이것은 바로 공자가 "자신이 바르면 시키지 않아도 행한다. 자신이 바르지 않으면 비록 시키더라도 따르지 않는다[其身正, 不令而行. 其身不正, 雖令不從]"라고 말한 요지입니다. 성명의 진리를 깨닫게 되면 우리의 이 몸조차 외물임을 깨닫게 됩니다. 그 '능지'지성(能知之性), 명덕(明德)의 근원인 도(道)야말로 심물일원(心物一元)적인 요체입니다.

심물일원적인 도(道)는 능지(能知)나 소지(所知)로 파악할 수 없는 것이기 때문에 「계사전」에서도 "음양을 헤아릴 수 없는 것을 신이라 한다[陰陽不測之謂神]"라고 했습니다. 하지만 도(道)라는 것이 절대적으로 알 수 없는 것은 아니기 때문에 공자는 이렇게 말했습니다. "나면서부터 아는 사람은 최상급이다. 배워서 아는 사람은 그다음 간다. 어쩔 수 없어서 배우는 사람은 또 그다음이다. 어쩔 수 없는데도 배우지 않으니 이런 사람이 가장 하급이다[生而知之者, 上也. 學而知之者, 次也. 困而學之, 又其次也. 困而不學, 民斯爲下矣]."

이것을 보면 증자가 『대학』에서 "치지격물"과 "물격지지"를 거듭 이야기하고, 또 내명외용(內明外用)의 "명덕"을 숭상하면서도 "수신"에 치중했던 것이 "내 도는 하나로 관통한다〔吾道一以貫之〕"라는 유가의 심법(心法)을 전승하기 위한 속셈이었음을 알 수 있습니다.

이제 우리는 『대학』에서 말하는 "치지격물"의 원칙에 대해 명확히 알게 되었습니다. 그것은 바로 『역경』「계사전」에서 말한 "지혜가 만물에 두루 통해 천하를 구제할 방도를 갖추니 허물이 없다〔知周乎萬物, 而道濟天下, 故不過〕"라는 것입니다. 이 말은 지성(知性)을 수양하되 단지 사람의 이성(理性)에 대해 아는 데서 머무르지 말고 만사 만물의 이성을 두루 아는 데까지 나아가라는 뜻입니다. 학문과 수양이 그러한 경지에 이르러 사람의 이성은 물론이고 사물의 이성에 대해서도 다 알 수 있게 되면, 그런 다음에야 진정으로 "성의, 정심, 수신"할 수 있습니다. 진정 도로써 세상을 구제하고 "평천하"를 할 임무를 맡게 되는 것입니다!

21

지혜가 만물은 알되 자신을 알기는 어렵다

"치지격물(致知格物)"과 "물격지지(物格知至)"에 대해 이제 알게 된 것은, 마음속의 물욕을 모두 없애야만 치지격물이라 할 수 있다고 생각했던 송·명 이학가들의 견해와 꼭 일치하지는 않습니다. 앞에서 인용한 「계사전」의 지표, 즉 "지혜가 만물에 두루 통해 천하를 구제할 방도를 갖춘다"라는 말은 이미 언급했던 심물일원(心物一元)과 심능전물(心能轉物)의 이치이기도 합니다. 특히 인류 문명이 발전하여 이십일 세기가 시작된 오늘날의 우리는 인성을 거의 상실한 채 완전히 "마음이 외물에 의해 전화되는[心被物轉]" 시대에 이르렀습니다. 과학 기술 문명이 발달하면 할수록 정신문명은 타락하고 있습니다. 저울의 평형을 맞추기 어려운 것과 마찬가지 이치입니다. 그러니 "지식에 이르는 것은 사물의 이치를 궁구하는 데 있다[致知在格物]", "사물의 이치를 궁구한 뒤에야 지식이 지극해진다[物格而後知至]"라고 했던 유가의 선견지명은 새삼 곰곰이 생각해 볼 필요가 있습니다.

외물[物]과 마음[心]의 관계에서 우리는 어떻게 마음을 다스리고 외물을 통제해야 할까요? 인류 사회의 역사는 자연스러우면서도 필연적인 발전 추세를 거쳐 왔습니다. 일찍이 공자는 『역경』「서괘전(序卦傳)」에서 이렇게 말했습니다. "천지가 생긴 후에 만물이 생겼다. 천지간을 가득 채우고 있는 것은 오직 만물이다〔有天地, 然後萬物生焉. 盈天地之間者唯萬物〕.” 이런 유물론에 비춰 본다면 인류는 천지간 만물의 한 종류일 뿐입니다. 오로지 “지역에 따라서 같은 종끼리 모이며, 만물은 다른 무리로써 나누어진다〔方以類聚, 物以群分〕”라는 구분밖에 없습니다. 그렇기 때문에 상고 시대 중국 문화에서는 인류 역시 ‘인군(人群)’이라고 불렀습니다. 인류는 자칭 만물의 영장이라고 하지만 그것은 인류 문화 스스로가 내려 준 호칭입니다.

그러고 보니 또다시 철학과 인류학의 문제로 넘어가게 되었군요. 주제에서 너무 벗어나지 않는 선에서 머리도 좀 식힐 겸 명 말 청 초 산동 지방의 유로(遺老)였던 가부서(賈鳧西)의 「목피산객고아사(木皮散客鼓兒詞)」를 인용해 보겠습니다.

큰 창고 속의 쥐들은 배불리 먹고	太倉裡老鼠吃的撑撑飽
늙은 소는 밭을 갈다 죽어도 껍질까지 벗겨 가네	老牛耕地使死倒把皮來剝
강에 노니는 물고기는 무슨 죄를 지었는가	河裡的游魚犯下了甚麽罪
고운 비늘 다 벗기고 가시까지 뽑아 버리는구나	刮淨鮮鱗還嫌刺扎
저 늙은 호랑이는 전생에 얼마나 많은 복을 닦았는가	那老虎前生修下幾般福
인육을 날로 먹으면서도 이가 시릴까 겁내지 않는구나	生嚼人肉不怕塞牙
꿩과 토끼는 감히 재난을 일으키지도 않거늘	野雞兔子不敢惹禍
부러뜨려 육장을 만들고 거기다 피마자 꽃까지 꽂았네	剁成肉醬還加上篦花
……	……
옥황상제에서 사람의 속임수에 넘어간 것일까	莫不是玉皇爺受了張三的哄
시커멓고 너덜너덜한 장부를 어떻게 조사하리오	黑洞洞的一本賬簿那裡去查

가부서라는 사람은 나라가 망하고 집안이 기울어 가는 고통 속에서, 가슴속에 가득 찬 근심을 어디다 발설할 곳이 없어 이런 노래나 부르며 일생

을 보냈을지언정 역사에 대해서 나름대로 예민한 안목을 지니고 있었습니다. 그가 만물을 대변하는 변호사 자격으로 인류에게 그렇게 항변했다면 인류로서도 참으로 난처했을 것입니다.

만물을 어떻게 분류했는가

심물(心物)의 문제에 대해 공자는 「서괘전」 하편에서 아주 직접적으로 말했습니다. "천지가 생긴 후에 만물이 생겼고 만물이 생긴 후에 남녀가 생겼다. 남녀가 생긴 후에 부부가 생겼고 부부가 생긴 후에 부자가 생겼다. 부자가 생긴 후에 군신이 생겼고 군신이 생긴 후에 상하가 생겼다. 상하가 생긴 후에 예의가 베풀어졌다〔有天地, 然後有萬物. 有萬物, 然後有男女. 有男女, 然後有夫婦. 有夫婦, 然後有父子. 有父子, 然後有君臣. 有君臣, 然後有上下. 有上下, 然後禮義有所錯〕." 이 말은 인류 스스로가 인문 문화를 건립하였기 때문에 만물과 구분되는 경계가 생겨났음을 설명해 줍니다.

그렇다면 상고 시대에는 크나큰 천지와 허다한 만물을 어떤 관점에서 분류했을까요? 여기에 관해서는 중국 문화와 인도 문화에 각기 다른 논리가 있습니다. 중국의 상고 문화에서는 물리 세계를 여덟 종류〔八類〕로 변화시켜서 '팔괘(八卦)'라고 불렀는데 바로 천(天), 지(地), 일(日=火), 월(月=水), 풍(風=氣), 뇌(雷=電), 산(山), 택(澤=海)이 그것입니다. 그 사이에 존재하는 생물, 예를 들어 하늘을 나는 새나 달리는 짐승이나 어룡(魚龍) 등은 모두 동태적인 생명이므로 동물이라고 불렀습니다. 그 밖에 동물과 아주 밀접한 관련이 있는 것들, 예를 들어 풀이나 나무는 식물이라고 부르고 토지나 산·바위·광물질 등은 광물이라고 불렀습니다. 이러한 상고 시대의 자료들은 중국 고대의 의약 서적을 읽어 보면 알 수 있습니다.

그러나 상고 시대 인도에서는 우주 만물의 형성을 지(地), 수(水), 화(火), 풍(風＝氣)이라는 네 가지 큰 종류로 나누었으며 이것을 간략히 '사대(四大)'라고 불렀습니다. 후에 불학에서 여기다 공대(空大)라는 것을 하나 더 보태어 '오대류(五大類)'가 되었습니다. 이것이 인도에서 천지 만물과 물리 세계를 분류하는 방식입니다. 또 그리스 문화와 마찬가지로 물리 세계에서 최초로 생성된 것이 수대(水大)라고 말합니다.

이 외에도 후일의 인도 불학에서는 생물의 생명을 네 종류의 생(生)으로 나누고 태생(胎生), 난생(卵生), 습생(濕生), 화생(化生)이라고 부릅니다. 더 세밀하게 들어가면 또다시 열두 종류로 나누는데, 인류를 포함해서 눈에 보이지 않는 귀신조차 생명의 한 종류에 포함시킵니다. 하지만 어떤 종류의 생명이든 모두 지(地)·수(水)·화(火)·풍(風)과 관련이 있으며, 심(心)과 물(物)이 나누어지지 않고 혼합되어 있습니다.

여러분도 다 잘 알고 있는 그리스 문화에서는 증자보다 나중에 태어났던 플라톤에 이르면 세계를 이념 세계와 물리 세계라는 두 종류로 나누었습니다. 상고 시대 이집트 문화는 상고 시대 인도의 바라문의 관점과 상당히 비슷합니다.

백성에게 인하고 만물을 사랑하면 천하는 태평하다

인류의 전통문화에 대해 개략적으로 살펴보았습니다. 이제 다시 본론으로 돌아와서 물리 세계 속의 만물과 인류와의 관계를 보도록 하겠습니다. 인류는 시종일관 다른 동물들과 마찬가지로 다른 생명을 정복하고 살해함으로써 자기 생명을 유지시켜 왔다고 말할 수 있습니다. 다윈이 "생물은 서로 경쟁을 하며 환경에 적응하는 개체만이 살아남는다[物競天擇, 適

者生存〕"라고 말한 것처럼 말입니다.

하지만 인류는 생존을 위해 만물을 정복하고자 했던 한편 생물을 아끼고 사랑하는 마음도 지니고 있었습니다. 이것이 바로 인류가 다른 동물과는 달리 스스로 인문적 특징을 지닐 수 있었던 까닭입니다. 중국 전통문화에서는 그것을 '인(仁)'이라고 불렀습니다. 바로 공자와 맹자가 힘주어 설파했던 주요 요지인 동시에, 후세 유가에서 "어버이를 가까이하고 백성에게 인하고 만물을 사랑하라〔親親, 仁民, 愛物〕"라고 한 종지이기도 합니다. 인도 불학에서는 그것을 '자비(慈悲)'라고 부르면서 중생(衆生) 평등이 이루어지기를 기원합니다. 서양 문화에서는 '사랑' 혹은 '박애(博愛)'라고 부릅니다.

하지만 이러한 인류 문화의 삼 대 종지 가운데, 특히 유가적 관점에서 본다면 자비나 박애는 참으로 정확하고도 고원한 목표라서 나무랄 데는 없지만 너무나 커서 감당할 수 없을 것 같습니다. 각자 자기 위치에서 "내 어버이를 가까이하고서 남의 어버이를 가까이하는 데 이른다"에서부터 시작하여 차츰 확충시켜 나감으로써 "백성에게 인하고" "만물을 사랑하는" 것만이 실천 가능하다고 생각됩니다.

그러나 그런 목적에 도달하여 "천하를 태평하게" 하려면 반드시 먼저 그의 학문과 수양이 "사람의 본성을 실현하고〔盡人之性〕" "만물의 본성을 실현하는〔盡物之性〕" 물격지지(物格知至)에 이르러야 합니다. 이는 "지니고 있는 본성과 같아지고 지니고 있는 본성을 실현한〔如所有性, 盡所有性〕" 연후에야 비로소 "크게 지혜롭고 크게 용맹한〔大智大勇〕" 대웅(大雄)의 재덕(才德)을 지닐 수 있다고 말하는 불학의 이치와도 일맥상통합니다. 오로지 그런 재덕을 구비해야만 비로소 인류 문화를 '민포물여(民胞物與)'와 '심능전물(心能轉物)'로 이끌어 갈 수 있습니다. 그리하여 물질문명이 초래할 자아 괴멸의 길로 빠지지 않게 할 수 있습니다.

22
물욕은 스스로를 가엾게 만들 뿐이다

사람이 천지간에 태어나서 만물과 더불어 생존하고 발전하는 추세에 관해서는 『역경』 「서괘전」 상·하편에 이미 잘 나와 있기 때문에 여기서 다시 상세히 설명할 필요는 없을 것입니다. 우리는 수천 년에 걸친 역사 발전 과정을 통해 인류가 지혜와 마음을 다해 만물을 부려 왔음을 알 수 있습니다. 만약 "사물의 이치를 궁구한 뒤에야 지식이 지극해지고" "알고 멈춘 뒤에야 정함이 있게" 할 수 있는 방도를 더 이상 찾지 않는다면, 인류는 필연적으로 영원히 만물의 부림을 받게 될 것입니다. 게다가 심(心)과 물(物) 사이의 모순이 극에 이르는 최후 시기가 되면 스스로 정신문명의 세계를 훼손할 뿐 아니라 이러한 물질세계조차 파괴하고 말 것입니다.

인류 발전의 역사를 돌아보다

잠시 인류 역사의 발전 과정을 살펴보겠습니다. 원시 시대는 놔두고 삼천오백 년 전 상고 시대부터 이야기를 시작하지요. 인류는 이 시기에 이르면 모계 사회에서 부계 씨족 사회로 변하는데, 아직 도시 국가의 초기 형태〔雛形〕는 나타나지 않고 다만 혈연관계의 단계에 있었습니다. 그때의 인간들은 지성적인 본능을 이용하여 한정된 범위의 동물과 식물을 정복했습니다. 예를 들면 소를 부리고 말을 탔으며, 돼지나 개나 양 등을 길러 가축으로 삼았고, 나무를 베어 집을 지었습니다. 이때의 가장 큰 공간적인 제약은 산과 물이었습니다. 바꾸어 말하면 하나의 씨족 사회는 사방에 높은 산이나 큰 강이 있어서 길을 차단함으로써 저절로 경계가 생겨났던 것입니다. 원시적인 사고력으로는 파악하고 정복할 방법이 없는 것들, 예를 들어 일월성신(日月星辰), 풍운뇌우(風雲雷雨), 천재지진(天災地震) 등은 신의 힘이 부리는 조화로 생각했기 때문에 예를 갖추어 섬기고 보호해 줄 것을 기도할 뿐이었습니다.

차츰 지혜가 개발되어 배와 수레를 제작할 줄 알게 되면서 강과 바다를 정복하게 되었고 높은 산과 험한 고개를 개발하기에 이르렀습니다. 그리하여 씨족 연맹이 조직되기 시작하였고 그런 후에는 도시 국가가 출현했습니다. 정치 체제상으로는 봉건제가 점차 형성되어 갔지요. 물자 교역의 수요로 인해 장사꾼이 생겨났고 거기에서 더 발전하여 소금, 철, 광물을 대량으로 개발하는 이익에 대해 알게 되었습니다. 그 시기에 이르면 이미 대도시, 대국가의 역사 문명으로 접어들었습니다.

과거 삼천오백 년 역사를 인지(人智)의 효용과 개발이라는 측면에서 본다면, 지구의 동쪽과 서쪽은 문명의 차이에도 불구하고 언어 문자를 제외하면 크게 다르지 않았습니다. 특히 중국에서는 지연(地緣)과 인문적 관계로 인해 경제의 중심이 쭉 농업이었습니다. 상공업은 농업 경제의 부속물에 속했지요. 하지만 국가와 세계의 최대 걸림돌은 바로 바다였습니다. 배와 수레를 이용하기는 했지만 끝내 바다를 정복할 방법은 찾지 못하였고 바다를 제압하지 못한 것도 물론입니다. 중국, 인도, 심지어 이집트조차 예외가 아니었습니다.

그러나 지구의 또 다른 편에 있는, 지금 우리가 서양이라고 부르는 곳은 어떠했습니까? 중세까지의 역사 단계는 우리와 거의 차이가 없었습니다. 씨족 사회에서 서양식 봉건 사회로 변화했을 따름입니다. 나중에 혈연을 위주로 한 민족 국가가 형성되면서 정치 제도 등에 차이가 생겼습니다. 특히 북유럽을 중심으로 한 몇몇 도시 국가는 중국처럼 농업의 유리함과 전원의 즐거움에 안주할 수 있는 상황이 전혀 아니었습니다. 그들은 생존을 위해 풍랑의 위험을 무릅쓰고 바다에 뛰어들어 발전할 수 있는 기회를 도모해야 했습니다. 그리하여 해상 무역의 길이 열리게 되었고 차츰 바다 건너 시장을 개척하기에 이르렀습니다.

동서양이 나뉘게 된 관건

　서기 십오륙 세기에 접어들 무렵 중국은 스스로의 문명에 도취되어 있었습니다. 하지만 서양은 중세 문명의 암흑기로부터 깨어나고 있었습니다. 르네상스가 시작된 것입니다. 이어서 과학 기술 문명이 진보하기 시작했습니다. 특히 과학 기술을 이용해서 철선(鐵船)을 제조한 후로는 해양을 정복하기 시작했습니다. 거센 파도를 병풍 삼아 문을 걸어 닫은 채 자존하던 동서양의 경계를 허물어뜨렸습니다. 물론 그 과정에서 가장 중요한 역할을 한 것은 과학 기술을 이용해 불을 내뿜는 대포를 만들어 원거리 항해선에 장착하고서 상공업의 진보를 이끌어 나갔던 신문명이었습니다. 그로 인해 신대륙이 발견된 후 미국이란 나라가 새로 일어났고, 그로 인해 서양 배가 처음으로 일본에 도착하였으며, 그로 인해 아편이 중국에 수입되었고, 그로 인해 무역이라는 허울 아래 인도를 침략하는 등 국제 사회에 중대한 변화가 일어났습니다.

물론 그와 동시에 서양 문화가 동쪽으로 전해져 갈등에서 융합에 이르는 변화가 일어나기도 했습니다. 다시 말하면 서기 십칠팔 세기에서 십구 세기에 이르는 시기에 인류 문명은 이미 해양의 위협에서 벗어났습니다. 동시에 과학 문명의 발전으로 인해 차츰 시공의 제약도 마음대로 조종할 수 있게 되자, 인류의 지혜와 견문이 넓어져서 "사람 바깥에 사람이 있고 하늘 바깥에 하늘이 있다"라는 사실을 알게 되었습니다. 하지만 산업 혁명이 일어난 후부터 과학 기술의 발전을 추구하고 물질문명을 향수하려는 욕망 역시 점차로 높아졌습니다.

이십 세기에 접어들자 결국에는 제1차 세계 대전(1914~1919)이 발발했습니다. 곧이어 식민지를 쟁취하고 자국의 소비 시장을 차지하기 위해 다른 민족의 재산을 침해하고 물질 자원을 점유하는 현상이 나타났습니다. 마침내 십여 년 후 일본과 독일이 다시 제2차 세계 대전을 일으켰습니다. 팔 년이나 끌었던 전쟁은 항공기의 발전을 촉진시킴으로써 해양이라는 장애물을 넘어서 시공의 제약을 단축시켰습니다.

소비 추종의 위기

두 차례에 걸친 세계 대전 기간 중에 미국은 르네상스 이후의 자유 민주 사상과 제2차 산업 혁명의 과학 기술을 적절하게 이용해 북미를 지켰습니다. 무기를 덤핑 판매함으로써 소비가 생산을 자극하는 경제적 이익을 도모하는 한편 하늘이 준 좋은 기회와 지리적 이점을 이용하여, 미국식 정치 체제를 고취해 자유 민주를 이 세상에서 가장 숭고한 문화로 여기게 만들었습니다.

그들은 아테네 문화를 숭배하지만 아테네가 왜 역사상 아름다운 환영만 남기게 되었는지는 잊고 있습니다. 이 문제는 제가 유럽이나 미국에 있는 동안에 그곳의 우수한 석학들과 함께 토론했던 것입니다. 그것을 통해 저는 서양 청년들의 생각을 알아차릴 수 있었는데 그들은 목하 새로운 정치 체제를 구상하는 중이었습니다. 특히 미국식 문명에 대한 강한 염증을 느낄 수 있었지요. 그러고 보니 이야기가 현대 정치사상으로까지 번져 버렸습니다. 주제에서 너무 벗어나서는 안 되니 이쯤에서 마치겠습니다.

아무튼 오늘날 인류의 지식은 물질을 마음껏 이용하여 1960년대에 이미 달을 탐험하였고, 지금은 다른 별에 생명체가 존재하는지를 찾고 있습니다. 게다가 무기의 발전으로 그 살상력이 이루 헤아릴 수 없는 지경에 이르렀습니다. 인터넷의 발달로 사람들은 완전히 "마음을 미혹시켜 물질을 좇아가는[迷心逐物]" 경지에 이르렀습니다. 하지만 지구가 인체와 마찬가지로 하나의 온전한 생명체라는 사실은 잊고 있습니다. 지금 우리가 사용하는 자원은 모두 이 생명체의 내부에서 가져온 것들입니다. 이른바 인류라 부르는, 지구 표면에서 생활하는 기생충들은 결사적으로 내부로 뚫고 들어가서 지구의 골수를 파내고 있습니다. 나무가 쓰러지면 덩굴도 말라 버리듯이 어쩌면 너무 빨리 태초의 혼돈 상태로 되돌아갈지도 모르겠습니다.

23

몸과 마음에 대한 바른 지식과 물화

"지식에 이르는 것은 사물의 이치를 궁구하는 데 있다. 사물의 이치를 궁구한 뒤에야 지식이 지극해진다〔致知在格物, 物格而后知至〕"라는 문장만 놓고서 거듭 논의하다 보니, 이 구절이 바로 뒤이어 나오는 "지식이 지극해진 뒤에야 뜻이 성실해지고, 뜻이 성실해진 뒤에야 마음이 바르게 되고, 마음이 바르게 된 뒤에야 몸이 닦인다〔知至而后意誠, 意誠而后心正, 心正而后身脩〕", "몸이 닦인 뒤에야 집안이 바로잡히고, 집안이 바로잡힌 뒤에야 나라가 다스려지고, 나라가 다스려진 뒤에야 천하가 화평해진다〔身脩而后家齊, 家齊而后國治, 國治而后天下平〕" 및 "천자로부터 서민에 이르기까지 한결같이 몸을 닦는 것을 근본으로 삼아야 한다〔自天子以至於庶人, 壹是皆以脩身爲本〕"라는 말과 앞뒤로 절대적인 관련이 있는 하나의 절이라는 사실은 마치 잊어버린 듯합니다. 사실 앞에서 '격물(格物)'이라는 명사의 뜻에 관해 약간 설명하기는 했습니다. 하지만 전통문화 속의 격물의 이치를 참으로 이해하고자 한다면 유가와 도가가 나누어지지 않았던 상고 시대의 과학사관(科學史觀), 심지어 후세의 이른바 도가의 양생(養生) 과학과 물리 등 학식에 대해 살펴봐야만 합니다.

사람의 몸은 오로지 사용권만 있다

상고 시대의 과학사관에 따르면 천지 우주와 만물은 모두 '물화(物化)' 작용이 생명력을 '조화(造化)'한 것에 불과합니다. 다시 말하면 천지 우주는 하나의 큰 화학적 화로이고, 만물과 인간은 그 커다란 화학적 화로 속에서 변화한 물질(化物)이라는 뜻입니다. 선천적으로 타고난 지성인 능지지성(能知之性)의 신묘한 작용이 바로 이 조화(造化)를 일으키는 에너지입니다. 그러나 그것은 물화(物化)의 흡인력에 의해 한데 섞여 있습니다. 그러한 사실을 스스로 깨닫고 물화의 흡인력에서 벗어나 물(物)을 초월하여 도의 본체(道體)로 되돌아가야만 합니다.

여기에서 유추해 보면 천지 만물이 모두 외물(外物)에 속할 뿐 아니라 우리가 지금 '나'라고 여기는 이 몸도 마찬가지로 외물입니다. 사용권만 지니고 있을 뿐 영구적인 주권은 없습니다. 옛말에도 "몸 바깥의 물질은 조금도 대수롭지 않게 여긴다(身外之物, 竝不在乎)"라는 다분히 철학적인 말이 있습니다. 어쩌다 잠깐 차지하고 있는 이 몸 역시 단지 심외지물(心外之物)일 뿐, 영원히 자기가 차지할 수는 없다는 사실을 모두가 잊고 있습니다. 그러니 마땅히 이 몸을 가지고 "뜻을 성실하게 하고(誠意)" "마음을 바르게 하여(正心)" 잘 사용함으로써, 자기 자신을 이롭게 하고 또 다른 사람을 이롭게 하는 "명덕(明德)"의 공덕을 쌓아야 합니다. 그것이야말로 "사물의 이치를 궁구한 뒤에야 지식이 지극해진다(物格而后知至)"라는 "명명덕(明明德)"의 학문입니다.

그렇다면 이 몸은 어떻게 닦아야 할까요? 몸 역시 외물이라는 사실은 알았지만, 이미 내가 거기에 의탁하고 있는지라 나와 서로 나눌 수 없는 일체처럼 생각됩니다. 그러나 실제로 능지지성(能知之性)은 결코 신체에 속하는 것이 아닙니다. 다만 능지지성에서 분화되어 배워서 아는 '소지(所

知)'와 감각의 작용이 이 몸의 안팎 어느 곳에나 존재하고 있을 따름입니다. 그렇지만 "알고 멈춘 뒤에야 정함이 있다(知止而后有定)"를 거쳐 "정(靜), 안(安), 여(慮), 득(得)"의 수양 경지에 도달하지 못한 보통 사람들은 "지식에 이르는 것은 사물의 이치를 궁구하는 데 있고, 사물의 이치를 궁구한 뒤에야 지식이 지극해진다"라는 단계를 이해할 수가 없습니다.

그렇기 때문에 언제나 소지(所知)의 사유 작용은 신체의 생리적 '감촉'에 의해 좌우되고, 언제 어디서고 '감각'이 유발하는 정서 속으로 빠져 버립니다. 즉 전통문화에서 칠정(七情)이라고 하는 "희(喜)·노(怒)·애(哀)·구(懼)·애(愛)·오(惡)·욕(欲)"의 작용에 휘둘리고 마는 것이지요. 한·위 이래로는 불학이 전해지면서 거기다 "색(色)·성(聲)·향(香)·미(味)·촉(觸)·법(法)"이 일으키는 육욕(六欲)의 작용까지 더해졌습니다. 그리하여 당·송 이후로는 통칭해서 '칠정육욕'이라고 불렀는데, 바로 이것이 사람의 일생을 좌우했습니다.

사람의 몸은 신외지물(身外之物)인 물질세계의 각종 환경과 접촉하고, 또 인사(人事)와 상호 영향을 주고받음으로써 수시로 희로애락 등의 정서가 일어납니다. 그 사이에서 관건이 되는 작용이 바로 유가와 도가가 나누어지지 않았던 상고 시대에 언급되던 '기(氣)'입니다. 그래서 증자 이후로 자사(子思)의 제자의 제자였던 맹자가 '양기(養氣)' 설을 힘주어 설파했던 것입니다.

맹자는 "지는 기의 장수다(夫志, 氣之帥也)"라고 했습니다. 이 말은 소지성(所知性)이 만들어 낸 의지(意志)가 정서를 주도하고 통솔하는 기능을 지닐 수 있음을 설명하는 것입니다. 만약 의기(義氣)를 "곧음으로써 잘 기르고 해침이 없을(直養而無害)" 수 있다면 천지간에 가득 차서 '호연정기(浩然正氣)'로 변할 수 있을 것입니다. 그러나 한 걸음 한 걸음 실증적 순서를 밟아야지 헛된 말에 기대어서는 이루어 낼 수 없습니다. 여기에 관해서는『맹자』「진심(盡心)」편에서 이미 구체적으로 설명했기 때문에 상세한 설명은 하지 않겠습니다. 우리가 연구하고자 하는 것은 맹자의 큰 스승인 증자의『대학』이지 증자의 손자 격인 맹자의 학문이 아니지 않습니까?

『내경』을 통해 수신의 의미를 살펴보다

수신(脩身)의 의미를 다시 살펴보고자 한다면 도가 양생학의 시조이자 중국 의학의 조상인 황제『내경』을 보면 잘 알 수 있습니다. 상고 시대의 의성(醫聖)인 기백(岐伯)이 황제(黃帝)의 질문에 답한 내용 및 수신에 관한 문제를 간략히 열거해 보겠습니다. 이것을 보면『대학』의 "수신(脩身)" 설이 결코 추상적인 공언이 아님을 알게 될 것입니다.

동쪽이 바람을 생겨나게 하고(먼저 지구 물리를 지표로 삼아 말했습니다), 바람은 나무를 생겨나게 하고, 나무는 신맛을 생겨나게 하고, 신맛은 간을 생겨나게 하고, 간은 근육을 생겨나게 하고, 근육은 심장을 생겨나게 합니다(인체의 오장이 서로 생화하는 것을 가지고 설명했습니다). 그것이 하늘에 있으면 현이 되고, 사람에게 있으면 도가 되며, 땅에 있으면 화가 되는데, 화는 다섯 가지 맛을 생겨나게 합니다. 도는 지혜를 생겨나게 하며, 현은 신을 생겨나게 하며, 화는 기를 생겨나게 합니다. 신은 하늘에서 바람이 되고… 오장에서 간이 되는데, 그 본성은 따뜻함입니다. 그 덕은 조화로움이고, 그 쓰임은 움직임이며… 그 다스림은 한가함이고… 그 뜻은 노여움인데, 노여움은 간을 상하게 하니, 슬픔이 노여움을 이깁니다.

쓴맛은 심장을 생겨나게 하고, 심장은 피를 생겨나게 하는데… 그 덕은 겉으로 드러남이고, 그 쓰임은 조급함이며… 그 다스림은 밝음이고… 그 뜻은 기쁨인데, 기쁨은 심장을 상하게 하니, 두려움이 기쁨을 이깁니다.

단맛은 비장을 생겨나게 하고, 비장은 살을 생겨나게 하는데 … 그 덕은 베풂이고, 그 쓰임은 변화이며 … 그 다스림은 시호를 내림이고 … 그 뜻은 그리움인데, 그리움은 비장을 상하게 하니, 노여움이 그리움을 이깁니다.

매운맛은 폐를 생겨나게 하고, 폐는 피부와 털을 생겨나게 하는데 … 그 덕은 맑음이고, 그 쓰임은 견고함이며 … 그 다스림은 굳셈이고 … 그 뜻은 근심인데, 근심은 폐를 상하게 하니, 기쁨이 근심을 이깁니다.

짠맛은 신장을 생겨나게 하고, 신장은 골수를 생겨나게 하는데 … 그 덕은 차가움이고, 그 쓰임은 맑음이며 … 그 다스림은 고요함이고 … 그 뜻은 두려움인데, 두려움은 신장을 상하게 하니, 그리움이 두려움을 이깁니다.

東方生風, 風生木, 木生酸, 酸生肝, 肝生筋, 筋生心. 其在天爲玄. 在人爲道. 在地爲化, 化生五味. 道生智. 玄生神. 化生氣. 神在天爲風 … 在藏爲肝, 其性爲暄. 其德爲和. 其用爲動 … 其政爲散 … 其志爲怒, 怒傷肝, 悲勝怒.

苦生心, 心生血 … 其德爲顯, 其用爲躁 … 其政爲明 … 其志爲喜, 喜傷心, 恐勝喜.

甘生脾, 脾生肉 … 其德爲濡, 其用爲化 … 其政爲謐 … 其志爲思, 思傷脾, 怒勝思.

辛生肺, 肺生皮毛 … 其德爲淸, 其用爲固 … 其政爲勁 … 其志爲憂, 憂傷肺, 喜勝憂.

鹹生腎, 腎生骨髓 … 其德爲寒, 其用爲肅 … 其政爲靜 … 其志爲恐, 恐傷腎, 思勝恐.

심장은 신을 담고 있고, 폐는 백을 담고 있고, 간은 혼을 담고 있고, 비장은 의를 담고 있고, 신장은 지를 담고 있습니다.

心藏神. 肺藏魄. 肝藏魂. 脾藏意. 腎藏志.

그러므로 그것을 알면 강해지고 알지 못하면 늙게 됩니다(칠손팔익의 조화가 중요하다는 것을 말합니다). 지혜로운 자는 같음을 살피고, 어리석은 자는 다름을 살핍니다. 어리석은 자는 부족하고, 지혜로운 자는 남음이 있습니다. 남음이 있으면 귀와 눈이 밝아지고 신체는 가볍고 강해져서, 늙은 자는 다시 건장해지고 건장한 자는 더욱 다듬어집니다. 그러므로 성인은 인위적인 행함이 없는 일을 하고, 명리를 탐내지 않는 능력을 즐거워하며, 허무를 지키는 속에서 욕망을 좇고 뜻을 흡족하게 합니다. 그리하여 수명이 무궁하여 천지와 함께 끝납니다. 이것이 성인이 몸을 다스리는 방법입니다.

故曰, 知之則强, 不知則老. 智者察同, 愚者察異. 愚者不足, 智者有餘. 有餘則耳目聰明, 身體輕强, 老者復壯, 壯者益治. 是以聖人爲無爲之事, 樂恬澹之能, 從欲快志於虛無之守. 故壽命無窮與天地終. 此聖人之治身也.

만약 상고 시대 전통 과학에 대한 기본적인 지식이 없다면 지금 인용한 황제『내경』의 생화(生化) 이론은 재미있는 한편 지나치게 현묘(玄妙)하다고 생각될 것입니다. 또 현대인의 과학적 논리에도 맞지 않습니다. 하지만 상고 시대 중국의 의학·천문·지리 등의 학문은 모두 과학적 철학에서 출발했습니다. 이른바 상고 시대의 과학적 철학이란 심물일원(心物一元)과 천인합일(天人合一)을 근거로 한 것입니다. 그래서 장자는 "천지는 나와 함께 생겨났고 만물은 나와 하나가 된다(天地與我同生, 萬物與我爲一)"라는 명언을 남겼습니다. 도가에서 "사람의 몸은 하나의 작은 천지이다(人身是一小天地)"라고 말하는 것과 같은 이치입니다. 바꾸어 말하면 천지와 만물 역시 하나의 온전한 생명체라는 말입니다. 이러한 인식에서 출발해서『내경』등의 학식을 정밀하게 연구해 보면『내경』이라는 학문이 의약의 범주에만 속하는 것이 아님을 알 수 있습니다.

이상에서 "격물치지(格物致知)" "물격지지(物格知至)"하여 "수신(脩身)"에 도달한다는 사실을 검토하기 위해 심물(心物)과 심신(心身)에 관한 이론을 간략히 농축시켜서 인용해 보았습니다. 이것은『역경』「계사전」에서 보여 준 간이(簡易)의 원칙이기도 합니다. 이른바 "가깝게는 자신에게서 취하고 멀게는 사물에게서 취한다"라는 말처럼, 가까운 데서 취하는 것이 바로 "격물치지"의 방법입니다.

심물일원은 '물화'를 막는다

지금까지 우리는 원문을 근거로 하여 뜻을 해석해 왔습니다. "명명덕(明明德)"의 외용(外用)의 학문이 "지식에 이르는 것은 사물의 이치를 궁구하는 데 있고, 사물의 이치를 궁구한 뒤에야 지식이 지극해진다[致知在格物, 物格而后知至]"로부터 말미암음을 설명하다가, 먼저 "수신(脩身)"의 문제를 언급하고 토론하게 되었습니다.

상고 이래로 전통 관념에서는 심물일원의 기본 원칙에 근거하여 우리의 생명이 존재하고 있는 이 몸을 물아제관(物我齊觀)적 생물로 여겼습니다. 다시 말하면 이 몸은 바로 우리가 통상 성명(性命)에서 '명(命)'의 주요 부분으로서 생리적·물리적인 것에 속한다는 말입니다. 생명의 또 다른 주요한 기능, 전통문화에서 '성(性)'이라고 부르는 그것은 심리적·정신적인 것에 속합니다. 유가와 도가가 나누어지지 않았던 시기의 다른 서적에서는 그것을 '영(靈)' 혹은 '신(神)'이라고도 불렀습니다. 그리고 성명(性命)과 심물(心物)을 종합하여 일체(一體)로 만든 것, 형이상과 형이하를 융합하고 관통시켜 놓은 총화(總和)를 통칭하여 '도(道)'라고 불렀습니다.

이러한 사실을 이해한다면 이제 증자가 저술한 "대학지도" 및 그 제자인 자사가 저술한 『중용』은 공자의 가르침을 전승한 것이며, 후세에 유학이라고 불렸던 공자의 학문은 『역경』의 건(乾)과 곤(坤) 두 괘(卦)의 대의를 발전시켜 그것을 인도적 행위와 수양에 응용함으로써 형성되었음을 알게 될 것입니다. 가장 분명한 증거는 바로 건괘의 단사(彖辭)입니다.

위대하도다 건괘여, 만물이 그에 의지하여 시작되니 이에 하늘을 통솔한다. 건도의 변화는 각기 성과 명을 바르게 하고 조화로움을 유지하니 이에 이롭고 바르다.

大哉乾元, 萬物資始, 乃統天. 乾道變化, 各正性命, 保合太和, 乃利貞.

따라서 "수신"의 중요함은 스스로 그 명을 바르게 한다는 '정명(正命)'의 요점이 됩니다. "성의(誠意)"와 "정심(正心)"의 경우에는 "명덕(明德)"의 능지(能知)와 소지(所知)의 지성(知性)과 관련이 있는데, 천도(天道)와 인도(人道)의 지각 및 감각 작용인 각성(覺性)의 범주에 속합니다.

그렇다면 왜 『대학』에서는 "알고 멈춘 뒤에야 정함이 있다[知止而后有定]", "사물의 이치를 궁구한 뒤에야 지식이 지극해진다[物格而后知至]", "이것을 일러 지식이 지극하다고 한다[此謂知之至也]"라고 해 놓고서 또다시 "성의(誠意)"의 의(意)와 "정심(正心)"의 심(心)을 제기한 것일까요? 사람이 나면서부터 지니는 '능지(能知)'의 지성 그것이 바로 의(意)가 아니란 말인가요? 심(心)이 아니란 말인가요? 심신(心身) 외에 별도로 지성과 의식이라는 것이 존재한다면 그것의 존재와 차별적인 기능은 어떻게 분류되는 것일까요? 현대의 생리학과 의학의 관점에서 보면 그런 것들은 모두 뇌의 작용으로서 완전히 유물론적인 반응에 불과합니다. 그런 걸 굳이 이름을 붙여서 어렵게 만들어야 할까요? 또 신체의 일부분으로서 사람이 살아 있는 동안에는 오장(五臟)과 관련된 생리적인 변화가 일어난다고 칩시다. 하지만 오운(五運)이니 육기(六氣)니 하는 작용은 또 어디에서 찾는단 말입니까? 그것은 지성과 또 무슨 관계가 있습니까?

이러한 일련의 문제들에 대해 옛날에는 그저 받아들이고 믿으라고만 하면 그만이었습니다. 글자나 문장을 놓고 고증하고 정정하는 것 외에 의심하거나 이의를 제기하는 일은 생각도 못했습니다. 하지만 현대에는 상황이 완전히 변했습니다. 이러한 문제들을 명확하게 이해할 수 없다면 『대학』이라는 책은 그저 전통적인 격언이나 신조로 여겨지거나, 스스로 일가를 이룬 권위 있는 저작 정도의 가치만 지닐 것입니다. 『대학』으로 "제가, 치국, 평천하"의 학문을 논한다는 것은 어림도 없는 일일 것입니다.

24
성의, 정심, 수신과 지지

제기된 중요한 문제들을 보다 명확히 이해시키려다 보니 말이 중복되는 감이 없지 않습니다. 하지만 더욱 명확히 하기 위해 다시 한 번 상세히 설명하겠습니다.

'성'으로부터 '성리'의 학문에 이르다

상고 시대의 전통문화 자료 가운데 오직 공자의 정리와 편집을 거친 오경(五經) 즉 『역경(易經)』, 『예기(禮記)』, 『상서(尚書)』, 『시경(詩經)』, 『춘추(春秋)』가 가장 믿을 만합니다. 『상서』는 『서경(書經)』의 다른 이름으로, 상고 시대의 정치 철학을 보존한 사료가 그 중심을 이루고 있습니다. 『춘추』는 공자가 자신의 정치사관을 저술한 책입니다. 『시경』은 역사·정치·사회의 변천 등 각 계층의 민의(民意)에 반영된 자료를 수집하여 보존한 것입니다. 만약 하늘과 사람의 경계 및 인도(人道)에 관한 전통 학술 사상을 연구하고자 한다면, 오직 『역경』과 『예기』에서 그 뿌리를 찾아야 할 것입니다. 『역경』과 『예기』의 전통문화에서는 인성의 문제에 대해 성(性)과 정

(情)이라는 두 가지를 거론하면서 이것이 하나의 생명체가 지니는 두 가지 작용이라고 했습니다.

인성 문제에 대해서는 특히 『역경』 「계사전」에서 더욱 분명히 말했습니다.

> 음과 양이 갈마드는 것을 도라고 부른다. 그것을 이은 것이 선이고, 그것을 이룬 것이 성이다. 하늘과 땅이 자신의 위치를 세우면 역은 그 중간에서 운행한다. 성을 이루고 보존해야 할 것을 보존하는 것이 도의로 들어가는 문이다.
>
> 一陰一陽之謂道, 繼之者善也, 成之者性也. 天地設位, 而易行乎其中矣. 成性存存, 道義之門.

요컨대 전통문화에서는 하늘과 사람의 경계를 통괄함으로써 천지 만물을 만들어 내는 총체적인 기능을 도(道)라고 불렀습니다. 자연히 도의 본능은 음과 양을 지니고 있는데, 음과 양은 서로를 생성하고 서로를 통제하는 정반(正反) 작용을 합니다. 음양은 상호 정반 작용에 있어서 각기 동등한 기능을 지니는데, 양이 선하고 음이 악하건 혹은 음이 선하고 양이 악하건 이 둘의 기능은 모두 '지선(至善)'합니다.

그래서 증자는 『대학』 첫머리에서 이렇게 말했던 것입니다. "대학의 도는 밝은 덕을 밝히는 데 있으며, 백성과 친하게 함에 있으며, 지극히 선한 데 머무르게 하는 데 있다[大學之道, 在明明德, 在親民, 在止於至善]." 그가 대학의 도에 대해 그렇게 전제한 것도 다 근거가 있었으니, 바로 "그것을 이은 것이 선이다[繼之者善也]"라는 구절을 설명한 것입니다. 하지만 "그것을 이룬 것이 성이다[成之者性也]"라는 구절에서부터 "성을 이루고 보존해야 할 것을 보존하는 것이 도의로 들어가는 문이다[成性存存, 道義之門]"라는 구절까지는, 단지 "명명덕(明明德)"이라는 한 마디로써 인성의 밝은 일면을 표현할 뿐 더 이상 상세한 설명은 하지 않았습니다. 여기서 첫 번째 '명(明)' 자는 동사로 사용되었는데, 이 말은 인성은 원래 스스로 그 덕을 밝히는 기능을 지니고 있다는 뜻이기도 합니다. 그리하여 증자에게 배운 자사는 뒤이어 『중용』을 저술하면서 논조를 바꾸어 첫머리에서 이렇게 말했습니다. "천명을 성이라 하고 성을 따르는 것을 도라 하며 도를 닦는 것을 교라 한다〔天命之謂性, 率性之謂道, 修道之謂教〕."

 따라서 증자가 저술한 『대학』과 이를 계승하여 자사가 저술한 『중용』에서는 물론이고, 모든 중국 문화에서는 인도(人道)에서 출발한 성정(性情) 두 글자에서 '성(性)' 자를 형이상인 도에 밝게 통했다는 표시로 간주했습니다. 하지만 증자와 자사는 춘추 시대 말기의 인물들로서 석가모니에 비해서는 수십 년 늦게 태어났고, 소크라테스나 플라톤에 비해서는 수십 년 일찍 태어났다는 사실을 잊어서는 안 됩니다. 그런 까닭에 후일 불학이 중국으로 수입되자 이를 번역하는 과정에서 불성(佛性)이니 각성(覺性)이니, 심지어 명심견성(明心見性)에 이르기까지 모두 '성(性)' 자를 인용함으로써 성이 실제 생명체의 근원임을 나타냈습니다. 그리하여 후세 도가의 단도학(丹道學)에서는 "성과 명을 모두 수양한다〔性命雙修〕"라는 등의 학설이 나오게 되었습니다. 특히 수·당 이후로 선종이 성행하면서부터는 "사람의 마음을 직관함으로써 본성을 깨달아 부처가 된다"라는 직지인심 견성성불(直指人心, 見性成佛)의 설법이 유가·석가·도가를 이어 주는 중심 기둥이 되었습니다. 그 후 북송과 남송의 이학가들이 일어나 유학의 가르침을 힘주어 주장하면서 성리학을 크게 주창했습니다. 그러한 역사 문화의 변천 과정을 이해하고 나서 다시 『대학』을 보면 훨씬 명백해질 것입니다.

자성을 어떻게 "지극히 선한 데 머무르게" 하는가

인성은 본래 스스로 그 덕을 밝힐 수 있고 스스로 "지극히 선할[至善]" 수 있는 능력을 지니고 있는데, 왜 사람의 마음과 생각을 움직여서 그 행위를 변하게 만드는 것일까요? 또 왜 선과 악은 서로 대립하고 있어서 그 작용이 완전히 다른 것일까요? 이 문제를 유가의 관점에서 설명한다면 그것은 인성이 변하기 때문입니다. 그 주요한 원인은 후천적 환경의 영향입니다. 여기에 대해서는 공자도 "본성은 서로 가까우나 습관으로 인해 서로 멀어진다[性相近也, 習相遠也]"라고 말했습니다. 다시 말해 타고난 인성은 본래 하나같이 선량한데 다만 후천적인 영향 즉 생리적 환경의 영향을 받아 나쁜 습성에 물들다 보니 선과 악이 뒤섞이게 되었다는 말입니다. 그렇기 때문에 학문의 도라는 것은 바로 자성(自性)의 오염된 습성을 수시로 씻어 냄으로써 "명덕(明德)"과 "지어지선(止於至善)"의 경지로 되돌아가게 하는 것입니다.

그렇다면 어떻게 해야 자성을 "지어지선"의 경지로 되돌려 보낼 수 있을까요? 오로지 자성이 본래부터 지니고 있는 '능지지성(能知之性)'을 이용하여 수시로 돌이켜 성찰함으로써만 가능합니다. 그리하여 늘 변화하는 생각을 분명히 처리하고 자신의 모든 행위에서 선과 악을 분별하여 연마함으로써, 자성으로 하여금 순수하고 깨끗하며 "명덕"을 지닌 본래의 모습으로 돌아가게 해야 합니다. 그래서 그것을 언어로 표현하는 과정에서 "본성이 스스로 밝고 깨끗한[性自明淨]" 지성의 작용을 '능지(能知)'라고 부르는 것입니다. 그리고 이러한 지성이 마음과 생각을 불러일으켜서 외부적으로 사람이나 사물에 대해 분별 작용을 하는 것을 '소지(所知)'라고 부릅니다.

이를테면 인성(人性)은 태어나서부터 늙어 죽을 때까지 배가 고프면 먹어야 한다는 것을 압니다. 추우면 추위를 피해 따뜻한 곳으로 가야 한다는 것도 압니다. 예쁘고 아름다운 것을 보면 자기가 소유하고 싶어 하지만, 못생기고 보기 싫은 것을 보면 얼른 내다 버리고 싶어 합니다. 그 모두가 '지성'의 '능지' 작용입니다.

하지만 그 사이에도 구분은 있습니다. 배부름, 따뜻함, 굶주림, 추위, 좋음, 싫음은 능지지성(能知之性)의 감각 부분이 반응함으로써 알게 됩니다. 그렇기 때문에 그것은 '감지(感知)' 혹은 '감각(感覺)'이라고 부를 수도 있습니다. 불학에서는 '촉수(觸受)'라는 말을 사용합니다. 하지만 이것이 맛있다 맛없다, 이것은 필요하다 필요 없다, 이렇게 하면 된다 안 된다를 아는 것은 능지지성이 낳은 소지(所知)의 분별 작용에 속합니다. 그러한 작용은 '지각(知覺)'이라고 부릅니다. 지각은 사유나 사상과 밀접한 관련이 있어서 한시도 나누어질 수 없습니다. 자세히 분석하고 종합하고 회상하고 구상하는 지각 작용은 '사상(思想)'이나 '사유(思惟)' 같은 이름으로 불러야 합니다.

그러나 능지(能知)이건 소지(所知)이건 『대학』에 나오는 명사로 표현하자면 둘 다 스스로 그 덕을 밝힐 수 있는 "명덕(明德)" 자성이 일으키는 것입니다. 만약 "명덕" 자성을 밝히게 되면 그것 스스로 "고요히 움직이지 않으면서 느낌으로 마침내 통하게[寂然不動, 感而遂通]" 됩니다. 소위 능지와 소지는 "명덕"이 일으키는 파동에 불과합니다. 지성(知性) 역시 별도의 자성적 존재가 아닙니다. 비유하자면 파도가 고요하고 맑아서 수원(水源)이 맑게 들여다보이는 그것이 바로 "지어지선(止於至善)" 즉 "지극히 선한 데 머무름"입니다. 그렇게 해야만 "근본을 알고[知本]", 그렇게 해야만 "지식이 지극하게[知之至也]" 됩니다.

하지만 보통 사람은 생명을 지니는 그 순간부터 시종일관 소지의 분별 작용이 일으키는 파동으로 인해 잠시도 평안한 날이 없습니다. 어려서부터 늙을 때까지 소지가 만들어 낸 습성을 모으고 쌓아서 '의(意)'를 형성합니다. 이것을 '의식(意識)'이라고 부르기도 합니다. 그런 다음에는 그 둘이 분명하게 나뉘지 않기 때문에 의(意)가 바로 지성(知性)이라고 여깁니다. 사실 의(意)는 지성의 소지가 누적되어 형성된 것입니다. 지성이 모이고 누적되어 의(意)가 형성된 다음에는 마치 스크린 위의 배우가 연기하는 파란만장한 스토리가 허구인지 사실인지 분간이 가지 않는 것과 같습니다. 사실 그런 스토리의 변화는 모두 스크린 뒤의 필름이 비춰진 것일 뿐입니다. 비유하자면 필름이 바로 의(意)입니다. 그리고 스크린 위 배우의 움직임은 소지(所知)의 투영입니다.

'의'에서 생겨난 각종 심리 상태

문학 작품을 가지고 비유해 본다면 이후주(李後主)의 사(詞)를 예로 들 수 있습니다. "가위로도 끊어 버릴 수 없고 정리해 봐도 다시 어지러운 것은 이별의 근심이라네. 이별의 감정은 마음속을 떠나지 않는구나〔剪不斷, 理還亂, 是離愁, 別是一番滋味在心頭〕." 가위로 끊어 버리고 정리하고 싶어 하는 주체는 소지(所知)입니다. 하지만 잘라도 끊어지지 않고 정리해도 곧 흐트러지는 것이, 마치 마음속에서 떠날 수 없는 듯한 그것이 바로 의(意)의 작용입니다.

소동파도 이런 사를 지었습니다. "십 년 동안 죽었는지 살았는지 망망한데, 생각하지는 않건만 잊혀지지 않는구나〔十年生死兩茫茫, 不思量, 自難忘〕." 자기는 절대 생각하려고 하지 않았는데 마음속에 영원히 떠나가지 않고 존재하는 그것이 바로 의(意)입니다.

그래서 의(意)의 작용은 '염(念)'이라는 또 다른 이름으로도 부릅니다.

자꾸만 생각나서 잊기 어렵다는 바로 그 염(念)입니다. 또 의가 지닌 강력한 작용을 형용하여 '의지(意志)'라고 부릅니다. 그것이 생리적인 작용과 결합된 것은 '의기(意氣)'라고 부릅니다. "인생에는 의기도 많지만 대장부의 입신 처세, 그 의기가 무지개 같구나." 이 얼마나 아름답고 호기로운 말입니까? 의기(意氣)에다 사상과 사유를 더 보태면 '의견(意見)'이라는 다른 이름으로 부릅니다.

의기까지 말하고 보니 문제가 참 많습니다. 의(意)는 능지와 소지가 외부 환경 등의 영향을 받아 부지불식중에 형성해 놓은 견고한 영상(影像)인데, 형태(形態)라고도 부를 수 있습니다. 하지만 논리적인 구분에 따라 말한다면 그것은 유심론적입니다. 그러나 그것이 실제로 작용할 때에는 반드시 생리적인 기분과 서로 결합하기 때문에 의기(意氣)라고 부르는 것입니다. 수천 년 인류 역사도 『홍루몽(紅樓夢)』의 「호료가(好了歌)」에 나오는 "요란스레 네 노래가 끝나면 내가 무대에 오르지, 타향도 오히려 고향이라 여기면서"라는 말처럼 십중팔구는 모두 우리의 의기가 만들어 낸 실수입니다. 송대 이학가 육상산(陸象山)은 이런 명언을 남겼습니다. "소인은 이해를 놓고 다투고 사대부는 의견을 놓고 다툰다네〔小人之爭在利害, 士大夫之爭在意見〕." 참으로 높은 식견을 지녔던 인물이라 하겠습니다.

사실 평상시 우리의 행위와 언어는 대부분 의기의 작용입니다. 밝고 이지적인 "명덕(明德)" 지성(知性)에서 나오는 경우는 지극히 적습니다. 이성에 합치되게 일을 처리한다는 것은 사실 아주 어려운 일입니다. 진실로 "대학지도"의 기본적 수양인 이른바 "정(定), 정(靜), 안(安), 여(慮), 득(得)"의 수련에 도달하지 않은 한은 말이지요. 그러지 않고는 자기 이성의 진실한 모습에 대해 전혀 알 수가 없습니다. 그래서 노자는 이런 말을 했습니다. "다른 사람을 아는 자는 지혜롭고 스스로를 아는 사람은 명철하다〔知人者智, 自知者明〕." 그래서 증자도 "지식이 지극해진 뒤에야 뜻이 성실해진다

〔知至而后意誠〕"라고 강조했던 것입니다.

하지만 '성(誠)'이라는 글자를 사용함으로 인해 후인들의 오해 또한 적지 않았습니다. 참으로 선종의 낙포(洛浦) 선사가 말한 그대로입니다. "한 조각 흰 구름이 골짜기 입구에 걸려 있어서, 얼마나 많은 새들이 둥지로 돌아가는 길을 잃었던가〔一片白雲橫谷口, 幾多歸鳥盡迷巢〕."

『대학』의 "성의, 정심, 수신"의 관점에서 이십육사(二十六史)의 지도자인 제왕들 및 보통 사람들의 창업(創業)과 수성(守成)[50]에서의 성패 득실을 살펴보면 참으로 재미있을 것입니다!

심·의·식의 차이

지성과 의지 혹은 의식의 작용에 대해서는 대략 구분지어서 설명했습니다. 하지만 일반적으로 '의(意)'는 일종의 심리적인 작용으로 이해하고 있습니다. 다시 말하면 의(意)가 바로 심(心)인데 단지 습관적으로 사용하는 용어가 다를 뿐이라는 것입니다. 그렇다면 심과 의는 동일한 것이 아닙니까? 적당히 뭉뚱그려서 말한다면 심과 의는 동일한 것으로서 사상과 정서의 총화라고 할 수 있습니다. 하지만 엄격하게 구분지어 말한다면 의로써 심을 개괄할 수는 없습니다. 이른바 '심(心)'의 경계는 우리가 의식적 사유를 하지 않을 때, 특히 지성을 사용하는 사유 작용을 하지 않을 때, 잠이 든 것도 아니고 그렇다고 혼미한 상황도 아닌 것이 마치 아무 일도 하지 않는 것 같지만 또 정신은 밝고 또렷하게 존재하고 있는 그것이 바로 심의 현상입니다. 명대 창설(蒼雪) 대사의 시에서 말한 것과 같습니다.

---

50 이미 이루어 놓은 것을 지켜 나감.

남쪽으로 난 누대에 조용히 앉아 향을 사르면서 　　南臺靜坐一爐香

온종일 정신을 집중하니 만 가지 생각이 없어지네 　　終日凝然萬慮亡

마음을 멈춘 것이 아니라 망상을 없애는 것이니 　　不是息心除妄想

오직 생각할 만한 일이 없음이라네 　　只緣無事可思量

　사실은 우리 마음속에 아무런 일이 없어서 의식이 작용하지 않는, 즉 소지(所知)의 활동이 일어나지 않아서 마치 멍청한 것 같은 상태가 바로 심(心)의 현상입니다. 보통 사람들, 특히 평소에 아주 바쁜 사람들은 어쩌다 극히 짧은 순간에 이런 상황에 부닥치게 됩니다. 하지만 그런 경우 보통 사람들은 오히려 공포를 느낍니다. 자기 뇌에 무슨 문제가 생긴 것은 아닌가, 혹은 심장의 활동이 정지한 것은 아닌가 하고 더럭 의심이 듭니다. 짧은 의학 상식을 토대로 이리저리 고민하다가 결국은 의사를 찾아가서 혈압을 재고 심전도 검사를 합니다. 결국은 자기가 만든 공포심 때문에 정말로 병이 나고 맙니다. 사실은 일종의 심리적인 병인 셈이지요. 만약 그런 상황에 부닥쳤을 때 대담하게 받아들이면 도리어 큰 휴식을 얻을 수 있습니다. 그러나 평소 그런 경험이 없었고 또 자기 자신에 대해 인식하지 못해서 믿음이 없으면, 극히 짧은 순간은 곧바로 과거가 되어 버리고 그 상황을 장구히 유지시킬 수가 없습니다.

　잠을 자고 있거나 외계의 자극을 받거나 통증으로 정신이 혼미할 때에는 그런 심(心)의 경지가 나타날 수 없습니다. 심지어 꿈속에서도 불가능합니다. 꿈꾸는 것은 의식이 일으키는 또 다른 작용이지 심의 작용이 아닙니다. 꿈속에서 갑자기 심력(心力)이 강해지면서 꿈이라는 것을 깨닫고 얼른 깨어나기도 하는데, 그것이 바로 심의 경지를 회복하는 것입니다. 그러나 보통 사람들은 습관상 꿈에서 깨어나면 의식을 사용해서 꿈을 더듬어 봅니다. 소지(所知)의 습관대로 꿈을 추억하거나 소지를 가지고 새로운 지식을 추구하기 때문에 영원히 휴식에 머무르지 못합니다.

이렇게 나누어 해석해 놓은 것이 이해된다면, 심(心)·의(意)·지성(知性) 세 가지는 서로 다른 독자적인 영역이 있음을 알 수 있습니다. 그런데 정말 공교롭게도 위·진 이래로 중국에 전해진 불교에서도 마찬가지로 심(心)·의(意)·식(識)이라는 세 단계를 구분해서 말합니다. "현명한 사람의 소견은 대체로 같다〔賢者所見略同一〕"라는 옛말이 참으로 들어맞지 않습니까?

다시 비유를 사용해서 설명하겠습니다. '심'은 마치 쟁반 같고 '의'는 쟁반 위의 둥근 구슬 같습니다. '지성'은 마치 쟁반과 구슬이 내뿜는 빛이 안으로는 자기 자신을 비추고 밖으로는 외물을 비추는 것과 같습니다. 그런데 이 쟁반이라는 것은 피와 살로 만들어진 가죽 주머니 속에 담겨 있는데, 그것이 바로 사람의 몸입니다. 물론 굳이 비유한다면 그렇다는 것이지 결코 실제 참모습은 아닙니다.

중국 소설을 보면 옛사람이 아주 재미있는 비유를 들었는데, 바로 『서유기(西遊記)』에 나오는 네댓 명의 인물이 그것입니다. 작가는 심(心), 신(身), 의(意), 식(識)을 소설로 변화시켰는데, 심(心)을 나타내는 인물이 손오공(孫悟空)입니다. 의기(意氣)를 나타내는 인물은 용마(龍馬)입니다. 저팔계(豬八戒)는 사람의 대욕(大欲)을 나타내는데 특히 여색과 음식을 좋아합니다. 멍청한 사오정(沙悟淨)은 주관이 없는 정서(情緒)를 나타내는데, 그저 보따리나 짊어지고 손오공과 저팔계를 따라다닙니다. 온전한 심신의 생명을 나타내는 인물은 바로 현장 법사입니다. 겉으로 봐서는 세상에서 가장 어리숙하고 성실하고 착하고 좋은 사람입니다. 비록 가는 도중 곳곳에서 요마와 괴물을 만나 고생하지만 제자들의 도움으로 인생의 길을 완주하게 됩니다. 하지만 사실은 자신의 "성의(誠意), 정심(正心), 수신(脩身)"으로 말미암아 성공한 것입니다!

우리는 심·의·지성의 작용 역시 "명덕"의 내명(內明)의 범주에 속한다는 것을 알았습니다. 그런데 심·의·지성은 반드시 외물 즉 사람의 몸을 빌려야만 비로소 물리적인 현실 세계에 대해 작용할 수 있습니다. 우리가 통상 사람의 생명 전체를 심신(心身)이라고 부르는 것은 아주 정확한 견해인 셈입니다. 생명이라는 것은 신(身)과 심(心)의 조합으로 만들어집니다. 몸[身]은 생리적이며 물리적인 것으로서 끊임없이 생겨나는데 생(生)의 기능이 드러납니다. 마음[心]은 심리적이며 정신적인 것으로서 마찬가지로 끊임없이 생겨나고 계속 이어지는데, 명(命)의 기능을 형성합니다. 『역경』의 논리를 인용하자면 심성은 양(陽)에 속하고 신체는 음(陰)에 속하는데, 양 속에 음이 있고 음 속에 양이 있어서 서로 변화하면서 생명 작용을 만들어 냅니다. 그렇기 때문에 사람의 모든 행위는 그 사람이 부여받은 생리적 상태가 외용적인 행위로 형성된 결과라는 사실을 알아야 합니다.

예를 들어 사람의 지성은 그렇게 해서는 안 된다는 사실을 이지적으로 명확히 알고 있는데도, 자신의 또 다른 힘이 이성을 억눌러 결과적으로는 그렇게 하고 맙니다. 혹은 이렇게도 말할 수 있습니다. 자신의 이지적인 지성은 마땅히 해야 한다고 생각합니다. 게다가 아주 좋은 일이기도 합니다. 그런데 자기에게는 게으르고 하기 싫어하는 또 다른 힘이 있어서 끝내 자신이 그 일을 하지 못하게 만듭니다. 결국 후회하고 스스로를 원망하기도 하지만 어쩔 수 없습니다. 이러한 사실은 인생의 모든 것, 행위의 선악 시비에서 절반은 사람 몸의 생리적 영향의 결과라는 것을 설명해 줍니다. 그렇기 때문에 『대학』에서 "수신(修身)"의 중요성을 언급한 것입니다.

생명의 형성에서부터 이야기를 시작하다

우리의 몸이 어떻게 이지(理智)를 좌우하는 그런 힘을 지니게 되는지는 전통 의학서인 황제 『내경』을 바탕으로 하고 생리학이나 생물학 같은 현대 과학을 결합하여 설명하면 시원하게 이해될 것입니다. 앞에서 『내경』을 인용하여 희로애락 등 생리적 정서의 변화를 설명한 것도 이 때문이었습니다. 좀 더 깊이 들어가고자 한다면 형이상학적이고 선천적인 철학의 범주는 놔두고 다만 후천적인 인체의 생명 형성에서부터 이야기를 시작하겠습니다.

　현대 의학에 따르면 우리 신체는 남성의 정자와 여성의 난자가 결합하여 일종의 '생명의 동력'을 낳게 된다고 합니다. 옛사람들은 그것을 기(氣)라고 불렀는데 풍(風)이라고 부른 사람도 있었습니다. 그리하여 그것이 모태 속에서 나뉘고 합쳐지는 변화를 겪다가 열 달이 차면 태아로 완성되는데, 출생한 후에는 영아라고 부릅니다. 그는 아버지와 어머니의 유전 인자를 받게 되지만 그것은 단지 하나의 요소에 지나지 않습니다. 만났던 정자와 난자 자체의 강약과 우열도 다른 중요한 요소입니다. 모태 속에 있을 때 어머니의 생활, 음식, 정서, 사상 및 부모의 생활환경과 시대 배경 등 각종 복잡한 요소가 한데 합쳐져서 요행히 세상 밖으로 나오면 한 사람의 몸이 되는 것입니다. 그러나 그의 내부 구조인 피와 살·신경·골격 등이 이른바 오장(五臟)인 심장·간·비장·폐·신장과 육부(六腑)인 담·위·방광·삼초[51]·대장·소장 및 외형적인 눈·귀·코·혀·신체를 형성합니다. 이 모든 것이 한데 연결되어 있어서 크게는 신체 외형에서부터 작게는 모공 하나하나에 이르기까지 모두가 일종의 촉각 작용을 지니고 있습니다. 바로 생리적·물리적 반응입니다. 촉각의 교감 반응과 지성의 지각이 서로 결합하여 각종 심리적·의식적 느낌을 형성하게 됩니다. 거기에다 소지(所知)의 작용을 합하면 사람의 행위가 되는 것입니다.

---

51 한의학 용어로서 위의 윗부분을 상초, 중간 부분을 중초, 방광의 윗부분을 하초라 한다.

대부분의 행위는 정서의 영향을 받는다

바꾸어 말하면 통상 모든 사람의 행위는 대부분 정서의 영향을 가장 많이 받는다는 뜻입니다. 예를 들어 우리가 어떤 사람의 성질이 어떻다 혹은 개성이 어떻다고 할 때의 성질과 개성이 바로 정서에 의해 좌우됩니다. 정서란 그 사람의 소지성(所知性)의 의식이 만들어 내는 총명과 재지(才智)를 나타내는 말이 결코 아닙니다. 정서는 원래 생리적인 천성에서 유래하는 것으로서 신체 내부의 건강 상태에서 비롯됩니다. 다시 말해 한 사람이 건강하고 건강하지 못하고는 그의 정서와 아주 밀접한 관계가 있습니다. 『내경』에서는 이렇게 말했습니다.

다섯 정기가 합쳐지는 바이다. 정기가 심장에 합쳐지면 기쁘고, 폐에 합쳐지면 슬프고, 간에 합쳐지면 근심스럽고, 비장에 합쳐지면 무섭고, 신장에 합쳐지면 두렵다. 이것을 일러 오병이라고 부르는데, 비어 있으면서도 서로 합쳐지는 것이다.

五精所幷. 精氣幷於心則喜, 幷於肺則悲, 幷於肝則憂, 幷於脾則畏, 幷於腎則恐. 是謂五幷, 虛而相幷者也.

그래서 자사는 『중용』을 쓰면서 맨 먼저 "천명을 성이라고 한다〔天命之謂性〕"라고 말한 다음, 『대학』에 나오는 "뜻을 성실하게 하는〔誠意〕" 이른바 "신독(愼獨)"까지 언급하고 나서 이어 다음과 같이 말했습니다.

희로애락이 행동으로 나타나지 않은 것을 중이라고 한다. 행동으로 나타나되 법칙에 맞는 것을 화라 한다. 중이라는 것은 천하의 큰 근본이다. 화라는 것은 천하의 통달한 이치이다. 중화에 이르면 하늘과 땅이 거기에서 제자리를 잡으며 만물이 거기에서 길러진다.

喜怒哀樂之未發謂之中, 發而皆中節謂之和. 中也者, 天下之大本也. 和也者, 天下之達道也. 致中和, 天地位焉, 萬物育焉.

『중용』 제1절에 관한 역대의 해석을 보면 희로애락을 심리적인 상태로 여기고 해석하는 경우가 대부분이었는데 그것은 완전히 잘못된 것입니다. 옛 성현이 그렇게 말했든 혹은 오늘날 유학자가 그렇게 말했든 틀린 건 틀린 것입니다. 희로애락은 정서로서 수신(修身)의 범주에 속하는 것이지 수심(修心)인 심·의·지성의 범주에 속하는 것이 아닙니다.

더 중요한 사실은 『중용』을 읽을 때 '중(中)' 자를 '중심'이나 '들어맞는다'는 뜻으로 볼 수도 있지만, 그런 해석이 완전히 정확한 것은 아닐 수도 있다는 것입니다. 『중용』의 중(中)은 고대 중주(中州)의 음으로 발음해야 합니다. 예를 들어 태행산(太行山)을 중심으로 하는 산서(山西), 산동(山東) 및 중주(中州)의 하남(河南) 음으로 읽으면 중(中)은 남방 사람들의 '종(種)' 자 발음과 같습니다. 중원 일대의 사람들은 어떤 일이나 사물에 대해서 옳다고 여기면 중(中)이라고─물론 그 발음은 '종(種)'이었습니다─말했습니다. 이런 사실을 알고 나서 다시 보면 『중용』의 이치에 대해 "비록 정확하지는 않더라도 멀지는 않을 것〔雖不中, 亦不遠矣〕"입니다.

이른바 "희로애락이 행동으로 나타나지 않은 것을 중이라고 한다"라는 말은 정서가 일어나지 않은 상태를 가리킵니다. 다시 말하면 정(情)이 움직이지 않은, 특히 의기(意氣)가 일어나지 않은 상태입니다. 그렇지만 사람은 결국 정이 있는 동물입니다. "정이 없다면 무엇 때문에 굳이 이 세상에 태어났으며〔無情何必生斯世〕", "이 세상 어떤 사람이 정을 일으키지 않을 수 있겠는가〔天下誰能不動情〕"마는, 오직 "정에서 일으켜 예의에서 멈추고〔發乎情, 止乎禮義〕", "알고 멈춘 뒤에 정함이 있어야〔知止而后有定〕"만이, "행동으로 나타나되 법칙에 맞는 것을 화라고 한다〔發而皆中節謂之和〕"라는 경지에 도달할 수 있습니다! 그렇기 때문에 자사는 중화(中和)의 경지와 작용을 "하늘과 땅이 거기에서 제자리를 잡으며 만물이 거기에서 길러진다"라는 성역(聖域)으로까지 높이 떠받들었던 것입니다. 얼마나 참되고 선하고 아름답습니까! 게다가 인정(人情)이라고 하는 보편적 상황에도 들어맞습니다. 이것이야말로 인정을 도외시하지 않는 인도적인 참된 현실입니다.

이러한 이치가 이해된다면 되돌아와서 "대학지도"를 살펴보겠습니다. 세상 사람들을 교화하고자 한다면, 위로는 천자에서부터 아래로는 한 사람의 평민에 이르기까지 모두 이러한 유학자적인 학문과 수양을 갖춰야만 비로소 국민의 인격을 완성시킨 교육 표준이라고 할 수 있습니다. "천자로부터 서민에 이르기까지 한결같이 몸을 닦는 것을 근본으로 삼아야 한다"라고 증자가 말했던 것처럼 말입니다. 하지만 그것이 과연 가능할까요?

남송 이후로 정주의 학설을 추종하던 유학자들은 『대학』과 『중용』을 제왕들의 필독서이자 필수 과목으로 만들었습니다. 그뿐 아니라 제왕들에게 고요히 마음을 닦아라, 마음을 움직이지 말라, 정을 일으키지 말라 하면서 상상 속의 요순(堯舜)처럼 되기를 요구했습니다. 하지만 결국에는 그 우매함과 부패함을 이루 구제할 수 없는 지경에 이르지 않았던가요? 역사 속의 제왕들을 살펴보면 정상적인 심리를 지니고 있었던 사람은 그리 많지 않았습니다.

25
요순은 오지 않고 주공은 멀기만 하다

ㄹ

  지금까지 말씀드린 내용은 "명명덕(明明德)"의 내명(內明)의 범주에 머물러 있었습니다. "치지(致知)"에서 "수신(修身)"에 이르는 다섯 가지 수양 강목(綱目)을 살펴보았지만, 수신이 내명(혹은 내성)과 외용(혹은 외왕) 사이에 끼어 있는 것을 제외하면 격물, 치지, 성의, 정심 같은 강목은 여전히 내명(內明)의 학문에 속하는 것이었습니다. 만약 내명이 명덕의 경지에 도달하였고 이제 그것을 제가, 치국, 평천하에 외용하고자 한다면 반드시 "수신"에서 시작해야 할 것입니다. 그렇기 때문에 "천자로부터 서민에 이르기까지 한결같이 몸을 닦는 것을 근본으로 삼아야 한다"라는 제시는 참으로 바람직합니다.

  이것을 보면 유학의 가르침은 시종일관 공자가 『춘추』를 저술한 종지(宗旨)를 따르고 있음을 알 수 있습니다. 공자는 현자(賢者)를 꾸짖는 데 저술의 뜻이 있었습니다. 하지만 춘추 시대를 전후한 시기의 이른바 '현자'라는 명사는 진·한 이후처럼 성현을 가리키는 말이 아니었습니다. 학문과 수양을 겸비하여 수도(修道)에 일정한 성과를 거둔 사람을 가리키는 대명사로 사용되었던 말입니다. 당시에 현자라는 말은 때로는 현직에 있던 권력자를 예우하는 호칭으로도 사용되었습니다.

요·순·주공이라는 훌륭한 모범

증자가 『대학』을 저술한 때는 스승이 세상을 떠난 후였습니다. 당시는 위로 중앙의 천자에서부터 아래로 열국의 제후들에 이르기까지 하나같이 군주 된 자는 군주답지 못했고 신하 된 자는 신하답지 못했습니다. 내적인 수양이 부족했을 뿐 아니라 입신 처세에 있어서도 외용의 덕행을 갖추지 못했습니다. 그래서 증자는 서글프고 안타까운 심정으로 『대학』을 저술하여 공자가 계승한 중국 전통문화의 심법(心法)을 세상에 널리 알리고 후세에 전해 주려 했던 것입니다. 그것은 또 공자가 "『시경』과 『서경』을 산정하고 『예기』와 『악기』를 편찬 개정함[刪詩書, 訂禮樂]"으로써 오로지 사도(師道)로만 자처했던 정신이기도 했습니다.

그렇다면 중국 문화에서 내성(內聖)과 외왕(外王)의 학문의 중심 정신은 무엇입니까? 그것을 알기 위해서는 『예기』의 「예운(禮運)」 편을 냉정하게 읽어 봐야 합니다. 『대학』 및 『중용』과 서로 연관되어 있으면서 면밀하게 일치하는 유가의 심법이 담겨 있습니다.

다음으로는 공자가 산정(刪定)한 『상서(尙書)』(『서경』)로부터 이해해야 합니다. 이는 단대사(斷代史)를 이용하는 방법이라 하겠는데, 원시 시대의 단편적인 자료들은 잘라내 버리고 오직 검증할 수 있는 문헌만 취해서 읽습니다. 당요(唐堯)와 우순(虞舜)을 선구자적인 모범으로 삼은 다음 역사의 변혁을 좇아 하(夏)·상(商)·주(周) 삼대를 그 계통으로 삼습니다. 다만 삼대 이후에는 주 문왕(文王)의 덕을 특히 추숭해야 합니다. 주 무왕(武王)에 대해서는 다만 역사의 추세를 따라 시대를 가르는 혁명성의 상징으로 인정해서 은 탕왕(湯王)과 함께 탕무(湯武)로 병칭할 수 있을 것입니다. 그러나 주 왕실 칠백여 년의 정치적 공적은 단지 금전 출납부의 기록 같아서 취할 만한 것이 결코 많지 않습니다.

각별히 숭배해야 할 인물은 오히려 주공(周公) 희단(姬旦)입니다. 중국 문화의 집대성자로 존경받는 그는 주 왕실을 위해 제후에게 분봉해 주고 그들과 연합하여 천하를 다스리는 봉건제와, 토지를 공유하고 권익을 균등하게 나누는 정전제(井田制)를 설계했습니다. 당시에 농업 건국의 기틀을 마련했던 훌륭한 모범이었습니다.

공자의 존왕은 백성에게 인하고 만물을 사랑하는 정신

공자는 당시의 정치 사회적 변화 추세와 문화적 타락을 직접 눈으로 보면서, 권력자들이 입덕(立德)을 공으로 삼지 않고 권모술수만을 패업(霸業)의 수단으로 삼으면 장차 천하가 크게 어지러워지리라 생각했습니다. 천하가 어지러우면 결과적으로 고생하고 피해를 입는 사람들은 일반 백성입니다. 그래서 그는 주 왕실의 정권과 왕통을 존중하였고, 주 왕실이 '점변(漸變)'함으로써 대란(大亂)에까지 이르지 않도록 할 것을 주장했던 것입니다. 만약 '돌변(突變)'을 요구했다면 틀림없이 또다시 '탕무'와 같은 혁명이 일어났을 테고, 그랬다면 그다음은 상상도 할 수 없었을 것입니다.

그렇기 때문에 당시 공자의 '존왕(尊王)' 주장은 백성에게 인하고 만물을 사랑하는 정신에서 출발한 것이었습니다. 후세 유생들이 말하는 것처럼 왕을 추켜세우고 기꺼이 신하로서 그를 받들겠다는 의미가 아니었습니다. 흔히 하는 말로 "젖만 달려 있으면 엄마라고 한다"라는 식은 결코 아니었습니다. 공자는 입만 열면 '요순 요순' 했는데 그것이 바로 존왕의 의미였습니다. 그런데도 후세의 유생들은 학문과 지식을 팔아서 부귀공명을 얻고자, 그 사람이 어떤 황제이건 무조건 '지금 세상의 요순'이라고 추켜세웠으니 어찌 우습지 않습니까! 공자가 표방한 요순(堯舜)은 진짜 민주요 거짓 제왕이었는데, 후세와 현대의 민주(民主)는 진짜 제왕이요 거짓 민주입니다. 그 경계를 분명히 하지 않으면 마치 『홍루몽』에서 임대옥(林黛玉)이 가보옥(賈寶玉)을 비웃는 시에서 "자신이 식견 없음을 뉘우치지 않고 도리어 더러운 말로 다른 사람을 원망하네〔不悔自家無見識, 翻將醜語詆他人〕"라고 말한 것과 같습니다. 그렇게 되면 정말 할 말이 없을 것입니다.

만약 여러분께서 이러한 이치, 즉 공자로 대표되는 중국 문화사관의 오묘함을 깊이 있게 이해하고 싶다면 자사가 저술한 『중용』을 자세히 연구해야 합니다. 그중에서도 두 구절만 인용하여 그 관점을 설명하겠습니다. 바로 자사가 말한 "공자께서는 요임금과 순임금의 도를 조종으로 하고, 문왕과 무왕의 법을 밝혔다〔仲尼祖述堯舜, 憲章文武〕"라는 것입니다. 우(禹)임금은 언급하지도 않았습니다. 그 까닭은 공자가 요순의 선양(禪讓)을 "덕을 세워〔立德〕" "지극히 선한 데 머무르는〔止於至善〕" 표준으로 여겼기 때문입니다.

우임금도 그 은택이 만세에 미치므로 공덕이 아주 크다고 할 수 있습니다. 하지만 유감스럽게도 생전에 요순의 덕을 계승할 방도를 세워 두지 못했기에, 그의 아들인 계(啓)의 수중에서 전통적인 선양의 미덕은 '가천하(家天下)'로 변해 버렸습니다. 결과적으로는 삼대 이후로 선양이라는 이름을 내걸고 영원히 천하를 사유(私有)하는 모범이 되어 버렸습니다. 심지어 조조의 아들 조비는 제위를 찬탈할 때에, 자신은 상고 역사에서 말하는 선양이라는 것이 어떻게 된 내막인지 잘 알고 있다고 말했습니다.

그러나 우임금이 물을 다스린 공적은 결코 가벼이 여겨서는 안 됩니다. 그래서 공자는 평상시 제자들에게 강연할 때 "우는 내가 흠잡을 데가 없다〔禹, 吾無間然矣〕"라고 칭찬했습니다. 우임금에 대해서는 정말로 그의 공적에서 아무런 트집을 잡을 수 없다고 한 것입니다.

26
삼대 이후의 제왕과 평민

"성의(誠意)", "정심(正心)", "수신(脩身)" 등의 내명의 학문이 끝나고 외용의 학문으로 들어가면 "제가(齊家)"로부터 시작됩니다. 이른바 "집안이 바로잡힌 뒤에야 나라가 다스려지고[家齊而后國治]"의 훌륭한 모범은, 공자가 처음 언급했던 요순과 주 문왕 및 무왕 외에는 후대의 역사에서 거의 찾을 수 없습니다.

그러나 "제가"의 문제를 토론하기 앞서 우리가 알아야 할 것이 있습니다. 중국 상고 역사에서 '가(家)'는 일족이 모여서 살던 대가족으로서 종법 사회의 중심이기도 했습니다. 현대어로 바꾼다면 가(家)는 바로 하나의 '문벌(門閥)' 혹은 '가문(家門)'이라고 할 수 있습니다. 이십 세기 초 이후 서양 문화에서 배운 바와 같이 부부 한 쌍을 말하거나 거기에다 부모와 자녀를 더한 형태의 소가족을 의미하는 말이 결코 아닙니다. 물론 일족이 모여서 몇 세대가 같이 사는 대가족이건 부부 한 쌍으로 이루어진 소가족이건 부모, 부부, 형제, 자매, 자녀로 구성되어 있는 것은 마찬가지입니다.

집안을 잘 다스리는 여성은 참으로 위대하다

천하, 국가, 사회의 기본 단위가 바로 가(家)입니다. 이른바 제가(齊家)의 '제(齊)'는 고대에 지가(持家)의 '지(持)'로 읽거나 치국(治國)의 '치(治)'로 읽었습니다. '유지한다'와 '다스린다'는 두 가지 의미를 다 지니고 있던 것입니다.

이러한 기본적인 원리를 이해한다면 이천 년 이래 유가의 이상인 "제가"는 단지 과거의 소박하고 단란한 농촌 가정에만 존재했다고 말할 수 있습니다. "눈에는 아들 손자 가득하고 처마에는 햇살이 가득한데, 식사 때가 되면 낮닭이 울어 댄다〔滿眼兒孫滿簷日, 飯香時節牛雞啼〕"라는 광경을 그려 볼 수 있습니다. 하지만 이처럼 유복한 가정에는 틀림없이 덕을 갖추고 집안을 유지시켜 나가는 도를 지닌 할머니나 주부가 있어서 진정한 막후 실력자 역할을 했습니다. 가정의 화목이 반드시 남자인 가장이나 할아버지의 성과였다고는 말할 수 없습니다.

그래서 저는 늘 말합니다. 중국 문화에서 전통적인 가족 인륜의 도리를 유지시켜 나간 것은 모두 역대 여성들의 자아 희생이요 모성의 위대함이지 남성들의 공로가 아니라고요. 적어도 상고 시대부터 1930~1940년대까지는 내내 그랬습니다. 종법 사회(宗法社會)의 대가족 관념이 그때까지도 완전히 변화하지 않았던 것입니다. 물론 제 생각이 다 옳다는 건 아니지만 어쨌든 냉정하게 생각해 봐야 할 것입니다. 어머니의 가르침이야말로 세상의 교육 가운데서도 가장 큰 교화 사업입니다. 크게는 국가와 민족에서 작게는 자녀에 이르기까지, 현모양처라는 우수한 전통적 교육 기초가 없었다면 말할 만한 것이 하나도 없었을 것입니다.

제왕의 가정에는 문제가 많았다

동주(東周) 시대부터 진·한을 거쳐 청 말에 이르기까지, 어느 왕조 어느 대(大)제왕이든 그 가정에는 문제가 많았습니다. 대다수가 형편없는 가정이었다고도 말할 수 있습니다. 그러니 "집안이 바로잡힌 뒤에야 나라가 다스려지고"라는 표준은 당치도 않았습니다. 그래서 공자는 『춘추』를 저술하면서 첫 대목에서 "정백이 숙단을 언에서 죽였다〔鄭伯克段於鄢〕"라고 기록했던 것입니다. 이 일은 정(鄭)나라 장공(莊公)의 어머니 무강(武姜)이 장공의 동생인 숙단을 편애하여서 빚어진 잘못이었습니다. 그 후로 춘추 시대의 오패(五霸)였던 제 환공(齊桓公), 진 문공(晉文公) 등에서부터 전국 시대 각국 제후와 군주들은 대부분 문제가 많은 가정에서 태어나 비정상적인 심리를 지니게 되었습니다. 그러니 당연히 "수신, 제가, 치국" 따위의 이치를 이야기할 계제가 아니었습니다.

전국 시대가 끝나고 진시황의 왕조가 건립되면서 이삼십 년이라는 짧은 기간에 중국 역사에서 중요한 획이 하나 그어졌습니다. 진 왕조 이후로 중국이 진정한 왕조 시대로 진입하였으며 그것이 향후 이천 년간이나 지속되었던 것입니다. 그러나 진에서 한·위·진(남북조)·수·당(오대)·송·원·명·청에 이르는 기간 내내, 창업을 했던 몇 명의 황제를 제외하면—그들은 영웅의 재목이었다고 말할 수 있습니다—나머지 황제의 자손들은 모두 문제가 있었습니다. 저는 그들을 '직업 황제'라고 부릅니다. 그들은 운명적으로 제왕의 가정에서 태어나 깊은 궁중에서 자랐고, 궁녀와 내시의 손에 길러졌기 때문에 일반 백성들의 고통 따위는 전혀 겪어 보지 못했습니다. 이들 직업 황제들은 대부분 사리에 어두운 살아 있는 로봇이었던 것입니다. 하지만 황제가 되고 싶지 않다고 해서 그럴 수 있는 것도 아니었습니다. 그런 그들에게 "성의, 정심, 수신, 제가"의 이치를 따진다면 완전히 "쇠귀에 경 읽는 격"이 아니겠습니까? 하긴 "서당 개 삼 년이면 풍월을 읊는다"라는 말도 있긴 합니다. 게다가 황제라는 직업을 타고난 그들 가운데도 정말로 대단한 인물이 몇 명 있기는 했습니다.

옛말에 이런 것이 있습니다. "덕으로 다른 사람을 굴복시키는 것은 왕이고, 힘으로 인을 가장하는 것은 패이다[以德服人者王, 以力假仁者覇]." 이 열두 글자의 간단한 말이 중국 역사에서 왕도(王道)와 패도(覇道)의 경계를 뚜렷하게 구분지어 줍니다. 삼대 이전 요순시대의 정치를 "덕으로 다른 사람을 굴복시키는" 왕도 정치라고 한다면, 삼대 이후 특히 동주 시대 이후는 모두가 "힘으로 인을 가장하는" 패도 정권이었습니다. 옛날에는 '가(假)' 자가 진짜와 가짜라고 할 때의 가짜라는 뜻으로만 쓰인 것은 아니었습니다. 빌려 온다는 뜻의 '차(借)'로도 쓰였습니다. 이른바 "힘으로 인을 가장한다"라는 말은, 실제로는 권력을 이용해서 통치하면서도 겉으로는 인의(仁義)의 도를 중시한다고 내세운다는 뜻입니다.

이러한 이치를 이해하고 나서 춘추 오패(春秋五覇) 가운데 첫 번째 패자(覇者)였던 제 환공과 관중(管仲)의 솔직한 대화를 보도록 하겠습니다. 진·한 이후로 이천 년간 지속되었던 황권(皇權) 정치와 '통유(通儒)'적인 지식인의 결합에 대해 알 수 있을 것입니다.

관중과 제 환공의 정채로운 대화

정확한 역사 자료에 따르면 제 환공의 이름은 소백(小白)입니다. 하지만 오랜 역사적 관습에 따르면 '공자 소백(公子小白)'이라고 부르고 그의 형은 '공자 규(公子糾)'라고 불렀습니다. 제왕의 가정에서 형제지간으로 태어났으니 운명적으로 문제가 있을 수밖에 없었습니다. 후대 역사에서 당 태종

이세민(李世民)이 그의 형제들과 권력 다툼을 벌인 것은 똑같은 일의 재연인 셈입니다.

관중과 그의 절친한 친구 포숙아(鮑叔牙)는 각기 공자 규와 공자 소백을 보좌하도록 임명받았습니다. 이때 제나라에 내란이 발생하였는데, 두 형제의 형인 양공(襄公)은 너무나 무도한 사람이라 그 둘은 망명길에 오를 수밖에 없었습니다. 관중과 소홀(召忽)은 공자 규를 도와 노(魯)나라로 달아났고, 포숙아는 공자 소백을 도와 거(莒)나라로 달아났습니다.

내란이 평정되자 두 사람은 앞을 다투어 제나라로 돌아와서 왕위에 오르고자 했습니다. 그러한 쟁탈전의 와중에 관중은 자신이 섬기는 주인을 위해 소백을 활로 쏘았는데, 화살이 다행히 허리띠에 맞는 바람에 소백은 죽기는커녕 상처 하나 입지 않았습니다. 결과적으로는 그것이 오히려 관중에게 치명적인 일격이 되고 말았습니다. 말에서 떨어진 소백을 보고 그가 죽은 것으로 생각한 공자 규는 제나라 입국을 코앞에 두고 말고삐를 늦추었고, 결국 소백과 포숙아가 먼저 제나라로 돌아와서 왕위를 계승하고 제 환공이라 칭했습니다.

포숙아는 병사를 거느리고 노나라를 찾아가 위협하면서 말했습니다. "공자 규는 제나라의 새로운 군주인 환공의 친형제입니다. 손수 처리하기가 껄끄러우니 노나라에서 대신 해결해 주십시오." 그리하여 공자 규는 결국 노나라에서 죽임을 당했습니다. 포숙아는 또다시 노나라에 요구했습니다. "관중은 제 환공의 원수입니다. 환공의 허리띠를 쏘아 맞힌 원한이 있으니 저희에게 넘겨주시면 제나라로 데리고 돌아가서 처리하겠습니다." 관중 역시 자신을 포숙아에게 넘겨주어 제나라로 데리고 돌아가도록 노나라에 자청했습니다.

관중을 포박하여 제나라로 돌아온 후 포숙아는 제 환공에게 말했습니다. "관중을 풀어 주셔서 나라를 다스리는 일을 돕게 하십시오." 그러나 제 환공은 관중에게 매우 화가 나 있어서 포숙아의 말을 듣지 않았습니다.

그러자 포숙아가 말했습니다. "왕께서 열국 가운데서 패업(霸業)을 완성하실 뜻이 없으시면 그렇게 하십시오. 하지만 만약 나라를 강하게 만들어 스스로 패자(霸者)라 불리고 싶으시면 반드시 관중을 기용하지 않으면 안 됩니다. 저 포숙아는 그에게 미치지 못하는 사람입니다."

역사에서는 한 고조 유방(劉邦)을 대범한 인물로 묘사합니다. 하지만 유방조차도 제 환공의 배포에는 미치지 못했습니다. 포숙아의 말을 듣고 솔깃해진 환공은 관중을 사면해 주었습니다. 그뿐 아니라 재상에 임명하고 정권을 전부 그에게 넘겨주기까지 했습니다. 게다가 그를 중부(仲父)라 불렀는데 요즘 말로 양아버지나 작은아버지라고 부른 셈입니다. 관중이 자신보다 훨씬 나이가 많았기 때문이지요.

더 재미있는 대목은 제 환공과 관중의 대화입니다.

관중이 말했습니다. "도끼로 참수를 당해야 할 사람이 다행히 목숨을 부지하게 되었으니 허리와 목이 붙어 있는 것만으로도 신의 복입니다. 만약 국정을 맡으라고 하신다면 이는 신의 소임이 아닙니다[斧鉞之人也, 幸以護生, 以屬其腰領, 臣之祿也. 若知國政, 非臣之任也]." 이런 뜻입니다. "저는 마땅히 당신에게 목이 잘려야 할 죄인입니다. 그런데 참으로 다행스럽게도 당신께서 저를 용서하고 풀어 주셔서 목과 허리가 붙은 채 살아갈 수 있으니 그것만으로도 참으로 감지덕지하는 바입니다. 만약 저에게 국가의 정치를 맡으라고 하신다면 그것은 아마도 제가 감당할 수 있는 바가 아닐 것입니다!"

그런데 제 환공은 아예 솔직하게 말합니다. "그대가 정치를 맡아 주면 과인은 내 임무를 능히 수행할 수 있소. 그대가 정치를 맡아 주지 않으면 과인은 아마도 실패하고 말 것이오[子大夫受政, 寡人勝任. 子大夫不受政, 寡人恐崩]." 다시 말해 "선생이 나의 위임을 받아들여 국가 정치의 중임을 맡아 준다면 나는 틀림없이 일국의 지도자라는 중임을 잘 해낼 수 있을 것이오. 만약 선생이 중책을 맡아 주지 않겠다면 아마도 나는 엉망으로 실패하고 말 것이오"라는 뜻입니다.

이 얼마나 솔직하고 간절한 말입니까. 관중도 얼른 그렇게 하겠노라 대답했습니다. 벌써부터 서로 원하고 있었지만 피차 체면치레를 했던 것입니다. 사실은 이심전심으로 서로의 속마음을 알고 있었기 때문에 굳이 말로 할 필요도 없었습니다. 정치란 때로는 정말 염증이 나고 두려운 것입니다. 하지만 때로는 진짜 어린애 장난 같습니다. 천하의 대사가 두세 마디의 말장난 속에서 그 운명이 정해지니 말입니다. 마치 도박판처럼 한 번의 손놀림으로 판을 쓸어 버립니다. 하지만 결과는 여지없이 참패할 수도 있습니다. 그래서 옛사람들은 이렇게 말했습니다. "사람의 일이라고는 말하지만 어찌 천명이 아니겠는가!" 하지만 정채로운 대목은 그다음에 나옵니다.

사흘 후 제 환공이 관중에게 말했습니다. "과인에게는 큰 결점이 셋이 있는데, 그럼에도 불구하고 나라를 잘 다스릴 수 있겠소〔寡人有大邪三, 其猶尚可以爲國乎〕." 이런 뜻입니다. "당신한테 솔직하게 하는 말인데 나라는 사람은 세 가지 큰 결점을 지니고 있소. 당신이 보기에 내가 정말로 큰 사업을 해낼 수 있을 것 같소? 한 국가의 영도자가 될 수 있겠소?"

관중이 말했습니다. "신은 듣지 못했습니다〔臣未得聞〕." 말하자면 "저는 아직 다른 사람들이 당신의 결점에 대해 이야기하는 것을 듣지 못했습니다" 하는 것이지요. 사실 관중의 이 말은 거짓말입니다. 환공의 체면을 봐서 자존심을 세워 주려고 일부러 그랬던 것입니다.

그러자 제 환공이 말했습니다. 첫째로 "과인은 불행히도 사냥을 좋아해서 밤이면 사냥터에 가서 사냥을 하고서야 돌아오오. 제후의 사자들이 와도 만나지 못하고 백관과 유사들이 일이 있어도 아뢰지 못하오." 즉 "나는 불행히도 한평생 사냥을 너무 좋아해 밤낮으로 짐승 사냥하는 것을 즐겨

움으로 여기고 있소. 매번 사냥을 나가면 많은 동물을 잡아야만 돌아온다오. 그러니 각국에서 온 사자들이 오랜 시간을 기다려도 나를 만나지 못하고, 정부의 백관과 공직자들도 나에게 보고할 틈이 없을 것이오. 이 모두 내가 놀기만 좋아하고 공무를 처리하는 것은 싫어하기 때문이오."

관중이 말했습니다. "나쁘기는 나쁘지만 진실로 급한 일은 아닙니다." 즉 "그런 습관은 나쁘기는 아주 나쁘지만 가장 중요한 관건은 아닙니다"라는 말입니다.

제 환공이 또 말했습니다. 둘째로 "나는 불행히도 술 마시는 것을 좋아해서 낮이고 밤이고 계속 마신다오. 외국의 사절이 와도 도무지 나를 만나지 못할 것이오"라고 했습니다.

관중이 말했습니다. "그것도 아주 나쁜 습관이지만 그렇다고 가장 중요한 관건은 아닙니다."

제 환공이 또다시 말했습니다. "나에게는 아주 나쁜 점이 있는데, 여색을 대단히 좋아하고 게다가 아주 난잡하오. 그래서 손윗사람 가운데 고모들과 같은 연배의 누이들은 모두 나에게 더럽혀져서 시집을 갈 수가 없소." 이것은 고대 대가족 사회의 어두운 단면이라 할 수 있습니다.

관중이 말했습니다. "그것도 아주 나쁜 습관이지만 그래도 가장 중요한 관건이라고는 할 수 없습니다."

관중의 대답을 들은 제 환공은 정말 이상하다고 생각했습니다. 그래서 의심적은 눈빛으로 조심스레 관중에게 물었습니다. "당신은 내가 세 가지 나쁜 습관이 있는데도 여전히 국가를 이끌어 나가는 큰 임무를 맡을 수 있다고 말했소. 그렇다면 도대체 안 되는 경우는 어떤 것이오?"

관중이 말했습니다. "군주 된 자는 오직 우유부단하고 민첩하지 못해서는 안 됩니다. 우유부단하면 백성을 잃고 민첩하지 못하면 일을 처리하지 못합니다〔人君唯優與不敏則不可. 優則亡衆, 不敏不及事〕." 이런 뜻입니다.

"한 국가의 지도자가 그래서는 안 되는 것 가운데 하나는 우물쭈물 망설이고 우유부단한 것입니다. 또 하나는 총명하지 못해서 어떤 일에 맞닥뜨렸을 때 반응이 민첩하지 못한 것입니다. 만약 이런 두 가지 결점을 지니고 있다면 정말로 나라를 다스리는 중임을 맡을 수 없습니다. 왜냐하면 군주가 우유부단하고 흐리멍텅하면 부하들이 얕보게 될 것이고, 존경하고 신뢰하는 마음이 없어져서 재주 있는 인재들이 딴생각을 할 것이기 때문입니다. 어떤 일에 봉착했을 때 반응이 민첩하지 못하고 결단력이 부족하다면 무슨 일을 할 수 있겠습니까?"

사실 솔직하게 말하면 관중은 이렇게 말하고 싶었을 것입니다. "제 환공, 사실 당신은 총명한 놈이오. 너무 총명하기 때문에 나쁜 점도 적지 않소. 당신은 나에 대한 복수심을 버리라는 포숙아의 충고를 그대로 받아들여 나에게 국사를 담당하는 재상을 맡길 만큼 결단력이 있고, 용기가 있고, 기백이 있으니 결코 멍청한 놈은 아니오. 더욱이 나에게 자신의 나쁜 점을 솔직히 말하고 비평할 정도로 호탕하고 시원스러우니 보통 사람이 도달할 수 있는 수준이 아니오." 제 환공은 관중의 대답을 듣자 말했습니다. "좋소! 관사로 돌아가 있으시오! 며칠 후 다시 부를 테니 우리 한번 의논해 봅시다!"

관중이 말했습니다. "시간은 아주 귀중한 것입니다. 어떻게 내일까지 기다릴 수 있겠습니까!"

제 환공이 말했습니다. "그렇다면 어떻게 해야 할지 말해 보시오."

관중은 곧바로 공자 거(擧), 공자 개방(開方), 조손숙(曹孫宿) 세 사람의 인재를 천거하면서 그들을 노(魯)나라, 위(衛)나라, 형(荊)나라의 대사로 보내 먼저 긴장된 국제 관계를 안정시켜야 한다고 말했습니다. 제 환공은 곧 그대로 따랐습니다.

그런 다음에 외교, 농업 경제, 국방 군사, 사법 행정, 감찰을 맡길 만한 다섯 명의 대신을 천거하면서 말했습니다. "이 다섯 사람으로 말하면 이오(관중의 호) 한 사람은 그들만 못합니다. 그러나 그들로 저와 바꾸자고 한다면 저는 하지 않겠습니다〔此五子者, 夷吾一不如, 然而以易夷吾, 吾不爲也〕." 즉 "제가 추천한 이 다섯 명의 대신은 각각의 사람이 모두 저보다 훌륭합니다. 하지만 저에게 그들의 일을 하라고 하신다면 어떤 부문의 일이든 저는 결코 하지 않을 것입니다."

"왕께서 만약 치국 강병하기를 원하신다면 다섯 사람을 남겨 두십시오. 만약 패왕이 되고자 하신다면 제가 여기에 있습니다〔君若欲治國强兵, 則五子者存矣. 若欲霸王, 夷吾在此〕." 즉 "만약 당신이 그저 제(齊)나라 하나만 잘 다스리고 부국강병 하기를 원하신다면 여기 다섯 명의 대신만 있으면 됩니다. 하지만 당신이 열국 가운데서 패주(霸主)가 되기를 원하신다면 제가 아니면 안 됩니다." 그러자 제 환공이 말했습니다. "모두 당신 말대로 처리하시오!" 그리하여 관중은 제 환공으로 하여금 역사에 남는 유명한 큰일을 이룩하게 했습니다. 이른바 "천하를 바로잡고 제후를 규합한〔一匡天下, 九合諸侯〕" 것입니다. 주 왕실이 쇠약하던 당시의 중국 정세를 단번에 바로잡고, 아홉 차례나 제후들의 국제회의를 소집함으로써 춘추 시대에 중국 천하를 사십여 년이나 안정시켰습니다. 그래서 관중보다 백삼십여 년 후에 태어난 공자도 그에게 경의를 표하며 말했던 것입니다. "관중이 없었더라면 나는 머리를 풀어헤치고 옷깃을 왼쪽으로 여미었을 것이다〔微管仲! 吾其披髮左衽矣〕." 이런 뜻입니다. "아! 만약 당시에 관중이 나서서 세상을 구하지 않았다면, 아마 우리는 일찌감치 문명이 없는 야만인에게 침략당해서 머리를 산발하고 오른쪽 어깨를 드러내는 오랑캐 옷을 입었을 것이다!"

27

제왕의 표본이 되었던 제 환공

삼천 년 전 중국의 역사에는 주(周) 왕실을 중심으로 한 봉건 제후들의 연방 정치 체제가 출현해 토지를 공유하는 정전제(井田制)를 실행함으로써 농업 경제 사회의 전범을 세웠습니다. 오백 년 후 주 왕실의 위신이 흔들리기 시작하고 수도를 낙양으로 옮기면서부터 이른바 열국이 패권을 다투는 '춘추 시대'로 진입했습니다. 역사와 문화는 원래 한 줄기에 가지런히 핀 한 쌍의 연꽃과 같은 것입니다. 춘추 시대에서 전국 칠웅(戰國七雄) 시대에 이르는 기간은 바로 중국 문화에서 제자백가(諸子百家)들이 다투어 배출된 시기였습니다.

겉으로 보면 제자백가들이 다투어 울어 댔으니 얼마나 떠들썩하고 재미있었겠습니까? 하지만 다투어 울었다는 소위 제자(諸子)들의 학술 사상은 실제로는 모두 하나의 전통적인 중심을 둘러싸고 빙빙 돌았던 것이었습니다. 그 중심이란 바로 '도(道)'였습니다. 유가와 도가가 나누어지지 않았던, 제자백가들 역시 따로 일가로 분리되지 않았던 도였습니다. 특히 인도(人道)에 그 중점이 있었습니다. 다시 말해 제자백가의 학설, 그들의 주장은 모두 백성의 생활이 안락하고 사회가 평안해지기를 희망하는 것이었습니다. 모든 사람이 안락한 일생, 원만하고 즐거운 가정, 부강하고 평안한 국가를 지니게 하자는 것이었습니다.

진정한 정치가란 어떤 것인가

저는 평소에 이런 농담을 곧잘 합니다. 여러분이 대학을 세워 학위를 주고자 한다면 다른 것은 다 괜찮아도 두 가지 학위만은 절대로 줄 수가 없다고 말입니다. 하나는 정치이고 또 하나는 군사입니다. 이 두 가지만은 무슨 박사 학위를 줄 수가 없습니다. 왜냐하면 이 두 가지는 전문가의 학문이 아니라 다재다능한 사람의 학문이기 때문입니다.

『봉신방(封神榜)』만 읽어 봐도 알 수 있습니다. 강자아(姜子牙)[52]는 주 문왕과 무왕을 도와 팔백 년 주 왕조의 정권을 세운 인물이었는데, 그의 자리는 '사불상(四不像)'[53]이라고 불렸습니다. 마지막 논공행상의 자리에서 그는 모든 공신에게 신의 이름을 하나씩 붙여 주었는데, 정작 자기는 잊어버리고 있다가 나중에서야 자신을 '사직신(社稷神)'에 봉했습니다. 사직신은 가장 낮은 곳에서 최저한도로 주관하는, 즉 기층에서 백성들의 토지를 보호해 주는 토지신에 불과했습니다. 하지만 진정한 정치가이며 군사가는 다재다능한 인재요, 이것도 저것도 아닌 사불상이며 사직신입니다. 강자아와 관중은 모두 그런 사람이었습니다.

저는 중국과 서양의 허다한 정치학 서적을 읽어 봤지만 중국 민간에 유행하는 열두 글자만큼 철두철미하고 확실한 말을 보지 못했습니다. 어떤 주문이냐고요? 그건 바로 '풍조우순(風調雨順)', '국태민안(國泰民安)', '안거낙업(安居樂業)'이라는 말입니다. 나라를 잘 다스려서 그런 목표에 도달

---

52 주(周)의 정치가 태공망(太公望)으로, 속칭 강태공(姜太公)으로 불린다.
53 이것도 아니고 저것도 아니라는 뜻이다.

할 수 있는 지도자라면 정말 신(神)에 봉할 만하지 않습니까! 특히 하늘과 사람의 경계에 위치한 풍조우순의 경우라면 더 말할 나위가 없습니다. 이 네 글자에는 풍재(風災), 수재(水災), 지진(地震), 한재(旱災) 등이 없다는 뜻이 들어 있습니다. 인사(人事)와 인도(人道)에 관한 것은 뒤의 두 구절 속에 모두 들어 있습니다. 하지만 안타깝게도 이 열두 글자는 척 보면 그 의미를 알 수는 있어도 실제로 해낼 수는 없습니다.

인류학적 관점에서 볼 것 같으면 아주 재미있습니다. 저는 동서양 문화를 서로 대비시킬 때 지구의 자전으로 생겨나는 낮과 밤의 현상으로 곧잘 비유하곤 했는데, 그러다가 아주 재미있는 현상을 발견했습니다. 동서양의 역사 문화의 변화를 살펴보면 똑같이 오백 년마다 반드시 훌륭한 왕이 나타난다는 사실입니다. 참으로 기묘하기 짝이 없습니다. 예를 들어 중국의 역사를 보면 춘추 시대 이후로 뛰어난 왕이 오백 년마다 차례로 나타났습니다. 그런데 재미있는 사실은 도를 지닌 선비나 철인이 함께 태어났다는 것입니다. 중국의 제 환공에게 관중이라는 사람이 있었던 것처럼 말입니다. 그런데 서양의 역사를 봐도 이름난 왕에게는 이름난 학자가 있었으니 참으로 재미있는 일이 아닐 수 없습니다. 유럽의 알렉산더 대왕에게는 아리스토텔레스라는 학자가 있었습니다. 인도의 아소카 왕에게는 우파국다(優婆鞠多) 존자(尊者)가 있었습니다. 물론 그 당시에는 일본이니 미국이니 하는 나라는 그림자도 없었습니다.

하지만 일반적으로 중국 역사에서는 삼대(三代) 이후 역사상 이름난 왕들은 아무리 대단해 봤자 영웅은 될지 몰라도 성인은 아니라고 말합니다. 이른바 영웅으로 이름난 왕들은, 제가 어렸을 때 어떤 선배가 시에서 "이 땅에는 대대로 영웅들이 출현하여 수십 년씩 백성들을 소란하게 만들었네"라고 읊었던 식에 지나지 않았습니다. 그들은 『대학』의 "명덕" 외용의 학문, 즉 "수신, 제가, 치국, 평천하"에 대해서는 사이비에 불과했습니다.

아니, 하나같이 반대 방향으로 치달았다고 해야 옳습니다.

제 환공은 어떤 인물이었나

예를 들어 앞에서 말했던 춘추 오패의 우두머리인 제 환공은 진·한 이후 이천 년 역사에서 대다수 창업 제왕들의 표본 같은 인물이었습니다. 그러나 후대의 어떤 판본이든 모두 자신이 세운 왕조의 수백 년 역사 문화에 영향을 미쳤으며 그 영향력은 지금까지도 지속됩니다. 여러분이 유물사관이건 유심사관이건, 혹은 다른 어떤 각도에서 보든지 간에 너무나도 복잡하게 얽혀 있어서 도무지 명확하게 설명할 수가 없습니다. 그러니 어찌 현묘하다 하지 않겠습니까!

이제 역사에서 제 환공이라 칭하는 여소백(呂小白)이라는 인물을 살펴보도록 하겠습니다. 그는 제후인 왕의 작은아들이었습니다. 요즘 말로 소년 시절의 그는 '백마를 탄 왕자'였던 것입니다. 그는 본시 화려하고 사치스러운 생활에 익숙했습니다. 특히 그의 천성은 "희(喜)·노(怒)·애(哀)·구(懼)·애(愛)·오(惡)·욕(欲)"의 칠정(七情) 및 육욕(六欲)과 관련된 먹고 마시고 놀고 즐기기를 비롯해서, 여색이며 도박이며 유람이며 간에 차마 하지 않는 것이 없었고 할 줄 모르는 것도 없었습니다.

설사 처음에는 할 줄 몰랐다 하더라도 좌우에서 그의 환심을 사기 위해 따라다니는 사람들 덕분에 결국은 배우게 되었습니다. 거기다 그는 워낙 총명하고 대범했기 때문에 하늘도 땅도 두려워하지 않는 성격으로 변해갔습니다. 그러니 "알고 멈춘 뒤에야 정함이 있다"라느니 "뜻을 성실하게 하고, 마음을 바르게 하고, 몸을 닦는다"라느니 하는 계율 식의 학문 수양에 대해서는 도무지 관심도 두지 않았습니다. 그리하여 그는 놀기 좋아하고 먹기 좋아하고 술과 여색을 탐하고 윤리를 무시하는 등 악하기 짝이 없는 세도가의 공자로 변해 버렸습니다.

그렇다고 그의 마음속에 번뇌, 근심, 비애 따위가 없었을까요? 물론 있었습니다. 왕실 가족으로서 겪는 가정 내부의 갈등과 권력 쟁탈에 얽힌 이해관계로 인해 언제나 번뇌가 따라다녔습니다. 마침 그는 술을 즐기는 사람이라 평소 늘 취생몽사하는 생활에 젖어 있었습니다. "술에 취하면 정신이 온전해지네〔酒醉則神全〕"라고 장자가 말한 것처럼요. 술을 탐닉하다 보면 어떤 때는 마치 도사들이 수양하듯이 쉽사리 자기 자신과 세상을 잊을 수가 있었기 때문입니다.

제 환공 소백은 바로 그러한 전형적인 인물이었습니다. 그런 그가 역사상 이름난 왕이 될 수 있었던 까닭은 다음과 같습니다.

첫째, 그는 왕자의 신분을 타고났습니다. 당시의 사회 정치적 환경에서는 기회만 닿으면 저절로 왕위에 등극할 수 있는 자격을 지니고 있었던 셈입니다. 관중이나 포숙아가 아무리 제왕의 자질이 있었다 하더라도 당시의 사회 정치적 환경에서는 절대 왕이 될 수 없었습니다.

둘째, 비록 사생활에서는 나쁜 습관이 많았지만 큰일을 처리하는 데서는 인재를 알아보고 기용하고 신임할 줄 알았습니다. 그뿐 아니라 가장 중요한 장점이 있었습니다. 그것은 바로 큰일에 맞닥뜨렸을 때 기민하게 반응하고 과감하게 결단을 내릴 수 있었던 점입니다. 이 두 가지 면에서 그는 관중이 찾고자 했던 바로 그런 주인이었습니다.

셋째, 그는 사십 년간 이름난 왕이 될 좋은 운을 타고났습니다. 바로 포숙아와 관중을 만났던 것입니다.

관중은 포숙아에게 어떻게 보답했나

만약 사람만 놓고 이야기할 것 같으면, 제 환공으로 하여금 춘추 시기에 패업을 달성하게 만든 인물은 포숙아였습니다. 관중으로 하여금 제 환공을 도와 그 재능을 펼치고 천고에 명신이 되게 만든 인물 역시 포숙아였습니다. 그런 포숙아에게 관중이 해 준 보답은 바로 죽기 직전 제 환공에게 줄기차게 부탁한 일, 즉 포숙아에게 재상의 지위를 맡겨서는 안 된다는 것이었습니다. 관중은 자신이 죽으면 제 환공의 시대 역시 끝이 날 것을 알았습니다. 그런데 포숙아가 재상의 지위를 계승하면 그는 틀림없이 제 명대로 살지 못할 것입니다. 그것은 한평생 진정한 지기(知己)였던 친구에게 너무나 미안한 일이었습니다.

역사를 읽어 보면 옛날부터 가장 훌륭한 친구 간의 우정은 모두 '관포지교(管鮑之交)'라고 부릅니다. 하지만 둘 사이의 우정을 재물만 놓고 이야기한다면 그것은 관포지교의 핵심을 전혀 이해하지 못한 것입니다. 포숙아가 재상의 지위를 사양하면서 관중을 적극 추천한 대목을 보도록 하겠습니다.

신이 이오(관중)만 못한 점이 다섯 가지입니다. 은혜를 베풀고 백성을 부드럽게 대하는 점에서 저는 관중만 못합니다. 국가를 다스림에 그 근본을 잃지 않는 점에서 저는 관중만 못합니다. 충성스럽고 믿음직하여 백성들을 단결시키는 점에서 저는 관중만 못합니다. 예의를 제정하여 사방에서 본받게 하는 점에서 저는 관중만 못합니다. 북채와 북을 잡고 군문에 서서 백성들을 용맹스럽게 하는 점에서 저는 관중만 못합니다.

臣之所不若夷吾者五, 寬惠柔民, 弗若也. 治國家不失其柄, 弗若也. 忠信可結於百姓, 弗若也. 制禮義可法於四方, 弗若也. 執枹鼓立於軍門, 使百姓可勇焉, 弗若也.

제 환공은 이 말을 듣자 관중에 대한 원한을 버렸습니다. 심지어 노나라에서 그를 결박해 되돌려 보낸다는 말을 듣자 몸소 교외로 마중 나가서 그를 맞아들였습니다. 그러나 관중은 임종 직전에 제 환공에게 어떻게 말했습니까?

포숙은 군자입니다. 천승의 나라라 할지라도 올바른 도로써 주지 않으면 받지 않습니다. 그렇기는 하지만 그에게 정치를 맡길 수는 없습니다. 그의 사람 됨이 선을 좋아하고 악을 미워함이 너무 심하여, 하나의 악이라도 보기만 하면 죽을 때까지 잊지 않기 때문입니다.

鮑叔, 君子也. 千乘之國, 不以其道予之, 不受也. 雖然, 不可以爲政, 其爲人也, 好善而惡惡已甚, 見一惡, 終身不忘.

이것이 바로 관포지교의 핵심인 지기(知己)만이 말할 수 있는 명언입니다. 관중은 자기가 죽은 후에 포숙아의 운명을 소인배들의 손에 맡길 수 없었던 것입니다.

오늘날에도 여전히 관중을 거울삼아야 한다

춘추 시대 초기까지의 중국 역사에서 제 환공을 제목으로 하고 관중을 내용으로 하여 말씀드렸는데, 그의 정치 철학과 그가 실시한 정치 체제는 그 후 이천 년 역사에서 제왕 정권의 좋은 표본이 되었으며 오늘날까지도 그 권위와 가치를 지니고 있습니다.

첫째, 그는 먼저 강태공(姜太公) 여망(呂望)의 방침을 채택하여 상공업 경제를 발전시키고 재정(財政)을 정돈하고 세제(稅制)를 개혁함으로써 무엇보다도 나라를 부강하게 만들고 백성을 이롭게 하고자 했습니다. "창고 가 가득 차면 예절을 알게 되고 의식이 풍족하면 영욕을 알게 된다〔倉廩實 而知禮節, 衣食足而知榮辱〕"라는 그의 말은 참으로 불후의 명언입니다.

둘째, 공유(公有)적인 정전제(井田制)가 그의 수중에서 점차 바뀌어 백 성들이 합리적인 사유 재산을 소유할 수 있게 되었고, 백성이 부유해지면 나라가 강해진다는 목적을 달성하게 되었습니다.

셋째, 모든 백성이 병사인 동시에 농민이 되는 체제를 만들어 내어 군대 를 다스리는 제도로 민간 사회를 조직했습니다. 후세의 향진(鄕鎭), 인리 (隣里), 보갑(保甲)과 같은 지방 자치제의 창시자였다고 말할 수 있습니다.

넷째, 백성이 부유해지고 나라가 강해져서 사회 형태가 변하면 필연적 으로 사치하고 향락하는 현상이 생겨납니다. 동시에 다른 나라 상인을 불 러들이기 위해 대담하게 공창(公娼) 제도를 세워서 사회적으로 어두운 그 늘을 없애고 미풍양속이 파괴되는 것을 막았습니다.

다섯째, 그뿐 아니라 관중은 전통문화의 형이상(形而上)의 도의 철학에 대해, 예를 들어 증자의 『대학』에서 말한 "명명덕(明明德)" 및 "정심(正心), 성의(誠意)"의 학문에서부터 실제 정치 이론에 외용(外用)하는 데 이르기 까지 모두 깊은 식견이 있었습니다. 제가 볼 때에는 후세의 이학가들이 그 의 진면목을 잘 알았던 것 같지는 않습니다. 그가 죽은 후에 나온 『관자(管 子)』라는 저작을 후인들이 단지 정치학적 학술서로만 여기는 것은 참으로 애석하기 짝이 없는 일입니다.

자신이 보좌했던 제 환공이 중앙의 주 왕실을 옹호하면서 패자(覇者)라 칭한 지 사십 년 후에 관중이 죽자, 그가 만들어 준 복을 누리기만 했던 제 환공 역시 그다음 해에 세상을 떴습니다.

제 환공이 죽자 그의 다섯 아들은 으레 그랬듯이 왕위를 놓고 파당을 지 어 서로 다투었습니다. 그래서 그의 시체는 궁중의 침상에 육십칠 일 동안이나 그대로 놓여 있었는데, 썩어서 벌레가 생겼지만 아무도 들여다보지 않았습니다. 자기 자신을 수양하지 않고 집안을 바로잡지 못한 데다가 나라를 다스릴 만한 재목이 못 되는 사람의 표본적인 결과였습니다. 그러니 "천자로부터 서민에 이르기까지 한결같이 몸을 닦는 것을 근본으로 삼아야 한다"라는 『대학』의 가르침은 결코 헛된 계율이 아닙니다.

저는 평생 동안 제 환공뿐 아니라 그런 예를 여러 번 목도했습니다. 자수성가하여 갑부가 된 사람들이 죽으면 그 자녀들은 장사지내는 것도 미룬 채 재산을 놓고 서로 재판을 벌이며 등 뒤에서 아버지 어머니를 욕하기까지 합니다. 그런 모습을 너무나 많이 봐 왔기 때문에 저는 유가에서 처방한 약방문이 정말 증상에 들어맞는다고 믿습니다. 안타깝게도 중국인들은 약을 먹으려 들지 않아서 늘 병에 걸려 있으니 그것이 못내 한스러울 뿐입니다!

사실 유명한 성현들의 가르침은 모두 인성의 악한 습성을 치료하기 위한 약방문이었습니다. 중국의 민족성에는 불인(不仁)·불의(不義)·불충(不忠)·불효(不孝)·무신(無信)·무치(無恥)라는 오랜 고질병이 존재했기 때문에, 공자를 대표로 하는 유가에서는 "인·의·충·효·예·지·신" 등의 약방문을 처방한 것이었습니다. 노자가 처방한 것은 "자비로움, 검소함, 감히 천하를 위해 나서지 않음[慈, 儉, 不敢爲天下先]"이라는 세 가지 약방문이었는데, 역시 온갖 병을 치료할 수 있는 것이었습니다. 인도에서는 역대로 계급 간의 적대가 횡행했기 때문에 석가모니는 "평등, 자비"라는 두 가지 약을 처방했습니다. 이천여 년 전 서양의 풍조는 지나치게 이기적이고 폭력적이었기 때문에 예수는 "박애"라는 단방문을 처방했습니다.

그러나 현대인들은 옛날부터 전해 내려오는 처방전에는 눈길도 주지 않은 채 한사코 황금만능주의로만 향해 달려갑니다. 새로 발명된 양약을 사다 먹으려고 들지만 그런 화학제들은 오늘은 맞는다고 해도 내일은 잘못된 것이라고 말할지 어떻게 압니까? 믿을 수 없는 것들입니다. 조심하는 게 좋습니다! 인성에는 근본적으로 선과 악이 모두 있는데 악을 제거하고 선을 추구하는 것이 건강한 인생입니다. 선을 가리고 악을 좇으면 그건 바로 병든 인생입니다. 하지만 안타깝게도 사람들은 병을 오히려 즐거움으로 생각하기 때문에 인류의 역사는 병리학의 역사가 되고 말았습니다. 그리하여 동서양의 철학자들은 그저 병을 치료하는 간호 업무나 맡게 되었습니다.

28
가련한 신세의 패군 진시황

주 왕조—춘추 전국을 포함하여—를 중국 상고사의 마지막 시기로 잡는다면, 중고(中古) 시기의 역사는 당연히 진시황제 '영정(嬴政)'[54] 왕조가 열었다고 할 수 있습니다. 이 시기가 바로 그 명성도 찬란한 '진정(秦政)' 시대입니다. 당시 유럽은 위풍당당한 '로마 제국' 시대였습니다.

진시황이 일어나 전국 시대 말기의 육국(六國)을 멸하고 통일 중국을 건립한 일은 확실히 역사상 큰 사건이었습니다. 하지만 시대의 추세가 만들어 낸 비정상적 심리의 소유자였던 진시황은 양적(陽翟)[55] 출신의 상인 여불위(呂不韋)의 상업적 모략이 만들어 낸 성공작이었습니다.

예를 들어 현대의 미국식 민선 대통령은 모두 대자본의 상인이 막후와 무대에서 만들어 내는 성공작이라고 할 수 있습니다. 막후에서는 자금을 대어 민선 대통령을 밀어줍니다. 무대 위의 정부 체제는 완전히 상공업을 관리하는 식입니다. 참으로 위대하지 않습니까! 어찌 상인들을 가볍게 볼 수 있겠습니까.

물론 강태공이나 관중같이 선견지명을 지니고 있던 사람은 상인들을 가

---

54 진시황제(秦始皇帝)의 이름.
55 지금의 개봉(開封) 우현(禹縣).

벼이 여기지 않았습니다. 오히려 그들을 각별히 중시했습니다. 그다음으로는 범려(范蠡)와 자공(子貢) 같은 인물이 있습니다. 그들 두 사람은 직접 현장으로 뛰어들었던 유상(儒商)이었습니다. 후대의 어느 누구도 그들에게 비견될 수 없습니다. 하지만 전 국민이 모두 상인이라면 아마 그 나라는 나라 꼴이 되지 않으리라는 사실을 절대 잊어서는 안 됩니다.

중국 통일의 역사적 배경

우리가 철학적 관점에서 역사와 세상사를 볼 것 같으면, 그 당시에는 보잘것없는 인물에다 대수롭지 않은 작은 사건들이 시간이 지남에 따라 한 나라 혹은 천하에 영향을 미치는 역사적으로 큰 사건이 되리라고는 아무도 생각하지 못합니다. 어느 왕조 어느 정부를 막론하고 아무리 막으려 들고 금지시키려 해도 억누를 수 없는 것이 있습니다. 바로 역사 철학에서 "비록 세상사라고는 말하지만 어찌 천명이 아니겠는가!"라고 말하는 이치입니다.

동주 후기의 진(秦)나라는 중국의 서북 고원에 위치했던 신흥 국가로 비교적 문화가 낙후되어 있었습니다. 하지만 춘추 전국 시대에 오패(五覇)가 패권을 다투고 칠웅(七雄)이 서로 침략 전쟁을 일으키는 동안, 역사는 진나라를 교육하여 점차 강대한 국가로 만들어 나갔습니다. 이어서 진 효공(孝公)이 신임하였던 상앙(商鞅)은 법으로써 나라를 다스리는 법치 제도를 실행하고 정전제를 폐기하였으며, 수도를 함양(咸陽)으로 천도하여 수백 년 내려온 주 왕조의 정체(政體)를 변경시켰습니다. 참으로 역사상 혁명적인 대사건이었습니다. 하지만 겨우 이십일 년이 지난 후에 진 효공은 죽고 말았습니다. 관리이건 백성이건 할 것 없이 모두가 법치 제도에 익숙하지 않은 데다가 오랜 기간 지속되어 온 정전제를 없애 버렸기 때문에, 원망하고 분노하는 대중의 정서는 상앙 한 사람에게 집중되었습니다. 결국 왕위를 계승했던 진 혜왕(惠王)은 상앙을 죽이고 말았습니다. 하지만 법치의 정치 체제는 여전히 변하지 않았습니다.

십 년 후 전국 칠웅은 소진(蘇秦)과 장의(張儀)라는 두 사람의 수중에 들어가게 되었습니다. 둘은 서로의 모략을 교환함으로써 합종(合縱)과 연횡(連橫)이라는 책략을 사용하여 국제간 상호 이해관계를 기초로 방어 협정을 체결했습니다. 그리하여 전국 시대는 이삼십 년에 걸친 안정 국면을 맞이했습니다. 실로 역사상 서생이 국가를 도모했던 커다란 기적이었습니다. 그 후 진 소양왕(昭襄王)이 일어나서 서제(西帝)라 자칭하고 제(齊)나라의 군주를 동제(東帝)로 세웠는데, 이미 중앙의 주 왕조는 안중에도 없었습니다. 불과 삼십 년 사이에 주 왕조는 진나라에 의해 멸망당했습니다.

진 효공에서부터 진 소양왕이 주를 멸망시키기까지 이러한 역사 과정은 불과 백십 년 전후, 즉 기원전 359년에서 250년 사이에 걸쳐 전개되었는데, 말하자면 진나라가 새로이 일어나던 전성기였다고 할 수 있습니다. 그후 이 년도 채 되지 않아서 근대 태평천국의 익왕(翼王) 석달개(石達開)의 시에서처럼 "장사치들은 쌓아 놓은 물건을 진나라로 옮기고, 하급 벼슬아치들은 고향으로 돌아가 대풍가를 부르는〔賈人居貨移秦鼎, 亭長還鄉唱大風〕"시대가 도래하였던 것입니다! 진시황의 삼십여 년은 폭군 영정(嬴政)의 시대라고 하기보다는 차라리 여불위라는 상점이 가장 성공을 거두었던 시대라고 말해야 할 것입니다.

여불위의 상업적 감각이 만든 투자 계획

진시황제 영정의 경력과 여불위의 상업적인 '기화(奇貨)' 투자 계획에 관해서는 역사에 이미 명문화되어 있습니다. 그러니 감추고 말고 할 것도 없는 사실입니다. 이 이야기는 진나라가 주 왕조를 멸망시키기 일 년 전, 그러니까 진나라가 명장 백기(白起)를 죽인 그해에 시작됩니다.

이때 진 소양왕은 전략적인 필요로 태자 영주(嬴柱)가 총애하던 하희(夏姬)가 낳은 아들 이인(異人)을 조(趙)나라에 인질로 보냈습니다. 이인은 진나라의 황손으로서 총애를 받기는 했지만, 태자의 둘째 비(妃)의 소생이었기 때문에 진나라에서는 전략상 필요에 따라 그처럼 함부로 볼모로 보냈던 것입니다. 진나라에서는 인질이 조나라에 있음에도 불구하고 전처럼 아무런 거리낌 없이 수시로 군대를 출병시켜 조나라를 쳤습니다. 그리하여 조나라의 이인은 감시당하는 외로운 처지에 놓인 채 많은 고통을 당하고 있었습니다. 그런데 때마침 장사차 조나라의 수도인 한단(邯鄲)에 왔던 여불위가 이인을 만나게 되었습니다.

오랜 기간 장사를 해서 상업적 감각을 기른 여불위는 첫눈에 이렇게 말했습니다. "기화가거(奇貨可居)[56]로구나." 그 말은, 이인은 상업적 가치가 큰 물건 즉 기화(奇貨)이니 잘 쌓아 두면 틀림없이 큰돈을 벌게 되리라는 것이었습니다. 그리하여 여불위는 곧장 이인과 친구 관계를 맺었습니다. 외로움과 고통에 처해 있던 가련한 사람이, 게다가 언제 조나라에서 죽을지도 모르는 가련한 사람이 이제 뜻밖에 국제적인 대상인이자 대자본가와 친구가 되어 생활의 어려움을 해결하게 되었으니 얼마나 기뻤겠습니까!

---

56 기이한 물건을 쌓아 두었다가 값이 오를 때 판다는 뜻이다.

며칠 후 여불위가 그에게 말했습니다. "당신의 할아버지인 진왕은 이제 나이가 많으니 언제 일이 생길지 알 수 없습니다. 당신의 부친이 가장 총애하는 비는 화양(華陽) 부인인데 그녀에게는 아들이 없습니다. 당신의 형제는 이십여 명이나 되는데 당신은 그중 하나에 불과하고 거기다 총애까지 얻지 못했습니다. 할아버지께서 돌아가시면 부친께서 왕위를 계승할 터인데, 결코 당신을 태자로 삼지는 않을 것이니 그렇게 되면 당신 신세는 정말 말이 필요 없을 것입니다!"

여불위의 말이 전부 사실임을 깨달은 이인은 물었습니다. "당신 생각에는 내가 어떻게 하면 좋겠습니까?" 여불위는 곧 이렇게 대답했습니다. "지금 진나라 궁정에서 누구를 태자의 태손(太孫)으로 세울지에 관해 말할 자격이 있는 사람은 오직 화양 부인뿐입니다. 제가 비록 자본도 변변치 않은 상인이기는 하지만 재물을 동원해서 당신을 돕고 싶습니다. 제가 먼저 진나라로 가서 당신을 황태손으로 세우도록 화양 부인에게 은밀히 청탁해 놓겠습니다." 이인은 여불위의 말을 듣자 이렇게 말했습니다. "만약 당신의 계획이 성공해서 내가 권력을 얻는다면 거두절미하고 나는 진나라의 모든 것을 당신과 함께 누릴 것이오."

여불위는 먼저 이인에게 금 오백 냥을 주고 마음껏 친구와 손님을 사귀게 했습니다. 여러 부류의 인재를 사귄다는 것은 오늘날 인재 집단을 조직하는 것과 같은 의미였습니다. 또 별도로 오백 냥을 더 주면서 가장 비싸고 이름난 장신구와 진기하고 재미있는 물건을 사 모으라고 했습니다. 여불위는 이처럼 국제적으로 이름난 상표의 고귀한 물건들을 가지고 서쪽 진나라로 갔습니다.

진나라에 도착한 여불위는 먼저 화양 부인의 언니에게 접근했습니다. 비위도 맞춰 주고 큰소리도 치고 거기다 후한 선물까지 보낸 것은 물론이었습니다. 국제적으로 사업을 하는 대상인 자본가라면 누구라도 특별한 눈으로 바라보기 마련인데, 거기다 여불위는 여느 벼락부자들 같지 않게 깍듯하게 예의를 갖추어 "후한 선물에 달콤한 말"까지 했으니 자연히 화양 부인에게까지 연줄이 닿게 되었습니다. 드디어 여불위는 화양 부인을 만나 이야기할 기회를 얻었습니다.

"제가 조나라에서 이인과 사귀게 되어 서로 친구가 되었는데, 이인의 사람됨이 얼마나 훌륭한지 학문과 재능을 갖추고 국제적으로 이름난 명사들이 다투어 그와 사귀려 드니, 참으로 뭇 사람들이 우러러보는 '현공자(賢公子)'라 하겠습니다. 그런데 정작 본인은 타국에 홀로 있으니 주야로 부친—진나라의 태자—과 두 분 부인을 그리워하며 남몰래 울고 있습니다. 이러한 사정은 오직 저 여불위만이 가장 잘 알고 있기에, 이렇게 일부러 저에게 진나라로 가서 자기 대신 물건들을 부인께 전해 주고 자신의 효심도 전해 달라고 부탁했습니다." 중요한 말을 끝낸 여불위는 자신은 매우 바쁘다면서 서둘러 작별을 고하고 일어섰습니다.

여불위는 화양 부인의 궁에서 물러 나온 후에 부인의 언니를 찾아가 온갖 방법을 동원해서 공작을 폈습니다. 그 결과 화양 부인의 언니는 곧바로 궁으로 들어가서 동생을 설득하기 시작했습니다. "네가 태자에게 가장 총애받는 비이기는 하지만 아들이 없으니, 지금 총애받고 있을 때 얼른 전도가 유망한 왕손을 골라 양자를 삼는다면 장차 늙어도 태후가 될 희망은 있지 않겠니? 만약 나이가 더 많아지고 게다가 총애까지 잃어버린다면 그때 가서 왕위를 계승할 만한 사람을 찾더라도 입이나 열 수 있겠니! 내가 보기에 이인이라는 사람은 위험을 각오한 채 진나라를 대표하여 조나라에 인질로 보내졌으니 돌아오면 틀림없이 그 공로가 아주 클 거야. 사람됨도 훌륭해서 국제적으로 명성도 아주 높다고 하잖니. 게다가 많은 형제들 사이에서 자신은 그다지 중요한 인물이 아니라는 걸 자기 자신도 알고 있고, 이럴 때 네가 태자에게 이인을 아들로 삼고 싶다고 말한다면 태자는 틀림없이 승낙할 거야. 그렇게 되면 이인은 없던 나라가 생기고 너는 없던 아들이 생기는 셈이지. 네가 비록 진나라 후궁의 지위에 있기는 하지만 그렇게 되면 늙어서 기댈 데가 생기는 거야."

그것이 가장 좋은 방법이라는 생각에 화양 부인은 기회를 잡아 태자에게 요구했습니다. 태자는 그녀를 매우 사랑했기 때문에 그렇게 하라고 승낙했지요. 그뿐 아니라 태자와 화양 부인이 손수 옥부(玉符)[57]를 새겨서 이인을 화양 부인의 아들로 삼는다는 약속을 하고는, 여불위에게 그것을 조나라로 가지고 가서 이인에게 주라고 말했습니다. 여불위가 세운 계획의 제1단계가 성공한 것입니다. 거래를 해서 다른 사람의 회사를 사들이는 데 있어 정식 조약에 앞서 초보적인 초안을 손에 넣은 셈이었습니다.

한단으로 돌아온 후 여불위는 전보다 더 이인에게 형제처럼 다정하게 구는 한편, 한단에서 절세미인을 수소문해서 찾아냈습니다. 옛말에 "연나라 조나라에는 절세가인이 많다"라고 했던 것처럼 대단한 미녀였는데, 여불위는 자기 첩으로 맞아들여 재빨리 임신시켰습니다. "배부르고 따뜻하면 음욕이 일고, 굶주리고 추우면 훔치려는 마음이 일어난다네"라는 옛말은 하나도 틀리지 않습니다. 이인은 여씨 집을 드나들다가 여불위의 새 첩을 보게 되었는데, 사실 그녀는 대단히 아름다웠습니다. 그리하여 이인은 그녀를 자기에게 달라고 여불위에게 부탁했습니다.

물론 여불위는 듣자마자 대단히 화를 냈습니다. "'친구의 부인을 희롱해서는 안 된다'는 말도 있지 않습니까. 당신이라는 사람은 어쩌면 이렇게도 무례합니까. 당신이 어려움에 처해 있을 때 내가 구해 주었고, 게다가 온갖 수단을 다 써서 진나라의 황태손이 되게 해 주지 않았습니까. 이제 와서 배은망덕도 유분수지 어떻게 내 아내를 가로챌 생각을 합니까. 당신

---

57 옥 조각에 글자를 새겨 넣어 만든 상징적인 계약의 증표.

과는 절교하겠소이다!" 이인으로서는 만약 여불위라는 친구를 잃어버린다면 자신은 조나라의 일개 인질에 불과하므로 목숨도 보장할 수 없고 거기다 생활의 어려움은 더 말할 필요가 없습니다. 그런 상황이니 백배 사죄하고 용서를 비는 수밖에요.

한바탕 연극을 벌이고 나서 마지막 순간에 여불위는 자기 첩을 이인에게 양보했습니다. 외로운 타향살이의 고통을 위로해 줄 거라는 말도 덧붙여 가면서 말입니다. 물론 일체의 생활은 이전처럼 여불위가 돌봐 주었습니다. 일 년도 못 되어 아들을 낳았고 이름을 영정이라 지었습니다. 그가 바로 후일의 진시황입니다.

얼마 지나지 않아 진나라에서 또다시 조나라로 군대를 출병시켜 한단을 포위했습니다. 조나라 사람들은 진나라의 인질 이인을 죽여 버리려 했습니다. 여불위는 얼른 감시하는 사람을 돈으로 매수하여 이인 일가 세 식구를 진나라의 군대로 피신시켰습니다. 진나라 사람들이 그들을 고국으로 호송한 것은 물론이었습니다. 이인은 초나라 옷을 입고서 화양 부인을 찾아갔습니다. 그녀가 초나라 사람이었기 때문입니다. 화양 부인은 이인이 초나라 복장을 한 것을 보자 더욱 기뻐했습니다. 고향인 초나라를 기념하기 위해 그녀는 이인에게 '초(楚)'라는 이름을—그래서 남방의 관습을 따라 '아초(阿楚)'라고 불렀습니다—지어 주었습니다.

여불위는 정말 운이 좋은 사람이었습니다. '초'라고 이름을 바꾼 이인이 진나라로 돌아온 지 육 년이 못 되어 주 왕조를 멸망시키고 '서제'라 칭했던 저 소양왕 영직(嬴稷)이 죽었습니다. 역사에서는 그를 진 효왕(孝王)이라고 부릅니다. 자연스럽게 태자 영주(嬴柱)가 왕위를 계승했습니다. 그런데 그는 왕이 된 지 겨우 사흘 만에 죽어 버렸습니다.

결국 황태손인 영초(이인)가 왕위를 계승하게 되었습니다. 그는 화양 부인을 태후로 높이고 자신의 생모인 하희는 하 태후라 칭했습니다. 그리고 여불위에게는 상국(相國)의 지위를 내려 주고 문신후(文信侯)에 봉했습니다. "제후에 봉해지고 재상의 지위에 올랐으니" 이른바 "일인지하 만인지상(一人之下, 萬人之上)"의 부귀영광을 누리게 된 것입니다!

저는 장사나 사업을 하는 친구들에게 늘 이렇게 말하곤 합니다. "아무리 해 봐도 자네는 여불위만큼의 성과를 거둘 수는 없을 걸세. 그 사람은 좋은 물건을 알아보고 투자해서 결국 엄청난 이익을 남기지 않았나." 그런데 여불위라는 사람은 그리 단순한 인물이 아니었습니다. 그는 역사에 길이 남을 큰 장사를 하고 싶어 했습니다. 학술 문화에 있어서 성인으로 변신하여 관중이나 공자와 어깨를 나란히 하고 싶었던 것입니다.

여불위가 진나라의 상국(相國)이 된 후 주 왕조의 후예인 동주(東周)의 군주와 몇 명의 제후들이 진(秦)을 치려는 계획을 세웠습니다. 진왕(秦王)은 상국으로 하여금 군대를 거느리고 동주를 치게 했습니다. 그리하여 주 왕조의 천하는 명실상부하게 '여진(呂秦)'[58]의 수중에 떨어지고 말았습니다. 여진이라고 말한 까닭은 이인 역시 왕이 된 후 삼 년이 못 되어 죽어 버렸기 때문입니다. 역사에서는 그를 진 장양왕(莊襄王)이라고 부릅니다.

그의 아들 영정이 십삼 세에 즉위하였으나 어린 왕은 국사를 모두 상국 문신후 여불위에게 맡기고 그를 '중부(仲父)'라고 불렀습니다. 고대의 '중(仲)' 자는 두 번째, 중간, 다음이라는 뜻을 가진 대명사였습니다. 즉 여불위를 '작은아버지'라고 부른 셈입니다. 요즘 말로 하면 '양아버지' 정도의 말입니다. 그래서 어떤 사람은 이렇게 주장합니다. 역사상 진 왕조는 주 왕조와 거의 같은 시기에 망해 버렸기 때문에 진시황은 '여정(呂政)' 왕조라고 불러야 한다고 말이지요. 하지만 이 문제는 아직 논의가 분분합니다.

역사에서는 진시황 영정이 십삼 세에 즉위하여 진왕이 되었다고 합니

---

58 여씨의 진나라.

다만 제 아무리 총명하고 뛰어났다 한들 아직 어린아이에 불과했으니 결국 국가 정치의 대권은 모두 상국 문신후 여불위에게 넘어갔다고 할 수 있습니다. 당시 여불위는 진나라의 대권을 혼자 장악한 채 궁정 안팎을 드나들었습니다. 말하자면 엄연한 섭정왕이었던 것입니다.

후대의 역사로 비유한다면 마치 서한 말기의 왕망(王莽)[59] 같았다고 하겠습니다. 혹은 만주족의 청나라가 막 중원으로 들어왔던 당시의 섭정왕 도르곤(多爾袞)[60]과도 같았습니다. 하지만 여불위는 한(漢) 왕조의 정권을 빼앗아 스스로 황제가 되었던 왕망처럼 처신하지는 않았습니다. 어쩌면 그런 생각은 있었지만 대세가 그렇지 못했거나, 혹은 재주가 부족했는지도 모릅니다. 게다가 그는 군사상의 공적에서 청나라 초의 도르곤에 미치지 못했으며 궁중이나 태후와의 관계에서도 도르곤과는 크게 달랐습니다.

진나라 조정을 장악했던 십이 년 동안 여불위는 빈객을 잘 대접하고 인재를 거두어들이고 지식인들을 한곳에 모아서, 제자백가의 잡설을 망라해 놓은 책 『여씨춘추(呂氏春秋)』 일명 『여람(呂覽)』을 펴냈습니다. 이 책은 상고 시대 유가와 도가가 나누어지지 않았던 것을 그 종지로 삼았습니다. 특히 전통문화 속의 우주 물리였던 오행 이론을 주요 강령으로 삼았는데, 정치 철학 이론까지도 꿰뚫고 있었습니다. 책이 완성되자 궁궐 문 앞에 내다 걸고는 "한 글자라도 더하거나 뺄 수 있는" 사람이 있다면 천금을 상으로 내리겠노라고 공포했습니다. 이는 『춘추』를 저술하고 시서(詩書)를 편찬하고 예악(禮樂)을 정리했던 공자보다 자신의 기백이 훨씬 더 위대하다는 것을 보여 주고자 해서였습니다.

동서고금의 역사를 보면, 큰돈을 번 부자들과 높은 지위에 오른 사람들

---

59 왕의 외척 신분으로 권력을 장악하여 한(漢)을 폐하고 신(新)을 세운 뒤 스스로 황제가 되었다.

60 누르하치의 열네 번째 아들로 순치제(順治帝)를 옹립하고 섭정하였으며, 산해관을 넘어 북경으로 진군하여 중국 전역을 무력으로 평정했다.

은 마지막에 가서는 하나같이 학술 문화의 숲 속으로 비집고 들어가려 애쓰는 것을 볼 수 있습니다. 자신은 결코 '불학무식'한 사람이 아니라는 것을 보여 줌으로써 돈 냄새를 풍긴다는 비난을 피하려는 의도에서 나온 것이지요. 바로 심리학에서 말하는 '콤플렉스'인데 인지상정이라고 할 수 있습니다. 그럼에도 불구하고 『여람』이라는 책은 후세 학술 저작 가운데서 여전히 그 가치를 인정받고 있습니다. 하지만 잡가(雜家)의 범주 속에 들어가 있습니다.

여불위의 상업적 정치 계획은 역사상 유례가 없는 성공을 거두었습니다. 그런데 그는 권력과 부귀의 귀함만 알았지 학문과 수양에서의 내명과 외용에 대해서는 전혀 기초가 없었습니다. 그리하여 결국은 철저하게 실패하였고 안타깝고도 가련한 일생을 마쳤습니다.

진시황이 제일 먼저 착수한 일은 궁궐 정돈이었다

여불위는 자기 아들인 진시황 여정이 십삼 세에 왕위를 계승하여 진왕이 되면서, 표면상으로 황상(皇上)의 양아버지이자 문신후로 봉해지고 조정의 재상을 겸하게 되었습니다. 그러니 그 막중한 권세에 눌려 진나라의 종실과 대신들조차 감히 그의 면전에서 이러쿵저러쿵 말할 수가 없었습니다. 게다가 새로운 왕의 생모인 황태후는 본래 여불위의 첩이었으며, 지금은 과부에다가 나이도 불과 삼십여 세에 지나지 않았습니다. 두 모자는 예전에 조나라 한단에 있을 때부터 원래 여불위와는 한 가족처럼 지냈으므로, 이제 와서 여불위가 궁정을 출입하는 데 어떤 거리낌이 있을 리 없었습니다. 역사에는 "태후가 수시로 문신후와 사통하였다"라고 기록되어 있는데, 그건 어떻게 보면 인정상 어쩔 수 없는 일이기도 했습니다.

그런 일이 시골 일반 백성의 가정에서 벌어졌다고 해도 동네 사람들의 비웃음을 샀을 터인데, 하물며 황궁에서 벌어졌으니 사방에 널린 눈과 귀 속에서 어찌 오래도록 숨길 수가 있었겠습니까? 게다가 점차 장성해 가는 아들 진시황이 모를 리가 없었습니다. 여불위는 생각하면 할수록 이대로는 안 되겠다는 마음이 들었습니다. 하지만 이 태후가 워낙 남녀 관계에서 욕망이 컸고 또 "끊어야 하지만 끊을 수 없는" 감정이 문제였습니다.

그래서 여불위는 사인(舍人)[61] 가운데 노애(嫪毒)라는 사람을 골라서 태감(太監)으로 가장하여 태후에게 보냈습니다. 그 결과 태후는 노애와의 사이에서 두 명의 사생아를 낳았고 아들인 진시황에게 노애를 장신후(長信侯)에 봉해 줄 것을 청했습니다. 노애는 본래 시정의 무뢰배였기 때문에 권세를 얻게 되자 제멋대로 행동하여 주위 사람들의 눈살을 찌푸리게 했습니다. 보다 못한 궁정의 어떤 사람이 이 사실을 진시황에게 밀고했습니다.

이 무렵 이십 세의 장부로 성장한 진시황은 즉각 노애를 체포하라는 명령을 내렸습니다. 노애는 그 소식을 듣자 군사를 일으켜 반란을 꾀했습니다. 진시황은 상국의 지위에 있던 창평군(昌平君)과 창문군(昌文君) 두 사람에게 군사를 이끌고 가서 노애를 포위 공격하라고 명령을 내렸습니다. 노애를 붙잡으면 삼족을 멸하라 명하고, 태후는 지금의 섬서(陝西) 호현(鄠縣)에 있는 배양궁(蕢陽宮)으로 유배시켰습니다. 그리고 두 명의 사생아는 잡아 죽이라고 했습니다.

하지만 진시황은 그 일을 처리하는 과정에서 시종 여불위에게는 아무런 조처도 취하지 않았습니다. 그다음 해에 가서야 비로소 여불위의 상국 직무를 박탈한다는 명을 발표했습니다. 그러면서 진시황은 선왕을 받들어

---

61 시종.

모신 공로가 대단히 크기 때문에 여불위는 차마 죽일 수 없노라고 말했습니다. 대신 그의 직위를 파면하고, 그에게 수도 함양을 떠나 하남(河南)으로 가서 살 것을 명했습니다.

동시에 진시황은 그 사건을 계기로 진나라 종실의 제의(提議)를 거쳐서 해묵은 빚을 갚기로 결정했습니다. 그것은 바로 각국 제후의 빈객들을 쫓아내어 그들이 진나라의 정치에 간여하지 못하게 한 것입니다. 이 사건으로 인해 이사(李斯)라는 젊은 서생이 역사에 등장하게 됩니다. 당시에는 이사 역시 쫓겨날 처지에 놓인 빈객이었습니다. 이 일 때문에 그는 진시황에게 권고하는 내용의 글을 썼는데, 그 글이 바로 후세에 명문으로 전해지는 「간축객서(諫逐客書)」입니다.

사실 어떻게 보면 정변이라고 할 만했던 그 사건의 책임을 전적으로 소년 시절의 진시황에게만 추궁해서는 안 될 것입니다. 그것은 진나라 사람들의 협소한 본토주의에서 비롯된 것으로서, 진나라 조정에서 오랫동안 타국의 인재를 임용하여 요직을 맡긴 것에 대한 반발이었습니다. 여불위와 노애의 사건을 기화로 하여 진 조정의 종실과 대신들이 들고일어나 각국에서 온 세력들을 공격한 것이었습니다.

사실 그런 일은 유사 이래 정치권의 계파 분쟁에서는 흔한 일로서 모두가 인간의 극단적 이기심에서 비롯되었습니다. 예를 들어 청대 삼백 년간의 정치 역사에는 남인(南人)과 북인(北人)의 분쟁, 학벌이나 문파 간의 의견 분쟁, 조정과 외번(外藩)의 권력 분쟁이 언제나 끊이지 않았습니다. 물론 중국만 그런 것이 아니라 구미 각국의 역사를 봐도 마찬가지입니다. 그 근본을 들여다보면 모두가 인성의 어두운 측면이 만들어 낸 결과입니다.

진나라로 말하자면 진 효공 때의 상앙(商鞅)에서부터 장의(張儀), 범저(范雎), 여불위 및 이사에 이르기까지 진나라의 부국강병과 관련된 역사상의 명신들은 거의 모두 외빈들이었습니다. 진나라 조정과 사회는 그저 앉아서 성과를 누리기만 했을 뿐이었습니다. 그럼에도 농후한 지역감정 때문에 끝내 이를 받아들이지 못하고 결국 계파 간 권력 분쟁의 폭풍우를 일으키곤 했습니다. 사실 그런 문제는 진나라 모든 위정자들의 가장 큰 골칫거리였습니다. 정치권만 그런 것이 아니라 오늘날의 상업 단체, 회사, 조합, 공장, 상점 등도 마찬가지로 그저 세 사람 이상만 모였다 하면 늘 인사 문제에서 마찰이 생깁니다.

다행히 소년 진시황은 그래도 이치에 밝았던 모양입니다. 이사의 「간축객서」를 읽고는 즉시 빈객을 쫓아내는 일을 중지시키고 외부에서 온 인재들이 흩어져 버리지 않게 했습니다. 진시황은 어려서 부모를 따라 조나라에서 성장했고, 또 빈객들이 함께 모여 있는 광경을 익히 보아 왔기 때문에 그 이폐(利弊)를 잘 알고 있었습니다. 쉽게 말해 당시의 소위 '축객(逐客)'은 오늘날의 소위 감원(減員)과 같은 것으로, 남아도는 인력을 줄여 예산을 절약하는 효과는 어느 정도 있었을 것입니다. 하지만 국가 정치에서는 그것으로 인해 큰 영향을 받는 경우도 있기 때문에 결코 예삿일은 아니었습니다. 송대의 명신 소철(蘇轍)은 그 일에 대해 크게 느끼는 바가 있어서 「육국론(六國論)」이라는 글을 짓기도 했습니다.

진시황의 성격은 어떻게 형성되었나

등극한 지 십 년이 채 못 된, 이제 갓 스물을 넘긴 장성한 진시황은 궁정 내부에 발생한 중대한 스캔들에 관해 알게 되었습니다. 게다가 스캔들의 당사자는 자기 생모와 어려서부터 자기를 키워 준 중부 여불위였습니다. 여러분 한번 상상해 보십시오. 만일 제가 진시황의 처지에 놓였더라도 기가 막히지 않을 수 없었을 겁니다. 어쩌면 머리 깎고 출가했거나 심리적 갈등으로 정신 이상이나 정신 분열을 일으켰을지도 모릅니다. 당시 진시황은 생모인 태후를 궁정에서 내쫓아 수도에서 멀리 떨어진 작은 읍에 살게 했으며, 사건 처리에 대해 감히 간하는 자는 사형에 처하겠노라고 엄명을 내렸습니다. 그러한 심리적 갈등을 우리로서는 상상하기도 힘듭니다.

황제의 엄한 명령에도 불구하고 중국 문화의 '효도(孝道)'를 사수하려는 유생들은 한 사람 한 사람씩 와서 황제에게 간했습니다. 그 결과 죽어 나간 사람이 스물일곱 명에 달했습니다. 이것이 바로 역사에서 말하는 폭군 진시황의 제1막입니다.

그런데 황제에게 간하는 사람은 모두 죽여 버리던 당시 뜻밖에 '모초(茅焦)'라는 제나라 유생이 찾아와서 황제를 뵙고 간하겠다는 것이었습니다. 진시황은 그 말을 듣자 죽음을 겁내지 않는 놈이 또 하나 찾아왔구나 생각하고 자리에서 벌떡 일어나 뇌성벽력 같은 목소리로 소리쳤습니다. "당장 큰솥을 가져오너라! 이놈을 산 채로 삶아야겠다."

모초는 그 광경을 힐끗 쳐다보고는 천천히 한 걸음 한 걸음씩 그의 면전으로 걸어가서 말했습니다. "신이 들으니 살아 있는 자는 죽는 것을 두려워하지 않고, 나라가 있는 자는 망하는 것을 두려워하지 않는다 합니다. 생사와 존망에 관한 일은 현명한 군주가 급히 듣고자 하는 바입니다. 폐하께서는 그것에 관해 듣고 싶으십니까[臣聞有生者不諱死, 有國者不諱亡. 死生存亡, 聖主所欲急聞也. 陛下欲聞之乎]."

진시황은 그의 말을 듣고 이렇게 말했습니다. "무슨 할 말이 남았느냐?" 모초가 말했습니다. "폐하의 난폭하고 방자한 행동을 스스로 알지 못하십니까? 계부(노애를 가리키는 말인데 참으로 듣기 거북한 말이었습니다)를 찢어 죽이고, 두 동생(어머니와 노애 사이에 태어난 두 아들)을 자루에 넣어 때려죽이고, 어머니를 옹 지방으로 쫓아내고, 간하는 선비를 잔혹하게 살해하였으니 폭군 걸주의 행동도 여기에는 미치지 못할 것입니다. 지금 세상 사람들이 이를 듣고 모두 뿔뿔이 흩어져 진나라를 좇는 자가 없으니, 신은 삼가 폐하를 위해 그것을 두려워하나이다[陛下有狂悖之行, 不自知耶? 車裂假父. 囊撲二弟. 遷母於雍. 殘戮諫士. 桀紂之行, 不至於是矣. 今天下聞之, 盡瓦解無嚮秦者, 臣竊爲陛下危之]."

그러고는 "제가 하고 싶은 말은 이제 다했습니다"라고 말한 다음 스스로 옷깃을 풀어 젖히고 단두대로 가서 엎드리는 것이었습니다. 마치 "죽여 주십시오!"라고 말하는 것 같았습니다.

그런데 뜻밖에도 소년 진시황은 오히려 보좌에서 걸어 내려와서는 자기 잘못을 인정하더니, 몸소 그를 일으켜 세우고 그 자리에서 상경(上卿)의 벼슬을 내리는 것이 아니겠습니까. 그뿐 아니라 곧바로 마차를 준비하라는 명령을 내리더니 직접 마차를 몰고 가서 어머니를 궁으로 다시 모셔왔습니다. 그러고는 마치 아무 일도 없었다는 듯이 예전처럼 잘 대해 주었습니다.

이것은 역사에 기록된 사실입니다. 우리는 이 이야기를 통해 잔인하고 난폭한 진시황의 성격이 어떻게 해서 형성된 것인지 알 수 있습니다. 또 "대학지도"의 "성의, 정심, 수신, 제가, 치국"의 교육이 얼마나 중요한 것인지도 알 수 있습니다. 동시에 고대의 지식인인 유생들의 '택선고집(擇善固執)', '사수선도(死守善道)' 하는 정신도 엿볼 수 있습니다. 모초는 무엇 때문에 목숨을 걸고 그런 도박을 했을까요? 요즘 사람들처럼 목숨을 가지고 일확천금과 지위로 바꾸려고 생각했던 것일까요? 여러분은 진시황에게 생모를 사랑하는 효심과 어머니가 저지른 모든 잘못을 용서하려던 마음이 있었음을 부인할 수 있습니까? 여러분이 역사에 대한 고정된 선입견만 버린다면 진시황은 정말 가능성 있는 인재였으나 다만 환경이 그를 불행하게 만들었을 뿐이라는 사실을 발견할 수 있습니다. 어려서부터 훌륭한 교육을 받아 본 적이 없었으니 그의 이러한 잘못은 모두 여불위의 불학무식에서 비롯되었다 하겠습니다.

여불위에게 보낸 진시황의 친필 서신

하지만 진시황은 여불위를 어떻게 했습니까? 그는 겨울 내내 고민하고 주저하다가 다음 해에 가서야 여불위의 직위를 파면하고 하남으로 가서 살게 했습니다. 여불위는 하남에서 살기는 했지만 일 년도 못 가서 각국의 제후들이 사람을 보내 방문하고 연락하느라 그 행렬이 "길에 끊이지 않았다"라고 합니다. 다시 말하면 한 사람이 가고 나면 다른 사람이 그를 만나러 왔다는 말입니다.

물론 진시황도 그런 소식을 들었을 터이고 시간이 가면 갈수록 그대로 둬서는 안 되겠다고 생각했을 것입니다. 그는 어려서부터 여불위 밑에서 성장하였기 때문에 여불위의 재능, 풍모, 심지어 개성까지도 잘 알고 있었습니다. 어쩌면 그도 자신과 여불위 사이의 관계를 알고 있었는지 모릅니다. 원래 그의 생모는 훌륭한 교육을 받은 적이 없는 데다가 그저 향락을 누릴 줄만 아는 인물이었습니다. 그렇기 때문에 진시황이 어릴 적부터 두 모자 사이에는 못 할 말이 없었을 수도 있습니다. 어쩌면 생모가 여불위에 대해 남다른 애정을 지니고 있었을 수도 있습니다. 그러니 진시황은 뭐든지 다 알고 있었을 것이라는 추측이 가능합니다.

진시황은 오랫동안 심사숙고했습니다. 하지만 적막함을 견디다 못한 여불위가 뭔가 다른 일을 벌일지도 모르는 상황이었기 때문에 마침내 진시황은 직접 여불위에게 편지를 썼습니다. "그대가 진나라에 무슨 공이 있어서 진나라가 그대에게 하남의 식읍 십만 호를 주었는가? 그대가 진나라와 무슨 친분이 있어서 내가 그대를 중부라고 부르는가? 가솔을 거느리고 촉 땅으로 옮겨 가 살도록 하라〔君何功於秦? 秦封君河南食十萬戶. 君何親於秦? 號稱仲父. 其與家屬徙處蜀〕."

편지를 본 여불위는 자신의 아들이 이제 어엿한 진나라 왕이 되었음을 알게 되었습니다. 자칫하다가는 쥐도 새도 모르게 그에게 죽을지도 모를 일이었습니다. 차라리 자기 손으로 처리하는 게 낫다 싶었습니다. 그리하여 여불위는 스스로 죽음을 선택함으로써 진시황의 마음의 짐을 덜어 주었습니다. 자신을 희생함으로써 아들을 진나라 왕으로 만드는 사업을 완성하였다고도 말할 수 있습니다. 마지막 순간에 자기 자신을 바침으로써 "천하를 얻고 아들을 잃는" 필생의 사업을 이루어 내었으니 무슨 여한이 있었겠습니까!

역사는 간단한 듯하지만 오묘하기 짝이 없는 진시황의 이 글을 그냥 지나쳐 버립니다. 사실 이 편지의 내용은 그 오묘함을 말로 다할 수 없는데, 진시황이 그리 단순한 두뇌의 소유자가 아니라는 사실을 단적으로 보여 줍니다. 아마도 여불위의 유전 인자가 작용했는지도 모르겠습니다.

그는 첫마디에서 이렇게 말했습니다. "당신은 진나라에 무슨 공로가 있는가? 진나라는 당신에게 세수(稅收)가 십만 가구나 되는 많은 재산을 내려 주었는데, 그것은 무엇 때문인가?" 두 번째 마디에서는 이렇게 말했습니다. "당신은 진나라와 무슨 친족 관계가 있는가? 왜 내가 당신을 양아버지라고 불러야 하는가? 당신 스스로 잘 알고 있을 터이니 더는 말하지 않겠다. 순순히 사천(四川)으로 옮겨 가서 살도록 하라!" 겨우 다섯 마디로써 그들 부자의 심리를 잘 나타내 주고 있습니다. 이것이 바로 고문(古文)의 장점입니다.

다시 말하면 진시황의 말은 다음과 같은 의미를 품고 있었습니다. "나는 진정한 영진(嬴秦) 왕조의 후예로서 진나라의 왕이다. 이제는 내가 주인공이다. 당신이 과거에 한 일들은 모두 진정으로 진나라를 위해서였는가? 그 내막은 하늘이 알고 또 내가 알고 있으니 고분고분하게 사천으로 내려가서 노년을 보내시오! 또다시 무슨 수작 벌일 생각일랑은 하지 말고." 이런 뜻이 숨어 있었으니 조금이라도 총명한 사람이라면 그 글이 부자 관계를 끊어 버리겠노라는 선언임을 알아차릴 수 있을 것입니다. 여불위는 아들의 교육이 성공리에 끝나 이제는 홀로 일어설 수 있게 되었음을 알았습니다. 그러니 더 이상의 야망은 생각할 수도 없었고 그도 이젠 늙었습니다. 남아 있는 건 오직 자살이라는 한 갈래 길뿐이었습니다.

그러나 우리는 이렇게도 볼 수 있습니다. 진시황은 교양도 없던 생모에게 그래도 효심을 지니고 있었습니다. 여불위에 대해서도 차마 어쩌지 못하는 마음을 지니고 있었습니다. 그러니 그의 성격을 거칠고 폭력적이라고만 몰아붙여서는 안 될 것입니다. 사실 춘추에서 전국에 이르는 시기에 군주를 시해하고 부친을 살해한 제후가 어찌 한둘이겠습니까! 진 왕조 이후의 제왕 가운데도 사람을 시켜 칼이나 독주나 목맬 끈을 보내 자살을 명한 사람이 부지기수였습니다. 진시황은 여불위에게 그렇게까지는 하지 않았습니다. 그 까닭이 어디에 있었는지는 깊이 생각해 볼 만합니다!

여섯 나라를 멸망시킨 것은 진나라가 아니다

진시황은 태후와 여불위의 사건 이후 비로소 정식으로 친정(親政)을 하기 시작했다고 말할 수 있습니다. 그는 정말 운이 좋은 사람이었습니다. 불과 이 년이라는 기간에 한(韓)·조(趙)·연(燕)·위(魏)·초(楚)·제(齊) 여섯 나라를 차례차례 멸망시켰는데, 그 과정에서 역사적으로 가장 유명한 이야기가 바로 연(燕) 태자 단(丹)이 자객 형가(荊軻)를 보내 진시황을 죽이려고 했던 사건입니다.

하지만 중국의 구(舊)역사서인 『강목(綱目)』에는 이렇게 씌어 있습니다. "연 태자 단이 도적을 보내 진왕을 죽이려 하였으나 성공하지 못했다. 진나라는 이에 연나라 군사를 격파하고 나아가 계[62]를 포위하였다〔燕太子丹 使盜劫秦王, 不克. 秦遂擊破燕代兵, 進圍薊〕." 이런 식으로 기록하고 있는 역사서들, 예를 들어 주희의 『자양강목(紫陽綱目)』같은 저서는 이치에도 맞지 않고 평론하기가 상당히 어렵습니다. 게다가 당시 여섯 나라는 큰 죄도 없었으니 이를 멸망시킨 것이야말로 진나라의 가장 큰 폭정 가운데 하나라는 것입니다. 이것은 모두 후대 유학자의 정치 철학적 시각과 평론으로서, 그것이 맞느냐 틀리느냐는 시대와 사회의 문화 변천에 달린 것이라서 한마디로 잘라 말하기 어렵습니다.

사실 연 태자 단과 진시황은 어려서 함께 조나라에 인질로 있었던 사이였습니다. 게다가 두 사람은 어려운 상황에서도 사이좋은 친구였기 때문에 연 태자 단은 진시황의 부모와 여불위에 대해 잘 알고 있었습니다. 진시황이 왕위를 계승하여 진왕이 되면서 연 태자 단은 다시 진나라에 인질로 와 있게 되었습니다. 그런데 진시황은 옛 정을 생각해서 특별히 예우하거나 하지 않고 그저 제후들이 보낸 여느 인질과 다름없이 대했습니다. 그 결과 극도로 화가 난 연 태자 단은 몰래 탈출하여 연나라로 돌아가 버렸습니다. 그리고는 온갖 방법을 다 동원하여 자객 형가를 찾아내어 진왕을 암살하라고 시켰던 것입니다. 이것은 역사상 유명한 이야기로서 후세 중국 무협 소설의 막을 열었다고 할 수 있습니다.

사실 적국에 대한 태도라는 측면에서 본다면, 연 태자 단은 고국으로 돌아간 후 정치·경제·군사상으로 부국강병을 도모하여 진나라를 반격하기는커녕 오히려 이런 낮은 수준의 책략을 꾀했으니 그 사람됨 자체가 당시

---

62 연나라의 수도로 지금의 북경(北京).

명망 높았던 세 공자 즉 제나라 공자 맹상군(孟嘗君), 위나라 공자 신릉군 (信陵君), 조나라 공자 평원군(平原君)에 훨씬 미치지 못했던 듯합니다. 그들은 그래도 '구망도존(救亡圖存)'[63]에 힘쓸 줄 알았습니다. 어쩌면 연 태자 단과 같은 경우가 바로 전국 말기의 보편적인 현상이었는지도 모르겠습니다. 정말로 인재가 드물었기 때문에 한갓 진나라의 어린아이가 명성을 날리게 되었는지도 모릅니다. 그래서 당대(唐代)의 명신 두목(杜牧)은 「아방궁부(阿房宮賦)」에서 이렇게 말했습니다. "여섯 나라를 멸망시킨 것은 여섯 나라이지 진나라가 아니다(滅六國者, 六國也, 非秦也)."

그 후 중국 천하를 통일한 진시황은 주대 이래의 봉건제를 폐지하고, 통치에 편리하도록 전국의 행정 구역을 군현(郡縣)으로 나누었습니다. 진시황 자신은 거기까지 생각하지 않았겠지만 그 일로 인해 중화 민족의 통일을 위한 영원한 기초가 마련되었습니다. 그 외에도 북으로는 흉노(匈奴)를 몰아내고 만리장성을 쌓아 변방의 전선으로 삼았으며, 남으로는 남월(南越) 등지를 중국의 판도 안에 넣어 사방 각지를 순수(巡狩)하고 다녔습니다. 함양에서는 대규모의 토목 공사를 일으켜 아방궁을 건축했습니다. 심지어 죽기 두 해 전에는 역사상 유명한 저 '분서갱유(焚書坑儒)'를 저질러 전대미문의 폭정(暴政)이라는 오명을 남겼습니다.

그는 왕위에 오른 지 이십오 년, 황제라 칭한 지 십이 년 만에 겨우 오십 세의 나이로 죽었습니다. 삼 년 후 그가 세운 진 왕조도 망했습니다. 만약 철학적 관점에서 본다면 송대의 사(詞) 작가인 주돈유(朱敦儒)가 읊었던 것과 꼭 같다고 하겠습니다.

---

63 망해 가는 나라를 구해 냄.

역사에는 몇 번이나 허망한 꿈이 등장했으며   青史幾番春夢

세상에는 얼마나 많은 인재들이 나타났던가   紅塵多少奇才

다시 안배하려는 생각일랑 하지 마시오   不須計較更安排

이미 받아가서 지금까지 거기 있거늘   領取而今現在

29

진시황의 치국의 도를 공평하게 논의하다

여러분은 우리가 『대학』을 살펴보고 있었다는 사실을 잊어버리지 마십시오. "천자로부터 서민에 이르기까지 한결같이 몸을 닦는 것을 근본으로 삼아야 한다. 그 근본이 어지러운데 말단이 다스려지는 경우는 없다〔自天子以至於庶人, 壹是皆以脩身爲本. 其本亂而末治者否矣〕"라는 구절을 이야기하다 보니까 "몸이 닦인 뒤에야 집안이 바로잡히고, 집안이 바로잡힌 뒤에야 나라가 다스려진다〔身脩而后家齊, 家齊而后國治〕"라는 이치까지 연결되어 버린 것입니다.

그리하여 삼대 이후로는 천자라는 제왕 가운데 "몸이 닦인 뒤에야 집안이 바로잡힌다〔身脩而后家齊〕"라는 말에 어울릴 만한 사람이 거의 하나도 없었다고 말씀드렸습니다. 게다가 진·한 이후로 제왕의 가정—역사적 관습을 좇아 '궁정'이라고 부르겠습니다—은 하나같이 큰 문제가 있던 가족으로서, "집안이 바로잡힌" 훌륭한 표본이 하나도 없었습니다. 그 결과 역사상 지도자의 위치에 있었던 제왕들은 대부분 비정상적인 심리나 정신병을 소유한 이들이었습니다. 앞에서 예로 들었던 제 환공과 진시황이라는 두 사람의 비정상적 심리를 참고해 볼 수 있습니다. 마치 소설 속의 이야기를 듣는 것처럼 흥미진진했겠지만 절대로 주제를 잊어버려서는 안 됩니다.

진 효공 이래의 법치를 받들어 행하다

만약 "제가(齊家), 치국(治國)"의 관점에서 진시황의 모든 것을 바라본다면, 여러분은 아마 역사서의 관점을 그대로 좇아 그를 폭군이라고 함부로 부르지 않을 것입니다. 어쩌면 그를 대단히 동정하게 될지도 모릅니다.

그는 복잡한 가정 환경에서 자라면서 심리적으로 비정상적인 정신병 환자였습니다. 오랜 기간에 걸쳐 마음속에 쌓인 고통과 분노에다 세상 사람들이 자신을 깔보지 않을까 두려워하는 마음이 겹쳐져서, 무슨 일만 생기면 다른 사람에게 걷잡을 수 없는 분노를 폭발시켰던 것입니다. 거기다 제왕의 보좌에 앉기까지 했으니, 전통 종법 사회는 그에게 막대한 권력을 부여했으며 사람들은 그를 천자로 받들지 않을 수 없었습니다. 자연히 희로애락의 감정이 시키는 대로 행동하는 교만하고 방자한 제왕으로 변해 갔던 것입니다.

하지만 그의 치국(治國)의 도에 초점을 맞추어 평가한다면 결과는 완전히 달라집니다. 진시황은 본래 유도(儒道) 혹은 집안의 전통적인 문화 교양이 부족한 인물이었습니다. 그러므로 다소 대담한 가정(假定)이긴 하지만 그는 여불위로부터 대상인의 기질을 그대로 물려받았다고 말할 수 있습니다. 그의 치국의 도는 대략 두 가지로 설명할 수 있습니다.

첫째, 형법을 준엄하게 했습니다.

진나라는 전국 시대를 전후한 백여 년 이래로 진 효공 때부터 상앙의 건의를 받아들여 '법(法)'으로 나라를 다스리기 시작했는데, 그것은 진시황 시대에 이르기까지 내내 바뀌지 않았습니다. 이 시기의 유럽 역시 로마 제국과 로마법이 성립되는 단계에 있었습니다.

어떤 국가나 사회가 오로지 법치만을 강조하다 보면 결과적으로 부국강병을 이루고 매사에 규율과 준칙이 있을 수도 있습니다. 하지만 그 사회의 구성원들은 손과 발에 수갑을 찬 꼴이 되어 사소한 행동 하나하나가 모두 법을 거스르는 범죄 행위가 되기 십상이고 자칫하면 죄인이 되고 맙니다. 게다가 법으로 나라를 다스리는 것에 지나치게 의존하다 보면, 법 조항은 자꾸만 엄밀해지고 법을 집행하는 사람의 폐단도 갈수록 다양해지게 됩니다. 사회란 본디 수시로 변하고 세상사도 늘 변하기 마련인지라 그에 따라 법률 규정 역시 자꾸만 늘어나게 됩니다. 그 결과 법을 집행하는 정부는 인정사정없는 기계적인 구조로 변해 버리고 맙니다.

국가를 이끌어 가는 제왕들은 법률에 우선하는 특수한 결정권을 지니게 됨으로써 원래는 폭군이 아니었다 하더라도 점차 폭군으로 변하지 않을 수 없습니다. 어차피 크든 작든 지도자라는 위치는 뭇 사람들의 희망과 원망이 집중되는 자리입니다. 예를 들어 현대의 민주 법치 국가라 불리는 미국 역시 법률이 지나치게 많다는 병폐를 안고 있습니다. 변호사가 미국인들이 가장 싫어하는 대명사가 되어 버린 지는 오래입니다.

그래서 노자는 말했습니다. '법령이 늘어날수록 도적도 많아진다[法令滋彰, 盜賊多有].' 그가 원했던 '무위(無爲)'의 다스림은 바로 법규가 없는 자치(自治)였습니다. 이른바 "하늘의 그물은 넓고 넓어서 성긴 듯해도 놓치는 일이 없다[天網恢恢, 疏而不失]"라는 말은 조례가 없는 자율을 뜻합니다. 맹자 역시 이렇게 말했습니다. "오직 선하기만 해서는 정치를 할 수 없고 오직 법만 가지고는 스스로 행할 수 없다[徒善不足以爲政, 徒法不能以自行]." 법치만을 강조하다 보면 결국 법을 제정하고 집행하는 사람 스스로 막다른 길로 가 버립니다.

역사에서는 진시황이 '준엄한 형법'으로 나라를 다스림으로써 그 멸망을 재촉했다고 말합니다. 사실 진시황이야 법이니 불법이니 하는 것에 대해 뭘 알았겠습니까? 그저 진나라에 전해 내려오는 법제를 그대로 실행했고 거기다 "다른 사람에게 분노를 폭발시키는" 개인적인 폭행을 더했을 뿐이었습니다.

분서갱유 사건의 진상

이른바 '분서(焚書)' 사건의 경위는 이러했습니다. 진시황은 주청신(周靑臣)의 아첨과 순우월(淳于越)의 반론을 놓고 대신들에게 회의하라고 명했습니다. 그 결과 승상 이사는 "사관은 진나라의 기록이 아닌 것은 모두 불사르고[史官非秦紀皆燒之]", "박사 관직에 있지 않은 자가 주관한[非博士官所職]" 것은 모두 불사르자는 견해를 내놓았습니다. 당시 이사는 막강한 권력을 소유한 수상(首相)인 동시에 유학자인 순자(旬子)의 학생이었습니다. 진시황은 그의 의견을 받아들여 '가(可)'라는 글자를 써넣으라고 명했습니다. 그러니 분서가 진시황의 독단적인 결정이었다고 말할 수 있겠습니까?

만약 지금처럼 법대로 처리한다면 분서의 죄는 이사와 초(楚) 패왕(覇王) 항우(項羽)에게 돌아가야 합니다. 게다가 진시황 당시에 불사른 책들은 모두 사가(私家)의 장서들이었습니다. 박사들이 소유한 장서는 원래 함양궁에 다 모아져 있었는데, 후일 항우가 아방궁에 불을 지르면서 함께 타버렸던 것입니다. 훗날 소동파는 분서의 죄과는 순자에게 추궁해야 한다고 했습니다. 이사가 순자의 학생이었기 때문이지요.

그렇다면 '갱유(坑儒)'는 어떻게 된 일입니까? 진시황이 중국을 통일하고 황제라 칭했던 시기에는 박사(博士)라는 관직을 두어 각 제후국에서 온 유생들을 기용했습니다. 그 밖에 함양에서 벼슬을 하거나 식객 노릇을 하던 빈객 역시 적지 않았습니다. 갱유 사건은 그가 죽기 이 년 전에 발생했는데, 당시 아방궁도 조기에 완성되고 해서 진시황은 날마다 주색에 빠져

살고 있었습니다. 조정의 대신들조차 황제를 만나고 싶어도 그가 어디에 있는지를 몰라 애를 태우곤 했습니다. 당시 그는 죽음이 두려워 불로장생의 약을 찾고자 백방으로 힘쓰고 있었는데, 몸에는 이미 온갖 병이 다 생겨났고 정신 상태도 비정상적이었습니다. 요즘 말로 하면 당뇨병이니 고혈압이니 전립선염이니 하는 각종 질병에다 이름도 알 수 없는 의심증과 공포증이 겹친 상태였습니다. 그랬기 때문에 자신은 궁 안에 있으면서 바깥을 지나가는 승상의 호위병들의 위풍당당함을 보고서도 불쾌한 마음이 들었던 것입니다. 얼마 후 황제를 지키는 호위병의 수가 확 줄었습니다. 그것은 자신을 곁에서 모시는 사람이 혹시나 자기 상태를 누설할까 의심이 나서 몽땅 잡아다 죽여 버렸기 때문입니다.

그 무렵 후생(侯生)과 노생(盧生)이라는 유생 두 사람이 서로 담론을 나누면서 몰래 그를 비웃었습니다. 그뿐 아니라 진나라에 있기를 싫어하여 남몰래 달아나려고 했습니다. 이를 안 진시황은 크게 노하여 말했습니다. "여러 유생들이 혹 요사한 말로써 일반 백성들을 어지럽히고 있으니, 어사로 하여금 그것을 처리하도록 하라[諸生或爲妖言以亂黔首, 使御使按之]." 이것이 역사에 기록된 진실입니다. 그 일로 크게 화가 난 진시황은 법을 집행하는 어사(御使)에게 그들을 법에 의거해 조사하고 처리하라고 명했습니다. 결코 즉시 죽여 버리라고 말한 것이 아니었습니다. 그런데 "여러 유생들이 서로 밀고하니 이에 법을 범한 자가 사백육십여 명이 되었다[諸生轉相告引, 乃自除犯禁者, 四百六十餘人]"라고 합니다. 함양의 유생들은 자신의 무죄를 증명하고자 제각기 탄원서를 올렸는데 개중에는 다른 사람을 밀고하는 사람도 있었습니다. 서로 밀고하다 보니 한 사람씩 한 사람씩 연루되어 급기야 법을 범했다는 사람이 모두 사백육십여 명에 달하고 말았습니다.

이러한 사실에 더욱 분노한 진시황은 그들을 몽땅 산 채로 묻어 버리라고 명했습니다. 유사 이래로 서생이라는 사람들은 모두가 "눈이 정수리보다 높고 운명은 종이처럼 얇았다[眼高於頂, 命薄如紙]"라고 할 수 있습니다. 평상시에는 고상한 담론을 즐기고 이치를 설파하는 말이 그 입에서 끊이지 않았지만, 일단 일이 터지자 모두가 다른 사람에게 죄를 떠넘기기에 급급했습니다. 그 또한 인지상정이니 서글픈 일이 아닐 수 없습니다.

물론 그가 세상의 모든 지식인들을 몽땅 생매장하라는 명을 내린 것은 아니었지만 그 사건으로 인해 사람들은 경악과 분노를 금치 못했습니다. 갱유 사건은 지식인과 일반인들의 반역심을 불러일으키기에 충분했습니다. 그의 큰아들 부소(扶蘇)조차 보다 못해 그에게 말했습니다. "유생들은 모두 공자를 배우고 본받는 자들인데 이제 무거운 법으로 그들을 결박하면, 신은 천하 사람들이 이 일로 불안해할까 두렵습니다[諸生皆誦法孔子, 今以重法繩之, 臣恐天下不安]."

그런데 이 말을 들은 진시황은 오히려 더욱 대로하여 부소를 추방하라는 명을 내렸습니다. 그를 상군(上郡)[64]에 주둔해 있는 몽염(蒙恬) 장군이 관할하는 군구(軍區)의 감군(監軍)으로 쫓아낸 것이었습니다. 그것이 화근이었습니다. 진시황이 죽은 후 태감 조고(趙高)는 그의 유언을 위조하여 부소와 몽염에게 자결하라고 명했습니다. 그 결과 진의 망국은 더 앞당겨졌습니다. 이것이 바로 정신적 문제가 가장 심했던 진시황 말년에 이른바 폭군의 폭행을 저지르게 된 유래입니다.

---

64 지금의 연안(延安).

군현은 중앙의 지사

둘째, 군현을 설치했습니다.

삼대(三代) 및 주 왕조의 봉건 제도는 모두 종법(宗法) 씨족 전통에서 온 것으로서 천 년 이상 지속되었습니다. 상고 시대의 이른바 분봉(分封) 제후들은 서양의 장원(莊園) 봉건제와 큰 차이가 있기 때문에 구분해서 말해야 합니다. 게다가 주·진 시기의 '국(國)'은 지방 정치 단위를 가리키는 명칭이므로 후세의 '국가' 개념과는 그 의미가 전혀 다릅니다.

주 왕조 초기의 분봉 제후들은 그 호칭이 팔백여 가지에 달했다고 하는데, 도대체 제후국의 숫자가 얼마나 됐는지는 지금까지도 고증하기 어려운 문제입니다. 그런데 주 왕조에서 봉한 제후들이 모두 '희(姬)'씨 성을 지닌 가족인 것은 아니었습니다. 진·한 이후의 제왕들이 같은 성이 아니면 왕으로 봉하지 않았던 태도와는 달랐습니다. 그것은 희주(姬周)의 건국 이념이 공자가 『춘추』 대의에서 표방했던 "멸망해 가는 나라를 흥하게 하고 끊어진 세대를 이어 준다[興滅國, 繼絶世]"라는 것을 종지로 삼았기 때문입니다.

따라서 당시 봉건 제후 가운데는 요순 이전의 옛 나라에서 백성들에게 덕을 베풀고 공을 세운 사람의 후손을 찾아내어 제후에 봉하고 땅을 떼어 준 경우도 있었습니다. 예를 들어 염제(炎帝)의 후손이 그러했습니다. 심지어 혁명─은 왕조를 몰아내고 주 왕조가 들어선 것을 말합니다─이후 은 왕조의 후손까지 마찬가지로 분봉 제후로 삼았습니다. 혁명이 성공하면 이전 왕조의 후손은 모두 죽여 버리는 후세의 방식과는 딴판이었습니다.

이러한 봉건 제도는 상고 시대의 종법 사회가 효(孝)를 중시하던 데서 유래했습니다. 내가 내 조상들에게 효도하기를 원하는 만큼 저 사람은 자기 조상들에게 효도하기를 원합니다. 내가 내 친족을 존중하기를 원하는 만큼 저 사람은 자기 친족을 존중하기를 원합니다. 상고 시대에는 인구가 많지 않았고 경제생활은 농업 생산을 기반으로 했습니다. 설사 분봉 제후들에게 제각기 나라를 관리하게 한다 해도 농업 생산의 근간이 되는 토지는 여전히 중앙에 있는 왕조가 공유하고 있었습니다. 다만 '정전제(井田制)'라는 것을 만들어 다 함께 소유하고 다 함께 누린다는 목적에 도달하고자 했을 따름입니다. 제후 각국은 그저 묵묵히 중앙에 있는 주 왕실을 공동의 주인으로 삼고 받들면 되었습니다.

사회의 발전은 역사의 변화를 가져왔습니다. 춘추 시대에 이르면 주 왕실의 위엄이 약해지고 제후들 간에는 서로 삼키고 잡아먹는 약육강식의 전쟁이 일어나게 됩니다. 특히 문화 정신이 쇠약해지면서 이른바 "춘추 이백사십이 년 사이에 군주가 시해된 것이 서른여섯 건이고 나라가 망한 것이 쉰두 건이었다. 신하가 그 군주를 시해하고 자식이 그 아비를 죽이는 일이 빈번하게 일어났다. 전쟁을 일으키고 침공하는 일은 이루 셀 수도 없었다[春秋兩百四十二年之間, 弑君三十六, 亡國五十二. 臣弑其君, 子弑其父, 屢見不鮮. 戰伐侵攻, 不可勝數]"라고 했습니다. 윗대의 복수를 하기 위한 전쟁이었다면 그나마 정의로운 전쟁이라고 말해 주겠는데, 그런 경우는 고작 두 건에 불과했고 그 나머지는 모두 자신의 세력을 믿고 다른 사람을 깔보는 침략 전쟁이었습니다. 그리하여 전국 시대에 이르면 진나라를 포함하여 단지 일곱 나라만이 남아 서로 자웅을 겨루게 되었습니다.

진(秦)나라는 원래 주 왕조 중기에 서북 고원에 봉해 준 제후국이었습니다. 역사 문화적 기초가 튼튼하지 못한 데다 새로 일어난 제후국이었기 때문에 강력한 패주(覇主)가 되기 위해서는 다른 나라의 인재들을 불러들여 나라를 다스리게 해야만 했습니다. 그 무렵 진나라 동쪽에 위치한 다른 제후국들은 오래된 통치 방식을 고수하고 있어서 사회 기강도 해이해졌고 정치도 그다지 훌륭하지 못했습니다. 이것을 본 진나라는 효공 때부터 오로지 공리(功利)만을 중시하는 법치를 채용하고 예치(禮治)니 덕치(德治)니 하는 전통은 폐기해 버렸습니다.

때마침 진시황이 십삼 세에 등극하던 그해 한(韓)나라는 진나라의 국력을 소모케 하여 더 이상 동쪽으로 군사를 출병시킬 힘이 없게 만들 궁리를 하고 있었습니다. 한왕(韓王)은 수리(水利) 공정에 뛰어난 정국(鄭國)이라는 사람을 진나라에 간첩으로 파견하여 진왕을 설득하게 만들었습니다. 경하(涇河)의 물을 끌어들여 관개 수로를 건설하는 수리 사업이 전개되었습니다. 공정이 반쯤 완성되었을 무렵 한나라의 음모가 발각되어 진나라에서는 정국을 죽이려고 했습니다.

그러자 정국이 말했습니다. "당신들이 지금 나를 죽인다고 해도 나는 상관없다. 어차피 나는 이미 내 나라에 보답하고 공을 세웠기 때문이다. 당신들이 수리 사업을 하느라 그동안 한나라를 공격하지 않았으니, 이는 내가 한나라를 몇 년 늦게 망하게 만든 것과 마찬가지이다. 하지만 이 수리 공정이 완성되면 당신네 진나라는 자손만대에 이르도록 이익을 볼 것이다." 그리하여 진나라에서는 그를 죽이지 않았습니다. 공정이 완성되자 진나라는 사만 경(頃)[65]에 이르는 생산 토지가 증가되고 농업 환경이 개선되어 생산량이 증가하게 되었고 국가는 더욱 부유해졌습니다. 하지만 이 일로 토목공사에 재미를 붙인 진시황은 나중에 함양궁을 세우고 또 역사상 전례가 없었던 아방궁을 건축하는 대역사를 벌이게 됩니다.

진시황은 여섯 나라를 멸한 후 천 년 이래의 전통을 뒤집어 버리고 천하를 군현으로 나누었습니다. 사실 진시황이 후세 중국에 대통일의 대업을 남겨 주었던 것은 그에게 남다른 재능이 있어서가 아니었습니다. 그것은 그가 어려서 여불위 밑에서 성장하면서 자기도 모르게 대상인의 경영 방

---

[65] 일 경(頃)은 백 무(畝), 즉 이만여 평이다.

법을 익혔기 때문입니다. 현대의 상업 관리 체제처럼 중앙에 모(母)회사가 있어서 절대적인 표결권을 지니고 있고, 천하에 펴져 있는 군현은 자(子)회사인 지사로서 모회사의 결정에 따라 업무를 집행하는 식이었습니다. 진시황은 여불위의 경영 수법을 잘 알고 있었기에 봉건제를 군현제로 고치기로 결정한 것이었습니다.

명대(明代) 주원장(朱元璋)의 경우를 예로 들면 그는 과거에 승려였던 적이 있었기 때문에, 명조의 관직을 정할 때 어떤 것들은 완전히 절에서 사용하는 승려들의 직책과 호칭을 그대로 사용했습니다. '도찰(都察)'이니 '도감(都監)'이니 하는 것이 그런 것인데, 심지어 승려를 '총통(總統)'이니 '통령(統領)'이니 하는 관직에 봉하기도 했습니다. 그 모두가 선문총림(禪門叢林)에서 설립한 제도의 명칭이었습니다.

다시 본론으로 돌아와서, 진시황은 당시의 중국 천하를 삼십육 군(郡)으로 나누고 군마다 군수(郡守)를 두었습니다. 승상 이사의 다음과 같은 건의는 참으로 이치에 맞았습니다. "오제는 (옛것을) 다시 회복시키지 않았고, 삼대는 (옛것을) 그대로 답습하지 않았습니다(五帝不相復, 三代不相襲)." "주나라는 자제들을 제후로 봉하여 자손이 매우 많아졌는데, 그런 후에 서로 소원해져서 공격함이 마치 원수를 대하는 것 같았지만 천자는 그것을 막을 수가 없었습니다(周封子弟, 子孫甚衆, 然後屬疏遠, 相攻擊如仇讎, 天子弗能禁)."

진시황은 이렇게 말했습니다. "천하에 고달픈 전투가 그치지 않았던 것은 제후가 있었기 때문이다. 이제 종묘에 의지하여(조상의 보우하심을 입었다는 말) 천하가 처음으로 안정되었는데 또다시 나라를 세운다면 이는 군사를 세우는 것이다. 그러고도 평안할 것을 구한다면 어찌 어렵지 않겠는가(天下苦戰鬪不休, 以有侯王. 賴宗廟天下初定, 又復立國, 是樹兵也. 而求其寧息, 豈不難哉)." 그리하여 제도를 개혁하기로 결정했습니다. 하지만 반드시 정위(廷尉)[66] 회의를 통과해야 집행할 수 있었습니다.

역사를 살펴보면 정치와 사회적 관습을 바꾸려고 하는 것이 그리 쉬운 일은 아님을 알 수 있습니다. 하지만 모든 폭군은 오히려 역사를 바꿔 놓는 혁명가이기도 합니다. 물론 개혁의 성과를 누리는 사람은 그가 아닌 다른 사람이기는 합니다만.

장량의 절체절명의 계산

진시황이 죽고 삼사 년이 지나자 초나라 항우(項羽)와 한나라 유방(劉邦)이 천하의 패권을 놓고 결전을 벌이는 시기가 돌아왔습니다. 역이기(酈食其)는 유방에게 건의하기를, 여섯 나라의 후손들을 다시 제후에 봉하면 틀림없이 세상 사람들의 지지를 얻을 수 있을 것이라고 했습니다. 유방은 참으로 일리가 있는 말이라고 생각했습니다. 즉시 사람을 시켜 큰 도장을 새기게 하고, 역이기에게 자신을 대표하여 여섯 나라의 후손들을 왕에 봉하라고 명했습니다.

장량(張良)이 들어왔을 때 마침 유방은 식사를 하고 있었는데, 밥을 먹으면서 그에게 이 일에 대해 말했습니다. 그러자 장량은 다음과 같이 말했습니다.

신이 앞에 놓인 젓가락을 빌려 대왕을 위해 셈해 보겠습니다. 탕무가 걸주의 후손을 봉한 것은 그 도량이 능히 생사의 운명을 주관할 수 있었기 때문입니다. 지금 대왕에서는 항적(항우)의 죽을 운명을 주관하실 수 있습니까? 하나, 무왕이 은에 들어가서 곡식

과 재물을 나누어 주고 말을 쉬게 하고 소를 풀어 준 것은 다시는 사용하지 않겠다는 뜻을 보여 주고자 해서였습니다. 지금 대왕에서 그렇게 하실 수 있습니까? 둘, 지금 천하의 유사들이 친척을 떠나고 조상의 묘지를 버린 채 대왕을 좇아 떠돌아다니는 것이 한낱 몇 자의 땅을 바라서이겠습니까. 지금 다시 여섯 나라의 후손을 세우면 유사들이 각기 그 주인에게 돌아가 섬길 것이니 대왕에서는 누구와 더불어 천하를 취하시렵니까? 셋, 지금 저 초나라는 막강한데 여섯 나라가 다시 그를 둘러싸고 좇는다면 대왕에서는 어떻게 그에게 신하 노릇을 하시렵니까? 넷, 객의 모략을 채용하시면 큰일은 떠나 버릴 것입니다!

臣請借前箸, 爲大王籌之. 湯武封桀紂之後者, 度能制其死生之命也. 今大王能制項籍之死命乎? (一), 武王入殷, 發粟散財, 休馬放牛, 示不復用. 今大王能之乎? (二), 且天下遊士, 離親戚, 棄墳墓, 從大王遊者, 徒欲望咫尺之地. 今復立六國後, 遊士各歸事其主, 大王誰與取天下乎? (三), 且夫楚惟無彊, 六國復撓而從之, 大王焉得而臣之乎? (四), 誠用客謀, 大事去矣!

장량의 말을 다 들은 유방은 즉시 입 속의 밥을 뱉어 버리더니 욕을 해대면서 말했습니다. "썩어 빠진 유생이 공사를 거의 망칠 뻔했구나. 얼른 가서 그 인장을 녹여 버려라[豎儒, 幾敗乃公事, 令趣銷印]." 이 두 구절의 고문을 현대어로 옮기면 이렇습니다. "이런 제기랄! 빌어먹을 선비 녀석 때문에 하마터면 큰일 날 뻔했네! 그놈 말대로 했다가는 큰 일을 완전히 그르치고 말 거야! 얼른, 얼른 가서 그 인장을 없애 버려라!"

여러분은 이런 역사적 이야기를 통해 당시 사람들이 오랜 기간 관습적으로 젖어 있던 봉건제에 대해 얼마나 미련을 버리지 못하였는지를 알 수 있습니다. 후일 유방이 항우를 쓰러뜨린 후 건립한 한(漢) 왕조는 정치 제도 및 관직의 명칭과 법률에서 대체적으로 진 왕조의 것을 그대로 사용했습니다. 몇 대를 내려간 후에야 비로소 천천히 고쳐 나가기 시작했지요.

심지어 오늘날 우리가 집안의 족보를 조사해 보면 시조가 영천군(潁川郡)에서 왔다느니 남양군(南陽郡)에서 왔다느니 하고 나오는데, 그런 지명들은 바로 진·한 시대 행정 구역의 명칭입니다. 이것을 보면 국가를 통일하고 민족을 단결시키는 데 있어서 종법 씨족 사회가 얼마나 크게 작용하는지를 알 수 있습니다.

하지만 종법 씨족이 종족의 문제는 아닙니다. 이 둘을 혼동하여 말해서는 안 됩니다. "치국(治國)"은 "제가(齊家)"와 마찬가지입니다. 생각해 보십시오. 자기 가족들의 오랜 생활 습관을 고치는 것만 해도 그리 간단한 일은 아닙니다. 먼저 자신이 "수신(修身)"하여 "자신을 모범으로 삼게" 하면서 끈기 있고 요령 있게 천천히 바꿔 나가야 됩니다. 하물며 국가는 얼마나 많은 가족들의 조합입니까!

30
역대로 수신제가했던 제왕이 몇이나 되는가

『대학』의 "성의(誠意), 정심(正心), 수신(脩身), 제가(齊家), 치국(治國), 평천하(平天下)"라는 명언을 읽는 사람은 누구나 머리를 끄덕이면서 일리가 있다고 생각합니다. 설사 현대의 미국식 민주 사회라 할지라도 대통령 선거를 할 때 보면 후보들의 인품이나 부부 관계 등에 오점이나 결점이 없기를 요구합니다. 이러한 도덕적 요구는 동양이건 서양이건 할 것 없이 마찬가지입니다. "사람이라면 누구나 그런 마음을 지니고 있고 마음은 다 같은 이치에서 나온다(人同此心, 心同此理)"라는 말 그대로입니다.

사람이란 참으로 이상한 존재입니다. 세상의 어떤 사람도 다른 사람에게는 호인이고 성인일 것을 요구합니다. 그러면서도 자기 자신의 행위에 대해서는 온갖 이유를 대면서 스스로를 용서하고 변명합니다. 마치 모든 사람이 손에 자나 저울을 들고 있다가 만나는 사람마다 성인의 기준에 도달하는지 미달하는지 재는 식입니다. 하지만 자기를 재는 사람은 아주 드뭅니다!

수신은 자아비판에서 시작한다

지금 저만 해도 그렇습니다. 『대학』을 이야기한답시고 대담하게 역사를 평가하고 옛사람들을 비평하고 있지만 말해 놓고 보니 부끄럽기 짝이 없습니다. 이렇게 말하는 제 자신은 어떻습니까. 참으로 말하기 곤란한 부분입니다. 하지만 여러분은 저의 자아비판을 자주 들으셨을 겁니다. 제 일생은 "이루어 놓은 바가 하나도 없고 옳은 곳이 한 군데도 없다"라는 단 두 마디로 말할 수 있을 뿐입니다.

여러분은 『홍루몽』이라는 소설을 좋아하실 것입니다. 제가 비록 전문가는 아니지만 작가가 서두에서 했던 몇 마디에는 정말 동의합니다. "길러 주신 부모님의 은혜를 저버리고 바로잡고 훈계해 준 스승과 벗들의 덕을 거스렸네〔負父母養育之恩., 違師友規訓之德〕." 사실 이 두 마디는 저의 자백이나 마찬가지입니다. 『홍루몽』을 읽어 본 사람이라면 "수신제가"의 중요함을 진정으로 알 수 있을 것입니다. 아울러 인성의 단점과 장점도 이해할 수 있습니다.

우리는 "수신제가"라고 했을 때 그 중점이 자기 자신의 "수신"에 있다는 사실을 알아야 합니다. 자기를 수양하지도 않고 집안을 바로잡지도 못하고서 나라를 다스리고 천하를 평정하겠다고 호언해서는 안 된다기보다는 실제로 그렇게 할 수 있는 사람이 드물다는 것이지요. 왜 공자는 그렇게까지 요순(堯舜)을 높이 받들었을까요? 그의 강조점은 "수신"에 있었습니다. 다른 것은 다 놔두고 과거 전통 교육에서 중시했던 '이십사효(二十四孝)'만 봐도 알 수 있습니다.

이십사효 속의 인물들은 모두 문제 있는 가정에서 태어난 사람들이었습니다. 그렇기 때문에 노자는 "육친이 화목하지 못하여 효도와 자애가 생겨났고, 국가가 혼란하여 충신이 생겨났다〔六親不和有孝慈, 國家昏亂有忠

臣]"라고 말했습니다. 만약 가정에 아무런 문제가 없다면 한 사람 한 사람이 다 그리 나쁘다고 할 수 없을 것이니, 그렇다면 효니 불효니 하는 문제도 없을 것입니다. 인의(仁義)의 이치도 마찬가지입니다. 만약 모든 사람이 자기 자신을 사랑하고 존중하는 것처럼 다른 사람도 존중하고 사랑한다면 인의니 뭐니 하고 떠들 필요가 뭐 있겠습니까?

순임금의 효는 천지를 감동시키고 천하를 평정했다

이십사효에 대해 말할 것 같으면 제일 첫머리에 나오는 인물이 바로 순임금입니다. 순임금은 역사상 가장 문제 있는 가정에서 태어난 사람이었습니다. 아버지는 완고한 데다 사나워서 애정이라고는 눈곱만치도 없는 사람이었습니다. 어머니―계모라는 설도 있습니다―는 한술 더 떠서 심술궂고 오만방자한 여인이었습니다. 그에게는 동생이 하나 있었는데 하는 일 없이 빈둥거리면서 놀고먹는 데다가, 이기적이고 소유욕이 아주 강한 성격이었습니다.

그런데 세상의 부모들은 대부분 편애하는 마음을 지니고 있기 마련입니다. 그의 부모는 작은아들을 편애하여 순임금은 좋아하지 않았습니다. 그런 가정에서 태어났으니 "움직일 때마다 허물을 얻게 된다"라는 말처럼 하루도 편안하게 지나간 날이 없었습니다. 하지만 순임금은 조금도 원망하는 마음 없이 홀로 가족을 부양하면서 부모에게는 효도를 다하고 형제에게는 우애를 다했습니다. 그러나 결국은 부모에게 쫓겨나 도자기를 만들어 팔면서 혼자 살아가야 했습니다.

그런 사람, 그런 가정이었기 때문에 자연히 다른 사람들에게 이야깃거리가 되어 입에 오르내렸던 것입니다. 그리하여 요임금도 그 이야기를 듣게 되었습니다. 요임금은 잘 관찰해 본 후 그를 데려다 기르기로 결심했습니다. 그리고 자기 두 딸을 순임금에게 시집보냈습니다. 요임금은 차츰차츰 그에게 일 처리를 맡기면서 그의 위치를 조금씩 높여 갔습니다. 그런데 그것을 본 순임금의 동생은 샘이 났습니다. 두 형수의 자태와 가세가 탐이 났던 동생은 순임금을 죽일 계략을 짜냈습니다. 하루는 부모에게 형을 불러 우물을 파게 하라고 시키고 그가 일하는 사이에 생매장하려고 준비했습니다. 동생의 계획을 안 순임금은 우물을 파면서 옆으로 출로를 뚫어 놓았습니다. 그리하여 생매장당할 위기를 넘겼습니다. 하지만 동생에게 복수하려는 마음도 가지지 않고 용서했을 뿐 아니라, 예전처럼 아끼고 사랑했습니다.

고대의 역사 기록은 문자가 간단하고 주변 자료도 없지만 대강의 경과는 갖추어져 있습니다. 순임금은 그런 가정 환경에서 출생하였지만 "수신(脩身)" "이립(而立)"하여 "제가(齊家)"를 이루어 낸 인물이었습니다. 후일 요임금은 그를 정치의 중심에 놓아두고 각기 다른 일을 맡아보게 하더니 마지막에는 그에게 국정을 총괄하라는 명을 내렸습니다. 사실 요임금 재위 당시의 공적 대부분은 순임금의 공로였습니다. 그렇게 이삼십 년이 흘러 요임금이 백 세가 가까워지자 마침내 순임금에게 양위했습니다.

그런데 순임금이 국정을 맡고 있을 무렵 그의 어머니도 이젠 늙어서 앞이 잘 보이지 않게 되었습니다. 아마도 백내장쯤 되는 병이었을 겁니다. 당시는 의약도 발달하지 못했는데, 순임금은 친히 어머니의 머리를 끌어안고는 자기 혀로 어머니의 눈을 핥았습니다. 전설에 의하면 "효성이 하늘을 감동시켜" 그의 어머니 눈이 갑자기 밝아졌다고 합니다.

그뿐 아니라 후에 요임금이 죽은 후—어떤 기록에서는 그가 죽지 않고 도를 닦으러 갔다고 합니다—순임금은 삼십 년간 국가의 원수를 지냈는데, 그도 백 세가 가까워지자 우임금을 국정 총리로 발탁했습니다. 그리고는 자신은 남방으로 순수(巡狩)를 나섰다가 호남(湖南)을 지나 광서(廣西)에 이르러, 전하는 말로는 구의산(九嶷山) 어디쯤에서 죽었다고—그 역시 요임금처럼 도를 닦으러 산으로 들어갔다고 기록된 역사서도 있습니다—합니다. 그리하여 아황(娥皇)과 여영(女英) 두 황후는 몸소 남방으로 가서 순임금의 행방을 찾아다니다가 결국 모두 호남에서 죽었는데, 전설에 의하면 두 사람 역시 신이 되었다고 합니다. 후세에 이른바 '상비(湘妃)' 혹은 '상군(湘君)'이라 불리는 여신은 바로 순임금의 두 황후라고 합니다.

이 고사는 문제 있는 가정의 부모·형제·처자 사이에 처했을지라도 부정적인 결과를 가져오지 않고 오히려 적극적으로 "수신, 제가"하여 "치국, 평천하"했던 훌륭한 본보기가 있었음을 보여 줍니다. 그렇기 때문에 공자가 요순을 숭배한 것이지 단지 문화를 처음 창시했다는 요순의 덕정(德政) 때문만은 아니었습니다. 하지만 주·진 이후로 역대 제왕들의 가정과 제왕 자신은 어떠했습니까? 몇몇 훌륭했다는 개국 군주들조차 나쁜 습성을 버리지 못했던 제 환공의 화신일 뿐이었습니다. 나머지 별 볼 일 없는 황제들과 직업 황제들은 일부를 제외하면 더 말할 필요도 없었습니다!

31

천하를 평정한 유방도 집안은 다스리지 못했다

진시황 이후로 중국의 역사는 오랜 봉건제에서 문화와 문자가 통일되고 정치 체제가 군현제로 통합된 소위 "서동문, 거동궤(書同文, 車同軌)"[67]의 동방 대국으로 변했습니다. 이때가 바로 기원전 220년경이었습니다.

그리고 보니 생각나는 이야기가 있습니다. 만주족의 청나라를 뒤집어엎은 후 민국(民國) 초년에서부터 항일 전쟁이 일어나던 무렵의 일입니다. 산서(山西)에서 철로를 놓던 염석산(閻錫山)은 일부러 협궤(狹軌)를 놓음으로써 전국 철로의 궤도와 서로 이어지지 않게 했습니다. 아직도 전국 시대의 제후나 『삼국지연의』 시대의 사상을 품고 있었던 것입니다. 진·한에서 이천 년이나 지난 당시까지도 여전히 전국 시대의 '거불동궤(車不同軌)' 작태가 수시로 출현하였으니 얼마나 기가 막힐 노릇입니까!

우리가 지금 살펴보고자 하는 것은 중국의 역사가 아니라 중국 문화에서 유가의 심법(心法)입니다. 다만 "수신"과 "제가"의 문제를 설명하다 보니 역사상 천하 주인들의 가정을 거론하게 된 것입니다. 만약 좀 더 상세히 서술한다면 어쩌면 역사 소설이 되어 버릴지도 모르겠습니다. 하지만

---

67 모양이 똑같은 글자를 쓰고 폭이 똑같은 수레를 쓴다.

역사에 등장하는 세상사가 바로 『대학』이 내포하고 있는 의미를 반증해 주는 것이 아니겠습니까?

중국의 역사는 후에 한(漢)·당(唐)의 개국으로 성세를 맞이했습니다. 송(宋)·명(明)은 그다음입니다. 원(元)은 몽고족이 주인이었고 청(淸)은 만주족이 주인이었으니 마땅히 별도로 논의해야 하겠지만, 그렇게까지 하라는 것은 사실 지나친 요구입니다. 게다가 제가 앞에서 말씀드렸듯이 역대로 개국 군주를 제외하면 나머지는 모두 직업 황제들이었습니다. 현상 유지한 것만으로도 훌륭하다고 할 수 있는 그들에게 굳이 『대학』이라는 척도를 들이대어 토론할 필요는 없을 것입니다. 물론 그렇게만 말해서는 안 되겠지요. 직업 황제들 가운데도 탁월한 인물이 몇몇 있었으니까요. 마치 "비록 딱 들어맞지는 않지만 또한 그런대로 볼만하구나"라고 했던 것처럼 말입니다.

유방의 용안에서부터 이야기를 시작하다

개국했던 제왕에 관해 이야기한다면, 예를 들어 한 고조 유방은 역사상 그를 찬미하는 말인 '융준용안(隆準龍顔)'과 '활달대도(豁達大度)'라는 여덟 글자 외에 마땅히 '지인선임(知人善任)'이라는 네 글자의 장점을 더 보태야 합니다.

우선 '융준(隆準)'이라는 말은 그의 코가 유난히 높고 코끝이 큰 것을 가리키는 말로, 관상에서는 "코가 하늘에 통하고 복서(伏犀)[68]가 정수리를 관통한다"라고 말합니다. 이런 사람은 참 많은데, 저도 일생 동안 거지와

---

68 골격의 이름.

출가한 승려 가운데 그런 융준인 사람을 몇 명 보았습니다. 그러니 코가 크다고 다 황제가 될 수는 없나 봅니다.

그다음은 '용안(龍顔)'인데 과연 용의 얼굴을 본 사람이 있습니까? 옛 그림에 나오는 용이라고 치고 생각해 봅시다. 아주 위엄 있는 모습 외에는 그다지 특별할 것도 없으니 보통 사람 가운데도 그런 사람은 많습니다.

따라서 '융준용안'이라는 네 글자로 유방을 칭찬한 것이야말로 옛사람들이 역사를 기술하는 솜씨가 훌륭하다고 하겠습니다. 뭐 그리 특별한 것도 없는 인물이 황제가 되었는데, 어떻게든 그에게는 남보다 뛰어난 곳이 있었다고 말해야만 했을 것입니다. 후세의 "용과 봉황의 자태에다 하늘의 태양 같은 용모"라는 말처럼 대단한 아첨이라고 하겠습니다.

제가 젊었을 때 골상을 잘 보는 친구가 하나 있었는데 저는 그 친구에게 늘 이렇게 말했습니다. "자네는 남의 돈을 챙기면서 그 사람 욕을 하니 정말 나쁜 사람이야. 설사 내가 '용행호보(龍行虎步)'니 '호배웅요(虎背熊腰)'니 하는 특별난 골상을 타고났다고 말해 주더라도 난 자네를 한 방 때리고 말 걸세. 그건 나를 한 마리의 금수요 동물이라고 욕하는 게 아닌가!" 그러자 그가 말했습니다. "나는 그저 책에 있는 대로 말한 것뿐이야. 역대의 영웅이며 제왕들은 하나같이 그런 아첨하는 말을 좋아하지 않았는가. 과연 어떤 사람이 '보아하니 당신은 절대로 영웅이 되지 못할 것이오!'라고 말했느냐 말이야!" 우리는 둘 다 배꼽을 잡고 웃었습니다.

사실 유방이 '활달대도'했다는 부분은 그래도 수긍이 갑니다. 그를 전대의 제 환공이나 후대의 당 태종과 비교해 보면 그런대로 비슷한 곳이 있습니다. 하지만 부정적으로 평가한 글도 있습니다. 예를 들어 범증(范增)은 항우에게 이렇게 말했습니다. "유방이 산동에 있을 적에는 재물을 탐하고 여색을 좋아했습니다. 그런데 지금 함양에 도착해서는 뜻밖에 재물을 탐하지도 않고 미녀를 약탈하지도 않습니다. 보아하니 그 뜻이 작지 않은 듯

하니 주군께서 지금 처리하지 않으시면 장차 틀림없이 그 사람 손에 패하시게 될 것입니다." 과연 그 예상은 빗나가지 않았습니다.

『사기』와 『한서』는 여러분도 잘 알 터이고, 특히 사마천의 『사기』 중에서도 한 고조와 항우의 「본기(本紀)」는 모두가 즐겨 읽는 대목이므로 더 이상 길게 설명하지 않겠습니다.

활달의 배후에 감춰진 출신과 성격

한나라의 개국 군주인 유방은 본래 착실하고 부지런한 농사꾼 집안 출신이었습니다. 그러한 가정에서 오직 유방 한 사람만이 평소 담박(淡泊)을 달가워하지 않고 빈둥빈둥 놀며 큰소리치기를 좋아했습니다. 가족의 생계 따위에는 관심도 없어서 부모나 형제들이 그다지 달가워하지 않던 사람이었습니다. 이런 사람은 어느 시골에서나 볼 수 있는 흔한 인물입니다. 하지만 유방이라는 인물은 '지(智)·력(力)·용(勇)·변(辯)'을 갖춘 유형이었기 때문에 환경이 그를 제약하지는 못했습니다. 유달리 운이 좋았던 그는 허풍으로 당시 외지에서 온 큰 부자의―이 큰 부자를 역사에서는 '여공(呂公)'이라고만 부르지만, 『상경(相經)』이라는 책에는 그의 이름이 '여문(呂文)'이고 자(字)는 '숙평(叔平)'이라고 기록되어 있습니다―딸 여치(呂雉)를 아내로 맞이하게 되었습니다.

동양이건 서양이건 마찬가지로 과거에는 남존여비가 일반적이어서 그녀에 관한 자료는 황후가 된 이후의 일에만 중점을 두고 기록되어 있습니다. 사실 자세히 살펴보면 유방이 하급 관직인 정장(亭長) 노릇을 하다가 죄수를 풀어 주고서 망탕산(芒碭山)에 숨게 된 데서부터, 패현(沛縣)의 비서인 소하(蕭何) 및 조참(曹參)과 몰래 연락하여 현성(縣城)을 얻고 '패공

(沛公)'이라 칭하며 군사를 일으키기까지의 모든 일에 그의 부인 여치가 관여했습니다. 훗날 황후가 된 뒤에 한신(韓信)을 살해한 것도 사실은 부부가 함께 모의한 것이었습니다. 유방이 죽은 후에는 일부러 장량(張良)에게 음식을 먹게 하여 그를 죽음으로 몰고 갔습니다.

참고로 이 대목에 관해서는 저에게 역사적으로 근거가 없다고 말하는 사람도 있습니다. 그래서 저는 이렇게 말해 주었습니다. 도가의 '벽곡(辟穀)'에 관해 알지 못하니 이해 못하는 것도 당연하다고 말입니다. 당시 장량은 수련이 이미 밥을 먹지 않는 벽곡의 단계에 이르렀습니다. 그런데 갑자기 기름진 음식을 먹으라고 강요했으니 수련이 수포로 돌아가는 것은 물론이고, 죽거나 큰 병을 얻을 수밖에 없었습니다. 이 세상의 지식은 너무도 많아서 모르는 부분이 있는 것은 당연합니다. 그런데 누군가 여후에게 그것을 가르쳐 주었던 것입니다. 그 결과 음식을 먹은 장량은 죽음에 이르렀는데, 이런 일은 역사에서는 뭐 그리 기이한 일도 아닙니다.

진시황이 준엄한 형법으로 나라를 다스리던 당시에, 아무런 보수도 주지 않으면서 백성들을 동원하여 황궁을 짓는 공사를 계속하자 백성들은 생계를 도모할 길이 없어 많은 사람이 유랑민이 되었습니다. 그러던 차에 유방의 고향 패현에 여공(呂公)이라는 부자가 어느 날 갑자기 외지에서 이사 온 일은 패현 일대 사람들에게는 아주 신선한 사건이었습니다.

당시 유방은 보잘것없는 일개 정장에 불과했습니다. 여공의 생신 축하연에 유방은 혼자서 빈손으로 축하하러 갔습니다. 그런데도 여가(呂家)의 하객 명단에 축의금으로 만금이라는 금액을 크게 써넣고는 의기양양하게 윗자리로 가서 앉아 먹고 마시기 시작했습니다. 어떤 사람이 주인에게 그 사실을 알렸습니다. 여공은 본래 관상을 볼 줄 아는 사람이었습니다. 유방의 생김새며 대담하게 부자인 척하는 것을 기이하게 생각하여 그와 사귀게 되었고, 급기야 자신의 큰딸을 그에게 시집보내려 했습니다. 물론 안방

마님은 크게 반대했습니다. 그런 허풍쟁이를 어떻게 믿을 수 있느냐는 것이었지요. 하지만 여공의 고집을 꺾을 수는 없었습니다. 당시의 혼인은 모두 부모가 나서서 정했으며 정작 당사자는 자기 의견을 말할 기회조차 없었습니다.

교만하고 방자한 여후는 녹록치 않았다

이 이야기를 통해 우리는 여후가 부유한 가정 출신의 여성으로서 교만하고 방자한 성품을 지녔으리라는 사실을 짐작할 수 있습니다. 그런 그녀가 유방이라는 남자에게 시집을 갔는데 활달과 교만방자는 의외로 죽이 잘 맞았습니다. 하지만 유방은 언제나 그녀에게 한 발 양보하지 않을 수 없었습니다. 굳이 마누라를 무서워했다기보다는 일종의 콤플렉스 같은 것이었습니다. 게다가 여후는 아주 총명한 여인이었습니다. 그녀는 결혼한 후로 줄곧 바깥일에 관여했습니다.

역사에는 이렇게 기록되어 있습니다. 유방이 죄수를 풀어 주고 망탕산으로 도망가서 숨어 있을 때, 오직 여후만이 그가 거기에 있다는 것을 알고 늘 음식을 보내 주었다고 합니다. 어떤 사람이 살짝 그녀에게 물었습니다. "어떻게 그가 거기에 숨어 있다는 것을 알았소?" 여후가 대답했습니다. "남편이 있는 곳은 언제나 운기(雲氣)가 뒤덮고 있는데 오직 저만이 그것을 알아차릴 수 있습니다. 그래서 거기에 있다는 것을 알았지요."

그것이 일부러 지어낸 거짓말인지 아니면 스스로 그렇게 믿었던 것인지는 잠시 덮어 두고, 어쨌든 우리는 그녀가 그 일에 동참했다는 사실을 알 수 있습니다. 요사이 사회적으로 유행하는 기공(氣功)에서 하는 말처럼 "그곳에 자장(磁場)이 있어서 알 수 있었다"라는 식입니다.

평소 역사를 읽거나 소설을 보면서 늘 이상하게 생각한 점은, 역사와 소설에서는 금전과 경제적인 문제를 거의 언급하지 않고 있다는 사실입니다. 『삼국지연의(三國志演義)』를 예로 들어 보겠습니다. 유비, 관우, 장비 세 사람이 의형제를 맺고 의거를 일으켰을 때 그 경비는 어디에서 나왔습니까? 사실 소설이 아닌 역사서 『삼국지(三國志)』에는 거기에 관한 설명이 나와 있습니다. 중산(中山)의 대상(大商)인 장세평(張世平)과 소쌍(蘇雙) 등은 "재물이 천금이나 쌓였고 장사하러 다니는 말들이 탁군을 두루 돌아다닐 정도의 사람들이었다. 그들이 (유비를) 보고서 기이하게 여겨 이에 많은 재물을 주었다[貲累千金, 販馬周旋於涿郡. 見而異之, 乃多與金財]"라고 말입니다. 그렇게 해서 유비는 병사를 모으고 말을 사들일 자본을 얻게 된 것이었습니다.

조조가 군사를 일으키기 위해 들인 경비에 관해서는 『삼국지』에 이렇게 기록되어 있습니다. "집안의 재산을 털어 의병을 모아 장차 동탁을 베고자 하였다[散家財, 合義兵, 將以誅董卓]." 그런데 『세설(世說)』에는 다르게 기록되어 있습니다. "진류의 효렴과 위자가 집안의 재산을 태조(조조)에게 주어 군사를 일으키게 하니 그 무리가 오천이었다[陳留孝廉衛玆, 以家財資太祖, 使起兵, 衆有五千人]."

아마도 고대의 문인들은 스스로 맑고 고결하기를 원하여 돈 얘기는 그다지 좋아하지 않았던 듯합니다. 돈 얘기가 나오면 저속해지기 때문이지요. 그 많은 무협 소설 심지어 애정 소설에서도 돈과 경비에 대해서는 별로 언급하지 않습니다. 소설 속의 협객들은 호기롭게 술집이나 식당을 드나들지만, 무슨 일을 하는 것도 아니고 그렇다고 장사를 하는 것도 아닌데 도대체 돈이 어디에서 난 것일까요? 협객이라고 해서 바람을 부르고 비를 내리게 하고 콩을 돈으로 만드는 재주를 지닌 것은 아닐 텐데 말이지요. 애정 소설은 더 말할 나위도 없습니다. 사랑 하나면 빵도 만두도 필요 없는데 무슨 돈 얘기를 하겠습니까!

유방과 그 부인 여후의 집안 얘기가 나왔으니 말이지만 저는 이렇게 생각합니다. 유방이 망탕산에 숨어 있으면서 유랑민을 모아 군사를 일으킨 자금은 모두 여후의 친정에서 대 준 것이라고 말입니다. 그랬기 때문에 천하를 평정하고 황제가 된 이후 감정적인 차원에서만 유방이 부인을 대단히 존중해 준 것이 아니라, 경제적인 이해관계에서도 여후가 시종일관 안주인이 집안을 건사하듯 모든 일에 관여하고 주장했던 것입니다. 그리하여 한 왕조 삼사백 년은 언제나 여주인과 외척이 조정을 좌지우지하는 풍조가 지배했습니다.

형이상학적인 관점에서 본다면, 크게는 국가의 정치에서부터 작게는 가정이나 개인의 모든 행위에 있어서 진정한 선악시비는 때와 장소를 고려하여 판단해야지 섣불리 결론을 내려서는 안 됩니다. 시간과 공간의 변화로 인해 시비선악이 뒤바뀔 수도 있기 때문입니다. 하지만 인과응보는 결코 부정할 수 없는 법칙입니다. 특히 유물 세계의 모든 과학적 법칙은 인과응보의 원칙을 벗어나지 못합니다.

게다가 유방과 여후는 대단히 미묘한 관계의 부부였는데, 역사에서도 그런 사실을 감추거나 꾸미지 않고 그대로 기록하고 있습니다. 유방과 항우 간에 벌어진 수십 차례에 걸친 크고 작은 전투에서 패배한 쪽은 언제나 유방이었습니다. 실제로 항우가 "오강(烏江)에서 자결했던" 마지막 전투조차 사실 한신의 전략이 성공을 거둔 것이었습니다.

유방이 팽성(彭城)에서 패하여 달아날 때 항우는 유방의 부친 '태공(太公)'과 아내 여후를 인질로 사로잡았습니다. 그다음은 역사적으로도 아주 유명한 이야기입니다. 항우와 유방이 전선에서 만나 담판을 지을 때 항우는 유방의 부친 태공을 결박한 채 끌고 나와 말했습니다. "투항하지 않으면 네 아버지를 삶아 버리겠다." 유방은 대수롭지 않다는 듯 대답했습니다. "나의 아버지는 곧 너의 아버지다[吾翁卽若翁]." "삶거들랑 나한테도 그 국이나 한 사발 나누어 주게[則幸分吾一杯羹]." 이 말은 이런 뜻입니다. "나와 너는 본래 친구 사이이니 내 부친은 곧 네 부친이다. 그러니 혹시나 삶게 되면 나한테도 국물 한 사발 다오!" 이런 무뢰배 같은 태도에 어처구니가 없어진 항우는 결국 태공과 여후를 풀어 주었습니다.

당시에 패현 시절부터 유방과 여후를 위해 집안일을 맡아했던 심이기(審食其)라는 사람이 있었습니다. 과거에는 이런 사람을 사인(舍人)이라고 불렀습니다. 태공과 여후가 항우에게 인질로 사로잡혀 있었을 당시에 심이기 역시 줄곧 여후를 좇아 함께 인질로 잡혀 있었습니다. 역사에는 오직 '행(幸)' 한 글자만 사용해서 그가 여후에게 "총애를 받았다"라고 기록하고 있습니다. 하지만 실제로 그는 여후의 정부(情夫)였습니다. 나중에 유방은 황제가 된 후 심이기를 벽양후(辟陽侯)에 봉했습니다. 큰 공을 세웠던 장량도 유후(留侯)라는 후작에 봉해 주었을 뿐이었는데, 사실 후작은 낮은 관직이 아니었습니다. 그래서 후세에 이런 시도 있었습니다. "한왕은 참으로 도량이 넓기도 하네, 벽양후를 받아들이다니[漢王眞大度, 容得辟陽侯]."

유방이 죽은 후 여후가 정권을 잡으면서 심이기는 진평(陳平)과 함께 승상을 지냈습니다. 여후는 유씨의 천하를 여씨의 천하로 바꾸고 싶어 했는데, 심이기 역시 그 일에 참여했다고 말할 수 있습니다. 하지만 결국에는 정권을 탈취하려던 여후의 세력이 무너지고 유방의 또 다른 아들인 유항(劉恒)이 제위를 계승하였는데 그가 바로 한 문제(文帝)입니다. 한 문제는 심이기를 어떻게 하지 않고 그냥 재상의 지위만 박탈했습니다. 그리하여 심이기는 곱게 자기 집에서 늙어 죽을 수 있었습니다. 그러고 보면 심이기라는 사람도 참 기이한 인물이라고 할 수 있습니다. "복 있는 사람은 서두를 필요가 없다"라는 말도 있지 않습니까?

유방에 대한 역사서의 단평

세상에서 사람들이 가장 결사적으로 추구하는 것이 바로 재물과 권력입니다. 하지만 사람을 가장 쉽게 타락시키고 병들게 만드는 것 역시 재물과 권력입니다. 역사를 보면 위로 제왕이나 장상(將相)에서부터 아래로 일반 백성에 이르기까지 모든 사람이 가난하고 천한 시절에는 본래 평범한 호인이었습니다. 하지만 운이 좋아서 어느 날 갑자기 성공하게 되면 완전히 사람이 바뀌어 버립니다. 저만 해도 일생 동안 여러 차례 현대사의 큰 풍랑을 헤치면서 각 업종에 걸쳐 많은 인물들을 만나고 겪어 보았습니다. 역사를 보더라도 뜻을 펴게 되든 펴지 못하게 되든 인품이 변하지 않는 사람은 사실 그다지 많지 않습니다.

한 고조 유방으로 말하자면 그는 본래 지식이나 교양 따위와는 담을 쌓은 인물이었습니다. 군사를 일으킨 장수 시절부터 황제가 된 후까지 그의 '거칠 것 없는' '활달'한 성격은 그리 크게 변하지 않았습니다. 다만 실패의 경험을 교훈 삼아 모든 일에 있어서 식견이 넓어지고 훨씬 신중해졌을 뿐입니다.

역사에서는 그의 일생에 대해 아주 솔직하게 말하고 있습니다.

> 본시 고조는 문학을 익히지는 않았지만 성격은 밝고 활달하였다. 모의하기를 좋아하고 남의 말 듣기를 잘하여 문지기나 수졸에게조차 아주 친숙하게 대하였다. 처음에는 민심을 좇아 세 가지 조약을 만들었다. 천하가 평정되자 소하에게 명하여 율령을 만들게 하였고(진나라 법을 대략 고쳤습니다), 한신에게 군법을 펴게 하였고, 장창에게 장정을 정하게 하였고(도량을 정하고 준칙을 바로잡았습니다), 숙손통에게 의례를 제정하게 하였다. 비록 기일이 충분하지는 않았지만 그 규모는 크고도 원대하였다.
>
> 初, 高祖不修文學, 而性明達. 好謀能聽, 自監門戍卒, 見之如舊. 初順民心, 作三

章之約. 天下旣定, 命蕭何次律令. 韓信申軍法. 張蒼定章程. 叔孫通制禮儀. 雖日不
暇給, 規模宏遠矣.

하지만 문화적 측면에서는 진나라 이후 유방에 이르기까지 아직 이렇다
하게 갖춰진 것이 없었습니다.

여후는 유방이 황제 자리에 있던 육칠 년 동안은 그런대로 행동을 자제
하고 있었습니다. 결코 정권을 탈취하려고 제멋대로 설치지 않았습니다.
그저 자신의 아들 유영(劉盈)을 태자로 삼기 위해 장량에게 가르침을 청했
을 따름이었습니다. 여후는 '상산사호(商山四皓)'[69]로 하여금 아들 유영을
지지하게 함으로써 유방이 총애했던 척희(戚姬)의 아들인 여의(如意)를 태
자로 삼으려던 계획을 무산시켰습니다.

유방과 여후 간의 암투

유방이 죽고 아들 유영이 그 뒤를 이어 혜제(惠帝)가 되자 여후는 여의
를 독살했습니다. 또 그의 생모인 척희의 수족을 자르고 눈알을 후벼 파고
귀머거리로 만들고 억지로 약을 먹여 벙어리를 만든 다음 그녀를 변소 속
에 내다 버리고는 '인체(人彘)'[70]라고 불렀습니다. 그러고는 자기 아들인
황제 유영을 불러다가 그 모습을 보게 했습니다. 유영은 본래 마음이 착한
사람이었습니다. 그 모습을 보자 너무나 놀라 큰 소리로 울다가 끝내는 병

---

69 진대에서 한대에 걸쳐 생존했던 은사로서 동원공(東園公), 녹리선생(角里先生), 기리계(綺里
季), 하황공(夏黃公) 네 사람을 가리킨다. 진시황을 피해 섬서성 상현(商縣)의 상산(商山)에 숨어
들었는데 네 사람 모두 나이가 팔십이 넘어 머리와 수염이 희었기 때문에 상산사호라 불렀다.
70 사람돼지.

으로 드러누웠습니다.

그는 모친 여 태후에게 말했습니다. "이런 일은 사람이 할 짓이 못됩니다. 제가 비록 당신의 아들이기는 하지만 황제의 자리에 앉아 천하를 다스리는 일을 감당하지 못할 것 같습니다." 그 후 혜제는 일부러 성욕을 자극하는 홍분제를 복용하고는 매일같이 궁중에서 여인들을 희롱하면서 국정은 거들떠보지도 않았습니다. 그는 재위 칠 년을 겨우 채우고 이십 세의 나이로 세상을 떴습니다.

이때 여 태후의 나이는 오십여 세에 불과했습니다. 그래서 역사상 처음으로 태후가 천자를 대신하여 정사(政事)를 행하는 사태가 벌어졌습니다. 그녀는 팔 년 동안 독재를 하면서 친정의 여씨 형제와 조카들을 대거 기용하여 군정을 장악하게 함으로써 유씨의 천하를 여씨의 천하로 바꿀 준비를 했습니다.

이러한 역사의 진실을 보면서 여러분은 설령 부부 사이라 할지라도 권세나 이해관계가 얽히면 사람의 마음이 변하기도 한다는 사실을 알게 되었을 것입니다. 사랑하는 사이가 원수지간으로 변하기도 하고 인자한 사람이 흉악하고 잔인하게 변하기도 합니다. 심지어 부자지간이나 모자지간도 원수가 되어 버립니다. 물론 여자만 그런 것이 아니라 남자의 경우도 마찬가지입니다. 이런 상황이 어찌 권세나 부귀의 중심인 제왕의 가정에서만 벌어지겠습니까? 한두 뙈기의 논밭만 있는 농가에서도 흔히 일어나는 일입니다.

그래서 전국 시대 말기에 맹자와 거의 동시기에 활약했던 대유학자 순자는 인성은 본래 선하다는 '인성본선(人性本善)' 관점에 동의하지 않았습니다. 그는 오히려 '인성(人性)'은 날 때부터 '악(惡)'하기 때문에 학문과 수양으로 교화시켜야만 선하게 살 수 있다고 생각했습니다. 그리하여 증자와 자사가 유가의 가르침을 계승하여 '인성본선'을 이야기하자 순자는 이에 크게 반대했습니다.

그에게 가르침을 받다가 중도에 퇴학당했던 학생 이사는 그의 영향을 많이 받았습니다. 후에 이사가 진시황을 도와 준엄한 형법을 시행했던 것도 '인성본악(人性本惡)'을 확신했던 기본 입장에서 나온 것이었습니다. 정치란 언제나 그 배후에서 모종의 철학 사상이 연출하는 활극인 법입니다. 그래서 송 유학자 소동파는 이사의 죄과는 마땅히 순자가 책임져야 한다고 말했던 것입니다.

사실 인성이 본래 선한가 아니면 악한가 하는 문제는 수천 년간 동양과 서양에서 쉴 새 없이 논쟁이 벌어졌던 것이지만, 우리가 이야기하고자 하는 주제가 아니므로 이쯤에서 그만두지요.

다시 본론으로 돌아와서 한 왕조를 세운 유씨네 며느리 여후에 대한 이야기를 계속하겠습니다. 그녀는 어려서부터 성격이 교만하고 방자했습니다. 중년이 되었을 때 남편 유방이 천하를 평정하고 황제가 되자 그녀도 따라서 황후가 되었습니다. 황제가 된 유방은 아버지에게 이렇게 말했습니다. "아버지는 늘 말씀하시기를 형제들은 모두 장차 훌륭한 인물이 될 텐데 저만 밥벌이도 못할 것이라고 하면서 못마땅해하셨지요. 그런데 이제 보세요. 제가 형제들보다 유씨 집안을 위해 훨씬 많이 벌어들이고 있지 않습니까!" 유방의 말에 부친 태공은 미안해서 얼굴도 들지 못할 지경이었습니다. 부잣집인 '여씨네(呂家)'에서 시집왔던 여후는 유방보다 훨씬 의기양양했을 것입니다. 하지만 그녀는 총명한 사람이었습니다. 자신에게는 유영이라는 아들 하나밖에 없다는 사실이 마음에 걸렸던 것입니다.

전통 종법 사회의 관례에 따르면 자신의 아들이 태자가 되어 장차 황제의 자리를 계승하고 유씨 천하를 관리하는 대부호가 되는 것이 당연했습니다. 그런데도 유방은 척희라는 다른 비를 총애하는 데다가 그녀가 낳은 아들 여의를 태자로 세우고 싶어 했습니다. 이 일로 여후는 크게 위협을 느꼈습니다. 정말 기가 막히고 원망스러웠지요. 어떻게든 대책을 세워야만 했습니다. 장량을 찾아가 가르침을 청했던 여후는 그의 의견을 좇아 상산사호를 모셔다가 아들을 태자의 지위에 올려놓았습니다. 하지만 그 사건이 자극제가 되어 그녀는 두려움, 원망, 질투 등이 복잡하게 얽힌 비정상적인 심리로 변해 갔습니다. 게다가 그 무렵 갱년기에 접어들었던 터라 생리적 영향은 비정상적 심리를 더욱 촉진시켰습니다.

유방이 죽자 그녀는 한층 긴장했습니다. 아들은 어린 데다 조정에는 유방과 함께 천하를 평정했던 대신들이 적지 않아서 마음을 놓을 수 없는 상황이었습니다. 자기 세력은 미미하기 짝이 없으니 어찌해야 좋을지 난감했습니다. 당시 한나라 조정에는 긴장감이 감돌았고 그녀는 울고만 싶었겠지요.

마침 장량에게는 벽강(辟疆)이라는 손자가 있었는데, 나이는 십오 세에 불과했지만 총명하기가 그의 조부에 못지않았습니다. 그가 승상 진평에게 이런 건의를 했습니다. "태후께서 지금 제일 두려워하는 것은 당신들 노신(老臣)입니다. 게다가 황제가 된 아드님이 아직 어리시니, 만약 태후의 친정 형제들을 주요 직위에 봉한다면 태후께서도 마음을 놓지 않겠습니까." 그리하여 여씨 형제들이 일거에 조정을 장악하게 되었습니다. 훗날 형성된 여 태후의 '정치병'도 알고 보면 참으로 가엾기 짝이 없는 것이었습니다.

사실은 그녀도 유방과 마찬가지로 기지(機智)가 잠재되어 있던 사람이었습니다. 두 사람은 한나라 초기의 기가 막힌 한 쌍의 코미디언이었습니다. 유방이 병이 들어 죽게 되었을 때 그녀가 의사를 불러오자 유방은 그녀에게 큰 소리로 욕을 해 댔습니다. "내가 일개 평민의 신분으로 삼 척의 칼을 들고 천하를 얻은 것은 천명이 아니겠소? 명은 하늘에 달렸으니 편작이 온들 무슨 소용이 있겠소? 그만두시오〔吾以布衣提三尺劍, 取天下, 此

非天命乎? 命乃在天, 雖扁鵲何益? 罷之〕."

유방은 왜 여후가 의사를 불러 치료하려는 것을 마다했을까요? 그는 왜 태자를 바꾸려고 했을까요? 여후가 품은 뜻이 작지 않고 그리 녹록한 인물이 아니라는 사실을 이미 알고 있었기 때문입니다. 이것을 보면 그들 부부간에는 벌써 권세에서 이해 충돌이 존재했음을 알 수 있습니다. 참으로 복잡하기 그지없습니다.

후대의 비극을 위한 서곡을 연주하다

유방의 후손인 한 무제 유철(劉徹)은 그가 사랑하는 구익(鉤弋) 부인의 아들 불릉(弗陵)을 태자로 삼기 위해 어쩔 수 없이 구익 부인에게 자살을 명했습니다. 그런 다음 그는 좌우의 신하들에게 바깥사람들이 이 일을 두고 어떻게 말하는지 물어보았습니다. 신하들이 말했습니다. "사람들이 말하기를 그 아들을 태자로 세우는데 어찌하여 그 어머니를 제거하느냐고 합니다〔人言立其子, 何去其母乎〕." 그러자 유철은 이렇게 말했습니다. "그렇다! 너희 같은 어리석은 자들이 알 수 있는 바가 아니다. 옛적부터 나라가 어지러워진 까닭은 군주가 어리고 어머니가 건장했기 때문이다. 여주인이 독점하여 교만스럽고 음란하고 방자하면 누구도 막을 수가 없다. 너희는 여후의 일을 듣지 못했느냐? 그렇기 때문에 부득불 그 어머니를 먼저 제거하려는 것이다〔然! 是非爾曹愚人之所知也. 往古國家所以亂, 由主少母壯也. 女主獨居驕蹇, 淫亂自恣, 莫能禁也. 汝不聞呂後邪? 故不得不先去之也〕." 바로 유방과 여후 부부가 벌인 암투의 경험담이 후손 한 무제로 하여금 어쩔 수 없이 사랑하는 사람을 죽이게 만든 것입니다.

사실 여후의 총명함은 유방에 비해 손색이 없었습니다. 그녀가 조정에서 천자를 대신하여 정사를 행한 것은 실상 팔 년간 여황제 노릇을 한 것이나 마찬가지였습니다. 여 태후는 임종 직전에 여록(呂祿)과 여산(呂産) 형제에게 다음과 같이 경고했습니다. "내가 죽으면 대신들이 변란이 일어날까 두려워하여 틀림없이 군사를 거느리고 궁을 호위하려 들 것이니, 삼가 상례를 거행하여 다른 사람들에게 제압되지 않도록 하여라〔我崩, 大臣恐爲變, 必據兵衛宮, 愼勿送喪, 爲人所制〕." 그녀에게 선견지명이 있었음을 보여 주는 대목입니다. 아쉽게도 여 태후의 형제들은 그녀에 비해 너무 형편없었지만요.

그들 부부의 이야기는 서한 말과 동한 말에 극본이 약간 바뀌기는 했지만 반복해서 연출되었습니다. 참으로 슬프고도 한탄할 만한 일이 아닐 수 없습니다. 이런 것을 보면 역사와 인생에서 "성의, 정심, 수신, 제가, 치국, 평천하"의 교육 원칙이 얼마나 중요한지 알 수 있습니다. 선견지명을 지닌 터라 사람 마음은 헤아리기 어려워서 장차 반드시 변란이 일어날 줄 알았건만, "제가"하고 "치국"할 수 있는 다른 방법은 없더라는 말입니까?

32
백성에게 자애로웠던 한 문제

한 고조 유방이 죽고 여후가 조정에서 천자를 대신해 정사를 행한 시기를 전후한 이십 년간은 한 왕실 내부적으로 다툼이 일어났던 것을 제외하면 정치·사회·문화·교육 등의 방면에서는 아무것도 이루지 못했습니다. 그저 천하에 전쟁이 없어져서 온 나라 사람들이 한숨 돌리게 됐다는 정도였습니다. 한나라가 진정으로 건국의 기초를 다지게 된 것은 한 고조의 어린 아들 유항(劉恒)에서 비롯되었다고 말해야 할 것입니다. 역사에서는 그를 한 문제라고 부릅니다. 이 시기가 바로 기원전 179년에서 158년까지입니다.

한 왕조의 유씨 천하는 여후가 정권을 탈취하려던 시기를 지나오면서 왕년에 유방을 좇아 천하를 평정했던 노신들이 대부분 죽어 사라졌습니다. 오직 승상 진평과 태위(太尉) 주발(周勃) 등 소수만이 남아서 종법 사회의 전통적 규범대로 유방의 친아들 가운데서 한 사람을 골라 왕위를 계승시킬 의논을 하고 있었습니다.

토의 결과 대왕(代王) 유항이 가장 적합하다는 결론이 나왔습니다. 그는 후대 역사에서 너그럽고 인자하고 검소하다고 평가하는 훌륭한 황제입니다. 한 왕조의 정치사상 한 문제 유항과 그의 아들 경제(景帝) 유계(劉啓)

는 '문경지치(文景之治)'라 하여 훌륭한 정치의 본보기로 공인되어 존경받고 있습니다. 사실 유항은 그의 부친 유방과 함께 궁정에서 생활한 시간이 길지 않았습니다. 게다가 부친의 교육도 잘 받지 못했습니다. 그런데 어떻게 한 왕조를 창업하고 발전시킨 훌륭한 황제가 될 수 있었을까요? 운명이라는 요인 외에도 어머니의 교육에서 힘을 얻었기 때문에 후일의 성취를 이룰 수 있었습니다.

어머니의 가르침에서 힘을 얻다

한 문제 유항의 어머니는 성이 박(薄)이고 원래 남방의 오(吳)나라 사람이었습니다. 진나라 말기에 천하가 크게 어지러울 때 위표(魏豹)라는 인물이 스스로 왕으로 등극했습니다. 그는 한(漢) 초에 관상을 잘 보던 허부(許負)라는 여인이 박희(薄姬)가 귀상(貴相)으로 장차 말도 못하게 귀하게 될 것이라고 한 말을 들었습니다. 원래 허부는 관상을 잘 보기로 소문이 나서 여후의 관상을 본 적도 있었습니다. 그리하여 위표는 박희의 어머니를 위협하여 그녀를 위왕(魏王)의 내궁에 들여보내게 했습니다.

후에 위표가 전쟁에 패하여 포로가 되면서 그녀도 전리품이 되어 한왕(漢王)에게 속한 방직 공장에서 베를 짜는 일을 하게 되었습니다. 우연한 기회에 유방이 그녀를 보게 되었는데, 첫눈에 마음에 들어 그녀를 내궁으로 불러올리고는 자신의 비로 삼아 박희에 봉했습니다. 그녀가 낳은 아들이 바로 유항이었습니다.

그녀는 자신이 어떻게 처신해야 할지를 잘 알았기 때문에 척비처럼 여후의 질투를 당하지 않았습니다. 유방이 황제가 되었을 때 유항은 겨우 팔 세였는데 대왕(代王)에 봉해졌습니다. 현재 하북성 서북부와 산서성 북부

일대가 당시 '대(代)'의 관할 범위에 속했습니다. 말하자면 춥고 고달픈 북방 지대로서 변방 흉노와의 전선 요새이기도 했습니다.

자식을 아꼈던 박희는 기회를 봐서 유방에게 아들을 따라 대(代)로 가게 해 달라고 간청했습니다. 아들이 너무 어린 데다 변방을 지키는 왕으로 봉해졌기에 안심할 수 없었기 때문입니다. 사실 그녀는 이미 한 왕실의 내부 갈등이 너무나 크다는 사실을 간파했습니다. 게다가 여후가 그녀의 아들을 모해할까 두려워 멀리 달아나고 싶었습니다. 변방 요새는 춥고 고달프고 위험하기는 하지만 궁정의 위기에 비하면 훨씬 편안했습니다. 그녀의 총명함은 공자가 말한 "현명한 자는 세상을 피하고 그다음은 땅을 피한다〔賢者避世, 其次避地〕"라는 이치 그대로였습니다.

실제로 그녀는 교양을 갖춘 현명한 어머니였습니다. 그녀는 평소 『노자』를 좋아하여 노자의 도가 철학에 대해 식견이 있었는데, 그런 상황에서는 겸손하게 물러나는 것이 상책임을 잘 알았던 것입니다. 그리하여 아들 유항을 따라 북방으로 가서 대왕의 태후가 되었습니다. 하지만 훗날 자기 아들이 뜻밖에 황제가 되고 자신도 정식으로 황태후로 봉해질 줄은 생각도 못했습니다.

사실 한 문제 유항은 평생 어머니의 가르침에서 많은 영향을 받았는데, 그는 '황로지도(黃老之道)'[71]의 사상으로 천하를 통치했습니다. 당시는 천하의 인심이 혼란에 염증을 느끼던 때로서 위아래 할 것 없이 모두가 휴식을 원했습니다. 그는 노자가 가르친 삼보(三寶)의 법칙, 즉 "첫째는 자비로움이요, 둘째는 검소함이요, 셋째는 감히 천하를 위해 나서지 않음〔一曰慈, 二曰儉, 三曰不敢爲天下先〕"을 힘써 지켰습니다. 그리하여 후대 역사에서 저 유명한 '문경지치'의 명예를 얻게 되었던 것입니다.

---

71 황제(黃帝)와 노자(老子)의 도.

그뿐 아니라 한 왕조 유씨 천하는 그의 대에 이르러서야 비로소 진정한 왕조의 기초를 다지기 시작했다고 말할 수 있습니다. 아버지 유방은 삼 척의 칼을 들고 말 위에서 천하를 평정하기는 했지만 말 위에서 천하를 다스리지는 못했습니다. 아들 유항이 도덕과 문치(文治)로 천하를 다스림으로써 명실상부한 서한(西漢) 왕조를 건립하게 되었습니다. 그 때문에 죽은 후에 시호로 '문(文)' 자를 붙여 '한 문제(漢文帝)'라 불리게 되었습니다.

편지 두 통으로 두 차례의 병란을 막다

한 왕조의 대신들이 대왕(代王) 유항을 후계자로 맞아들이기로 결정하였을 때, 그는 겨우 이십삼사 세에 불과했으므로 마음속으로 염려되는 바가 적지 않았습니다. 낭중령(郎中令)[72] 장무(張武)는 아무래도 꺼림칙하게 여겨져서 "한(漢)의 대신들이 병사를 훈련시켜 뭔가를 꾸민 듯하니 원컨대 병을 핑계 대어 가지 마십시오"라고 말했습니다. 하지만 중위(中尉)[73] 송창(宋昌)은 네 가지 이유를 들면서 가야 한다고 말했습니다.

그리하여 유항은 송창과 장무 등 여섯 명의 고위 장교를 거느리고 장안(長安)에 도착했습니다. 유항 일행이 서안(西安) 성 밖의 위교(渭橋) 부근에 도착하자 한 왕조의 대신들이 모두 나와 유항의 수레를 맞이하더니 무릎을 꿇고 신하의 예를 올렸습니다. 그런데 유항의 태도가 뜻밖이었습니다. 그는 황제로 자처하기는커녕 왕자의 신분임에도 친히 수레에서 내려 대신들에게 답배를 하는 것이었습니다.

그때 중신 주발이 일어나서 유항에게 단독으로 보고드릴 것이 있다고

---

72 비서장.

73 군사(軍事)를 주관하는 지위.

말했습니다. 그러자 유항의 곁에 서 있던 송창이 얼른 이렇게 말했습니다. "말하려는 바가 공적인 일이면 공적인 자리에서 말하십시오. 말하려는 바가 사적인 일이면 왕에게는 사사로움이 없습니다(所言公, 公言之. 所言私, 王者無私)." 송창의 저지에 부닥친 주발은 꿇어앉은 채 옥새를 올리는 것 외에는 다른 방법이 없었습니다. 하지만 옥새를 받아 든 유항은 이렇게 말했습니다. "우리 모두 성의 관저로 가서 의논해 봅시다!"

물론 결국에는 그가 제위를 계승하여 황제가 되었습니다. 황제가 된 후 그가 첫 번째로 내린 명령은 바로 대사면(大赦免)이었습니다. 두 번째 명령은 "가난한 자에게 베풀고 노인을 부양하게 하고", "사방에 명하여 와서 바치지 못하게 하라"라는 것이었습니다. 말하자면 황제에게 어떠한 물건도 갖다 바치지 말라고 각 지방에 통지하라는 것입니다.

그런데 당시 장강(長江) 이남에는 여전히 광동(廣東)의 남월왕(南越王) 조타(趙佗)가 자리 잡고 있었습니다. 그는 하북(河北) 정정(正定) 사람으로 한 고조 유방과 함께 군사를 일으켰던 인물입니다. 한 왕조의 내정에 불만을 품고 있었기 때문에 스스로 독립하여 황제라 칭했던 것인데, 그로 인해 당시의 상황은 상당히 긴박했습니다. 여러분이 생각하시기에는 한 문제가 어떻게 했을 것 같습니까?

그는 군사를 일으키지도 않았고 진노하지도 않았습니다. 그저 후배 된 입장에서 조타에게 보내는 편지를 한 통 썼을 뿐이었는데, 조타는 순순히 군대를 퇴각시키고 스스로를 '신하(臣)'라 칭했습니다. 이 편지에 관해서는 제가 『노자타설』에서 이미 말씀드린 바 있습니다. 당대의 큰 사건으로 정말 재미있는 일이었는데 나중에 다시 말씀드리겠습니다.

그 후 장기간에 걸쳐 북방을 침략하고 노략질하던 흉노에게도 편지를 한 통 써 보내 잠시나마 평화를 유지시켰습니다. "형법을 가볍게 줄이고" '육형(肉刑)'[74]을 없애는 등, 그 모든 것이 훗날 대대로 훌륭한 정치의 표본으로 칭송받았습니다.

역사상 그에 대한 평가는 대체로 이러합니다. "자비롭고 은혜를 베풀고 백성을 사랑하였으므로 문이라 한다[慈惠愛人曰文]." 그리고 또 이렇게 말합니다.

> 한나라가 일어나서 번거롭고 가혹한 것들을 없애 버리니 백성과 더불어 쉬게 되었다. 효 문제에 이르러서는 거기다 공손함과 검소함을 더하여 덕으로 백성을 교화하는 데 오로지 힘쓰니, 이런 까닭에 온 백성이 살림이 넉넉해지고 예의가 반듯해졌다. 수백 개의 감옥을 없애니 거의 형벌을 폐지하기에 이르렀다. 제도와 예악을 제정함에 있어서는 겸손해하면서 서두르지 않았다.
>
> 漢興, 掃除煩苛, 與民休息. 至於孝文, 加之以恭儉, 專務以德化民, 是以海內富庶, 興於禮義. 斷獄數百, 幾至刑措. 至於制度禮樂, 則謙遜而未遑也.

이러한 평가를 보면 그의 시대에는 사법이 공정하고 깨끗했으며 중대한 형사 사건을 저지르는 사람이 거의 없었음을 알 수 있습니다. 그러나 문화를 다시 부흥시키는 부분에서는 한 문제 스스로도 아직 다 해내지 못했다고 여겼습니다. 그는 겨우 사십육 세에 세상을 떠났기 때문입니다. 그의 어머니 황태후는 그때까지도 건재했습니다. 한 문제가 죽은 후 사람들은 그의 검소함에 더욱 탄복하고 존경하게 되었습니다.

기록에는 이렇게 나와 있습니다. "(그는) 제위 이십이삼 년간 수레나 의복이 더 늘어난 것이 없었다. 불편한 점이 있으면 그때마다 다스림을 느슨하게 하여 백성을 이롭게 하였다. 일찍이 노대를 짓고자 장인을 불러 계산하게 하였는데 백금의 재물이 든다고 하였다[帝位二十二三年間, 車騎服御,

---

74 몸에 상처를 내는 형벌.

無所增益. 有不便, 輒弛以利民. 嘗欲作露臺, 召匠計之, 値百金〕." 그러자 그는 "백금의 재물은 중인 열 가구의 재산이다. 내가 선제의 궁실에서 지내면서 늘 두려워하고 부끄러워하였는데 어찌 노대를 세우겠는가〔百金, 中人十家之産也. 吾奉先帝宮室, 常恐羞之, 何以臺爲〕"라고 말했습니다. 역사에는 또 이렇게 기록하고 있습니다.

몸에는 검은색의 두꺼운 견사 두루마기를 걸쳤다. 그가 총애했던 신부인은 옷을 땅에 끌지 않았고 장막에도 문양을 수놓지 않았으니 세상 사람들보다 먼저 검소함을 보여 주었다. 장무 등이 뇌물을 받자 이에 깨닫는 바가 있어 더 많은 상을 내려 주어 그 마음을 부끄럽게 하였다. 오로지 덕으로 백성을 교화하는 데 힘쓰니 이런 까닭에 온 세상이 평안하였다. 후세에 그에 미치는 자가 드물었다.

身衣弋綈. 所幸愼夫人, 衣不曳地, 帷帳無文繡, 以示敦樸爲天下先. 張武等受賂金錢, 覺, 更加賞賜, 以愧其心. 專務以德化民, 是以海內安寧, 後世鮮及之.

가의에게는 귀신에 관해서나 물어볼 뿐

그러고 보니 어려서 선생님들이 읽으라고 했던 가의(賈誼)의 「과진론(過秦論)」과 「치안책(治安策)」이라는 글이 생각납니다. 또 가의를 조문하는 내용으로 된 이상은(李商隱)의 명시도 생각납니다.

궁정에서 현자 구하고 쫓아냈던 신하 다시 찾는데	宣室求賢訪逐臣
가생의 재주는 더욱 논할 필요가 없었지	賈生才調更無倫
가련하게도 한밤중 빈자리에서	可憐夜半虛前席
백성의 일은 묻지 않고 귀신의 일만 물었다네	不問蒼生問鬼神

이상은은 이 시에서 가의에 대한 끝없는 동정과 애석함을 표하고 있습니다. 한편으로는 한 문제가 그런 인재를 기용하지 않았던 것은 참으로 실책이라고 말하고 있습니다.

하지만 저는 나중에 『사기』와 『한서』 같은 사서를 읽고, 거기다 온갖 인생 경험을 한 후에야 비로소 그런 것만은 아니라는 사실을 발견했습니다. 가의는 한 문제 시대에 태어났으며 청년 때에는 재주와 원대한 안목도 지니고 있었습니다. 하지만 당시 그가 건의한 의견들은 사실 한 문제로서는 받아들일 수도 채택할 수도 없었습니다.

예를 들어 어떤 평범한 사람이 갖은 고생 끝에 큰돈을 벌어 대부호, 대기업가로 변했다고 합시다. 하지만 그가 죽자마자 그 가정에는 큰 변고가 생겨 사업도 아주 위태로운 지경에 놓이게 되었습니다. 그러한 위급한 순간에는 아들이 집안을 맡아 가업을 안정시키고 정돈해야만 했습니다. 그러니 그 아들은 안정을 도모하면서 옛 사업을 부흥시키는 수밖에 없었습니다. 아직도 많은 어려움이 산재해 있는데 이러한 상황에서 새로운 사업을 벌일 수는 없습니다. 그랬다가는 머리카락 한 올을 끌어당겨서 온몸을 움직인다는 말처럼, 전체 사업의 앞날에 나쁜 영향을 미치게 될지도 모릅니다. 경우에 따라서는 이전의 수고가 다 허사로 돌아갈 수도 있습니다.

한 문제처럼 그러한 상황에서 막중한 임무를 맡게 된 사람이라면 자기 나름의 계산이 있었을 것입니다. 그런 대가정의 말단 직원으로 들어온 소년 서생 가의가 냉정한 눈으로 문제점을 찾아내고는, 젊은 주인에게 자신의 생각대로 하기만 하면 모든 것이 잘되리라고 말한 것처럼 간단한 일은 아니었을 것입니다.

자고이래 재주와 학식을 갖춘 가의 같은 젊은 지식인은 얼마든지 있었습니다. 당대(唐代) 이상은의 처지는 가의보다 훨씬 못했습니다. 자신의 운명이 순탄치 못했기 때문에 그런 시를 썼던 것입니다. 그러니 가의를 조문한다기보다는 자기 신세를 한탄하고 스스로를 위로하기 위한 것이었다고 하겠습니다.

당시 한 문제는 어떻게 했습니까? 그는 가의의 글을 보고 그 재주에 탄복했습니다. 하지만 그의 공리공론은 현실에서 실행될 수 없는 것이었습니다. 그러니 그를 불러 철학적이고 형이상학적인 문제를 이야기하거나, 귀신에 관한 견해나 물어보곤 했을 겁니다. 어쩌면 이야기에 몰두하다 보니 한밤중까지 계속했을 수도 있었겠지요. 하지만 백성과 사직에 관한 일은 이미 한 문제에게 그 나름의 계산이 서 있었기 때문에 가의가 이러고저러고 할 말이 없었습니다. 원래 천고에 문인이란 대부분 그렇습니다. 다행히 여러분은 모두 문인이 아니고, 더더구나 저처럼 내세울 것 하나 없는 비문인은 아무런 상관이 없습니다.

무제와 원제의 문화 정책의 병폐

한 문제가 정권을 잡고 있던 시기에는 아직 문화 사업의 중흥에 뜻을 두지 않았습니다. 그의 손자 한 무제(武帝) 때에 이르러서야 비로소 문화를 부흥시키기 위한 조치를 취하기 시작했습니다. 하지만 한 무제는 공손홍(公孫弘), 동중서(董仲舒) 등의 영향을 받아 "백가를 내쫓고 유가만을 높임〔罷黜百家, 一尊於儒〕"으로써 제가백가의 개방적인 사상 발전을 압살하기 시작했습니다.

특히 한 원제(元帝) 때에 이르러서는 완전히 유가 사상에만 편중함으로써 유학자들이 주소(注疏)와 훈고(訓詁)와 고거(考據)에만 매달리는 '한학(漢學)'의 기풍이 형성되었습니다. 그 시기는 진시황의 분서갱유와 항우의 함양궁 전소로부터 이미 칠십여 년이 흐른 뒤였습니다. 이러한 사건들만 봐도 당시에는 오랜 전통을 과감하게 파괴하고 타도하는 일이 비교적 용이했음을 알 수 있습니다. 하지만 새로이 문화를 건립하고 지난날의 대사업을 계승 발전시키는 일은 그렇게 간단치 않았습니다.

여기에 딱 맞는 명언이 있습니다. "위에서 좋아하는 사람이 있으면 아래에서는 반드시 그보다 더하기 마련이다〔上有好者, 下必甚焉〕." 그런데 재물을 탐하고 여색을 좋아하고 술을 즐기고 사치를 부리는 것 따위는 손쉬운 일이지만, 학문을 좋아하는 것은 재물과 여색을 좋아하는 것처럼 그리 쉬운 일이 아닙니다.

한 원제는 유가만을 편애했습니다. 그것이 죄가 된다는 말은 아니지만, 마음에 치우치는 바가 있었으니 이는 『대학』에서 말한 것을 어긴 셈이었습니다. 그 마음이 이미 바름을 잃어버렸던 것입니다. 게다가 『중용』에서 "도가 함께 행하여 서로 위배되지 않는다〔道並行而不相悖〕"라고 말했던 전통 유가의 정신을 모르고 있었습니다. 이로 인해 주·진 이래의 중국 전통 문화가 흩어지고 사라졌을 뿐 아니라, 서한 왕조의 쇠망도 바로 한 원제에게서 시작되었다고 할 수 있습니다.

지금까지 『대학』의 "성의, 정심, 수신, 제가, 치국"을 설명하기 위해, 역사상 수많은 제왕의 가정이 "집안을 잘 다스리지 못했다"는 사실을 인용해 보았습니다. 그러다 보니 어느새 많은 시간이 지나가 버렸고 쓸데없는 이야기까지 하고 말았습니다. 이제 또다시 역사 이야기를 하면 주제에서 더 멀어져 버릴 것입니다. 그러니 이쯤에서 끝내는 것이 좋을 듯합니다.

원래 역사를 이야기하다 보면 자신도 모르게 울컥하기 쉽고, 또 경서와 사서를 함께 놓고 옛일을 상고하다 보면 힘만 들고 좋은 결과는 얻지 못하기 마련입니다! 그리고 보니 청대 시인 장문도(張問陶)의 「역사를 읽고〔讀史〕」라는 시가 생각나는데, 그 시를 빌려 결론으로 삼을까 합니다.

한 편의 역사가 너무도 케케묵었구나	一編靑史太陳陳
상하 천 년이 우습게도 쳇바퀴 돌 듯하였네	上下千秋笑轉輪
치란의 도를 하늘에 의지했던 이는 손으로 꼽을 정도이고	治亂憑天如有數
편안함과 위태로움에 마음을 기울인 이는 아무도 없었네	安危注意恐無人
다만 말세에는 영웅호걸이 많다는 말만 들리고	祇聞叔世多豪傑
깊은 산에 숨어 사는 은자 있다는 말은 믿지 않네	不信深山有隱淪
『상서』의 전모를 보며 탄식하나니	歎息典謨三五冊
그런 군신 관계는 영원히 만나기 힘들겠지	萬年難遇此君臣

장선산(張船山)의 이 시는 첫 두 구와 마지막 두 구만으로도 고금의 역사를 설명하기에 충분합니다. 역사라는 것이 하나같이 진부하고 고루해서 약간의 차이는 있을지 몰라도 대체적으로 그 내용은 윤회요 반복일 뿐입니다. 그의 말로는 『상서』서너 편에 보존되어 있는 요·순·우 등과 관련된 훌륭한 본보기를 제외하면, 후세에 그런 훌륭한 제왕과 재상을 만나고자 하는 것은 영원히 이루어질 수 없는 몽상일 뿐이라는 것입니다.

참고로 이 시에 나오는 '전모(典謨)'란 『상서』의 전(典)과 모(謨), 이를테면 「요전(堯典)」, 「순전(舜典)」, 「대우모(大禹謨)」, 「고요모(皐陶謨)」, 「익직모(益稷謨)」 같은 편들을 말합니다.

제5편

내외겸수의 도

33

그 뜻을 깨끗이 하는 데서 시작하다

지금까지 말씀드린 주요 내용은 먼저 내명(內明, 내성內聖)의 학문 수양에서부터 시작하여 외용(外用)인 "성의(誠意), 정심(正心), 수신(脩身), 제가(齊家), 치국(治國), 평천하(平天下)"까지 언급하는 총 원칙이었습니다. 바로 원문에서 말한 "이것을 일러 근본을 안다고 하고, 이것을 일러 지식이 지극하다고 한다[此謂知本, 此謂知之至也]"라는 것입니다. 이것이야말로 『대학』의 가장 기본적인 대강(大綱)인 동시에 "지식에 이르는 것은 사물의 이치를 궁구하는 데 있다. 사물의 이치를 궁구한 뒤에야 지식이 지극해진다[致知格物, 物格知至]"라는 것의 가장 중요한 고리입니다. 이제 계속해서 내외겸수(內外兼修)[75]의 이치에 대해 설명하겠습니다.

사람의 생명 작용이 생리적 '신(身)'과 정신적 '심(心)'이라는 두 부분의 조합으로 형성된다는 사실은 이미 앞에서 말씀드렸습니다. 심(心)은 바로 생명이 본디부터 지니고 있는 '지성(知性)'의 작용입니다. 우리는 그것을 '이성(理性)'이나 '이지(理智)'라고 부르기도 합니다. 희로애락 등의 감정은 생리적 작용과 관계가 있습니다. 하지만 지성적인 이성은 이러한 감정의

---

[75] 내명의 학문과 외용의 학문을 더불어 수양함.

영향을 받기 쉽고 또 쉽사리 감정에 의해 좌우됩니다. 어떤 사람의 학문 수양이 스스로 지성의 덕스러운 이용(德用)을 밝힐 수 있는 경지에 이르면, 그 사람은 자신의 감정을 전화(轉化)하고 조절하여 맑고 밝은 본래 자리(本位)로 돌아가 자연스러운 천성(天性)의 도에 합치될 수 있습니다. 그렇기 때문에 무엇보다도 심(心)의 동요를 일으키는, 심지어 "마음을 움직여 본성까지 억누르게" 만드는 선봉이 바로 '의(意)'라는 사실을 알아야 합니다.

의(意)는 '지(志)' 혹은 '의지(意志)'라고 부르기도 합니다. 예를 들어 맹자는 "지는 기의 장수다(夫志, 氣之帥也)"라고 말했습니다. 그는 지(志) 자로 의(意)의 작용을 대신 설명했습니다. 혹은 '의식(意識)'이라고 부르기도 하는데 수·당 이후 정밀한 '인명(因明, 논리)'의 불학이 중국에 들어온 후부터 그렇게 불렀습니다. 불학에서는 의지(意志)나 의념(意念)과 같은 명사에 대해서도 엄밀하게 이름을 붙였습니다. 의식(意識)이라는 말은 현재까지도 응용되면서 철학적 명칭에서 일상용어로 변했습니다.

앞에서도 말씀드렸듯이 불학에서는 심물일원적인 사람의 생명을 "심(心)·의(意)·식(識)" 세 가지로 종합시켰습니다. 하지만 원본 『대학』에서는 일찌감치 사람의 생명을 "성의, 정심, 수신"이라는 "신(身)·심(心)·의(意)"의 삼중 작용이라고 말했습니다. 이러한 삼중 작용에 관해서는 앞에서 이미 대략적으로 설명했습니다. 그뿐 아니라 이 세 가지와 "제가, 치국, 평천하"와의 관계도 진시황, 한 고조, 한 문제 같은 제왕의 경우를 예로 들어서 설명했습니다. 이제부터는 의(意)의 작용에 관해 한 걸음 더 나아가 비교적 깊이 있게 살펴보도록 하겠습니다.

'성의'를 해석해 놓은 원본 『대학』의 여덟 가지 바른 앎

먼저 원본 『대학』에서 '의(意)'의 내외겸수에 관해, 나아가 "그 뜻을 성실하게 하는[誠其意]" 여덟 가지 '정지(正知)'에 관해 설명해 놓은 부분을 읽어 보도록 하겠습니다.

소위 그 뜻을 성실하게 한다는 것은 자기 스스로를 속이지 않는 것이다. 마치 독한 냄새를 싫어하듯 하며 좋은 색을 좋아하듯 하니, 이것을 일러 스스로 겸손함이라 한다. 그러므로 군자는 반드시 홀로 있는 곳에서도 삼가야 한다.

所謂誠其意者, 毋自欺也. 如惡惡臭, 如好好色, 此之謂自謙. 故君子必愼其獨也. (誠意 1)

소인은 혼자 있을 때 선하지 않은 행동을 함이 이르지 않는 데가 없다. 군자를 본 후에는 숨기려 하여 그 선하지 못한 일은 가리고 그 선한 일만 드러내려 한다. 남들이 자신을 보기를 제 몸의 허파나 간을 보듯 하니 무슨 이익이 있겠는가. 이것을 일러 안에서 성실하면 밖으로 나타난다고 한다. 그러므로 군자는 반드시 홀로 있는 곳에서도 삼가야 한다.

小人間居爲不善, 無所不至. 見君子而後厭然, 揜其不善, 而著其善. 人之視己, 如見其肺肝然, 則何益矣. 此謂誠於中, 形於外. 故君子必愼其獨也. (誠意 2)

증자가 말하기를 "열 눈으로 보는 바와 열 손가락으로 가리키는 바가 무섭구나!" 하였다. 부는 집을 윤택하게 하고 덕은 몸을 윤택하게 하니, 마음이 넓어지고 몸도 살찐다. 그러므로 군자는 반드시 그 뜻을 성실하게 해야 한다.

曾子曰, 十目所視, 十手所指, 其嚴乎! 富潤屋, 德潤身, 心廣體胖, 故
君子必誠其意. (誠意 3)

주희는 위의 세 절을 자신이 장을 나누고 주를 붙인 『대학』에서는 뒤로
보내 제6장에 집어넣었습니다.

『시경』에 말하기를 "저 기수 모퉁이를 보니, 푸른 대나무가 무성하구나! 아름다
운 군자여, 잘라 놓은 듯하고 쳐 놓은 듯하고, 쪼아 놓은 듯하고 갈아 놓은 듯하
다. 엄숙하고 굳세구나! 빛나고 점잖구나! 아름다운 군자여! 끝내 잊을 수 없구
나" 하였다. 잘라 놓은 듯하고 쳐 놓은 듯하다는 것은 학문을 말한 것이다. 쪼아
놓은 듯하고 갈아 놓은 듯하다는 것은 스스로를 수양함이다. 엄숙하고 굳세다는
것은 마음으로 두려워함이다. 빛나고 점잖다는 것은 겉으로 나타나는 위풍이다.
아름다운 군자를 끝내 잊을 수 없다는 것은 풍성한 덕과 지극한 선을 백성이 잊
을 수 없음을 말한 것이다.

詩云, 瞻彼淇澳, 菉竹猗猗. 有斐君子, 如切如磋, 如琢如磨. 瑟兮僩兮,
赫兮喧兮. 有斐君子, 終不可諠兮. 如切如磋者, 道學也. 如琢如磨者,
自脩也. 瑟兮僩兮者, 恂慄也. 赫兮喧兮者, 威儀也. 有斐君子, 終不可
諠兮者, 道盛德至善, 民之不能忘也. (誠意 4)

주희는 이 절을 뒤의 제8절 가운데 "서울 땅 천 리는 오직 백성들이 머
무르는 곳이다[邦畿千里, 惟民所止]"라는 소절과 함께 뽑아내서 자신의 『대
학』 제3장에 넣었습니다.

『시경』에 말하기를 "아! 전대의 성왕들을 잊지 못하네!" 하였다. 군자는 그들의

어짊을 어질게 여기고 그 친한 사람을 친하게 여기지만, 소인은 즐겁게 해 주심을 즐거워하고 이롭게 해 주심을 이롭게 여긴다. 이런 까닭에 세상에 없어도 잊지 못하는 것이다.

詩云, 於戲, 前王不忘. 君子賢其賢而親其親, 小人樂其樂而利其利, 此以沒世不忘也. (誠意 5)

주희는 이 절도 뽑아내어 자신의 『대학』 제3장에 집어넣었습니다.

「강고」에 말하기를 "덕을 밝히기를 잘하라" 하였고, 「태갑」에 말하기를 "하늘의 밝은 명령을 늘 돌아본다" 하였으며, 「제전」에 말하기를 "큰 덕을 밝히기를 잘한다" 하였다. 이 모두가 스스로 밝히는 것이다.

康誥曰, 克明德. 大甲曰, 顧諟天之明命. 帝典曰, 克明峻德. 皆自明也. (誠意 6)

주희는 이 절을 뽑아내어 자신의 『대학』 첫 장에 집어넣고 "명명덕(明明德)"의 증거로 삼았습니다.

탕왕의 반명에 말하기를 "진실로 어느 날 새로울 수 있다면 나날이 새롭게 하고 또 나날이 새롭게 하라" 하였다. 「강고」에 말하기를 "새로워지는 백성을 격려하라" 하였다. 『시경』에는 말하기를 "주나라는 비록 옛 나라이지만 그 천명이 새롭다" 하였다. 그러므로 군자는 그 최선을 다하지 않은 바가 없다.

湯之盤銘曰, 苟日新, 日日新, 又日新. 康誥曰, 作新民. 詩云, 周雖舊邦, 其命惟新. 是故君子無所不用其極. (誠意 7)

주희는 이 절을 뽑아내어 자신의 『대학』 제2장에 집어넣고 "친민(親民)"

을 '신민(新民)'으로 고쳐야 한다는 증거로 삼았습니다.

『시경』에 말하기를 "서울 땅 천리는 오직 백성들이 머무르는 곳이다" 하였다. 『시경』에 말하기를 "울어 대는 황조여! 언덕 한구석에 머물렀구나" 하였다. 이에 공자가 말씀하시기를 "머무름에 있어 그 머무를 곳을 아니, 사람이 새만도 못해서 되겠는가" 하였다. 『시경』에 말하기를 "덕이 높으신 문왕이시여! 한없이 밝으시며 공경하여 편안히 머무셨구나" 하였다. 그는 남의 왕이 되어서는 인에 머물렀고, 남의 신하가 되어서는 공경에 머물렀고, 남의 아들이 되어서는 효도에 머물렀고, 남의 아버지가 되어서는 자애로움에 머물렀고, 남들과 사귐에 있어서는 믿음에 머물렀다. 공자께서 말씀하시기를 "송사를 처리함은 나도 남과 같지만 반드시 송사가 생기지 않도록 하리라!" 하였다. 진실이 없는 사람들로 하여금 그 거짓말을 다하지 못하게 함은 백성들의 마음을 그게 두렵게 하기 때문이니, 이것을 일러 근본을 안다고 한다.

詩云, 邦畿千里, 惟民所止. 詩云, 緡蠻黃鳥, 止於丘隅. 子曰, 於止知其所止, 可以人而不如鳥乎. 詩云, 穆穆文王, 於緝熙敬止. 爲人君, 止於仁. 爲人臣, 止於敬. 爲人子, 止於孝. 爲人父, 止於慈. 與國人交, 止於信. 子曰, 聽訟, 吾猶人也. 必也使無訟乎. 無情者, 不得盡其辭. 大畏民志, 此謂知本. (誠意 8)

주희는 이 절을 나누어서 자신의 『대학』의 제3장과 제4장에 집어넣었습니다. 게다가 더 재미있는 것은 원본 『대학』에서 앞쪽의 "이것을 일러 지식이 지극하다고 한다(此謂知之至也)"라는 구절을 뽑아 와서는 "이것을 일러 근본을 안다고 한다(此謂知本)"라는 구절 뒤에다 놓고, 그 두 구를 제5장이라 했습니다. 그러고는 말하기를 이 부분은 '궐문(闕文)'으로, 이 두 구 앞에는 다른 문장이 있었는데 옛사람들에 의해 유실되었다고 했습니다.

이것만 보더라도 동서고금의 대학자라는 사람들이 얼마나 자기 고집이 강하고 누가 뭐라고 하든 자기 생각이 옳다는 식인지 알 수 있습니다. 권력을 주무르는 사람들과 마찬가지로 다른 사람의 '혜명(慧命)'[76]을 비틀어 버리니 어떻게 해도 그 죄과를 면할 수 없을 것입니다. 하지만 그런데도 오히려 그로 인해 천고의 명성을 누리고 있으니 어찌 운명이 아니라고 하겠습니까!

사실 원본 『대학』은 원래 그 나름의 순서가 있습니다. 이 말은 자기 나름의 논리 체계를 갖추고 있다는 뜻이기도 합니다. 예를 들어 지금 "성의(誠意)"라는 주제하에 나열해 놓은 것들을 보면, "성의"의 뜻을 직접 설명하였든 혹은 경전에서 인용해 와서 설명하였든 간에 아주 조리 있게 "성의"의 내외겸수(內外兼修) 작용에 관해 설명하고 있습니다. 주희가 나서서 다시 고치고 편집할 필요가 전혀 없었습니다. 그런 것을 마치 증자가 글쓰기도 제대로 할 줄 몰라서 앞뒤를 거꾸로 배열했기 때문에, 천 년 후에 '주대성인(朱大聖人)'이 출현하여 한 차례 손보고 나서야 비로소 유가의 학문이 새로이 빛을 발하게 되었다는 식입니다. 이거야말로 중국 문화의 일대 미스터리로서 아무리 생각해 봐도 이해할 수가 없습니다. 도대체 어떻게 된 것일까요? 지금부터는 "성의"에 관한 여덟 가지 내용을 하나하나씩 설명해 보겠습니다.

자기 자신 속이기, 남 속이기, 남에게 속아 넘어가기

원본 『대학』의 원문에 관해서는 이쯤 하고, 이제 무엇을 "성의(誠意)"라

---

[76] 지혜.

고 하는지를 말씀드리겠습니다. "소위 그 뜻을 성실하게 한다는 것은 자기 스스로를 속이지 않는 것이다. 마치 독한 냄새를 싫어하듯 하며 좋은 색을 좋아하듯 하니 이것을 일러 스스로 겸손함이라 한다. 그러므로 군자는 반드시 홀로 있는 곳에서도 삼가야 한다(所謂誠其意者, 毋自欺也. 如惡惡臭, 如好好色, 此之謂自謙. 故君子·必愼其獨也)." 좀 더 깊이 이해하기 위해 이 절에 나오는 "자기(自欺)", "호오(好惡)", "자겸(自謙)", "신독(愼獨)"이라는 네 가지 명사의 뜻을 각기 해석해 보겠습니다.

1. 자기(自欺)

제가 전에 옛사람들의 글을 읽다가 명대(明代) 어떤 사람이 골동품 매매에 관한 자기 생각을 적어 놓은 것을 보았습니다. 그중 세 마디가 특히 훌륭했는데 그는 이렇게 말했습니다. "어떤 사람이든지 일생 동안 단지 세 가지 일만 하다가 이 세상을 떠나는데, 그 세 가지란 바로 자기 자신 속이기, 남 속이기, 남에게 속아 넘어가기이다." 그 글을 읽고 저는 책상을 탁 치면서 기가 막힌다고 외쳤습니다. 어찌 골동품 매매에서만 그러하겠습니까? 제 아무리 동서고금의 영웅호걸이라 한들 그렇지 않은 사람이 누가 있겠습니까? 사람은 자기 자신을 속이지 않으면 아마도 살아갈 맛이 나지 않을 것입니다. 우리는 태어나서 죽을 때까지 오늘이고 내일이고 모레고 언제 어느 때든지 '우리의 앞길은 탄탄대로이다'라고 생각해야만 비로소 사는 희망을 가지고 재미를 느낄 수 있습니다. 그러나 사실 그 무궁무진한 희망은 모두 그저 의식상에서 자기가 만든 경지일 뿐입니다. 거기에 스스로 도취될 수는 있어도 그것이 자기를 만족시킬 수는 없습니다. 그렇다고 인생을 오해하고 의기소침해 해서는 안 됩니다. 여러분은 '대학의 이치'를 깨달아야만 비로소 인생의 참된 의의를 알게 될 것입니다. 그전에 먼저 남송의 시인 신가헌(辛稼軒)의 사(詞)를 한 수 보도록 하겠습니다.

취중에 등불 돋우고 검을 바라보다가　醉裡挑燈看劍

병영에서 들려오는 뿔피리 소리에 꿈에서 깨어나네　夢回吹角連營

부하 장병들에게 구운 소고기 나누어 주는데　八百里分麾下炙

거문고 소리는 변새 바깥까지 울려 퍼지고　五十弦翻塞外聲

가을날 모래사장에서는 병사를 사열하고 있네　沙場秋點兵

말은 명마 적로처럼 빨리 달리고　馬作的盧飛快

활은 벽력 같은 큰 소리로 시위를 놀래친다　弓如霹靂弦驚

군주를 위해 천하를 도모하는 일 마치고　了卻君王天下事

살아서 죽은 후의 명성을 얻고자 하지만　贏得生前死後名

가련하구나 백발의 서생이여　可憐白髮生

　이 사는 제가 소년 시절에, 그러니까 앞길이 탄탄대로 같았던 시절에 가장 즐겨 읽었던 것입니다. 어쩌면 그의 생각에 공감했기 때문에 일찌감치 "자기 자신을 속이는" 일에서 몸을 뺄 수 있었는지도 모르겠습니다. 사람은 "자기 자신을 속여야" 비로소 "남을 속이게" 되고 결국에는 "남에게 속아 넘어가기" 마련입니다. 자기 자신을 사랑해야 비로소 남을 사랑할 수 있고 결국은 다른 사람들에게 사랑을 받게 되는 것과 같은 이치입니다. 마찬가지로 자기 자신을 존중해야만 비로소 남을 존중할 수 있고 그래야만 다른 사람들의 존중을 받기 마련입니다.

　그렇다면 증자가 "뜻을 성실하게 한다는 것은 자기 스스로를 속이지 않는 것이다〔所謂誠其意者, 毋自欺也〕"라는 말은 도대체 무슨 뜻이란 말입니까. 여러분은 먼저 '무(毋)'라는 글자에 주목해야 합니다. 이 글자는 고대에 '불(弗)', '물(勿)', '막(莫)'과 통용되었으며 현대어 '불가(不可)', '불요(不要)'와 뜻이 같습니다. "자기 스스로를 속이지 않는다"란 바로 자기가 자기 자신을 속여서는 안 된다는 뜻입니다.

'의식(意識)'은 '심(心)'이 일으키는 여러 작용 가운데 선봉이라고 할 수 있습니다. 그것은 움직이고 변화하는 속도가 대단히 빠른 데다 아주 쉽게 자아감상, 자아도취, 자아긍정, 혹은 자아부정에 빠져듭니다. 그것은 우리 뇌 속에 자리 잡은 채 활동하면서 사상, 이상, 환상 등의 수많은 작용을 일으킵니다. 하지만 그것은 원래부터 붙잡을 수 없는 것이어서 떠올랐는가 하면 어느새 빠져나가 버리고 없습니다. 그것은 좋고 나쁘고의 판단을 우리의 '지성'에게 맡깁니다. 그것은 온갖 영상을 모아들여서는 다시 '심'에게 보내어 저장하게끔 합니다.

만약 의식을 깨끗하게 만들고자 한다면, 스스로를 돌이켜 살펴보는 '내명(內明)'의 학문을 수양함으로써 언제나 의식의 활동에 유의하고, 그것으로 하여금 "알고 멈춘 뒤에야 정함이 있고, 정한 뒤에야 흔들리지 않을 수 있고, 흔들림이 없는 뒤에야 편안할 수 있고, 편안한 뒤에야 생각할 수 있게" 해야만 비로소 진정한 "성의(誠意)"의 경지에 도달할 수 있습니다. 여기에서 '성(誠)'자는 한결같다, 안정되다, 사사로움이 없다, 밝고 깨끗하다는 뜻을 모두 포괄합니다. 그래서 자사는 『중용』에서 "성의"의 뜻을 이렇게 설명했습니다. "성실함으로부터 밝아지는 것을 성품이라 한다. 밝음으로부터 성실해지는 것을 가르침이라 한다. 성실하면 밝아지고 밝으면 성실해진다〔自誠明, 謂之性. 自明誠, 謂之教. 誠則明矣. 明則誠矣〕." "성이란 스스로 이루는 것이다〔誠者, 自成也〕." 여기에 바로 내명의 학문의 정수가 들어 있습니다.

마찬가지로 우리의 일상생활에서의 모든 행동에도 이 의식이 가장 중요하게 작용합니다. 하지만 내명의 학문 수양이 제대로 되지 않은 사람이라면 그 의식에 의해 "자기 자신을 속이거나" "남을 속이거나" "다른 사람에게 속아 넘어가는" 것을 피할 수 없습니다.

그렇기 때문에 공자는 외용(外用) 측면에서 다음 사항을 지적했습니다. "마음대로 하지 말라. 반드시 그래야 한다고 하지 말라. 자기 생각을 고집하지 말라. 내가 아니면 안 된다고 하지 말라[毋意, 毋必, 毋固, 毋我]." 말하자면 이것은 외용이라는 측면에서 공자가 우리에게 가르친 행동 원칙입니다. 자기 마음대로 아무렇게나 해서는 안 되고, 꼭 그렇게 해야 한다고 생각해서도 안 되며, 자기 생각을 고집해서도 안 되고, 내가 아니면 안 된다고 생각해서도 안 됩니다. 이것은 모두 의식이 자기 자신을 속이지 못하게 하려는 경각심이라 하겠습니다. 그래서 증자는 첫머리에 "뜻을 성실하게 한다는 것은 자기 스스로를 속이지 않는 것이다"라고 말했습니다.

예를 들어 보지요. 사람들은 하나같이 다른 사람에게 속았다고 원망하곤 합니다. 하지만 자기 자신도 속이지 못하는 사람이 어떻게 남인 당신을 속일 수 있다는 말입니까? 자기 자신을 속일 수 있어야 남도 속일 수 있는 법입니다. 선종의 조사였던 달마 대사가 처음 중원에 와서 입산면벽하려 할 때 어떤 사람이 그에게 물었습니다. "대사님, 당신이 중국에 오신 목적이 무엇입니까?" 그러자 달마 대사는 이렇게 대답했습니다. "남에게 속아 넘어가지 않는 사람을 찾고자 해서입니다." 달마 대사야말로 진정한 대사였습니다. 사람은 자기 자신을 속이지 않을 수 있어야 비로소 남에게 속아 넘어가지 않을 수 있습니다. 조심하십시오, 어쩌면 지금 제가 자기 자신을 속이고 또 여러분을 속이고 있는지도 모릅니다.

2. 호오(好惡)

"자기 스스로를 속이지 않아야 한다[毋自欺也]"라는 말에 이어서 증자는 다음과 같은 비유를 들었습니다. "마치 독한 냄새를 싫어하듯 하고 좋은 색을 좋아하듯 한다[如惡惡臭, 如好好色]." 사람은 모든 사물에 대해 좋고 싫음이 분명한 것처럼, 정말로 싫어하는 일이라면 당장 집어치우고 더 이상 미련을 두지 않을 것입니다. 또 정말로 좋아하는 일이라면 틀림없이 얼른 달려들어 다시는 그것을 내버리지 않을 것입니다. 같은 이치로 의식이 엎치락뒤치락하면서 스스로 자기 마음을 어지럽힌다는 사실을 알았다면, 이제 여러분은 "자기 자신을 속이지 말고" 즉시 '의식'의 어지러운 흐름을 막아 버리고 고요하고 맑은 경지로 되돌아가야 합니다. 앞서 칠증(七證)에서 말씀드린 "알고 멈춘 뒤에야 정함이 있다"라는 말처럼 말입니다.

3. 자겸(自謙)

차신의 의식을 밝고 맑고 진실한 경지로 되돌아가게 할 수 있으면, 그렇게 되었을 때에야 비로소 진정한 "자겸(自謙)"이라 할 수 있습니다. 그러한 경지에 도달하고 못하고는 전적으로 스스로의 반성과 성찰에 달렸습니다. '겸(謙)'은 결코 소극적인 겸손함이 아니라 숭고한 소박함입니다.

겸(謙)은 『역경』의 괘 이름으로 지산겸(地山謙, ䷎)이라고 부릅니다. 그 모양을 보면 높고 험준한 산봉우리가 땅 아래에 엎드려 숨어 있는 모습입니다. 말하자면 깎아지른 듯한 높은 산의 맨 꼭대기에 서 있으면 눈앞에 드넓은 평원이 펼쳐지고 맑은 하늘에는 흰 구름이 가득하지만, 너무나 무미건조하여 험준하다는 느낌은 오히려 조금도 들지 않는 것과 같다고 하겠습니다. 원래 육십사괘 가운데 크게 길하고 이로운 괘는 하나도 없고, 하나같이 반은 흉하고 반은 길하거나, 혹은 전부 흉하거나, 혹은 조금 길합니다. 그런데 오직 겸괘만이 순조롭고 길합니다. 옛사람이 지은 대련(對聯) 가운데 이런 내용이 있습니다.

바다가 끝이 없으니 하늘이 해안이 되었고	海到無邊天作岸
산꼭대기에 올라가니 내가 봉우리가 되는구나	山登絶頂我爲峰

얼마나 기세등등하고 거칠 것이 없습니까! 하지만 곰곰이 생각해 보면 또 얼마나 소박하고 부드럽습니까! 그 묘사가 극히 현란하고 변화하고 숭고하고 위대한 데서 출발했지만 결국은 평범한 자기 성찰로 돌아가고 있습니다. 한 사람의 학문 수양이 옛사람이 경험에서 얻은 "학문이 깊어지면 뜻과 기가 평온해진다[學問深時意氣平]"라는 결론에 도달할 수 있다면, 그것이야말로 "성의(誠意)"와 "자겸(自謙)"의 경지라고 하겠습니다.

신독이란 어떠한 독을 삼가라는 것인가

4. 신독(愼獨)

가장 이해하기 어려운 부분은 바로 "신기독야(愼其獨也)"에서의 "신독(愼獨)"입니다. 물론 역대의 주석들을 보면 대부분 신독을 다음과 같이 풀이해 놓았습니다. 사람은 홀로 있을 때에 가장 조심하고 삼가야 하니, 자기를 아무렇게나 내버려 둔다든지 다른 사람을 속이거나 나쁜 일을 해서는 안 된다는 뜻이라고 말입니다. 십구 세기 말의 어떤 사람은 민주 정치 사상과 들어맞게 하려고 "신기독야"란 정치상 독재를 해서는 안 된다는 뜻이라고 풀이하기도 했습니다.

어느 설명이 맞든지 간에 증자는 "성의"라는 이 절에서 "신독"의 중요성을 두 번이나 말했습니다. 우리는 앞에서 『내경』에 나오는 '식신(識神)'의 작용을 설명하면서 독오(獨悟), 독견(獨見), 독명(獨明)이라는 세 가지 '독(獨)'의 경지에 관해 언급했습니다. 중요한 부분이니만큼 여기서 다시 한 번 원문을 읽어 보도록 하겠습니다. 기백이 황제에게 말했습니다.

신에 관해 말씀드리겠습니다. 신이란 귀는 들리지 않지만 눈이 밝아지고 마음이 열려서 뜻이 앞에서 인도하니, 지혜롭게 홀로 깨닫지만 입으로 말할 수 없습니다. 다 같이 보지만 홀로 보이니 보는 것이 어두운 듯합니다. 훤히 홀로 밝아 마치 바람이 구름을 걷어내는 듯합니다. 그러므로 신이라고 합니다.

請言神. 神乎神! 耳不聞, 目明心開而志先, 慧然獨悟, 口弗能言, 俱視獨見, 視若昏, 昭然獨明, 若風吹雲. 故曰神.

『내경』에 나오는 식신(識神)의 세 가지 현상에 관한 설명은 논리적으로 정밀한 불학의 법상 유식(法相唯識)이 중국에 전해진 시기보다 천 년도 훨씬 전에 나왔습니다. 『내경』을 한대의 저술이라고 끌어내린다 하더라도 칠팔백 년은 빨랐습니다. 그렇다면 왜 중국과 인도의 철학자들은 사전에 합의라도 한 것처럼 이렇게 비슷한 말을 했을까요?

첫째로, 『내경』에서 말한 식신(識神)의 '독오(獨悟)' 현상이 가리키는 바는 이러합니다. 조악하고 천박한 의식의 활동이 정지되면 지혜로운 자성(自性)이 작용하기 시작하여 뭔가를 깨달은 듯한 특별한 경지에 도달하게 되니, "귀는 들리지 않지만 눈이 밝아지고 마음이 열려서" 말 따위는 별로 하고 싶어지지 않습니다.

당대(唐代) 이후로 선종에서 오랫동안 참선을 한 사람들 가운데 이와 유사한 "말로 설명할 길 없는" 경지에 도달한 사람들이 있었는데, 수양이 이쯤 되면 본인 스스로 이미 깨달아 득도했다고 생각합니다. 그러나 진정한 선종의 견지에서 본다면 그것은 식신의 작용일 뿐입니다.

도를 배우는 사람이 진리는 알지 못하고	學道之人不識眞
줄곧 신에 대해서만 알고 있었네	只爲從來認識神
무량겁 이래로 생사의 근본	無量劫來生死本
어리석은 사람은 본디 사람이라고 부르네	癡人喚作本來人

법상 유식학의 입장에서 설명하자면 그것은 '별경혜(別境慧)'의 현상이며 의식적 현상입니다. 비록 학문과 수양이 일정 정도 진보하여 터득한 바가 있기는 했지만 "명덕(明德)"이 도에 이른 경지는 아니었습니다.

둘째로, 식신이 일으키는 '독견(獨見)' 현상은 자아의식 속에 존재하면서 마치 무엇이든지 볼 수 있을 것 같지만 실은 두뇌와 신체가 혼미한 상태에 머물러 있는 것으로서 바로 명상의 작용입니다.

마지막으로, 식신이 일으키는 '독명(獨明)' 현상은 영혼이 '규(窺)'를 빠져나간 듯한 정신 상태, 혹은 불학에서 말하는 '중음(中陰)'[77] 현상과 거의 비슷합니다. 신체 감각이 없어서 마치 바람이 구름을 걷어 버려 표표히 선계로 날아가는 듯한 자아 착각 상태입니다.

하지만 종합해서 말하면 어떤 사람이 학문과 수양을 거쳐서 의식이 "머무를 곳을 알아서 정하고 흔들리지 않고 편안한" 상태에 이르렀다면, 그에게 나타난 독오, 독견, 독명 가운데 어떤 경지도 결코 나쁜 현상은 아니라고 말할 수 있습니다. 다만 그것을 진리라고 여기고 집착해서는 안 될 뿐입니다. 그것은 과정이며 여정에서 만나는 바깥 경치[外景]일 뿐 결코 귀착점이 아님을 알아야 합니다.

법상 유식학으로 비교해 설명한다면 『대학』의 성의(誠意), 신독(愼獨)은 유식학에서 말하는 제육식인 의식의 작용 가운데 '독두(獨頭) 의식'[78]의 일면과 유사합니다. 심지어 불교를 공부하고 도를 닦는 사람들 가운데는

---

77 사람이 죽어 다음 생을 받을 때까지의 사십구 일 동안의 상태.

78 제육식인 의식은 오구(五俱) 의식과 독두(獨頭) 의식으로 나뉜다. 오구 의식이란 안(眼)·이(耳)·비(鼻)·설(舌)·신(身)의 오근(五根) 즉 다섯 가지 감각 기관에 의해서 받아들여 일으키는 마음의 작용이며, 독두 의식은 감각 기관을 동반하지 않고 홀로 일어나 마음에서 활동하는 의식이다. 이러한 독두 의식에는 몽중(夢中) 의식, 독산(獨散) 의식, 정중(定中) 의식이 있다. 몽중 의식은 수면 중에 일어나는 마음의 기능이며, 독산 의식은 일찍이 보고 들었던 것이 의식 아래에 잠재하고 있다가 표면으로 나온 것이며, 정중 의식은 선정(禪定) 시 의식이 통일되었을 때 일어나는 것이다.

학리적인 측면에는 접근하지 않은 채 독두 의식의 작용을 직관(直觀)이나 직각(直覺)으로 간주하여 자기가 이미 도를 깨달았다고 여기는 사람도 종종 있습니다. 혹은 독두 의식이 일으키는 경지를 신통(神通)이나 무슨 특이한 능력으로 간주하기도 합니다.

그래서 저는 늘 이렇게 말합니다. 조심하십시오! 신통과 정신병은 종이 한 장 차이도 나지 않는 쌍둥이이므로 반드시 뚜렷이 구별 지어야 합니다. 그런데도 사람들은 자기 자신을 모르고 있으니 이 노릇을 어찌하겠습니까!

선종의 백장 선사가 말한 "신령스러운 빛이 홀로 비치고 육근과 육진에서 멀리 벗어난다(靈光獨耀, 迥脫根塵)"[79]라는 것은 바로 형이상의 도의 경지입니다. 『대학』 본 절에서 말한 "풍성한 덕과 지극한 선(盛德至善)", "이런 까닭에 세상에 없어도 잊지 못하는 것이다(此以沒世不忘也)"라는 말에 견주어 볼 수도 있습니다. 기왕 선종과 불학에서 빌려 와 "다른 산의 돌로 나의 옥을 갈았으니" 끝까지 인용을 통해 알기 쉽게 말씀드리겠습니다. 도대체 "신기독야(愼其獨也)"의 "신독(愼獨)"은 무슨 뜻일까요?

악한 일일랑 하지 말고	諸惡莫作
선한 일만 받들어 행하여	衆善奉行
스스로 그 뜻을 깨끗이 하라	自淨其意
이것이 바로 부처의 가르침일세	是諸佛敎

이제 분명해졌습니다. 평소 의식이 맑을 때에 순수하고 선한 상태가 될

---

79 육근(六根)은 사람을 미혹하게 하는 여섯 가지 근원으로 안·이·비·설·신·의를 말한다. 육진(六塵)은 육식(六識) 즉 안식(眼識)·이식(耳識)·비식(鼻識)·설식(舌識)·신식(身識)·의식(意識)의 작용을 일으키는 대상인 색(色)·성(聲)·향(香)·미(味)·촉(觸)·법(法)을 가리킨다.

수 있으면 그것도 괜찮습니다. 하지만 가장 중요한 것은 잠을 자고 있어서 독두 의식이 '독영경(獨影境)'[80]이라는 변상(變相)을 일으킬 때라 할지라도 평소 의식이 맑을 때처럼 순수하고 깨끗해야지 꿈에 의해 어지럽혀져서는 안 된다는 것입니다. 심지어 꿈속으로 들어와서도 스스로가 주인이 될 수 있어야 비로소 "뜻을 성실하게 하고[誠意]" "홀로 있는 곳에서 삼가하여[愼獨]" "자기 스스로를 속이지 않는[毋自欺]" 경지에 들어섰다고 할 수 있습니다. (성의 1)

"안에서 성실하면 밖으로 나타난다"는 심원한 이치

이어서 "성의", "신독"의 학문 수양은 '인도(人道)'를 수양하는 실제 상황에서 나타난다고 말했습니다. 증자는 말합니다. "소인은 혼자 있을 때 선하지 않은 행동을 함이 이르지 않는 데가 없다[小人閒居爲不善, 無所不至]." 여기에서 말하는 소인(小人)이 그저 어린아이라는 뜻은 아니지만 그 뜻과도 어느 정도 관련이 있습니다. 예를 들어 훌륭한 교육을 받지 못한 어른은 어린아이와 똑같은 소인이라고 하겠습니다. 소인들은 할 일이 없으면 몹시 초조해하고 참지 못합니다. 그래서 좋고 나쁘고를 가리지 않고 무슨 일이든지 저지르고 맙니다. 하지만 "군자를 본 후에는 숨기려[見君子而後厭然]" 합니다. 소인은 일을 저지르다가 갑자기 대인 군자가 오는 것을 보면 자신의 잘못을 깨닫고 겸연쩍어합니다. 그래서 결사적으로 거짓말을 늘어놓거나 온갖 수를 써서 자기 잘못을 덮어 버리려고 하는데, "그 선하

---

80 불교 유식학에서는 우리의 인식 경계를 삼류경(三類境)으로 나누었는데, 대상으로의 실재성을 갖춘 것인 성경(性境)과 대상이나 그 실재성을 소유하지 못한 독영경(獨影境)과 이 두 성질을 함께 지니고 있는 대질경(帶質境)이 그것이다.

지 못한 일은 가리려〔揜其不善〕˝합니다. 그러고는 자신이 그래도 옳고 훌륭하다면서 ˝그 선한 일만 드러내려〔而著其善〕˝합니다. 사실 그것은 자기를 속이고 남을 속이는 행동으로 아무런 소용이 없습니다.

세상 사람들의 총명함은 거의가 비슷해서 누가 누구를 속이는 일은 사실 불가능합니다. ˝남들이 자신을 보기를 제 몸의 허파나 간을 보듯〔人之視己, 如見其肺肝然〕˝합니다. 서로서로 쳐다보면 모두 드러나게 마련입니다. 특히 예리한 사람 앞에서 거짓으로 꾸미려 들어서는 안 됩니다. 그는 마치 당신의 몸속을 다 들여다보듯 할 것이니 꾸며 본들 ˝무슨 이익이 있겠느냐〔則何益矣〕˝라는 것입니다.

왜 나쁜 일을 저지르면 다른 사람에게 들키고 마는 것일까요? 그것은 사람의 의식이 두뇌 속에서 활동하면 신경 세포의 변화를 일으켜 표정이나 기색에 나타나기 때문입니다. 어느 누구라도 자기 속마음이 겉모습에 영향을 미친다는 법칙에서 벗어날 수 없습니다. 그렇기 때문에 의식의 진실함과 성실함이 가장 중요한 것입니다. ˝이것을 일러 안에서 성실하면 밖으로 나타난다고 한다. 그러므로 군자는 반드시 홀로 있는 곳에서도 삼가야 한다〔此謂誠於中, 形於外. 故君子必愼其獨也〕.˝ 여러분은 오로지 의식을 순수하고 바르게 정화시키기만 하면, 자연히 진실하고 성실한 사람으로 변할 것이며 ˝독자적인 의견을 가지고 홀로 세상을 살아가는˝ 정상적인 보통 사람이 될 수 있습니다. 물론 ˝도덕군자인 양 점잔 빼는˝ 모습으로 변해서는 안 됩니다. 그건 차마 눈뜨고 못 볼 꼭두각시일 뿐입니다. (성의 2)

이야기가 ˝성의˝의 수양에 이르자 증자는 ˝안에서 성실하면 밖으로 나타난다˝라는 필연적인 법칙을 언급했습니다. 이어서 그 법칙의 중대성을 설명하기 위해 증자는 이렇게 말했습니다. ˝열 눈으로 보는 바와 열 손가락으로 가리키는 바가 무섭구나〔十目所視, 十手所指, 其嚴乎〕.˝ 종교가의 엄한 훈계 비슷하게 보이지만 사실은 과학적인 진리입니다.

육칠십 년 전 『대학』의 이 구절을 공부할 당시의 일입니다. 저는 갑자기 재미있는 생각이 나서 친구들에게 알아맞혀 보라고 문제를 냈습니다. "십 목소시(十目所視)"는 과연 몇 쌍의 눈동자가 바라보는 것일까요? "십수소 지(十手所指)"는 몇 개의 손가락이 가리키는 것일까요? 그렇습니다. 답은 다섯 쌍의 눈동자와 열 개의 손가락이었습니다. 물론 우스갯소리에 불과할 뿐입니다. 나중에 불교 사원에서 천 개의 손과 천 개의 눈을 가진 관세음보살상을 보았는데, 증자가 말한 "열 눈으로 보는 바와 열 손가락으로 가리키는 바"에 비해 훨씬 엄중하게 느껴졌습니다. 물론 그것이 종교적 미신의 토템이라는 것은 알고 있었습니다.

그 후 자연 과학을 공부하여 물리학이나 광학에 대해 다소나마 알게 되면서 비로소 그러한 메커니즘이 사실이라는 것을 믿게 되었습니다. 사람에게 어떤 생각이나 마음이 일어날 때면, 심지어 선하거나 악한 생각이 일어날 때면 마치 돌멩이 하나를 물에 던지면 물결이 퍼져 나가는 것과 마찬가지로 처음에는 아주 작은 물결로 시작하지만 점차 확산되어 결국은 허공에 두루 퍼집니다. 그러한 현상은 광학의 원리를 이용해서 찍을 수도 있습니다. 그제서야 "열 눈으로 보는 바와 열 손가락으로 가리키는 바" 및 "천 개의 손과 천 개의 눈"에 담긴 진리가 결코 근거 없는 헛소리가 아님을 알았습니다.

만약 참으로 과학에 통달한 사람이라면—제가 말하는 것은 정말로 통달한 것이지 단순히 전문가의 학위 따위를 가리키는 것이 아닙니다—철학과 종교학의 심각성을 깨닫게 되어 함부로 미신이라는 누명을 씌우지 않을 것입니다. 자기가 알지 못하기 때문에 다른 사람에게 미신이라고 말하는 그것이야말로 진짜 미신이요, 또 "뜻을 성실하게〔誠意〕" 하지 않는 것입니다.

하지만 증자가 말한 "열 눈으로 보는 바와 열 손가락으로 가리키는 바가 무섭구나"라는 것이 반드시 종교적이거나 혹은 과학적인 논리였던 것은 아닙니다. 유가에서는 본래 "하늘의 도는 멀고 사람의 도는 가깝다〔天道遠, 人道邇〕"라고 주장해 왔습니다. 반드시 먼저 사람의 도에서 시작하여 토대를 쌓아야만 형이상의 천인(天人)의 경지에 도달할 수 있습니다. 그가 강조하고자 한 바는, 어떤 사람이든지 인간 세상을 살아가는 동안은 시종일관 모든 행동이 현실에서 벗어날 수 없기 때문에 자연히 많은 사람들이 그 사람의 행위에 주목하고 있다는 것입니다. 적게는 부모, 처자, 친구에서부터 주변 사람들에 이르기까지 서로 영향을 주고받으며 서로 관심을 가져 줍니다. 정치를 하거나 혹은 각종 사업에서 성공하여 명성과 지위를 누리는 사람이라면 더욱 그러할 것입니다.

예를 들어 남송 말기에 가사도(賈似道)가 재상을 지내던 무렵 어떤 사람이 그에게 다음과 같은 두 구의 시를 보냈습니다.

| 그대에게 권하노니 하늘 받쳐 든 손 높이 드시오 | 勸君高擧擎天手 |
| 수많은 사람들이 차가운 눈으로 지켜본다네 | 多少旁人冷眼看 |

바로 "열 눈으로 보고 열 손가락으로 가리킨다"라는 이치입니다. 하지만 이것은 외부적인 측면에서 말한 것입니다.

한 개인을 놓고 말한다면 "뜻을 성실하게 함〔誠意〕"으로써 "안에서 성실하여 밖으로 나타나게〔誠於中, 形於外〕" 하면 "부가 집을 윤택하게 한다〔富潤屋〕"라고 했습니다. 예를 들어 어떤 사람이 부유해진다면 다른 무엇보다도 자기 집을 화려하고 멋있게 바꾸고 꾸밀 것입니다. "덕은 몸을 윤택하게 하니〔德潤身〕" 역시 마찬가지 이치입니다. 어떤 사람이 참으로 내명(內明)의 학문인 "성의"를 수양하는 학문을 한다면 그것은 자연히 도덕적인 행위로 이어질 것입니다. 심리는 생리에도 영향을 미치기 때문에 자신의 신체도 그에 따라서 변화하기 마련입니다. 시간이 흐르다 보면 어느새 마음이 넓게 탁 트이고 신체도 살이 오릅니다. 물론 옛사람들이 말하는 '살찐다'는 것은 요즘 사람들이 다이어트를 하느라 바쁜, 이른바 서양인이 말하는 비만과는 다릅니다.

예를 들어 암 같은 중병에 걸린 사람들 가운데는 백약이 무효하자 경건한 태도로 신앙에 의지하여 신이나 부처님에게 비는 사람도 있는데, 마침내 정말 낫는 경우도 있습니다. 그런 후에는 은혜에 보답하고자 자신의 신앙을 애써 두루 알리고 신이나 부처님의 영험을 거의 광적이다시피 선전합니다. 사실 "뜻을 성실하게 하고" 경건했기 때문에 효과가 나타난 것이니 유심론적 기능이 발휘된 것이라고 하겠습니다. 『대학』에서 말한 "마음이 넓어지고 몸이 살찌는[心廣體胖]" 이치와 같습니다. 그리하여 재차 "그러므로 군자는 반드시 그 뜻을 성실하게 해야 한다[故君子·必誠其意]"라고 당부했습니다. (성의 3)

학문과 수양은 모름지기 일상 행위를 거쳐야

이어서 설명하고 있는 것은, "뜻을 성실하게 하는" 데서 시작하여 "안에서 성실하여 바깥으로 나타나는" 경지에 이르는 것이 단지 알았다고 해서 해낼 수 있는 것이 아니라는 사실입니다. 설사 타고난 성인이라 할지라도 반드시 깨닫고 수양해 나가야만 비로소 날로 완전해져 갑니다. 학문과 수양은 그 순서를 건너뛰어서는 안 되는 것으로서, 반드시 일상 행위 가운데서 실천해 나가야만 점차 심오한 경지에 이를 수 있습니다.

그래서 여기서부터는 역사상 몇 명의 큰 인물, 왕후(王侯)와 제왕들이 "뜻을 성실하게 하여" 스스로를 새롭게 함으로써 새로이 훌륭한 사람이 되어 공적을 세우고 덕을 폈던 이야기를 인용했습니다. 그 가운데 서로 관련이 있는 명언을 뽑아 "뜻을 성실하게 하여" 스스로를 새롭게 했던 본보기로 삼아 설명했습니다.

먼저 『시경』 「위풍(衛風)」편 가운데 '기오(淇澳)'의 몇 구절을 인용하여 설명했습니다. 이 시는 위(衛)나라 사람들이 구십오 세의 고령이 되어서도 여전히 학문 수양에 힘쓰고 국사에 근면했던 위 무공(武公)의 미덕을 기리고 찬미하는 내용입니다. 하지만 여기에서 증자는 고사는 이야기하지 않고 단지 시만 인용하여 학문 수양은 점차적으로 진보한다는 사실을 설명했습니다. 왜냐하면 옛사람들은 모두 그 이야기를 알고 있었기 때문입니다. 이제 그 원시를 대략 해설하자면 다음과 같습니다.

> 저 기수 모퉁이를 보니, 푸른 대나무가 무성하구나! 아름다운 군자여, 잘라 놓은 듯하고 쳐 놓은 듯하고, 쪼아 놓은 듯하고 갈아 놓은 듯하다. 엄숙하고 굳세구나! 빛나고 점잖구나! 아름다운 군자여! 끝내 잊을 수 없구나.
>
> 瞻彼淇澳, 菉竹猗猗. 有斐君子, 如切如磋, 如琢如磨. 瑟兮僩兮, 赫兮喧兮. 有斐君子, 終不可諠兮.

원시의 대의는 이렇습니다. 쉽게 말하면 "보시오! 기수 모퉁이 저 그윽한 곳에 자라는 대나무들, 그 자태가 얼마나 아름다운지요! 외관과 내용이 조화를 잘 이룬 군자여, 늙었어도 여전히 저렇듯 열심히 하는구나! 얼마나 엄숙한가! 얼마나 용감한가! 참으로 공명정대하고 가슴속이 정말 탁 트였구나! 저토록 외관과 내용이 조화를 잘 이룬 사람을 잊기 어려우니 참으로 무슨 말을 해야 할지 모르겠구나" 하는 뜻입니다. 그러나 증자는 이것을 이용해 깊이 있는 비유를 삼았습니다. 그는 말했습니다. "잘라 놓은 듯하고 쳐 놓은 듯하다는 것은 학문을 말한 것이다(如切如磋者, 道學

也〕." 학문을 추구하는 위 무공의 노력이 마치 한 덩이의 아름다운 옥을 조각할 때 먼저 거칠고 나쁜 것은 잘라내 버리고 켜서 만들어 나가는 것과 같다는 말입니다. 거기다 더욱 세밀히 스스로를 수양하는 것은 마치 한편으로는 쪼아 가면서 한편으로는 빛이 나도록 가는 것과 같다는 말입니다. "쪼아 놓은 듯하고 갈아 놓은 듯하다는 것은 스스로를 수양함이다〔如琢如磨者, 自脩也〕." "엄숙하고 굳세다는 것은 마음으로 두려워함이다〔瑟兮僩兮者, 恂慄也〕." 기왕 정교하고 세밀하게 가공을 했으니 자신의 노력이 중도에 수포로 돌아갈까 언제나 두려워한다는 말입니다. 그렇듯 조심스레 공을 들여 가공을 마쳤으니 한쪽에 놓고 보면 얼마나 위풍당당하고 장엄한 보석이 되었겠습니까! 그리하여 비로소 "빛나고 점잖다는 것은 겉으로 나타나는 위풍이다〔赫兮喧兮者, 威儀也〕"라는 찬사를 듣게 되었습니다.

그리고 마침내 "아름다운 군자를 끝내 잊을 수 없다는 것은 풍성한 덕과 지극한 선을 백성이 잊을 수 없음을 말한 것이다〔有斐君子, 終不可諠兮者, 道盛德至善, 民之不能忘也〕"라고 말했습니다. 이 말은 위 무공이 "뜻을 성실하게 하여" 스스로를 새롭게 고쳐 나갔기에 비로소 학문이 성숙되고 공을 세우는 군자가 될 수 있었으며, 학문과 도업(道業)의 성공뿐 아니라 덕행도 지선의 경지에 이르러 아무런 흠잡을 곳이 없었기 때문에 사람들로 하여금 영원히 그를 잊을 수 없게 만들었다는 뜻입니다.

이는 학문의 도를 설명한 것으로, 자기 자신을 새롭게 고쳐 나가 "스스로 그 뜻을 성실하게 함〔自誠其意〕"으로써 내외겸수(內外兼修)하는 것이 쉽지 않음을 말해 줍니다. 위 무공은 소년 시절에 형을 죽이고 자신이 대신 그 지위에 올랐던 인물입니다. 후에 지난날의 잘못을 뉘우치고 스스로 수양하면서 주변의 간언을 잘 받아들이고 예로써 자신을 지켰습니다. 주나라를 위해 군사를 출동시켜 오랑캐를 물리친 공으로 공(公)에 봉해졌고, 또 주나라 조정에서 재상을 지내면서 덕업을 닦아 제후들의 본보기가 되었습니다. 나이가 구십오 세에 이르니 그 덕이 가히 칭송받을 만도 했습니다. 그런데 송대 유학자인 이정(二程)과 주희는 그를 성현의 틀에 집어넣었으니, 그것은 증자의 본의가 아니었습니다. (성의 4)

역사 인물들의 경험을 '스스로 밝히는 것'으로 총괄하다

이어지는 해석은 외용(外用)의 영향력이 어떻게 사람들로 하여금 영원히 그의 "풍성한 덕과 지극한 선〔盛德至善〕"의 행위를 잊지 못하게 하는가에 관한 것입니다. 증자는 『시경』「주송(周頌)」 '열문(烈文)' 편의 첫 번째 "아! 전대의 성왕들을 잊지 못하네〔於戱, 前王不忘〕"라는 구절을 인용하여 설명했습니다.

사실, 이 시는 주공(周公)이 자신이 보좌하던 성왕(成王)에게 던진 질문을 기록한 것입니다. 후일 주공의 가르침을 받은 성왕은 스스로 "뜻을 성실하게 하여〔誠意〕" 날마다 자신을 새롭게 고쳐 나갔으며, 자신이 직접 정치를 할 무렵에는 각국의 제후들이 그를 모시고 문왕과 무왕을 칭송하는 제사를 올리게 되었습니다. 첫 구절은 상당한 경고성을 띠고 있습니다. "아! 선왕이시여! 우리들은 당신의 도덕 교화를 잊을 수 없습니다!" 이 말은 성왕에게 경고의 의미를 지니고 있었습니다. 더 이상 선왕의 도덕적인 학문 수양의 모범을 잊어버려서는 안 된다는 것이지요.

하지만 증자가 이 시를 통해 말하고자 했던 바는, 문왕과 무왕처럼 "뜻을 성실하게 하는" 학문 수양을 거치고 정치를 하면 왜 사람들이 영원히 그를 잊을 수 없는가 하는 것이었습니다. 그 까닭은 "군자는 그들의 어짊을 어질게 여기고 그 친한 사람을 친하게 여기지만, 소인은 그 즐겁게 해 주심을 즐거워하고 이롭게 해 주심을 이롭게 여기기 때문에 세상에 없어도 잊지 못한다〔君子賢其賢而親其親, 小人樂其樂而利其利, 此以沒世不忘也〕"
라는 것입니다. 이 말은 자기 자신을 사랑하는 일반 군자들은 그의 고귀한
현덕(賢德)을 존경하기 때문에 더욱 그를 가까이하고 그리워한다는 뜻입
니다. 그렇다면 소인들은 왜 또 그렇게 그를 존경하고 그리워하는 것일까
요? 그것은 그들이 문왕과 무왕의 덕정(德政)에 감격하였기 때문입니다.
게다가 그들이 마땅히 얻게 될 이익을 얻게 해 줌으로써 그들로 하여금 만
족과 쾌락을 느끼게 해 주었기 때문입니다.

　그 결과 문왕과 무왕은 이미 이 세상에 없지만, 군자이건 소인이건 좋은
사람이건 나쁜 사람이건 사람이라면 누구나 그의 도덕과 인정(仁政)을 영
원히 잊지 못하는 것입니다. 성왕이 날마다 자신을 새롭게 고쳐 나갔다면
그것이 바로 진정한 "성의(誠意)"요 "무자기(毋自欺)"입니다. 하지만 거기
에서 한 걸음 더 나아가 선왕들을 본받아야만 했습니다. (성의 5)

　그렇다면 이 "성의"와 "무자기"의 학문 수양은 도대체 어떻게 배우고 닦
아야 도달할 수 있을까요? 그는 『상서(尙書)』 가운데 세 편을 인용하였는
데, 역사적 경험이 누적된 세 구절을 들어서 다음과 같이 설명했습니다.

　첫 번째는 주서(周書) 「강고(康誥)」에 기재된 것인데, 성왕은 관숙(管叔)
과 채숙(蔡叔)을 정벌한 후 다시 강숙(康叔)을 은(殷)에 봉하여 은나라의
유민들을 다스리게 했습니다. 그런 다음 강숙에게 훈계하는 글을 내려 "덕
을 밝히기를 잘하라〔克明德〕"라고 했습니다. 할아버지인 문왕을 기억하고
본받아서 "명덕"의 경지에 이르도록 노력하라는 말이었습니다. 「강고」의
원문에는 그 외에도 "왕은 마땅히 은나라 백성을 보호할 것이며, 또 오직
왕을 도와 천명을 정하고 새로워지는 백성을 격려하라〔王應保殷民, 亦惟助
王宅天命, 作新民〕"라고 하는 요점이 들어 있으나 이것은 싣지 않았습니다.

　두 번째는 『상서(商書)』 「태갑(大甲)」에 기재된 것입니다. 이윤(伊尹)은
태갑을 동(桐) 지방으로 내쫓았다가 삼 년 후 태갑이 반성하고 "뜻을 성실

하게 하여" 스스로를 새롭게 고쳐 나감으로써 학문과 수양에 일정한 성취를 이루자 다시 그를 불러들여 복위시키고 세 편의 경고문을 지어 그에게 일렀습니다. 먼저 "선왕은 하늘의 밝은 명령을 늘 돌아본다[先王顧諟天之明命]"라고 했습니다. 『대학』에서는 원문을 인용하면서 '선왕(先王)'이라는 두 글자를 빼 버렸습니다. 그 까닭은 요점이 "하늘의 밝은 명령을 늘 돌아본다"라는 것에 있었기 때문입니다. "늘 돌아보라[顧諟]"는 이윤이 태갑을 경계시키기 위한 말이었는데, 즉 당신은 부친인 '선왕'의 성공을 늘 생각하라는 뜻입니다. 선왕께서는 온갖 생각을 불러일으키는 선악에 늘 주의하셨으며, 타고난 본성과 생명의 작용을 잘 알고 있었다는 것입니다. 그 외에도 원문에는 그 결과로 천지의 모든 신의 도움을 얻게 되었고 비로소 천하를 평정할 수 있었다는 종교적인 경고가 더 있지만 인용하지 않겠습니다.

세 번째는 「우서(虞書)」 요전(堯典)에 기재된 것으로 요임금은 "큰 덕을 밝히기를 잘한다[克明峻德]"라고 했습니다. 이 말은 요임금의 기본적인 학문 수양은 스스로 내명(內明)함으로써 내성외왕(內聖外王)이라는 최고 도덕을 완성하였음을 설명하는 것입니다.

끝으로 증자는 한마디로 총괄했습니다. 이러한 고대 역사에 기록된 경험들은 "이 모두가 스스로 밝히는 것[皆自明也]"임을 설명하는 데 중점이 있습니다. 스스로 "뜻을 성실하게 하는"데서 시작해야만 비로소 내명의 경지에 도달할 수 있는 것은 물론입니다.

그런데 주희는 이 세 구절을 "명덕(明德)"에 붙여 놓았습니다. 주희가 생각하기에 증자의 의도는 틀림없이 "명덕"의 이치를 설명하려는 데 있었을 것이므로 여기에다 두면 적합하지 않다고 여겼던 것입니다. 자기 생각대로 원문을 개편하였으니 크나큰 잘못이 아닐 수 없습니다! 그는 "육경은 모두 역사[六經皆史也]"라는 이치를 잊고 있었습니다. 더욱이 이 구절들은 역사상 큰 인물들이 "뜻을 성실하게 하여" 스스로 새롭게 고쳐 나감으로

써 "자기 자신을 속이지 않았다"라는 사실을 지적하고 있음을 잊고 있었습니다. (성의 6)

증자는 여기에서 역사상 큰 인물들, 예를 들어 위 무공, 주 성왕, 상 태갑의 고사를 인용하면서 악함은 덮어 버리고 선함을 선양함으로써 그들의 지난 일은 더 이상 거론하지 않았습니다. 오직 그들이 "뜻을 성실하게 하여" 스스로를 새롭게 고쳐 나감으로써 자기 자신을 속이지 않았던 고상한 성취에 관해서만 말했을 뿐입니다.

그뿐 아니라 한술 더 떠서 상고사의 혁명적인 제왕들, 예를 들어 상 탕왕, 주 무왕이 공을 세우고 명성을 얻은 후에 충심으로 "뜻을 성실하게 함"으로써 자기 자신을 속이지 않았던 사실을 증거로 들어, 그들을 후세에 본받을 만한 본보기로 내세웠습니다. 예를 들어 "탕왕의 반명에 말하기를 '진실로 어느 날 새로울 수 있다면 나날이 새롭게 하고 또 나날이 새롭게 하라' 하였다. 「강고」에 말하기를 '새로워지는 백성을 격려하라' 하였다. 『시경』에는 말하기를 '주나라는 비록 옛 나라이지만 그 천명이 새롭다' 하였다. 그러므로 군자는 그 최선을 다하지 않은 바가 없다[湯之盤銘曰, 苟日新, 日日新, 又日新. 康誥曰, 作新民. 詩云, 周雖舊邦, 其命惟新. 是故君子無所不用其極]"라고 했습니다.

고대 역사에서 탕왕과 무왕의 이야기는 더 말할 필요가 없을 것입니다. 상(商)나라 탕왕(湯王)은 하(夏)나라 걸왕(桀王)의 잔인무도함 때문에 부득이 혁명을 일으켰는데, 결국은 걸을 쫓아내고 새로운 정권을 세워 '상(商)'이라고 칭했습니다. 하지만 그는 내심으로 "뜻을 성실하게 하여" 자기 자신을 속이지 않았으며 수시로 자신을 경계하고 내외겸수함으로써 나날이 새롭고 또 새롭게 하는 경지에 도달했습니다.

내명(內明)적인 '일신(日新)'은 매일같이 스스로를 반성하고 사사로운 욕심을 버림으로써 도와 덕을 성취해 내는 것입니다. 외용(外用)적인 '일신(日新)'은 백성들로 하여금 편안하고 즐겁게 살아갈 수 있도록 과거보다 나은 현재를 만들어 가는 것입니다. 요즘 사람들이 즐겨 말하는 것처럼 날마다 전진하고 날마다 진보해야 한다는 뜻입니다. 날마다 새 옷으로 갈아입고 수시로 새집으로 이사해야 한다는 뜻이 아님은 물론입니다.

그리하여 탕왕은 이 구절을 쟁반 위에 새겨 놓고 매 끼니때마다 잊지 않게 함으로써 늘 자기 자신을 일깨웠습니다. 고대의 '반(盤)'은 물을 담는 그릇으로 그 모양이 둥글고 얕으며 손잡이와 다리가 달렸는데, 귀족들이 식사 전후에 손을 씻는 용도로 사용했습니다. 문헌의 기록에 따르면 서주 이후로 반(盤)은 옥관(沃盥)[81] 의식 때에 물을 담는 용도로 사용되었다고 합니다. 그런데 주희의 설명은 이렇습니다. 반(盤)은 목욕용 그릇으로서 목욕할 때마다 자기 자신을 일깨우고 또 마음을 깨끗이 씻고자 했음을 나타낸다는 것입니다. 말은 맞지만 반(盤)에 대한 정확한 주석은 아닙니다.

『시경』「대아(大雅)」 중에서 주나라 사람들이 무왕의 혁명이 성공한 후 문왕의 공덕을 칭송하면서 "주나라는 비록 옛 나라이지만 그 천명이 새롭다[周雖舊邦, 其命惟新]"라고 노래한 것을 인용한 것도 같은 이치입니다.

주(周)는 원래 은나라 말기의 작은 제후국이었습니다. 그러나 은나라 주왕(紂王)이 너무 형편없었기 때문에 결국 제후들을 이끌고 혁명을 일으켜 주 왕조를 세우지 않을 수가 없었습니다. 하지만 혁명은 새로워지는 것이니만큼, 이전 왕조의 주왕처럼 커다란 잘못을 저질러 국가와 백성을 그르치게 하지는 않을 것입니다. 그 사이에 「강고」에 나오는 "새로워지는 백성을 격려하라[作新民]"라는 말을 집어넣었는데, 이 말은 반드시 과거와는 달리 새롭게 살아가라는 뜻입니다.

그런데 주희는 고대의 현명한 군주와 재상들이 "뜻을 성실하게 하여"

---

81 물을 따라 손을 씻는 의례 절차.

자기 자신을 속이지 않았음을 설명하고자 인용했던 증자의 원래의 의도를 무시한 채, 그저 '신(新)'이라는 글자만 보고는 자신의 스승이 '친민(親民)'을 '신민(新民)'으로 고쳐야 한다고 말한 증거라고 끌어다 붙였습니다. 이쯤 되니 고문 한 구절이 생각나는군요. "큰 잘못을 저지르지 말지니라〔毋乃大謬乎〕."

군자는 왜 "그 최선을 다하지 않는 바가 없는가"

그렇다면 증자가 인용된 이 세 구절의 결론으로 제시한 "그러므로 군자는 그 최선을 다하지 않는 바가 없다〔是故君子無所不用其極〕"라는 것은 무슨 뜻입니까? 쉬운 말로 옮긴다면 이런 뜻입니다. "그러므로 진정한 군자라면 그처럼 힘써 늘 반성하고 스스로 새롭게 고쳐 나가지 않는 사람이 없다." 다시 말해 증자는 다음과 같이 말하고 싶었던 것입니다. "진정한 군자는 '뜻을 성실하게 하여' 자기 자신을 속이지 않는다. 그들은 모두 솔직하게 뉘우치고 '과거의 모든 것은 마치 어제 죽어 버리고, 앞으로의 모든 것은 마치 오늘 다시 태어난 것처럼' 한다." 하지만 증자는 아주 함축적으로 그저 "그 최선을 다하지 않는 바가 없다"라고만 말했습니다. 사실 "그 최선을 다하지 않는 바가 없다"란 바로 철저한 회개요 개과천선인데, 진정 "스스로 그 뜻을 깨끗하게 하고〔自淨其意〕" 아무런 꾸밈이 없는 것입니다. 그렇기 때문에 뒤 문장에서 "성의(誠意)"와 "지지(知止)"의 상관 작용을 결론으로 삼은 것입니다. (성의 7)

결론 부분에서는 왜 맨 먼저 『시경』 「상송(商頌)」 '현조(玄鳥)' 편에 나오는 "서울 땅 천 리는 오직 백성들이 머무르는 곳이다〔邦畿千里, 惟民所止〕"라는 구절을 인용했을까요? 그것은 외용의 학문이란 모름지기 백성을 위해 봉사하면서 스스로를 속이지 않아야 하는 것임을 설명하기 위해서였습니다. 백성들로 하여금 편안히 살면서 생업을 즐거워하게 할 수 있어야 비로소 "그 최선을 다하지 않는 바가 없는" 참된 "성의"라 할 것입니다.

이어서 『시경』「소아(小雅)」 '면만(緜蠻)' 편에 나오는 "울어 대는 황조여! 언덕 한구석에 머물렀구나[緜蠻黃鳥, 止於丘隅]"라는 구절을 인용하고, 다시 "머무름에 있어 머무를 곳을 아니, 사람이 새만도 못해서 되겠는가[於止知其所止, 可以人而不如鳥乎]"라는 공자의 말을 주석 삼아 인용했습니다. '면만'의 두 구절은 주나라 유왕(幽王)의 시대를 가리키고 있는데, "유왕은 덕이 없고 정치에 도가 없어서 예가 폐해지고 은덕이 박했으니, 큰 자는 작은 자를 생각지 않고 존귀한 자는 미천한 자를 불쌍히 여기지 않았다[幽王無德, 政治無道, 禮廢恩薄, 大不念小, 尊不恤賤]"라고 합니다. 그래서 분개한 사대부들이 시를 지어 풍자하였는데, 일반 백성들의 원망과 탄식을 황조에 비유한 것입니다.

난세를 살아가다 보면 사람이 작은 새만큼도 자유롭지 못하다고 느껴지는 법입니다. 생각해 보십시오. 저 작은 꾀꼬리조차 자기 마음대로 작은 언덕에 내려앉아서 쉬기도 하고 노래 부르기도 하는데, 우리네 사람은 끝없이 일하는 고달픈 생활만 연속되니! 그래서 증자는 공자의 말을 인용했습니다. 사람은 매사에, 특히 정치를 하는 사람은 수시로 자기 자신을 반성함으로써 멈추어야 할 곳을 알아서 얼른 멈추어야 백성들로 하여금 휴식을 취하고 생계를 돌보게 할 수 있습니다. 그런데 백성들로 하여금 사람의 생명과 삶이 한 마리 작은 새만도 못하다고 느끼게 하다니, 어떻게 그럴 수가 있다는 말입니까!

어지러운 시대를 살았던 옛사람이 "차라리 태평 시대의 닭이나 개가 될지언정 어지러운 시대의 백성은 되지 말라[寧做太平雞犬, 不作亂世人民]"라고 한 것과 같은 이치입니다. 젊은 여러분은 모르시겠지만, 지금부터 사오십 년 전의 세상을 살아온 노인들을 찾아가서 얘기해 보면 그 어려움과 고생을 알게 될 것입니다.

그런 다음 다시 『시경』「대아(大雅)」'문왕' 편에서 문왕의 위대한 도덕을 묘사한 부분을 인용했습니다. 그는 주왕(紂王)의 무도한 핍박을 받아 가면서도 예법을 준수하고 덕을 수양했으며, 백성들로 하여금 즐겁고 편안한 생활을 누리게 해 주었습니다. "덕이 높으신 문왕이시여! 한없이 밝으시며 공경하여 편안히 머무셨네〔穆穆文王, 於緝熙敬止〕"라는 문왕의 모습이야말로 "성의(誠意)"와 "입덕(立德)"의 표본이라 하겠습니다. 그리하여 "성의(誠意)"와 "지지(知止)"의 지표에 대한 설명을 덧붙였습니다.

"남의 왕이 되어서는 인에 머물렀다〔爲人君, 止於仁〕." 백성을 다스리는 군주나 혹은 사업체를 운영하는 기업주에게 있어서 "뜻을 성실하게 함〔誠意〕"이란 바로 모든 사람을 사랑한다는 목표에 "알고 머무르는〔知止〕" 것입니다. "남의 신하가 되어서는 공경에 머물렀다〔爲人臣, 止於敬〕." 정부의 관료나 혹은 회사의 직원에게 있어서 "뜻을 성실하게 함"이란 바로 직무를 충실하게 수행하는 공덕에 "알고 머무르는" 것입니다.

"남의 아들이 되어서는 효도에 머물렀다〔爲人子, 止於孝〕." 자식 된 자에게 있어서 "뜻을 성실하게 함"이란 바로 부모에 대한 효도에 "알고 머무르는" 것입니다. "남의 아버지가 되어서는 자애로움에 머물렀다〔爲人父, 止於慈〕." 부모 된 자에게 있어서 "뜻을 성실하게 함"이란 바로 자식을 인자함으로 길러 내는 데 "알고 머무르는" 것입니다.

"남들과 사귐에 있어서는 믿음에 머물렀다〔與國人交, 止於信〕." 이 대목을 이야기하려니 참으로 감개무량합니다. 제 나이 이미 황혼 줄에 접어들었지만 칠팔십 년을 헛살았다 싶습니다. 그렇지만 세상사를 몸소 겪으면서 살아온 세월이었다고는 말할 수 있습니다. 제가 가장 비탄해 마지않는 일은, 요 수십 년간 사회가 급변하는 와중에 문화 교육이 실패하면서 사람과 사람 사이의 불신이 너무나 깊어졌다는 사실입니다. 모든 사람이 자기 자신을 믿지 못하고, 또 남을 믿지 못하는 지경에 이르고 만 것입니다. 해가 가면 갈수록 더합니다. 요즘은 거의 "남들과 사귐에 있어서 방어에 머무르거나[與國人交, 止於防]", 심지어는 "남들과 사귐에 있어서 속임에 머무르는[與國人交, 止於欺]" 지경이라고도 할 수 있습니다. 이런 것이 무슨 문화 사상이니 문명 교육의 결과란 말입니까? 참으로 돌이켜 보고 뉘우쳐야 할 것입니다! 그럴 때면 원유산(元遺山)의 시가 늘 생각납니다.

백 년의 세상사가 일신의 일이니	百年世事兼身事
누구와 술잔 놓고 자세히 논해 볼까	杯酒何人與細論

그러고 보니 "성의"에 대한 『대학』의 해석은 거의 끝난 것 같습니다. 그런데 재미있는 것은 증자가 이 대목에서 공자의 말을 인용해 놓았다는 사실입니다. "송사를 처리함은 나도 남과 같지만 반드시 송사가 생기지 않도록 하리라[聽訟, 吾猶人也. 必也使無訟乎]." 그런 다음에 다시 "진실이 없는 사람들로 하여금 그 거짓말을 다하지 못하게 함은 백성들의 마음을 크게 두렵게 하기 때문이니, 이것을 일러 근본을 안다고 한다[無情者, 不得盡其辭. 大畏民志, 此謂知本]"라고 말했습니다. '송(訟)'은 쟁송(爭訟) 또는 소송(訴訟)이니 요즘 말로 하면 재판하는 것입니다. 이것이 "성의"와 무슨 관계가 있다는 것일까요? 게다가 공자의 말이기까지 합니다.

다른 사람들이 재판하는 것을 들어 보면 원고이건 피고이건 증인이건 법관이건 모두 제각기 할 말이 있습니다. 이쪽 말을 들어 보면 참으로 일리가 있다 싶지만 거꾸로 저쪽 말을 들어 보면 저쪽 역시 일리가 있습니다. 제일 중요한 것은 자기 자신이 객관성을 잃지 않도록 하는 것이며, 아울러 사람들이 분쟁하지 않고 화기애애한 분위기 속에서 합리적으로 해

결 짓게끔 만드는 것입니다.

세상에는 온갖 잘못된 이치들이 난무하고 있으며 올바른 이치는 오직 하나뿐입니다. 시비가 분분하여 일치된 결론을 내릴 수 없을 때에는 그저 날카로운 칼로 혼란을 베어 버리는 방법밖에 없습니다. 이른바 "마땅히 베어 버려야 할 것을 베어 버리지 않으면 오히려 혼란스러워지게 된다〔當斷不斷, 反受其亂〕"라는 말처럼 도리에 맞지 않는 쪽을 저지시켜 더 이상은 다툼을 일으키지 못하게 해야 합니다. 물론 시공을 초월한 형이상의 측면에서 말한다면 절대적인 시비선악(是非善惡)은 존재하지 않습니다. 그러나 현실의 세상에서는 모든 사람이 공통적으로 인정하는 시비선악을 표준으로 삼을 수밖에 없습니다. 이른바 "백성들의 마음을 크게 두렵게 한다〔大畏民志〕"라는 그런 뜻일 뿐입니다.

마지막에 "이것을 일러 근본을 안다고 한다〔此謂知本〕"라는 말에서는 무슨 근본을 안다는 말일까요? 이 말은 의식이 만들어 내는 사상은 우리 마음이나 머릿속에서 늘 갈등하며 어지러이 흐르는 것을 가리킵니다. 어떤 사람이든지 그 마음이나 머릿속에는 늘 이성과 감정이 투쟁하고 있으며, 자신과 자신의 소송이나 재판이 늘 벌어지고 있습니다. "스스로 그 뜻을 깨끗이〔自淨其意〕" 하지 않는다면 생명이 붙어 있는 한 "스스로 시비를 다투는〔自訟〕" 일은 멈추지 않을 것입니다. 그래서 장자는 심(心)·의(意)·식(識)이 스스로 시비를 다투는 그러한 상태를 '심병(心兵)'[82]이라고 불렀는데, 말하자면 보통 사람의 의식과 마음속에서는 언제나 내전이 벌어지고 있다는 뜻입니다. 만약 심병(心兵)이 움직이지 않는다면 마음의 천하는 태평해질 것입니다. 우리가 학문과 수양을 통해 그 뜻을 깨끗이 하는 경지에 이를 수 있다면, 더 이상 망령된 생각이 일어나지 않고 심병은 영원한 휴

---

82 마음이 만물을 느껴 움직이는 것이 군사들이 외적에 대응하는 것과 같다는 의미이다.

식을 취하며 스스로 송사를 벌이는 일도 없을 것입니다. 그것이야말로 참으로 "근본을 아는(知本)" 것입니다.

굳이 한마디 덧붙인다면, 상고 시대의 고사를 인용한 후 증자는 문득 역사에 공과(功過)를 매긴다는 것이 참으로 어렵다는 생각이 들었을 것입니다. 더 얘기해 봤자 재미도 없다 싶었을 것이고요. 그래서 공자의 '송사' 이야기를 인용하여 "성의(誠意)"와 "지지(知止)"에 대한 결론으로 삼았을 것입니다. 그러니 우리도 더 이상은 증자의 변호사가 되어 주희와 소송을 벌일 필요가 없을 것 같군요! (성의 8)

'성의'는 외용에서 모름지기 '알고 멈추어야' 한다

여러분, 혹시나 잊어버리진 않으셨겠지요? 지금까지 우리는 원본 『대학』의 "소위 그 뜻을 성실하게 한다는 것은 자기 스스로를 속이지 않는 것이다(所謂誠其意者, 毋自欺也)"라는 구절에서부터 반복해서 나온 "그러므로 군자는 반드시 홀로 있는 곳에서도 삼가야 한다(故君子必愼其獨也)"라는 구절을 놓고, 경전과 역사를 두루 참조하는 방법을 사용하여 "성의(誠意)"와 "신독(愼獨)"에 관한 문제를 설명했습니다. 그러면서 그것을 여덟 개의 '정지(正知)'로 구분하여 나열했습니다.

그런데 이러한 설명이 말해 주는 중요한 사실이 또 하나 있습니다. "대학지도"는 "알고 멈춘 뒤에야 정함이 있다(知止而后有定)"라는 말을 비롯한 칠증의 수양으로부터 시작되는데, 그중에서도 "알고 멈추는(知止)" 것을 가장 기본적인 정지(正知)요, 정견(正見)으로 삼는다는 사실입니다.

"성의, 정심, 수신"의 외용 단계에서는 "명덕(明德)"을 안팎으로 수양함에 있어서 "성의"를 결정적인 작용을 하는 수양으로 여깁니다. 하지만 외용(外用)의 학문이라는 측면에서 "성의"를 이해하려면 반드시 "지지(知止)"의 중요성을 절실히 깨달아야 합니다. 그렇기 때문에 원본『대학』에서 "성의"에 대한 설명을 마무리하면서 또다시 "지지"를 언급한 것입니다. 거기에는 실로 깊은 뜻이 있다 하겠습니다. 외용(外用)의 학문이라는 측면에서 "성의"와 "지지"에 관해서는 공자가『역경』건괘의「문언전」에서 가장 정확하고도 상세하게 말해 놓았습니다.

> 항이라는 말은 나아가는 것만 알고 물러서는 것은 모르고, 존재하는 것만 알고 없어지는 것은 모르고, 얻는 것만 알고 잃는 것은 모르는 것이니, 오직 성인뿐이랴! 진퇴와 존망을 알면서 그 바름을 잃지 않을 수 있는 사람은 오직 성인뿐이다.
>
> 亢之爲言也, 知進而不知退, 知存而不知亡, 知得而不知喪, 其唯聖人乎. 知進退存亡而不失其正者, 其唯聖人乎.

우리가 진실로 이러한 이치를 이해할 수 있다면, "대학지도"는 건괘「문언전」에 나오는 '대인(大人)'의 도를 풀이해 놓은 것임을 알 수 있습니다. 이 원칙을 알아야만 외용(外用)이니 지지(知止)니 하는 것들이 쉬운 일이 아님을 알 수 있습니다.

동서고금을 막론하고 모든 사람은 자기 자신을 세우고 또 다른 사람을 세우기를 바랍니다. 자기 자신을 이롭게 하고 또 다른 사람을 이롭게 하기를 바랍니다. 위로는 국가와 백성을 이끌어 가는 지도자나 영웅호걸이 정치·군사·외교·경제에 종사함에 있어서, 중간으로는 큰 기업을 경영하거나 개인 사업을 하는 사람들이 장사를 함에 있어서, 심지어는 그저 개개인이 생계를 꾸려 나감에 있어서도 "진퇴와 존망을 알면서 그 바름을 잃지 않는다"라는 "성의"와 "지지"의 원칙을 알지 못한 채, 오로지 앞으로 나아가고 발전하는 것만 알고서 마음대로 일을 처리한다면 틀림없이 후회막

급한 시기가 닥칠 것입니다.

하지만 여러분은 안심하십시오. 평범한 사람들은 생명이 다하는 순간까지도 여전히 '진퇴존망'의 도를 깨닫지 못하는 사람이 부지기수이니까요. 이른바 "죽음에 이르더라도 후회하지 않는다[至死不悔]"라고 하는 그것이 우리의 보편적인 모습입니다.

34

몸을 닦는 것과 마음을 바르게 하는 것

소위 몸을 닦는 것이 그 마음을 바르게 함에 있다는 것은 마음에 노여워하는 바가 있으면 그 바르게 함을 얻지 못하고, 두려워하는 바가 있으면 그 바르게 함을 얻지 못하고, 좋아하고 즐기는 바가 있으면 그 바르게 함을 얻지 못하고, 근심하는 바가 있으면 그 바르게 함을 얻지 못한다는 것이다.

所謂脩身, 在正其心者, 身有所忿懥, 則不得其正. 有所恐懼, 則不得其正. 有所好樂, 則不得其正. 有所憂患, 則不得其正.

마음이 있지 않으면 보아도 보이지 않으며, 들어도 들리지 않으며, 먹어도 그 맛을 알지 못한다. 이것을 일러 몸을 닦음이 그 마음을 바르게 함에 있다고 하는 것이다.

心不在焉, 視而不見, 聽而不聞, 食而不知其味. 此謂脩身在正其心.

앞에서 설명한 "대학지도"는 "지식에 이르고 사물의 이치를 궁구하는 〔致知, 格物〕" 것에서 시작하여 "뜻을 성실하게 하고〔誠意〕" "알고 머무르는〔知止〕"데 이르기까지 모두 우리 생명체의 정신적 측면에 속합니다. 쉽고 간단하게 말한다면 심리적 측면에 속한다고 하겠습니다.

하지만 사람을 포함한 모든 생물은 몸과 마음이라는 두 부분으로 이루어져 있습니다. 정신과 마음은 중생들이 날마다 사용하고 있고 또 활동하고 있습니다. 그러나 자사가 『중용』에서 "백성들이 날마다 사용하면서도 알지 못한다〔百姓日用而不知〕"라고 말했듯이 마음이란 것은 알 수도 없고 볼 수도 없습니다. 만약 우리 자신이 마음을 보고 알고 또 밝히고 싶다면, "대학지도"의 입장에서는 무엇보다도 '지성(知性)'의 수양에서 시작해야 할 것입니다. "알고 멈춘 뒤에야 정함이 있다〔知止而后有定〕"에서 시작하여 "흔들림이 없고 편안하고 생각하고 얻을 수 있는〔靜, 安, 慮, 得〕" 경지에 이르러야 비로소 "명덕(明德)" 자성(自性)의 본래 모습을 알 수 있습니다.

하지만 보통 사람들은 대부분 죽을 때까지도 심(心)이 어떤 것이고 의(意)가 어떤 것이며 또 지성(知性)이 어떤 것인지에 관심이 없습니다. 십구 세기에 심리학이나 철학 혹은 신경 정신과 같은 의학을 배우는 사람들이 유물 철학에서 출발하면서부터 비로소 이러한 문제들이 신흥 과학 분야의 학식으로 자리 잡게 되었습니다. 여기에서는 더 자세히 소개하지 않겠습니다.

사람의 몸은 얻기 어려우니 소중하게 여겨야 한다

사람들은 보편적으로 살아 있는 생명체나 현실의 인생에 대해 '몸〔身〕'의 존재가 바로 생명이며 바로 인생이라고 생각합니다. 사실 몸은 생명의 기계적인 조직이며 현실에서 표현되는 모든 개인의 자아의 작용입니다. 그것은 자연 물리적이고 생리 물질적인 현실에 속합니다. 우연히 그리고 잠시, 시간과 공간의 제약을 받는 실용품입니다. 형이상의 심성이나 정신의 측면에서 말한다면 이 몸이란 현재 우리의 생명이 속해 있는 것에 불과합니다. 오직 평생 사용할 수 있는 사용권만 있을 뿐 영원히 점유할 수 있는 소유권은 없습니다. 몸은 내가 아니며 진정 살아 있는 나는 결코 이 몸이 아닙니다.

육십 년이라는 시간을 지표로 삼아 말하자면 우리는 잠시 소유한 몸을 위해 매일 쉬어야 하고, 그나마 하루 시간의 절반은 혼미한 상태에 있습니다. 그러니까 절반을 제하고 나면 우리에겐 그저 삼십 년만 남는 셈입니다. 게다가 매일 세 끼의 식사를 해야 하니 이른바 '먹고 마시고 대소변 보고 잠자는' 다섯 가지 중요한 일을 하느라 또다시 삼 분의 일이 없어집니다. 만약 정치인이나 공무원 혹은 사업가들이 하루 두 번 식사 대접을 한다고 치면 적어도 매 끼니에 두세 시간을 낭비하게 됩니다. 게다가 식사 후 춤과 노래 등까지 합하면 그들은 도대체 몇 시간이나 사무를 보고 몇 시간이나 책을 보는 것일까요? 참으로 가슴 아픈 일이 아닐 수 없습니다. 하지만 그 정도는 돼야 사람 사는 것이라고 말할 수 있다고들 하니 제가 더 무슨 말을 하겠습니까! 제가 이렇게 말하는 것은 인생을 비관해서가 아닙니다. "사람의 몸은 얻기 어렵다"라고 불가에서도 말했듯이, 요행히 얻은 삶이요 요행히 얻은 이 몸이니만큼 우리는 마땅히 얻기 힘든 귀한 생명을 아끼고 사랑해야 할 것입니다.

다시 본론으로 돌아가겠습니다. 우리의 일생은 그저 이 몸이 존재하기 위해서만도, 즉 몸의 필요로 만들어진 의(衣)·식(食)·주(住)·행(行)만으로도 너무나 바쁩니다. 자기 몸만으로도 너무 바빠서 다른 사람을 위해 많은 시간을 낼 수가 없습니다. 그러니 부모 노릇을 하거나 사회를 위해 봉사하는 사람들은 하나같이 타고난 성인이요 인자임을 알 수 있습니다. 사실 이 세상을 살아가는 사람들은 거의 대부분 남에게 손해를 입히면서 자기의 이익을 도모하기 마련입니다. 이 말은 자기가 손해를 보면서 남을 이롭게 만든다는 뜻도 됩니다. 사람은 원래 서로 돕고 서로 의존해야 하기 때문입니다. 그래서 사람은 다른 생물과는 달리 문화를 형성하고 사회를 구성합니다.

그런데 이 몸이라는 존재는 그 생활만으로도 이미 충분히 번거로운데, 거기다 병이나 뜻밖의 재해가 겹치면 그 번거로움은 훨씬 커집니다. 그래서 도가의 시조 노자는 이렇게 말했습니다. "내게 큰 근심이 있는 까닭은 나에게 몸이 있기 때문이다. 나에게 몸이 없다면 무슨 근심이 있겠는가〔吾所以有大患者, 爲吾有身. 及吾無身, 吾有何患〕."

하지만 도가에서 분리된 신선 단도가(神仙丹道家)들은 오히려 목숨을 건 수신(脩身)과 양성(養性)으로 이 몸의 불로장생을 추구합니다. 그러지 않아도 바쁜데 더 바쁘게 만들면서도 너무나 즐거워합니다. 사실 정말로 불로장생한 사람은 지금껏 없었습니다. 그래도 그들은 이 영원한 희망이 있기에 자기 몸을 깨끗이 하고 사랑합니다. 보아하니 먹고 마시고 놀고 즐기면서 평생을 보내려는 사람들과는 다른 특별한 재미가 있는 것 같습니다.

하지만 고통스러운 생활을 경험해 본 사람들은 이렇게 말합니다. "사람의 일생은 백 년이면 삼만 육천 일, 근심에 싸여 있지 않으면 병중에 있다." 지나치게 부정적인 듯하지만 사실 대다수 사람들은 모두 그런 경우를 당해 보았을 것입니다. 유가에서는 '인정(仁政)'의 도(道)를 가지고 '평천하(平天下)' 한다고 말하지만 어떻게 그것을 평정한단 말입니까?

앞에서 "대학지도"를 설명하다가 마침 신심(身心)의 문제가 나왔기에 신견(身見)이라는 화제를 끄집어내기는 했습니다. 증자는 원문에서 불가나 도가에서처럼 신견에서 벗어나는 것이 중요하다는 식의 설명은 하지 않았습니다. 하지만 그 원문을 자세히 읽어 보면 증자 역시 '마음〔心〕'의 작용을 주체로 여기고, '몸〔身〕'은 단지 마음의 예속물로 여겼음을 알 수 있습니다. 그렇기 때문에 끝에 이렇게 말한 것입니다. "이것을 일러 몸을 닦음이 그 마음을 바르게 함에 있다고 하는 것이다〔此謂脩身在正其心〕." 일반적인 도가나 불가의 분파들이 몸의 기맥(氣脈)을 수련하는 일을 수도(修道)의 요체로 여기는 것과는 완전히 다릅니다.

물론 몸이 마음의 예속물이기는 합니다. 그렇지만 현실에 존재하는 생명 작용을 보면 사람의 모든 사상 행위는 외용(外用)의 측면으로 나타납니다. 몸이 있기 때문에 인간 세상의 각종 현상들이 만들어지는 것입니다. 그래서 『대학』에서는 내명(內明) 및 외용(外用)과 관련된 여덟 강목 가운데 "수신(修身)"이라는 항목을 집어넣은 것입니다.

하지만 "수신"에 대해 설명하면서도 증자는 오직 몸과 마음이 연관된 "노여움[忿懥], 두려움[恐懼], 좋아함[好樂], 근심[憂患]"이라는 네 가지 현상만 들었을 뿐 무슨 기맥이니 오장육부니 혹은 요즘 떠들고 있는 신경이니 근육이니 하는 문제는 전혀 언급하지 않았습니다. 이것은 무슨 까닭에서일까요? 그 답은 유가의 학문이 '인도(人道)'에 치중하는 행위 과학이기 때문입니다. 고대 의학에서 말하는 양생(養生)이 전적으로 생리 변화라는 측면에서만 심리와 관련된 작용을 다루었던 것과는 달랐습니다. 이 방면에 대해 잘 알고 싶다면 황제 『내경』 「소문(素問)」을 많이 읽은 다음, 현대 의학이나 위생학 같은 과학과 연계시켜서 연구해야 할 것입니다. 이 부분은 주제에서 많이 벗어나는 듯하니 이 정도에서 끝내겠습니다.

『대학』에서 언급한 "노여움, 두려움, 좋아함, 근심"의 네 가지 현상은 사실 자사가 『중용』에서 말한 "희로애락"이라는 네 가지 감정입니다. 거기에서 더 거슬러 올라가면 그 모두가 『예기』에 집약되어 서술된 전통문화 속의 칠정(七情)에 속합니다. 증자는 단지 감정을 일으키는 현상들을 비교적 분명하게 분석해 서술한 것이고, 또 자사는 전통적인 종합의 원칙에 따라 그 대강(大綱)을 제시하였을 뿐입니다. 대략적으로 말하면 이 네 가지 혹은 일곱 가지 감정이나 현상은 모든 사람이 어렸을 때부터 그 그림자를 드리우기 때문에, 부모나 교사 된 사람이 아동의 성향에 관심을 기울이기만 하면 그의 일생을 미리 알아낼 수 있습니다. 속담에 "세 살 버릇 여든까지 간다"라는 말처럼 말입니다. 특히 생리적인 건강 상태나 얼굴 표정은 거의 숨기거나 가릴 수가 없는 법입니다.

그렇기 때문에 교육의 목적은 사람의 결점을 고쳐서 원만하고 잘못이 없게 만드는 데 있습니다. 하지만 안타깝게도 세상의 부모와 스승 가운데는 '성심(誠心)'으로 자아를 희생하여 사회를 위해 '진인(眞人)'을 길러 낼 줄 아는 사람이 그리 많지 않습니다. 대부분 그저 자기 아들딸이 남보다 뛰어나서 출세하기를 바랄 뿐입니다. 또 자기가 이루지 못한 꿈을 자식들이 완성해 주기를 바라는데 이는 참으로 잘못된 생각입니다. 그래서 옛사람들은 "경사는 얻기 쉽지만 인사는 구하기 어렵다〔經師易得, 人師難得〕"라고 했습니다. 경사(經師)는 각 분야의 학식을 전수해 주는 스승을 말하고 인사(人師)는 공자, 맹자, 안회, 증자 같은 사람들인데 그들은 경사를 겸하기도 합니다. 후대의 『삼자경(三字經)』에 나오는 "기르되 가르치지 않는 것은 부모의 잘못이고, 가르치되 엄하게 하지 않는 것은 스승의 태만이다〔養不敎, 父之過. 敎不嚴, 師之惰〕"라는 말도 바로 그런 의미입니다.

마음이 몸으로 전화되는 이치

지금부터 양생학의 이론에 대해 피상적이나마 말씀드리고자 합니다. 말하자면 노여움은 간을 상하게 하고 두려움은 신장을 상하게 하며, 좋아함은 심장을 상하게 하고 근심은 폐를 상하게 한다는 것에 관한 설명입니다. 바꾸어 말하면 화를 잘 내거나 성깔 있는 사람은 바로 간기(肝氣)가 화평하지 못하고, 잘 놀라고 소위 담력이 작다고 하는 사람은 바로 신기(腎氣)—이것은 뇌와 관련이 있습니다—가 화평하지 못하다는 말입니다. 지나치게 좋아하는 것, 특히 음식이나 이성 관계에 있어서 지나친 것은 심장에 문제를 일으킵니다. 근심이 많고 감상적이거나 혹은 가정에 문제가 생긴다든지 해서 마음에 우환이 많으면 폐기(肺氣)가 화평하지 못한 데서 시작해서 내장 전체의 건강에까지 영향을 미칩니다.

요컨대 칠정육욕(七情六欲)은 생리적 건강과 대단히 밀접한 관계를 지니고 있는데, 그 얽히고설킨 복잡함은 한마디로 설명할 수가 없습니다. 중국 고대 의학에서 말하는 '오로칠상(五勞七傷)'이 바로 그 원인입니다. 하지만 그런 사실을 알았다고 해서 걱정할 필요는 없습니다. "뜻을 성실하게 하고[誠意]" "마음을 바르게 하는[正心]" 것에 관해 알고 또 "마음이 외물로 전환될 수 있고[心能轉物]" "마음이 몸으로 전환될 수 있음[心能轉身]"을 알기만 하면 모든 것이 유심(唯心)의 힘으로 바뀔 수 있습니다. 그렇습니다. 이것이 바로 '대학지도(大學之道)' '대인지학(大人之學)'의 학문입니다.

대개 사람은 얼굴 표정, 태도, 동작과 언어 표현 등이 합쳐져서 그 사람의 행위를 구성하게 됩니다. 그러한 모든 행위는 인체의 '몸'이 만들어 냅니다. 그런데 한 사람의 행위 동작 속에는 희로애락 즉 "노여움, 두려움, 즐거움, 근심"의 성분이 모두 포함되어 있습니다. 갓난아이나 노인은 물론이고 온갖 신체 장애를 가지고 있는 사람도 마찬가지입니다. 칠정이나 육욕 가운데 어느 하나도 지체의 결함으로 인해 없어지지 않습니다.

그렇기 때문에 평소 우리가 어떤 사람을 이해하거나 알거나 관찰하고자 한다면 그 사람을 보기만 해도 어떤 유형의 사람인지 알 수 있습니다. 잘 웃는 사람인지 혹은 화를 잘 내는 사람인지 혹은 아주 보수적이고 내성적인 사람인지 혹은 낭만적인 성향의 사람인지 혹은 오만하고 제멋대로 구는 사람인지 말이지요. 사실 '그 사람'이라는 말도 사람들의 논리적 습성에서 비롯된 통칭일 뿐입니다. 엄격하게 말하면 이처럼 다양한 유형의 사람이라는 것도 바로 그만이 지닌 다른 '신체'가 표현해 내는 서로 다른 형상입니다. 다만 사람들은 습관적으로 명사를 사용해 말하기 때문에, 각각의 '몸'이 표현해 내는 형상이 서로 다르다고 말하지 않고 그냥 각각의 '사람'이 다르다고 말하는 것입니다.

그러한 논리의 이치를 알고 난 후 다시 『대학』을 보십시오. 한 사람의 '신심(身心)'에 대해 아주 엄격하게 구분 지으면서, 희로애락의 감정은 '몸'에 속하는 것으로서 쉽사리 겉으로 표현된다고 설명하고 있습니다. 이러한 타고난 습성을 수정하고 바로잡고자 한다면, 다시 말해 '수신'의 학문에 종사하고자 한다면 무엇보다 '마음'에서 시작해야 할 것입니다.

하지만 그렇게 하자니 문제가 생깁니다. 도대체 마음[心]이 무엇입니까? 마음은 어디에 있습니까? "마음이 있다[心在]"란 무엇을 말합니까? "마음을 바르게 한다[正心]"란 또 무엇을 말합니까? 이러한 일련의 문제는 뒤에서 말씀드리도록 하겠습니다. 증자가 "마음이 있지 않으면 보아도 보이지 않으며, 들어도 들리지 않으며, 먹어도 그 맛을 알지 못한다[心不在焉, 視而不見, 聽而不聞, 食而不知其味]"라고 한 말은 정말로 의심의 여지가 없는 사실입니다.

예를 들어 고대 애정 소설에 나오는 "차 속에도 밥 속에도 그 사람뿐이네"라는 대목을 봅시다. 척 봐도 그 말이 마음속으로 한 사람을 그리워해서 차에도 밥에도 흥미가 없다는 뜻임을 알 수 있습니다. 차 속에 밥 속에 마음이 들어 있다는 뜻이 결코 아닙니다. 마찬가지로 어떤 사람이 극도로 화가 나거나 극도로 두렵거나 극도로 좋아하거나 극도로 걱정스러울 때에도 역시 "차 속에도 밥 속에도 그 사람뿐"이게 됩니다. 역시 "보아도 보이지 않으며, 들어도 들리지 않으며, 먹어도 그 맛을 알지 못하게" 됩니다.

그래서 증자보다 후대 사람인 맹자는 이렇게 말했습니다. "학문의 도는 다름이 아니라 마음을 놓기를 구하는 것일 따름이다[學問之道無他, 求其放

心而已矣).” 맹자의 이 말이 뜻하는 바는 이렇습니다. 모든 사람은 평소 어지럽고 혼미한 상태 속에서 살아가기 때문에 그 마음이 마치 놀라서 달아나는 개나 닭처럼 안정되지 못합니다. 그러므로 제멋대로 날뛰는 사나운 마음을 거둬들여서 근본으로 되돌아가게 할 수 있다면 그것이야말로 진정한 학문 수양의 이치라는 말입니다.

증자와 자사는 모두 스승의 도통(道統)을 계승한 제자였습니다. 그러니까 유가 학문의 계승자라고 할 수 있습니다. 『대학』과 『중용』은 모두 오로지 “요순의 도를 본받아 서술하리라[祖述堯舜]”라는 공자의 정신을 널리 알리기 위한 저술이었습니다. 따라서 엄숙하고 경건한 풍모를 갖추고 있습니다. 후세 사람들이 이 책에 대해 공경하고 우러러보는 태도를 지니는 것은 당연하지만, 실제로는 “공경하지만 멀리하는[敬而遠之]” 경향도 있습니다. 속에 들어 있는 정밀한 뜻 때문에 조금 깊이 들어가면 마치 종교가의 계율 같아서, 사람들로 하여금 바라보기는 해도 도달할 수 없을 것 같은 생각에 주저하며 뒷걸음질치게 만듭니다.

사실 심성(心性)의 학문은 확실히 주·진 시기 이전 문화의 정수입니다. 그 무렵 세계적으로는 그리스 문화의 철학에 비슷한 부분이 들어 있는 것을 제외하면, 오직 인도 문화의 불학에만 심성의 학문에 대한 전문적이고 독특한 견해가 보입니다. 그러나 증자나 자사의 시대에는 불학이 중국에 전해지지 않았으므로 같이 놓고 말할 수 없습니다.

하지만 문화 학술에서 유가·도가·묵가가 아직 나누어지지 않았던 춘추시대 초기에, 공자보다 먼저 태어났던 관중(管仲)은 심성의 학문에 대해 깊은 조예를 지니고 있었습니다. 단지 후세 사람들이 그 사실을 잊어버리고 그를 '정치가' 속에 집어넣었을 뿐입니다. 그가 정치 방면에서 중국의 정치 제도를 위해 훌륭한 기초를 세우고 영원히 후대의 모범이 될 수 있었던 것은 결코 우연이 아니었습니다.

몸과 마음에 관한 관자의 학설

저는 서양 학자나 친구들에게 이런 말을 자주 듣습니다. 중국 문화는 서양 문화와는 달리 옛날부터 철학·사학·문학, 시인·정치가가 나누어지지 않았다고 말이지요. 십구 세기 이전의 중국 학문은 본래 문철(文哲)이 나누어지지 않고, 문사(文史)가 나누어지지 않고, 문정(文政)이 나누어지지 않은 혼연일체의 학문이었습니다. 과거의 뛰어난 정치가는 정치가인 동시에 철학자였고 사학자였고 시인이었고 학자였습니다. 만약 여러분이 중국의 철학을 연구한다고 하면서 중국의 문학·시사(詩詞)·가곡(歌曲)에 대해 모르고 또 이십육사(二十六史)에 대해 모른다면, 두루 통달한 사람이라고 말할 수 없을 것입니다.

예를 들어 관중의 경우에도 중심적인 학술 사상은 그의 저서 『관자(管子)』 가운데서도 「심술(心術)」 상편과 하편, 「백심(白心)」 이 세 편에 가장 잘 나타나 있습니다. 여러분들의 이해를 돕고자 「심술」 상편과 하편에서 각각 신심(身心)과 관련된 학설을 뽑아 보았습니다.

마음은 몸에 있어서 군주의 위치이다. 구규는 관직의 직분을 지닌다. 마음이 그 도에 처하면 구규는 이치를 좇는다. 즐김과 욕망이 가득 차면 눈에는 색이 보이지 않고 귀에는 소리가 들리지 않는다. 그래서 말하기를 "위에서 그 도를 떠나면 아래에서는 그 일을 그르친다" 하였다. 말을 대신하여 달림으로써 그 힘을 다하게 하지 말라. 새를 대신하여 날음으로써 그 날개를 못 쓰게 하지 말라. 사물에 앞서 움직임으로써 그 법칙을 살펴보지 말라. 움직이면 지위를 잃고 가만히 있으면 스스로 얻게 된다. 도는 멀지 않으나 지극하기 어렵다. 사람과 더불어 거하지만 얻기 어렵다. 그 욕망을 비우면 신이 장차 집으로 들어온다. 불결한 것들을 쓸어 없애 버리면 이에 신이 머무른다. 사람은 모두 지혜롭고자 하지만 지혜로워지는 방법은 찾지 않는구나! 지혜로움이여! 지혜로움이여!

그것을 사해 바깥으로 던져 버리고 스스로 빼앗기지 말지라. 그것을 구하는 자는 그것을 거하게 함을 얻지 못한다. 대저 올바른 사람은 그것을 구하지 않으니, 그러므로 텅 비어 아무 것도 없을 수 있다. 텅 비어 아무 것도 없어서 형체가 없으니 그것을 일러 도라 한다. 만물을 생성시켜 길러 내니 그것을 일러 덕이라 한다. 군신과 부자는 인간 세상의 일이니 그것을 일러 의라 한다. 오르고 내림에 읍하여 물러나고, 귀하고 천함에 등급이 있고, 친하고 소원한 지체를 나누니 그것을 일러 예라 한다. 간소하며 하나의 도는 아닐지라도 살육을 금하는 그것을 일러 법이라 한다.

心之在體, 君之位也. 九竅之有職官之分也. 心處其道, 九竅循理. 嗜欲充益, 目不見色, 耳不聞聲, 故曰, 上離其道, 下失其事. 毋代馬走, 使盡其力. 毋代鳥飛, 使弊其羽翼. 毋先物動, 以觀其則. 動則失位, 靜乃自得. 道不遠而難極也. 與人竝處而難得也. 虛其欲, 神將入舍. 掃除不潔, 神乃留處. 人皆欲智而莫索所以智乎! 智乎! 智乎! 投之海外無自奪. 求之者不得處之者. 夫正人, 無求之也, 故能虛無. 虛無無形, 謂之道. 化育萬物, 謂之德. 君臣父子, 人間之事, 謂之義. 登降揖攘, 貴賤有等, 親疏之體, 謂之禮. 簡物小, 未一道, 殺戮禁誅, 謂之法.

형상이 바르지 못한 자는 덕이 오지 않는다. 중심이 정밀하지 못한 자는 마음이 다스려지지 않는다. 형상을 바로잡고 덕을 꾸미면 만물을 다 얻을 수 있다. 그득하게 신이 저절로 오면 그 지극함은 알 수가 없다. 세상일을 훤히 알고 사방의 끝에까지 모두 통하게 된다. 이런 까닭에 말하기를 "만물을 가지고 오관을 어지럽히지 말고 오관을 가지고 마음을 어지럽히지 말라" 하였는데 이것을 내덕이라 한다. 이런 까닭에 의기가 정해진 연후에 올바름으로 돌아간다. 기란 몸에 가득 찬 것이다. 행이란 올바른 의이다. 가득 찬 것이 아름답지 않으면 마음을 얻지 못한다. 행함이 올바르지 않으면 백성이 마음으로 따르지 않는다. 이런 까닭에 성인은 하늘이 그러하듯이 사사로이 덮음이 없다. 땅이 그러하듯이 사사로이 실음이 없다. 사사로움이란 천하를 어지럽히는 것이다.

形不正者, 德不來. 中不精者, 心不治. 正形飾德, 萬物畢得. 翼然自來神, 莫知其極. 昭知天下, 通於四極. 是故曰, 無以物亂官, 毋以官亂心, 此之謂內德. 是故意氣定, 然後反正. 氣者, 身之充也. 行者, 正之義也. 充不美, 則心不得. 行不正, 則民不服. 是故聖人, 若天然, 無私覆也. 若地然, 無私載也. 私者, 亂天下者也.

앞부분을 설명하자면 구규(九竅)는 두 눈, 두 귀, 두 콧구멍, 입, 대소변 보는 아홉 구멍을 말합니다. 사람이 기호와 욕망에 의해 가득 차게 되면 보아도 보이지 않고 들어도 들리지 않습니다. "그 일을 그르친다"는 것은 이를테면 정치적 실각을 들 수 있습니다. "사람과 더불어 거하지만 얻기 어렵다"는 것은 사람의 몸과 마음에는 본래 도가 있지만 다만 스스로 그 것을 찾아내지 못할 뿐이라는 것입니다. "그 욕망을 비우면 신이 장차 집 으로 들어온다"는 것은 오로지 스스로 망상과 욕망을 없애 버리면 변화무 쌍한 원신(元神)이 당신의 집, 즉 몸속으로 되돌아온다는 말입니다.

여기에서 길게 서술할 수는 없으므로 관중의 심성(心性)의 학문을 대략 적으로 소개함으로써 증자가 말한 "마음이 바르게 된 후에 몸이 닦인다[心 正而后身脩]", "몸을 닦음이 그 마음을 바르게 함에 있다[脩身在正其心]"라 는 것에 대한 참고로 삼고자 합니다. 일반인들은 그저 역사에 드러난 관중 의 공적에 대해서만 알 뿐 그의 학문과 문장은 소홀히 여깁니다. 참으로 안타까운 일이 아닐 수 없지요.

우환을 근심함이 깊기 때문에 통달하는 것이니

요컨대 "수신(脩身)"의 중심은 "정심(正心)"에 있으며 결코 외형을 꾸미 는 것이 아닙니다. 같은 이치로 장자는 「덕충부(德充符)」 상에서 비록 신체 의 장애가 있지만 도를 터득한 고명한 사람들에 대해 이야기했습니다. 그

가운데 공자와 유머 넘치는 대화를 했던 한 사람을 들어 보겠습니다.

노(魯)나라에 어떤 장애인이 있었습니다. 형벌로 발이 잘렸기 때문에 사람들은 그를 숙산무지(叔山無趾)라고 불렀습니다. 그가 공자를 만나러 왔는데 공자는 이렇게 말했습니다. "예전에 얼마나 자기 자신을 사랑하지 않았으면 이런 꼴이 됐소. 이제 와서 무슨 방법이 있겠소!" 그러자 무지가 말했습니다.

내가 힘써야 할 바를 알지 못해서 내 몸을 가벼이 사용하여 발을 잃게 되었습니다. 이제 내가 온 것은 발보다 존귀한 것이 남아있기 때문이니 나는 그런 까닭에 그것을 온전히 지니고자 합니다. 대저 하늘은 덮지 않는 것이 없고 땅은 싣지 않는 것이 없습니다. 나는 선생님을 하늘과 땅처럼 여겼는데, 선생님이 오히려 이와 같을 줄 어찌 알았겠습니까.

吾惟不知務, 輕用吾身, 吾是以亡足. 今吾來也, 猶有尊足者存, 吾是以務全之也. 夫天無不覆, 地無不載, 吾以夫子爲天地, 安知夫子之猶若是也.

이런 뜻입니다. "제가 예전에는 철이 없었기 때문에 제 몸을 아끼지 않아서 내 발을 상하게 했습니다. 제가 지금 당신을 만나러 온 것은 저에게 발보다 더 존귀한 존재가 있기 때문이니 반드시 그것을 잘 보전해야 할 이유입니다. 저는 본래 당신을 천지와 마찬가지로 위대하다고 생각했는데, 당신 역시 그저 외형만 중시하는 사람인 줄 어찌 알았겠습니까." 이 말을 들은 공자가 어떤 반응을 보였을까요? 『장자』에는 이렇게 기록되어 있습니다.

공자가 말하기를 "제가 참으로 못났습니다! 선생께서는 어찌 들어오지 않으십니까. 청컨대 들으신 바를 말씀해 주십시오." 무지가 나갔다. 공자가 말하기를 "제자들이여,

힘써야 한다! 저 무지는 절름발이인데도 오히려 배움에 힘써서 지난날 행실의 잘못을
바로잡았는데 하물며 덕을 온전히 갖춘 사람이겠느냐!"

孔子曰, 丘則陋矣! 夫子胡不入乎, 請講以所聞. 無趾出. 孔子曰, 弟子勉之! 夫無
趾, 兀者也, 猶務學以復補前行之惡, 而況全德之人乎!

이런 뜻입니다. 공자가 말하기를 "아! 미안합니다. 실례를 했군요. 제가
오늘은 너무 비열했습니다. 무지 선생, 들어오셔서 저에게 당신이 알고 있
는 도에 관해 설명해 주십시오." 무지가 나갔다. 공자가 말하기를 "제자들
이여, 힘써야 한다! 저 무지는 발이 잘린 사람인데도 오히려 배움에 힘써
서 지난날 행실의 잘못을 바로잡았는데 하물며 덕을 온전히 갖춘 사람이
겠느냐!"

또 장자는 외형상 특이한 사람에 관해서도 이야기했습니다. 그 사람의
이름은 인기지리무순(闉跂支離無脤)이었습니다. 그는 곱사등이에다 발뒤
꿈치가 땅에 닿지 않았으며 온몸이 비틀어지고 거기다 입술까지 없었습
니다. 위(衛)나라 제후 위령공(衛靈公)이 그를 만나 이야기를 나누더니 크
게 탄복하고는 그 사람을 좋아하게 되었습니다. 위령공은 그가 지극히 완
전하고 아름다운 '전인(全人)'이라 여겼습니다.

그래서 장자는 다음과 같이 말했습니다.

성인은 사람의 형체는 지니고 있으나 사람의 정은 지니고 있지 않다. 사람의 형체를
지니고 있기 때문에 사람들과 어울린다. 사람의 정이 없기에 시비가 그 몸에 붙지 않는
다. 아득히 작구나! 그들이 사람에 속해 있는 관계여! 덩그렇게 크구나! 홀로 천연을
이룩함이여!

有人之形, 無人之情. 有人之形, 故群於人. 無人之情, 故是非不得於其身. 眇乎小
哉! 所以屬於人也! 謷乎大哉! 獨成其天!

이런 뜻입니다. "성인은 단지 사람의 외모 형상은 지니고 있으나 인간의 정은 결코 없다. 그렇지만 그의 외형은 확실한 사람이기 때문에 사람의 무리 속에서 살아간다. 그는 인정에서 벗어나기 때문에 그에 대해서는 시비나 선악을 말할 것이 없다. 사람이라고 하는 외형의 생명에 속하게 된 까닭이 너무나 작구나. 가장 위대하고 대단한 것은 바로 생명 속에 있는 천성이로다!"

여러분은 절 안에 있는 나한전(羅漢殿)을 본 적이 있을 것입니다. 오백 나한들은 대부분 용모가 기괴하기 짝이 없습니다. 거기다 어떤 나한은 곧 쓰러질 듯한 자세를 취하고 있습니다. 본당에서 풍만한 자태로 전인(全人)을 대표하고 있는 부처나 보살처럼 그렇게 장엄하거나 아름답지 않습니다. 하지만 그 나한들 역시 모두 도를 깨달은 대성인입니다.

맹자도 이렇게 말했습니다.

> 사람 중에 덕과 지혜와 기술과 지식을 가지고 있는 사람은 항상 병중에 있다. 오직 외로운 신하와 서자들은 그 마음을 잡는 것이 위태로우며 우환을 근심함이 깊기 때문에 통달하는 것이다.
>
> 人之有德慧術知者, 恒存乎疢疾. 獨孤臣孽子, 其操心也危, 其慮患也深, 故達.

"덕과 지혜와 기술과 지식을 가지고 있는 사람은 항상 병중에 있다"라는 것은 남에게 말 못할 괴로움이나 마음의 병을 지니고 있거나 혹은 선천적으로 타고난 남모르는 병을 앓는 사람이라는 말입니다.

수많은 환난과 곡절을 겪으면서 어렵고 고생스럽게 살아온 사람일수록, 돌이켜 생각하고 뜻을 세워 위대한 학문, 재능, 도덕적 수양을 완성할 수 있는 법입니다.

일체 성현은 무를 법으로 삼지만 차이가 있었다

그렇기 때문에 "몸을 닦음이 그 마음을 바르게 함에 있다"라는 말이나, "도는 마음에 있지 겉모습에 있지 않다"라는 말은 모두 같은 의미라고 할 수 있습니다. 그렇다면 '마음[心]'은 어디에 있습니까? 마음이 무엇입니까? 무엇을 마음이라고 합니까? 어떤 것이 "마음이 있음[心在]"입니까? 어떻게 하는 것이 "마음을 바르게 함[正心]"입니까?

이제 앞에서 제기했던 문제로 되돌아왔습니다. 증자는 단지 "마음이 있지 않으면 보아도 보이지 않으며, 들어도 들리지 않으며, 먹어도 그 맛을 알지 못한다. 이것을 일러 몸을 닦음이 그 마음을 바르게 함에 있다고 하는 것이다"라고만 말했습니다. 뒤집어 말하면 보아서 보이는 것은 마음이 보고 있는 것이고, 들어서 들리는 것은 마음이 듣고 있는 것이며, 먹어서 맛을 아는 것은 마음이 맛을 아는 것입니다. 만일 어떤 사람이 동일한 시간에 눈으로는 아주 웃기게 생긴 물건을 보고 귀로는 다른 사람의 숨넘어가는 듯한 웃음소리를 들으면서 입으로는 아주 맛있게 음식을 먹다가 혀를 깨물었다고 합시다. 그러면 이때 마음은 과연 어디에서 작용할까요? 물론 동시에 보고 듣고 맛보고 또 통증을 느끼고 하는 것이 모두 마음의 작용이라고도 말할 수 있습니다.

그러나 현대 의학에서는 이러한 작용은 모두 뇌의 반응일 뿐, 결코 마음이라는 또 다른 존재가 있는 것이 아니라고 합니다. 물론 근래 들어서 뇌를 연구하는 의학에서 뇌 이외에 마음 같은 것은 없다고 단정 내리지는 않습니다. 하지만 지금 우리가 의학적 견지에서 '마음'과 '뇌'를 변별하는 문제를 놓고 토론할 수는 없습니다. 그랬다가는 더 복잡해질 것이기 때문입니다. 저는 그저 고유의 전통문화에 의거하여 앞에서 말했듯이 동시에 "보고 듣고 느끼고 아는" 것은 의식의 범주이며, 의식과 뇌의 작용은 거의 한데 연결되어 있다고 말하겠습니다.

전통문화에서 말하는 마음은 인체의 두뇌, 사지, 백해(百骸), 장부(臟腑), 심지어 몸 전체의 세포에서부터 생명력이 미치는 반사 작용까지도 다 포함합니다. 거기다 마음이 일으키는 사유(思惟) 및 상념(想念)과 의식에 의해 반응하는 "보고 듣고 느끼고 아는" 기능도 모두 마음의 능지(能知)와 소지(所知)의 작용입니다. 마음은 순수하게 생리적인 것도 아니고 또 순수하게 정신적인 것도 아닙니다. 하지만 생리적인 것, 정신적인 것은 또한 모두 마음의 범주에 속합니다. 그렇기 때문에 전통문화에 나오는 마음은 하나의 부호요 하나의 대명사임을 알 수 있습니다. 만약 그것을 심장의 '심(心)'이나 뇌의 반응 정도로만 여긴다면 그건 완전히 잘못된 것입니다. 바꾸어 말하면 마음은 생리와 정신의 합일을 나타내는 부호입니다. 서양 철학에서 말하는 유심(唯心)도 아니고 유물(唯物)도 아닌 심물일원(心物一元)의 명칭일 뿐입니다.

이 문제에 관해 중국 철학사에서는 주·진 시기를 전후하여 전국 시대에 이르기까지 크게는 유가·묵가·도가의 삼가(三家), 세분하면 제자백가의 견해가 제각기 달랐습니다. 그 후 위진 남북조를 거쳐 수·당에 이르는 거의 천 년 동안에도 논쟁이 분분했는데, 역시 각자 견해가 달랐고 서로 장단점이 있었습니다. 그 후 선종이 일어나고 나서야 종교와 학술의 겉옷을 벗어 버리게 되었는데, 민간의 토속적인 방언으로 지고무상한 형이상과 형이하의 오묘한 의미를 표현함으로써 비로소 비교적 명확하게 설명해 내었습니다.

예를 들어 성당 시기의 선종 대사들은 "마음이 곧 부처이다[心卽是佛]", "부처가 곧 마음이다[卽佛卽心]"라고 말했습니다. 또 "마음도 아니고 부처도 아니고 외물도 아니다[不是心, 不是佛, 不是物]"라고 말했습니다. 혹은 "본래 외물도 없고 마음도 없다. 부처라고 말하고 도라고 말하면 벌써 거기에서 십만 팔천 리나 멀어져 버린다〔本來無物亦無心. 說一個佛, 說一個道, 已是十萬八千里了〕"라고 말했습니다.

특히 초당 시기에 선종의 육조 혜능(慧能) 대사는 다음과 같은 유명한 게송을 남겼습니다.

보리는 본시 나무가 아니고	菩提本無樹
명경 또한 누대가 아니로다	明鏡亦非臺
본시 하나의 물건이 아니거늘	本來無一物
어디에서 먼지가 일겠는가	何處惹塵埃

이 게송은 마음을 밝혀 도를 깨닫고서 쓴 작품으로 높이 평가받고 있습니다. 하지만 육조의 사형(師兄)인 신수(神秀) 선사의 게송은 다음과 같습니다.

몸은 보리수요	身是菩提樹
마음은 명경대라	心是明鏡臺
수시로 부지런히 털고 닦음은	時時勤拂拭
먼지가 일어나지 못하게 함이네	莫使惹塵埃

신수 선사가 서술한 점수(漸修)의 경지는 남송의 이학가인 정호(程顥)와 정이(程頤) 형제 및 주희 등이 그대로 "마음을 다스리는〔治心〕" 학문의 표본으로 삼았으며, 그것을 가지고 유학의 '주경(主敬)'과 '존성(存誠)'의 수양 방법을 제창했습니다. 예를 들어 주희 자신의 학문 수양이 잘 반영되어 있는 명작으로 다음과 같은 시가 있습니다.

반 무의 네모진 연못에 거울이 펼쳐지니	半畝方塘一鑑開

하늘의 빛과 구름 그림자가 함께 배회하는구나 　　　　天光雲影共徘徊

어찌 이렇게 맑을 수 있는지 물었더니 　　　　　　問渠那得淸如許

샘의 근원에서 계속 물이 흘러오기 때문이라 하네 　　爲有源頭活水來

어젯밤 강변에 봄물 불어나더니 　　　　　　　　昨夜江邊春水生

거대한 전함이 한 오라기 털처럼 가볍구나 　　　　艨艟巨艦一毛輕

그동안 밀어서 움직이려 애썼건만 　　　　　　　向來枉費推移力

오늘은 물결 속에서 자유자재로 다니는구나 　　　此日中流自在行

　　이 두 수의 칠언절구(七言絶句)를 보면 그가 "성의(誠意)", "정심(正心)"
의 학문에 대해 터득하고 상당한 성취를 이루었다고 말하지 않을 수 없습
니다. 하지만 안타깝게도 그는 여전히 "한 걸음 더 나아간" 결말에 대해서
는 알지 못했습니다.

　　전통문화 속 심법(心法)의 이치를 이해하고 나면 『대학』에서 말하는 "정
심(正心)"과 "심재(心在)"가 맨 앞에서 말했던 "밝은 덕을 밝히는 데 있다"
및 "알고 멈춘 뒤에야 정함이 있고, 정한 뒤에야 흔들리지 않을 수 있고,
흔들림이 없는 뒤에야 편안할 수 있고, 편안한 뒤에야 생각할 수 있고, 생
각한 뒤에야 얻을 수 있다", "지식에 이르는 것은 사물의 이치를 궁구하는
데 있고, 사물의 이치를 궁구한 뒤에야 지식이 지극해진다", "뜻을 성실하
게 하고, 마음을 바르게 한다"라는 말과 수미일관된 학문과 수양임을 알게
됩니다. 마음 외에 또 무슨 "명덕"이 따로 존재하는 것이 결코 아닙니다.

　　그러고 보니 또 불학에서 빌려 와서 설명해야 할 것 같습니다. '심성'의
학문과 '심물일원'의 학문을 전문적으로 깊이 연구하기로는 사실 지금까
지 불학보다 훌륭한 학설이나 이론이 없습니다. 불학에서는 "삼계유심 만
법유식(三界唯心, 萬法唯識)"을 종지로 삼습니다. 이른바 '삼계(三界)'란 욕

계(欲界)·색계(色界)·무색계(無色界)를 말합니다. 이 우주에 존재하는 생명은 모두 애욕과 음욕을 생명의 근원적 작용으로 삼는데 이것을 욕계라고 부릅니다. 그것은 물질세계와 물리 세계의 모든 생명을 포함합니다. 욕계를 넘어선 그 이상의 것이 색계인데, 빛과 색을 생명 세계의 주체로 삼습니다. 색계를 넘어선 그 이상의 것이 무색계입니다. 우리는 그것을 공계(空界)라고 이해할 수 있으며 혹은 시공을 초월한 현상이라고 말할 수도 있습니다. '만법(萬法)'은 이 우주 안의 유형적인 사물 일체와 무형적인 이념과 정신 일체를 가리킵니다. 불학에서는 삼계와 만법이 모두 '일심(一心)'의 기능이 변화하여 나타난 것이라고 말합니다. 그리하여 인도적인 입장에서 물리 세계와 정신세계의 유심(唯心)과 유식(唯識) 작용을 다 포괄한 다음, 다시 그것을 분석하고 종합하여 여덟 개의 '식(識)'으로 나열했습니다.

먼저 인체에 대해 "눈·귀·코·혀·몸"이 각기 개별적인 다섯 가지의 '식별' 작용을 지니고 있다고 말합니다. 이것을 보통 '전오식(前五識)'이라고 부릅니다. 그것들은 모두 여섯 번째 식(識)인 '의식(意識)'의 생각을 거쳐서 작용합니다. 그런데 그것들은 '인아(人我)'의 견지를 주도하는 의근(意根)으로 종합되어 개별적인 생명의 기능을 형성합니다. 그것을 범어로는 일곱 번째 식인 '말라식(末那識)'이라고 부릅니다. 이처럼 개별적인 '인아'가 그 현상을 분석하고 설명하는 것은 앞의 일곱 개의 식에서 말미암지만, 결국에는 그 모두가 "능장(能藏), 소장(所藏), 집장(執藏)"하는 하나의 작용에서 비롯됩니다. 정신·물리·물질과 서로 만나는 기능, 범어로는 그것을 여덟 번째 식인 '아뢰야식(阿賴耶識)'이라고 부릅니다. 중국어로 번역하면 '장식(藏識)'이라고 합니다. 하지만 이 여덟 개의 식을 주도하는 것은 여전히 여섯 번째인 의식이며 그것이 가장 중요합니다. 하지만 '팔식(八識)'은 모두 심왕(心王)에 속하기 때문에 간략히 "심(心)·의(意)·식(識)"이라고 칭하기도 합니다. 아무튼 결국은 심(心)이 주인입니다.

이러한 사실을 이해하고 나서 다시 증자의 『대학』을 보십시오. 당시는 불학이 중국에 들어오지 않았고, 이처럼 조리(條理)가 정연한 유식학(唯識學)이나 법상학(法相學)은 당시 인도의 불학계에는 크게 유행하지도 않았습니다. 그런데도 "대학지도"가 "명덕"에서 시작되고 중간에 "지식에 이르고 사물의 이치를 궁구하고" "뜻을 성실하게 하고, 마음을 바르게 하고, 몸을 닦는" 것을 강조하는 것 등이 미리 서로 짜기라도 한 것처럼 어쩌면 이렇게 비슷할 수가 있습니까? 이것은 동서양을 불문하고 관념론이건 유물론이건 간에 진리는 오직 하나밖에 없으며, 다만 그것을 표현하는 방식이 각기 다르다는 것을 말해 줍니다. 그래서 불가에서는 "일체 성현들은 모두 무를 법으로 삼았으되 차이가 있었다[一切賢聖, 皆以無爲法而有差別]"라고 말합니다. 진리는 둘이 아니라 하나라는 이치를 설명하는 말입니다.

수신의 중점은 그 마음을 바르게 하는 데 있다

그렇다면 다시 '대학지도'라는 본래 주제로 되돌아와서, 왜 "몸을 닦음이 그 마음을 바르게 함에 있다"라고 말했을까요? 예를 들어 우리 몸이 비스듬하게 기울어졌다고 합시다. 마음은 그것을 바로잡고 싶어 하지만, 마음이 아무리 바로잡고 싶어 해도 몸은 여전히 바로잡히지 않습니다. 이것은 어떻게 설명해야 할까요?

여러분은 『대학』에서 말하는 "수신"의 이치를 착각해서는 안 됩니다. 그것은 첫째, 신체 내부로부터 외형적인 행위로 표현되는 태도와 기색을 수양하는 학문을 말합니다. 둘째, 신체의 내재적인 생리 습성에서 발생하는 '노여움(화를 잘 냄)', '두려움(늘 일을 두려워함)', '좋아하고 즐김(쉽사리 감동함)', '근심(비관적이고 염려가 많음)' 등과 '희로애락'의 감정을 조절하고 수양하는 학문을 말합니다. 정형외과 의사나 성형외과 의사들이 환자를 치료하고 수술하는 데 필요한 학식을 가리키는 말이 결코 아닙니다. 다음과 같은 노자의 말을 인용해 와서 대비시켜 설명하면 그 의미가 훨씬 분명해질 것입니다.

노자는 이렇게 말했습니다. "그러므로 몸을 귀하게 여겨 천하를 다스린다면 천하를 맡길 수 있다. 몸을 사랑하여 천하를 다스린다면 천하를 맡길 수 있다[故貴以身爲天下, 若可寄天下. 愛以身爲天下, 若可託天下]." 또 "몸을 뒤에 두어도 몸이 앞에 나서게 되고, 몸을 버려도 몸이 살아남게 된다[後其身而身先, 外其身而身存]"라고도 말했습니다. 대승 불학에서는 자비로 세상을 구제하고 중생을 제도하기 위해 이른바 진정한 보살들은 자신의 머리쯤은 기꺼이 내놓습니다. 그것은 모두 세상 사람의 상도(常道)를 초월한 것으로서, 평범한 사람들이 할 수 있는 일은 결코 아닙니다.

만약 파고들자고 한다면 반드시 우리 신체상에서 "수신"과 "정심"의 관계를 따져 봐야 할 것입니다. 그것은 순수히 생리학적이며 의리학(醫理學)적인 것으로 유물 철학과 과학의 영역에 속합니다. 그것 역시 유심 철학과 마찬가지로 심오하기 때문에 일반적인 상식으로는 생각할 수가 없습니다.

예를 들어 전통문화 속의 도가 의학을 보십시오. 특히 도가 학파의 갈래인 신선 단법 및 인도 후기 불학이 중국에 유입되어 형성된 티베트 밀종의 수행 방법을 보면, 보통 사람들이 고집하는 '신견(身見)'과 마찬가지로 현존하는 육체로부터 도를 추구하려 하기 때문에 스스로를 고달프게 함으로써 성과를 얻어 내고자 합니다. 하지만 그 속에 포함된 학리(學理)는 더더욱 다양하고 복잡합니다. 보통 사람들이 멋모르고 수련한답시고 제멋대로 "안으로 숨을 연마하고 밖으로 근육과 뼈와 가죽을 연마해서" 될 수 있는 일이 아닙니다.

후세 사람들은 불로장생하고 싶은 생각에 불가와 도가, 심지어 신선이니 밀종이니 하는 명목을 갖다 붙여 가면서 우리 몸의 신견(身見)에 집착하며 결사적으로 기를 연마하고 신체를 수련합니다. 하지만 그러려면 먼저 불학으로 깊이 들어가서 생명의 오고 감인 생사의 학식을 철저히 습득해야 합니다. 예를 들면 『입태경(入胎經)』「십이인연(十二因緣)」의 '중유(中有)' 이념 같은 것이 그것입니다. 그런 다음에 『내경』의 「소문(素問)」과 「영추(靈樞)」에 들어 있는 음양대도(陰陽大道)의 학리 및 사람 몸의 십이경맥(十二經脈)과 기경팔맥(奇經八脈)과 수백 개의 혈위(穴位)에 대한 의학적인 기초를 쌓고 나서, 다시 인도의 요가에서 말하는 '쿤달리니(軍茶利)'[83] 및 그것과 관련된 인체의 칠만 이천 개의 맥이며, 일만 삼천 개의 신경이며, 사천사백사십팔 종의 병태(病態)에 대해 실제적인 수련과 경험을 쌓은 연후에야 비로소 신체를 수련하고 기를 연마하는 도에 관해 말할 수 있게 됩니다.

그러나 가장 기본적인 것이 가장 중요한 법입니다. 닦는 '바(所)'는 몸이고 닦을 '수 있는(能)' 것은 마음입니다. 결국은 여전히 『대학』에서 말한 "이것을 일러 몸을 닦음이 그 마음을 바르게 함에 있다고 하는 것이다"라는 명구로 귀결됩니다.

---

83 영능(靈能), 영력(靈力), 졸화(拙火) 내지는 삼매 진화(三昧眞火) 등으로 번역된다. 기 수련을 통해 사람 몸의 생명 기능이 변화하여 장생불사하게 되는 경지를 일컫는다.

35
중국 전통문화의 대가정

소위 그 집안을 바로잡음이 그 몸을 닦음에 있다는 것은 사람들이 친애하는 바에 편벽되고, 천히 여기고 미워하는 바에 편벽되고, 두려워하고 존경하는 바에 편벽되고, 가엾고 불쌍히 여기는 바에 편벽되고, 거만하고 게으른 바에 편벽되기 때문이다. 그러므로 좋아하면서도 그 나쁨을 알고, 미워하면서도 그 아름다움을 아는 사람은 천하에 드물다. 그러므로 속담에 이런 말이 있으니 "사람들이 그 자식의 악함은 알지 못하고, 그 모종의 충실함을 알지 못한다" 하였다. 이것을 일러 몸이 닦이지 않으면 그 집안을 바로잡지 못한다고 하는 것이다.

所謂齊其家在脩其身者, 人, 之其所親愛而辟焉, 之其所賤惡而辟焉, 之其所畏敬而辟焉, 之其所哀矜而辟焉, 之其所敖惰而辟焉. 故好而知其惡, 惡而知其美者, 天下鮮矣. 故諺有之曰, 人莫知其子之惡. 莫知其苗之碩. 此謂身不脩, 不可以齊其家.

『대학』의 대체적인 내용은 '내명(혹은 내성)'과 '외용(혹은 외왕)'이라는 양대 항목으로 나누어집니다.

우선 "대학의 도는 밝은 덕을 밝히는 데 있다[大學之道, 在明明德]", "알고 멈춘 뒤에야 정함이 있다[知止而后有定]"에서부터 "지식에 이르고 사물의 이치를 궁구한다[致知格物]", "뜻을 성실하게 하고, 마음을 바르게 한다[誠意, 正心]"라는 것까지는 모두 내명의 수양 학문에 속합니다. 그리고 "마음을 바르게 함[正心]"과 "몸을 닦음[脩身]"은 내외겸수(內外兼修)의 범주에 속합니다.

하지만 이제 "그 집안을 바로잡음이 그 몸을 닦음에 있다[齊其家在脩其身]"라는 단계에 이르면, 거기에서부터 "나라를 다스리고, 천하를 화평하게 한다[治國, 平天下]"라는 구절까지는 순수한 외용의 학문에 속한다고 할 수 있습니다. 그런데 외용의 학문은 행동학 혹은 행동 심리학이나 윤리학 혹은 정치 윤리학이나 관리학 혹은 관리 지도학이라고도 말할 수 있습니다. 아무튼 교묘하게 명목을 갖다 붙이기 좋아하는 요즘 사람들의 습관대로 무슨 학(學)이니, 무슨 학(學)이니 하는 그럴싸한 이름을 붙여 아무렇게나 불러도 괜찮습니다. 그러나 잊어서는 안 될 게 있습니다. 그건 바로 이미 '대학(大學)'이라는 가장 좋은 명칭을 가지고 있다는 사실입니다.

사당은 사회 안정의 초석이었다

이제부터는 "수신(脩身)"과 "제가(齊家)"의 도에 관해 이야기하겠습니다. 제가 이미 여러 차례 여러분에게 환기시켰듯이 중국 전통문화 속의 '가(家)'는 서양의 핵가족과 같은 것이 아닙니다. 또 이십 세기 후반에 출현한 중국의 신식 가정도 아닙니다. 고대 전통문화의 가(家)는 종법 사회와 봉건 제도가 결합된 대가정, 대가족을 말합니다. 그 자체로 바로 하나의 사회(社會)입니다. 그래서 과거 중국 문화에는 별도로 '사회'라는 명칭이 없었습니다. 만약 한 대가족의 사회가 또 다른 대가족, 혹은 다른 여러

대가족과 합쳐져서 또 다른 집단을 형성하면 그것은 '국(國)'이라는 명칭으로 불렸습니다. 그래서 국가(國家)라는 명칭도 출현하게 된 것입니다.

고대의 가(家)는 '고(高), 증(曾), 조(祖), 고(考), 자손(子孫)'의 오 대가 한집안에 모여 사는 형태였습니다. 그러나 여전히 남자가 그 사회의 중심이었습니다. 만약 거기에다 여자와 외가까지 합쳐서 고종사촌이니 이종사촌이니 하는 가족 관계까지 다 연결한다면 아마도 엄청난 크기의 가계도가 만들어질 것입니다. 거기에 다시 시대가 누적되는 것까지 생각한다면 어찌 오백 년 전까지만이 한집안이겠습니까? 거의 모든 중국인이 본래는 한집안이었다고 해도 조금도 틀리지 않을 것입니다.

중국 고대의 무학(武學)과 군사(軍事)의 발전이라는 측면에서 보더라도, 옛말에 "싸움터로 나설 때는 친형제가 필요하나 전투를 벌일 때는 오로지 자제병(子弟兵)을 의지한다"라는 식의 관념도 모두 종법 사회적인 전통의 가족 문화를 근거로 형성된 것입니다. 민간 소설이나 구식 희극에서 추앙을 받는 '양가장(楊家將)'[84]이니 '악가군(岳家軍)'[85] 등도 모두 이러한 가족 관념으로부터 생겨난 영예입니다. 그것을 낙후되고 진부한 봉건 의식으로 치부하고, 또 그것을 타도해야만 사회가 새로이 진보할 수 있다고 말할 수도 있습니다. 하지만 꼭 그런 것만은 아니니 더 상세히 연구한 뒤에 결론을 내리는 것이 좋겠습니다.

대가정적인 가족 관념은 중국 문화에서 그 뿌리가 깊고도 두터워서 한국이나 일본은 물론이고 동남아 각국에까지 영향을 미쳤습니다. 그것은 민족주의와 민족 공화 사상의 근원이 되기도 했습니다. 특히 중국 본토에

---

84 양씨 가문의 장수들이라는 의미이다. 북송의 용맹한 장군 양업(楊業)의 자손은 남녀노소를 불문하고 모두 용맹하여 양씨 가문은 충의로 이름이 났다.

85 악비의 군대라는 의미이다. 악비(岳飛)는 금(金)의 침입으로 북송(北宋)이 멸망할 무렵에 악가군이라는 정병을 양성하여 송나라 역사에서 거의 유일하게 금나라와 싸워 이기는 전공을 올렸다.

는 지금까지도 그 영향이 남아 있습니다. 만약 여러분이 각 지방의 사당(祠堂)과 족보를 연구해 보고, 그러한 '신종추원(愼終追遠)'[86]의 정신 및 과거의 '사당' 가족의 집안 규칙을 깊이 살펴본다면 여러분은 고대 정치 제도에 관한 이해를 넓힐 수 있을 것입니다. 정치를 하는 관원이 그렇게 적고 또 사회의 치안과 보안에 종사하는 인원이 거의 없다시피 했는데도 어떤 방법을 사용했기에 그렇게 넓은 중국을 잘 관리할 수 있었던 것일까요?

삼백 년 전의 예를 하나 들어 보겠습니다. 때는 명 말에서 청 초에 만주족이 동북 지역에 있던 시기였습니다. 한 과부의 자식이 십만여 명의 만몽(滿蒙)[87] 군대를 이끌고 와서는—물론 그 속에는 한군(漢軍)도 소수 포함되어 있었지만—인구가 사억에 달하는 중국을 손쉽게 통치했습니다. 그들이 믿었던 것은 무엇이었을까요? 오로지 살육에만 의존한 것도 아니었고 가혹한 형법에만 의존한 것도 아니었습니다. 그들은 문화 통치의 중요성을 알고 있었습니다.

문화 통치는 강희제(康熙帝) 때부터 시작되었는데, 강희제는 "제가(齊家), 치국(治國)"이라는 유가 학설의 핵심을 깊이 이해하고 있었습니다. 그런 까닭에 그는 성유(聖諭)를 반포하여 재야 지식인 학자와 수재들에게 매달 초하루와 십오 일에 마을의 사당에 모여 성유를 읽게 했습니다. 유가의 효도 사상을 제창하고 유학을 계율 식 율령으로 만들어 적극적으로 보급시켰습니다. 후에 옹정제(雍正帝) 때에 이르면 강희제의 성유를 새로이 확충하여 「성유광훈(聖諭廣訓)」으로 만들었습니다. 그들은 사회 전체에 규율을 잘 지키는 도덕적 기풍을 형성함으로써 굳이 말이나 명령에 의거하지 않아도 되게끔 만드는 데 '사회 교육'의 중심이 있음을 알았습니다.

---

86 부모의 장례를 잘 지내고 조상을 기려 제사를 지냄.

87 만주족과 몽고족.

젊은 여러분들은 잘 모르겠지만 저는 어려서 제 눈으로 직접 본 적도 있습니다. 궁벽진 농촌에서는 만약 어떤 청년이 규범에 어긋난 행동을 하거나 남의 집 닭을 훔치거나 혹은 남녀 간에 정을 통하는 일이 생기면 곧바로 족장에게 그 사실을 알렸습니다. 사안이 중대한 경우에는 마을 사람들이 족장에게 사당 문을 열고 조상들의 위패 앞에서 판결을 내리게 했습니다. 그렇게 되면 사태가 매우 커집니다. 그 젊은이는 달아나지 않았다가는 어쩌면 가법(家法)에 의해—조상들 앞에 놓인 검붉은 몽둥이로—맞아 죽을 수도 있습니다. 그렇지 않으면 적어도 사람들 앞에서 망신을 당하고 영원히 낯을 들고 다닐 수 없게 됩니다.

항일 전쟁 초기인 1937년경 제가 사천(四川)에 있었을 때의 일입니다. 사천 팽현(彭縣) 사람으로 저와는 오랫동안 함께 일한 친구가 있었는데, 그 친구는 늘 저에게 자신의 복수를 해 달라고 부탁했습니다. 그런데 그 친구가 어떻게 복수해 달라고 한지 아십니까? 글쎄, 사람을 죽이고 불을 지르라는 것입니다. 자기 고향의 어떤 마을 사당을 태워 버리고, 같은 성(姓)의 족장 및 관련 인사들을 모조리 죽여 달라는 것이었습니다. 무엇 때문이었을까요?

원래 그는 그 집안의 소녀와 몰래 연애를 하다가 발각되고 말았는데, 가족의 체면을 크게 손상시켰다 하여 그들 두 사람을 잡아다가 때려죽이려 했던 것입니다. 결국 남자는 마을에서 달아났는데 그가 바로 후일의 제 친구였습니다. 그냥 남아 있었던 여자는 붙잡혀 버렸고, 족장이 사람들 앞에서 내린 판결은 여자를 산 채로 묻어 버리라는 것이었습니다. 그래서 그 친구는 밤이고 낮이고 그들을 죽여 복수하리라는 생각만 하고 있었습니다. 나중에 제가 다른 방법으로 그 친구의 원한을 풀어 주고 편안히 장가들도록 해 주었던 기억이 납니다.

물론 이런 예가 많은 것은 아니었습니다. 하지만 가족 제도로 인한 폐단도 적지는 않았습니다. 여러분도 구식 가정과 대가족의 암울한 면을 폭로하고 개혁을 주창하는 내용을 담은 현대 문학 대가들의 사회 소설을 보지 않으셨습니까. 하지만 그것 역시 "법이 오래되면 폐단도 깊어지기 마련"인 필연성일 뿐 전체적인 모습은 결코 아닙니다. "일부를 가지고 전체를 개괄하여" 그것을 일고의 가치도 없는 일로 여겨 버리는 태도는 옳지 못합니다.

대가족의 사당은 법으로 정한 조직은 아니었습니다. 그것은 자연인의 혈연관계의 표지이자 종법 사회 정신의 상징이고 또 종족 자치의 의식(意識)이었습니다. 비교적 부유한 집안이거나 혹은 종족 중에서 공명을 떨치거나 관직을 지낸 사람이 나온 경우에는 '학전(學田)'이니 '의전(義田)'이니 하는 것을 사서, 거기에서 나오는 수입으로 그 집안 출신의 가난한 자제들의 공부 뒷바라지를 하기도 했습니다. 또 필요한 경우에는 가난하고 불우한 처지에 놓인 종친들이 사당에서 거처하게 해 주기도 했습니다. 물론 훌륭하지 못한 족장의 경우에는 자리를 빙자해 이익을 탐하기도 했습니다. 세상일은 원래 좋은 점이 있으면 나쁜 점도 있기 마련입니다. 그러니 한쪽 면만 가지고 전체를 판단해서는 안 됩니다.

사회 복지는 그 유래가 이미 오래되었다

사회학적 측면에서 보면 수천 년 중국 문화에는 이른바 '사회' 단체와 관련된 학술 사상이 부족한 듯 보입니다. 심지어 『대학』이나 『중용』과 같은 유가의 학설만 해도 사회라는 관념은 아예 언급하지도 않았으니 '사회 복지' 사상은 더 말할 것도 없습니다. 제가 사회 복지 수업을 듣던 당시에는 사회 복지라는 개념이 막 미국에서 중국으로 수입되었기 때문에 그 말이 대단히 신선하고 새로운 느낌을 줬습니다. 하지만 저는 수업을 들으면서도 동의할 수가 없었습니다. 그래서 제 생각을 이렇게 말했지요. 전통 중국 문화 속에서 우리는 사회 복지와 관련해 어려서부터 그런 교육을 받기 시작했고, 그 씨는 이미 오래전에 뿌려졌노라고 말이지요.

간단히 말하면 늙고 가난한 사람을 가엾게 여기고 연장자와 현자를 존경하며 고아와 과부를 잘 돌봐 주라는 등이 모두 어린 시절 사회 복지 교육의 중점이었습니다. 그뿐 아니라 유가·불가·도가 및 제자백가의 학설 중에도 사회 복지에서 출발한 이론과 명언이 많이 있습니다. 단지 여러분이 중국 '사회학'의 역사를 잘 모르기 때문에 그렇게 생각하는 것입니다. 이십 세기 이래 서양 문화가 자본주의 시대를 거치면서 새로운 시대에 맞는 노동 복지로부터 점차 사회 복지의 실험으로 그 범위를 넓혀 간 것과는 완전히 다릅니다.

몇 시간 수업을 들었을 뿐이었는데도 미국 유학에서 박사 학위를 받고 막 돌아온 그 교수는 나에게 중국 역사에서 사회학과 관련된 지식을 이야기해 달라고 부탁했습니다. 나중에는 아예 "중국 특수 사회사의 변천"이라는 제목으로 강연해 달라고까지 했습니다. 특수 사회라는 말은 당시 제가 새로 만들어 낸 명사였지만 사실은 전국 시대 묵자(墨子)에서부터 시작해서 수천 년간 중국에는 그러한 사회가 존재해 왔습니다. 서양 각국에 존재해 왔던 것과 마찬가지로 말이지요. 그것이 차츰차츰 변해서 근대사의 '방회(幇會)'[88]가 되었던 것입니다. 저는 본래 새로운 지식을 추구하는 사람이지 골동품을 팔아먹으려는 사람이 아닙니다. 사람들은 몇 차례에 걸친 제 강연을 열렬히 환영해 주었지요. 내친 김에 저는 아예 수업에 가지

---

88 비밀 결사 단체를 말한다. 이십 세기 초 상해를 중심으로 활동한 청방(靑幫)과 중국의 남방에서 활약한 홍방(紅幫)이 대표적이며 홍방 계통의 가로회, 삼합회, 대도회 같은 비밀 결사는 정치적 성격을 띠기도 했다.

않고 혼자 책을 보며 공부하기로 했습니다. 시간이 아까워서요.

　그러고 보니 종법 사회와 대가족 정신과 유풍이 변해서 종족의 사당이
된 것을 제외하고도 남북조 시기와 당·송 이후로는 불가와 도가의 사(寺),
원(院), 암(菴), 당(堂), 도관(道觀) 등이 모두 유형무형으로 사회 복지 사업
을 겸하고 있었습니다. 당시 부처의 사리를 중국에 들여오는 데 반대하던
한유는 「원도(原道)」 같은 위대한 글을 써서 불가와 도가 사상에 반대했습
니다. 또 일반인이 출가하여 승려가 되고 도사가 되는 일은 생산적이지 못
하고 '무부무군(無父無君)'의 불충불효한 일이라 하여 더더욱 반대했습니
다. 그러한 관점은 정치 문화적 견지에서 보면 하나도 틀린 곳이 없지만
전체 사회의 관점에서 보면 꼭 그런 것만은 아니었습니다. 과거 봉건 시대
중국에는 사회 복지를 전담하는 기구가 없었습니다. 만약 사, 원, 암, 당,
도관에서 불우한 처지의 사람들을 받아 주지 않았다면― 한유 선생을 포
함한 대신들과 황제들에게 한번 물어봅시다―과연 누가 그들을 보살펴
주었겠습니까.

　그런 까닭에 한유의 조카로, 훗날 출가하여 도사가 되었던 한상자(韓湘
子)는 두 구의 시를 지어 그 노인네를 일깨워 줄 수밖에 없었던 것입니다.
"구름 가로누운 진령에서 집이 어디에 있는가, 눈 둘러친 남관에서 말이
앞으로 나아가지 않는구나〔雲橫秦嶺家何在, 雪擁藍關馬不前〕." 사회 속의
인간은 경우에 따라 모두 "집이 어디에 있는가" 하는 처지에 놓일 수 있는
법입니다!

지도자는 큰 인내심과 포용력을 지녀야

　종법 사회와 가족에 의해 형성된 대가정의 관념은 중국에서 사오천 년

의 전통을 지니고 있는데, 그 중에서도 당·송 시기가 가장 전성기였습니다. 가장 유명하면서도 대표적인 고사는 바로 당 고종(高宗) 이치(李治) 시대에 일어난 일이었습니다.

서기 660년 무렵이었습니다. 고종은 산동(山東)의 태산(泰山)에 갔다가 구 대가 함께 산다는 장공예(張公藝)라는 노인에 관해 듣게 되었습니다. 호기심에서 그는 지나가는 길에 그 집에 들러 어떤 방법을 쓰기에 구 대가 함께 살면서도 아무 일 없이 편안할 수 있는가 하고 노인에게 물었습니다. 장공예는 황제에게 종이와 붓을 달라고 하더니 뭔가를 써서 보여 주었습니다. 그가 쓴 것은 백 개의 '인(忍)'자였습니다. 그것을 본 고종은 매우 기뻐하면서 그에게 많은 비단을 내렸습니다. 이것이 바로 훗날의 고사 '장공백인(張公百忍)'입니다.

당시 장공예의 그런 행위가 고종에게 계시나 경고를 주려는 뜻이 있어서였는지는 알 수 없습니다. 하지만 결과적으로 그는 자기 뜻과는 상관없이 무측천(武則天)을 도운 셈이었습니다. 물론 그는 자신이 터득한 바에 근거하여 '대가정'의 가장은 정부의 관료나 큰 사업체의 중견 간부 혹은 국가의 지도자와 마찬가지로 큰 인내심과 포용력을 지니고 있어야만 구 대가 함께 아무 일 없이 편안하게 살 수 있다고 했습니다.

중국은 옛날부터 땅은 넓고 인구는 적으며 대대로 경제 생산을 거의 농업에 의존해 왔습니다. 그렇기 때문에 땅과 인구는 경제 생산과 재화 축적에서 중요한 근원이었습니다. 주·진 시대의 봉건제라는 정치 체제 역시 인구를 매우 중시했습니다. 진·한 이후로는 관직을 내리거나 종실과 공신에게 분봉(分封)할 때 채지(采地)와 호구(戶口)를 수익의 표준으로 삼았습니다. 이른바 '만호후(萬戶侯)' 같은 봉호(封號)는 문무 대신이라면 모두가 얻고 싶어 탐을 내는 큰 장사거리였습니다. 그래서 사람들은 자손이 많은 것을 인생 최대의 복이라고 생각했습니다. 물론 호구의 수가 많은 것이 생산력과 부의 원동력이 되기 때문에 대지주가 노동 인민을 착취하고 힘없는 백성을 핍박하는 현상은 피할 수 없었습니다. 하지만 봉건제는 당시 서양의 노예제와는 큰 차이가 있으므로 구별해서 말해야 합니다. 제가 그러한 전통 풍속에 찬성해서가 아니라, 역사를 연구하는 입장에서 그 시비동이(是非同異)를 분명하게 설명함으로써 여러분이 학문을 하고 지식을 추구하는 데 도움을 드리고자 할 따름입니다.

동시에 종법 사회와 가족의 전통으로 말미암아 후세의 대가정 및 대가족의 풍속이 형성되었음을 설명하고자 합니다. 자손을 귀중하게 생각했기 때문에 사람들은 이러한 대가정을 잘 교육하고 관리하고자 했습니다. 사실 대가정을 잘 관리하는 일은 사회단체나 거대한 상공업 회사를 관리하는 것에 비해, 심지어는 한 국가의 정부나 현대의 정당을 잘 관리하는 것보다 훨씬 어렵고 복잡합니다.

그 까닭은 국가나 정당을 다스리고 사회단체를 관리하는 경우에는 오직 법이나 이치에 따라 일을 처리하더라도 "비록 딱 들어맞지는 않는다 하더라도 크게 멀어지지는 않기" 때문입니다. 하지만 공평하고 공정하게 대가정 혹은 대가족을 다스린다고 할 때 그 중점은 '정(情)'에 있습니다. 이른바 골육의 정에서는 오로지 법(法)만을 사용해서는 안 됩니다. 때로는 이치(理致)로만 처리해서도 안 됩니다. 자신의 수양이 온전하지 못해 패가망신하고 부모 형제가 뿔뿔이 흩어지는 것은 아주 흔한 일이었습니다.

예를 들어 보겠습니다. 과거에는 한 부부가 아들 셋과 딸 둘을 낳는 일이 보통이었습니다. 궁벽진 농촌의 빈곤한 가정일수록 부유한 도시의 가정보다 더 많은 자녀를 낳았습니다. 그 원인이 음식이나 위생상의 문제 때문만은 아니었습니다. 원인이 여러 가지였기 때문에 일일이 설명할 수는 없습니다. 그런데 고대 전통에는 본부인 외에도 첩을 여러 명 두는 것을 허용하는 풍습이 있어서 좀 부유한 가정에서는 자녀를 한 줄로 세워 놓고 몇 명인지 헤아려야 했습니다.

예를 들어 한 남편과 한 아내만 가지고 말해 봅시다. 그들이 아들 다섯을 낳았다고 치면 거기에 환경이 제각기 다른 며느리 다섯을 맞아들이게 됩니다. 다섯 며느리들은 서로를 동서라고 부릅니다. 며느리들은 각기 성격이나 관대함, 과묵함이 다릅니다. 거기다 같은 아들이지만 부모의 유전에 따라서 다섯 아들의 모습은 다 다릅니다. 부모와 똑같이 닮았으면 '초자(肖子)'라고 부르는데, 초는 서로 비슷하다는 뜻입니다. 부모와 닮지 않았으면 '불초(不肖)'라고 부릅니다. 자식이라고 모두가 초자인 것은 아닙니다. "한 어머니가 아홉 아들을 낳았는데, 아홉 아들이 제각기 다르더라"라는 말도 있지 않습니까. 사회 구성원들과 마찬가지로 지혜, 현명함, 어리석음이 다 달라서 훌륭한 자식과 그렇지 못한 자식이 섞여 있기 마련입니다.

게다가 제각기 다른 다섯 며느리까지 합하면, 간단하게는 먹고 입는 것의 분배에서부터 심지어는 서로 간의 태도에 이르기까지 아무리 작은 일이라도 이러쿵저러쿵 말이 없을 수가 없습니다. 집 바깥의 사회에서 구성원들 간에 일어나는 일이라면 그럭저럭 참고 양보하거나, 정 안 되면 그 일을 피해 버릴 수 있습니다. 하지만 한 울타리 안에서 밤낮으로 함께 생활하는 사람끼리 어디로 피한단 말입니까? 더군다나 아직 시집가지 않은 딸이 여럿 있어서 손위 시누이고 손아래 시누이고 간에 주야장천 집안에 버티고 앉아 있다면 어떻겠습니까? 그래도 부모에게는 총애받는 딸이거나 적어도 귀염받는 딸일 터인데 말이지요. 손위 손아래 동서 간의 혹은 형제지간의 호오(好惡), 희로(喜怒), 시비(是非)에다 심지어 아주 사소한 일 때문에도 하루 종일 시끄러울 것입니다. 또 시집간 시누이가 원래 성격이 괄괄한 데다 시집이 좀 권세 있기라도 하면 늘 친정집 일에 간섭하려 들 것이고, 혹은 가난한 과부 신세가 되어 의지할 곳이 없으면 친정으로 돌아와서 도움을 청할 것입니다. 아무튼 이루 말로 다 할 수 없는 고충과 번거로움이, 백성을 다스리는 정부의 관료나 국가를 관리하는 일국의 황제보다 백배는 더 할 것입니다. 사실 멍청한 황제나 관리들은 그저 "응응〔哼〕" "아하〔哈〕" 두 마디만 해도 모든 일이 처리됩니다. 하지만 "집안을 다스리는" 내정(內政)의 도(道)는 "응응" "아하"만으로 끝나는 일이 아닙니다. '형합이장(哼哈二將)' [89]은 절 입구에 서서 문을 지키는 일만 하지 사원 안으로 깊이 들어가지는 못하는 법입니다. [90]

여기까지는 부모와 자녀 이 대만 말했을 뿐입니다. 만약 다섯 아들과 며느리가 각기 자녀를 서넛 낳는다면 한집안 식구가 스무 명에서 삼사십 명에 이를 것입니다. 집안일을 돕는 종과 시녀 및 임시로 고용한 사람과 소작인 등 일꾼들은 포함시키지 않았는데도 말입니다. 다시 일이십 년이 지나 삼 대의 손자들이 또다시 결혼을 하고 또 자녀를 낳습니다. 이렇게 번창하는 집안은 불과 사오십 년 사이에 '백구지가(百口之家)'가 되어 버립니다. 지금과는 달리 과거 사회에서는 보통 일찍 결혼했기 때문이지요. 여러분은 다음 사실을 알아야 합니다. 공자에서 증자·자사·맹자에 이르는 시대에는, 심지어 앞서 제가 말씀드린 후세의 가정들 특히 황실이나 제후의 집안은 식구가 수백 명에 이르는 집이 허다했습니다.

중국 역사를 보면 이른바 오세동거(五世同居)의 대가정이 역대로 존재해 왔습니다. 송 진종(眞宗) 조항(趙恒)의 대중(大中)·상부(祥符) 연간이었던 서기 1008년에는 "예릉(醴陵)의 정전(丁雋)은 형제가 열일곱이었는데, 삼백 명의 식구들이 의롭게 모여 오 대가 함께 살았으나 집안에 헐뜯는 말이 없었다"라고 합니다. 특히 마지막 구절은 정말 감히 상상할 수 없는 탄복을 자아냅니다. 이른바 "집안에 헐뜯는 말이 없었다"라는 것은 식구가

---

89 불교 사찰의 인왕(仁王).

90 '응응'이라 번역되는 형(哼)과 '아하'로 번역되는 합(哈)을 합친 형합(哼哈)에다 이장(二將)을 붙이면 '인왕(仁王)'이라는 뜻의 형합이장(哼哈二將)이 된다.

삼백 명이 넘는 집안에서 화목하지 못하거나 만족스럽지 못해서 서로 다투는 일이 전혀 없었다는 뜻입니다. "집안을 다스리는〔齊家〕"도라는 말이 바로 이러한 '집안〔家〕'을 '다스리는〔齊〕' 것임을 알 수 있습니다. 오늘날, 특히 서양식으로 부부 둘만이 큰 침대 하나만 혹은 작은 침대 두 개를 나란히 놓고 사는 집안을 생각하면 안 됩니다. 또 부부만으로 이루어진 가정이라 할지라도 두 사람이 백년해로하면서 영원히 눈 흘기지 않고 사는 쌍이 몇이나 됩니까! 그러니 어떻게 "집안을 다스리는" 일이 쉬운 요구요, 시시한 인간사라고 말할 수 있습니까.

제가 관찰한 바로는 현대 물질문명의 빠른 진보와 정신문명의 상대적인 쇠퇴로 인해, 자본주의 사회이건 사회주의 사회이건 머지않아 인류 사회에 가정이라는 제도는 더 이상 존재하지 않을 것입니다. 그뿐 아니라 혼인이라는 신성한 제도도 사라질 것입니다! 제 생각에 인류 역사의 극본은 아마도 여기에서 끝을 맺게 될 것 같습니다. 저는 한평생 연극을 봐 온 사람입니다. 그런데 아무리 봐도 지금의 세상은 조금 낯설고 어딘가 거북스럽게만 느껴집니다.

자손이 많으면 두려움이 많고 부유해지면 일이 많다

그러고 보니 갑자기 공자의 말이 생각납니다. "나는 나면서부터 아는 자가 아니라, 옛것을 좋아하고 민첩하게 구하는 자이다〔我非生而知之者, 好古, 敏以求之者也〕." 앞에서 말한 과거 중국 사회의 대가정이라는 문제를 공자의 말처럼 "옛것을 좋아하고 민첩하게 구해" 보면, 공자가 재삼 추앙했던 상고 시대의 성인인 요임금의 고사가 떠오릅니다.

역사 기록에 따르면 요임금은 천하를 오십 년간 다스렸는데 어느 날 섬서(陝西)의 화산(華山) 일대를 순시하게 되었습니다. 화봉인(華封人)[91]이 축수하기를 "성인으로 하여금 부유하고 장수하고 자손이 많게 하십시오〔使聖人富壽多男子〕"라고 말했습니다. 그러자 요임금이 이렇게 말했습니다. "사양하겠노라. 자손이 많으면 두려움이 많고 부유해지면 일이 많고 장수하면 욕이 많다〔辭. 多男子則多懼. 富則多事. 壽則多辱〕." 축복의 말을 사양하는 요임금을 보면 정말 탄복하게 됩니다. 가히 성인(聖人)이라 불리기에 부끄러울 것이 없습니다. 후세 도가 사상의 근원이기도 했던 이 말은 세상을 벗어난 듯한 초연한 느낌을 줍니다. 하지만 이 말을 들은 화봉인은 이렇게 말합니다.

하늘이 만민을 생겨나게 하면 반드시 그에게 직분을 주니, 자손이 많아지더라도 그에게 직분을 줄 것이니 무슨 두려움이 있겠습니까. 부유하면 사람들로 하여금 그것을 나누게 하면 되는 것이니 무슨 일이 있겠습니까. 천하에 도가 있으면 만물과 더불어 번창하고, 천하에 도가 없으면 덕을 닦으며 한가로이 지냅니다. 천 년이 지나 세상이 싫어지면 세상을 떠나 선계로 올라가 저 흰 구름을 타고 하늘에 이르면 될 것이니 무슨 욕이 있겠습니까.

天生萬民, 必授之職. 多男子而授之職, 何懼之有. 富而使人分之, 何事之有. 天下有道, 與物皆昌. 天下無道, 修德就閒. 千歲厭世, 去而上仙, 乘彼白雲, 至於帝鄉, 何辱之有.

화봉인의 말을 보아하니, 유가와 도가가 아직 나누어지지 않은 공통적인 사상임을 알 수 있습니다. 하지만 천 년을 살고서야 비로소 세상이 싫어져서 떠난다니 너무 사치스럽지 않습니까! 불가에서는 장수가 이른바

---

91 화산(華山)의 토지 행정을 관리하는 사람.

삼재팔난(三災八難)[92] 중의 일난(一難)이라고 말합니다. 깊이 생각해 보면 확실히 고명한 견해입니다.

지금까지 중국 전통문화의 '가(家)'에 관해 소개해 드렸습니다. 어쩌면 여러분처럼 처음부터 신시대 문화를 배웠거나 혹은 서양 문화에 기초하여 학습한 요즘 사람들은 대단히 이상하게 생각할지도 모르겠습니다. 여러분은 서양 문명에는 그런 현상이 아예 존재하지 않는다고 생각할 것입니다. 만약 그렇게 생각했다면 그건 아주 큰 잘못입니다. 유럽의 잉글랜드·아일랜드·프랑스·독일 민족에서부터 각종 민족이 모여 있는 미국 국민에 이르기까지, 심지어 세계 어떤 지역의 소수 민족에게도 모두 가문 혹은 명문으로 인한 자부심이라는 것이 존재합니다. 그것은 인성의 특징인 동시에 인성의 결점입니다. 예를 들어 현대 미국인들은 이미 작고한 케네디 대통령에 대해 특별한 추모의 정을 지니고 있습니다. 케네디 가문은 미국의 명문이기도 한데, 미국 사람들은 케네디 가문 및 다른 명문들의 일화에 관심이 많으며 거기에 관해 말하기를 좋아합니다.

---

92 삼재와 팔난이란 뜻으로, 모든 재앙과 곤란을 이른다. '삼재(三災)'는 사람에게 닥치는 세 가지 재해로 도병(刀兵), 온역(瘟疫), 기근(饑饉)을 말한다. '팔난(八難)'은 부처를 보지 못하고 불법을 들을 수 없는 여덟 가지의 곤란으로, 지옥(地獄)·축생(畜生)·아귀(餓鬼)·장수천(長壽天)·변지(邊地)·농맹음아(聾盲瘖瘂)·세지변총(世智辨聰)·불전불후(佛前佛後)를 말한다.

36

집집마다 해결하기 어려운 일들이 있다

"그 집안을 바로잡음이 그 몸을 닦음에 있다〔齊其家在脩其身〕"라는 이치를 설명하기 위해서는 먼저 이삼천 년의 중국 문화에서 이른바 "제가(齊家)"라고 할 때의 '가(家)'의 의미에 대해 알고 있어야 합니다. 그 때문에 과거 역사에서 대가족과 대가정이라는 것에 관해 대략적으로 소개했는데, 바로 여기에 『대학』에서 말하는 "제가"의 도의 핵심이 들어 있습니다. 한 남자와 한 여자가 만나서 구성한 핵가족은 부부(夫婦)의 도의 범위에 들어가는데, 물론 그것이 "수신" "제가"와 기본적으로 중요한 관계가 있기는 하지만 본문의 요지는 아닙니다.

수신제가의 다섯 가지 심리 문제

『대학』 본문에서 "그 집안을 바로잡음이 그 몸을 닦음에 있다"라는 내용으로 제시한 다섯 가지 심리 문제는, 사람이 한쪽으로 기울거나 잘못을 저지르지 않으려면 어떤 수양을 해야 하는가를 잘 말해 줍니다. 가정을 맡은 사람이나 사회단체의 장 혹은 정당의 대표는 반드시 자기 자신을 정확히 아는 통찰력을 지니고 있어야 합니다. 다섯 가지 심리 문제의 내용은 이러합니다.

1. 사람은 그 "친애하는[親愛]" 바에 편벽된다.
2. 사람은 그 "천히 여기고 미워하는[賤惡]" 바에 편벽된다.
3. 사람은 그 "두려워하고 존경하는[畏敬]" 바에 편벽된다.
4. 사람은 그 "가엾고 불쌍히 여기는[哀矜]" 바에 편벽된다.
5. 사람은 그 "거만하고 게으른[敖惰]" 바에 편벽된다.

이 다섯 가지의 '편벽'은 사람들이 흔히 잘못을 저지르기 쉬운 다섯 가지 심리를 다룬 것이라고도 말할 수 있습니다. 고서에 나오는 '벽(辟)' 자는 여러 가지 뜻으로 해석되는데, 개벽(開闢)의 '벽(闢)'과 같은 뜻으로 쓰이기도 하고 때로는 비호(庇護)의 '비(庇)'와 같은 뜻으로 쓰이기도 합니다. 하지만 『대학』 본문에서 '벽(辟)' 자는 편벽(偏僻)이나 편차(偏差), 심지어 병적인 중독을 의미하는 '벽(癖)'의 뜻으로 사용되었습니다. 먼저 이러한 문자상의 의미를 파악한 다음에 비교적 쉽고 가까운 예를 인용하면 이해가 될 것입니다. 역사적으로 이런 경험과 관련된 고사를 들어 설명하면 훨씬 쉽게 이해할 수 있을 것입니다.

제가 고사를 인용하여 설명하려는 것은 『대학』에서 말한 "그 나라를 다스리고자 하는 자는 먼저 그 집안을 바로잡아야 한다"라는 지표에 부합해서 말씀드리고자 해서입니다. 사실 위에서 제시한 다섯 가지의 심리 문제는 너무나 가깝고도 일상적인 것이어서, 위로는 왕후장상에서부터 아래로는 평범한 소시민에 이르기까지 언제 어디에나 보편적으로 존재합니다. 사례를 들라고 한다면 상자를 아무리 많이 가져와도 다 담지 못할 것입니다. 단지 연장자나 부모가 된 가장들이 단시간에 스스로를 돌이켜 반성하기가 매우 힘들고, 거기다 자기반성을 내켜 하는 사람이 매우 적을 뿐입니다.

"친애함"으로 인한 심리적 편향에 관한 고사

첫 번째 "사람은 그 친애하는 바에 편벽된다〔人之其所親愛而辟焉〕"라는 말과 관련된 고사는 바로『전국책(戰國策)』에 실린, 촉섭(觸聾)이 조(趙) 태후에게 말한 사례입니다.

전국 시대 말엽 연(燕)나라와 조(趙)나라는 서쪽의 진(秦)나라와 가장 가까운 위치였는데, 그렇기 때문에 진나라가 삼키고 싶어 안달하던 대상이었습니다. 마침 조나라 혜문왕(惠文王)이 죽고 그의 아들 효성왕(孝成王)이 왕위를 계승하였으나 아직 나이가 어렸습니다. 결국 수완 좋은 조 태후가 직접 정권을 장악하는 수밖에 없었지요. 진나라는 기회다 싶어 얼른 군대를 출동시켜 조나라를 공격했습니다. 조나라는 어쩔 수 없이 제(齊)나라에 구원병을 요청했습니다. 제나라 역시 때는 이때다 하고 조 태후가 가장 총애하는 막내아들 장안군(長安君)을 제나라에 인질로 보내야만 구원병을 출동시키겠노라 답했습니다. 대신들이 장안군을 얼른 제나라로 보내야지 안 그러면 때를 놓치게 된다고 아무리 간언을 해도 조 태후는 들으려 하지 않았습니다. 조 태후는 공개적으로 말했습니다. "만약 또다시 나에게 장안군을 제나라에 인질로 보내라고 말하는 사람이 있으면 이 늙은이가 그 얼굴에 침을 뱉을 것이다."

모두 어쩔 도리가 없을 때 조나라의 노신인 촉섭—관직은 좌사(左師)였습니다—이 홀연 태후를 만나겠다고 청했습니다. 태후는 '그자가 늙은 티를 내며 거만하게 나를 만나러 오려고 하는 것은 필시 이 일과 관련이 있을 것'이라고 생각했습니다. 그래서 매우 화가 나서 기다리고 있었지요. 하지만 촉섭은 조나라의 오랜 신하이고 명망도 높았기 때문에 화는 났지만 예를 갖추어 그를 접견했습니다.

늙어서 몸놀림이 둔해진 촉섭은 천천히 한 걸음 한 걸음 걸어오면서 말했습니다. "노신이 다리가 불편해서 빨리 걷지를 못하니 태후께서는 관대히 봐주십시오. 아주 오랫동안 태후를 뵈러 오지 못해 옥체가 편안하신지 걱정스러워서 이렇게 뵈러 왔습니다." 그러자 태후가 말했습니다. "나는 천자의 수레를 타고 움직이기 때문에 아직은 괜찮소." 촉섭이 또 말했습니다. "위장은 아직 좋으시지요?" 그러자 태후가 대답했습니다. "이젠 늙어서 평소에는 부드러운 죽만 먹는다네." 촉섭이 말했습니다. "저는 정말 늙었는지 이젠 아무것도 먹고 싶지가 않습니다. 하지만 매일 억지로 산보를 나가는데 삼사 리를 운동 삼아 걷습니다. 그러면 위장도 좀 좋아지고 몸도 훨씬 개운해집니다." 그 말을 들은 태후는 이렇게 말했습니다. "이 늙은이는 그런 건 못한다네." 이쯤 되자 태후의 태도는 많이 누그러지고 마음도 가벼워졌습니다. 그녀는 촉섭이라는 늙은이가 정말로 자기와 노인네 한담을 하러 왔구나 생각했습니다. 아마도 장안군을 인질로 보내라는 말 따위는 하지 않겠구나 싶어 마음을 완전히 놓았습니다.

이윽고 촉섭이 말했습니다. "노신에게는 서기라는 자식이 있는데 가장 어리고 못났습니다. 하지만 신은 노쇠하여 속으로 그 애를 가장 아끼고 사랑합니다. 원컨대 검은 옷을 입는 위사의 수에 보태어 왕궁을 호위하도록 해 주십시오. 죽음을 무릅쓰고 말씀드립니다〔老臣賤息舒祺, 最少, 不肖. 而臣衰, 竊愛憐之. 願令補黑衣之數, 以衛王宮. 沒死以聞〕." 이 말은 이런 뜻입니다. "저에게는 서기라고 하는 막내아들이 있는데 저처럼 어려서부터 열심히 공부하지는 않았습니다. 하지만 사람은 늙으면 자신의 어린 아들을 가장 사랑하는 법입니다. 바라옵건대 태후께서 은혜를 베푸시어 그 아이를 왕궁 경위대의 대원으로 넣어 주십시오. 그 아이에게 직위가 생긴다면 저도 안심할 수 있습니다. 그래서 이렇게 죽음도 두려워하지 않고 말씀드리오니 태후께서는 윤허해 주십시오!"

이 말은 들은 태후가 말했습니다. "좋소이다! 그 아들이 몇 살이나 됐소?" 촉섭이 말했습니다. "겨우 열다섯 살로서 아직은 어리지만 제가 곧 죽을 것 같아 '원하옵건대 제가 죽어 도랑이나 골짜기에 버림받기 전에 그 것을 부탁드리는[願及未塡溝壑而託之]' 것이니, 서둘러 태후께 청하옵니 다." 이 대목만 읽어서는 수다스러운 노인네가 아들을 위해 한자리 얻어 주느라 떠들어 대는 모습이 눈앞에 펼쳐집니다.

태후가 말했습니다. "사내대장부도 자신의 어린 아들을 아끼고 사랑할 수 있소?" 촉섭이 말했습니다. "아! 그거야 남자들이 여자에 비해 더하지 요!" 태후가 말했습니다. "여자는 남자와 달라서 그 사랑이 진짜 사랑이 오." 촉섭이 말했습니다. "제가 보기에 태후께서는 연나라로 시집보낸 공 주를 장안군보다 더 사랑하시는 것 같습니다." 태후가 말했습니다. "어떻 게 비교할 수 있겠소. 사실 나는 장안군을 가장 사랑한다오. 그 앤 아직 너 무 어리거든!"

촉섭이 말했습니다. "부모 된 자의 자식 사랑은 모두 자녀의 먼 장래를 내다보는 것이어야 합니다. 태후께서는 공주를 연나라로 시집보낼 때 그 뒤를 따라가며 눈물을 흘리시면서 너무 멀리 시집보내는 것을 걱정하셨 습니다. 정말 가슴 아픈 광경이었지요. 하지만 막상 시집보낸 다음에 태후 께서는 어떻게 하셨습니까? 물론 보고 싶어 하기는 했지만 언제나 하늘의 도우심을 빌면서 공주가 돌아오지 않기를 바라지 않으셨습니까! 그건 공 주가 연나라에서 아들을 낳고 그 아들이 왕위를 이어받기를 바라기 때문 이 아닙니까?" 태후가 말했습니다. "그거야 물론이지."

이야기가 거기에 이르자 이윽고 촉섭이 말했습니다. "만약 삼 대까지 계산에 넣는다면 우리 조나라 역대 왕에게는 왕위를 계승시킬 만한 후대 자손이 그리 많지 않은 것 같습니다." 태후가 말했습니다. "거의 없지." 그 러자 촉섭이 말했습니다. "사실 조나라뿐 아니라 다른 나라 제후들에게도 지위를 물려줄 만한 후대가 과연 많을까요?" 태후가 말했습니다. "얼마나 남아 있는지 들어 본 적이 없소."

그러자 촉섭이 말했습니다.

> 그 가까운 것은 화가 자기 자신에게 미치고 먼 것은 그 자손에게 미칩니다. 어찌 군주의 자손이라고 해서 반드시 선하지 않겠습니까! (하지만) 지위는 존귀하나 공로가 없고, 녹봉은 많으나 수고하지 않으면서 귀중한 그릇을 많이 지니고 있습니다. 지금 태후께서 장안군의 지위를 높여 주고 기름진 땅을 분봉해 주고 귀중한 그릇을 많이 주었지만, 그로 하여금 나라에 공이 있게 하는 데에는 미치지 못했습니다. 하루아침에 산이 무너지면 장안군은 무엇을 가지고 자신을 조나라에 의탁하겠습니까. 노신은 장안군을 위한 태후의 계획이 짧기에 그래서 그 사랑이 연후(공주를 가리킵니다)만 못하다고 생각한 것입니다.

> 此其近者禍及身, 遠者及其子孫. 豈人主之子孫, 則必不善哉! 位尊而無功, 奉厚而無勞, 而挾重器多也. 今媼尊長安之位, 而封以膏腴之地, 多予之重器, 而不及今令有功於國. 一旦山陵崩, 長安君何以自託於趙. 老臣以媼爲長安君計短也, 故以爲其愛不若燕后.

이 말의 뜻은 다음과 같습니다. "눈앞에 보이는 저들 제후의 자손들은 모두가 지금 큰 화를 자초하여 자기 자신이 그 대가를 치르게 될 것이며, 조금 늦춰진다 치더라도 그들의 자손에게는 좋은 결과가 없을 것입니다. 설마 황제나 제후의 자손들이 하나같이 모두 선한 사람이 아니라서 그런 것은 아니겠지요. 사실은 그 때문이 아니고 다음과 같은 까닭이 있습니다. 고귀한 집안의 자제들은 집안 배경이 너무 좋은 탓에 나면서부터 자연스레 고귀한 신분을 지닙니다. 하지만 그 자신은 사회나 국가에 대해 아무런 공로도 세우지 않았습니다. 게다가 출신이 남다르다 보니 부유하고 사치스럽고 교만하게 살아가게 됩니다. 노력하지 않고 쉽게 얻는 것에 익숙할 뿐 아니라, 세력을 빙자해 귀중한 자산을 너무 많이 소유하고 있습니다. 가령 지금 태후께서는 마음대로 어린 아들을 '장안군'이라는 지위에 봉했고 또 그에게 비옥한 부동산을 많이 주었으며 중요한 물건들을 다 그에게 주고 거기다 특별한 권리까지 주었습니다. 하지만 당신은 아직까지 그에게 사회와 국가를 위해 공헌하고 큰 공로를 세우게 하지 않았습니다. 어느 날 갑자기 마치 산이 무너지듯이 당신이 쓰러진다면 장안군은 무슨 수로 조나라 백성들에게 자기를 변명하겠습니까? 그런 까닭에 제가 당신이 장안군을 사랑하는 것은 연나라로 시집보낸 공주를 사랑하는 깊이에 미치지 못한다고 생각한 것입니다!"

여기에 이르자 조 태후도 모든 것을 알게 되었습니다. "좋소! 이제 알겠소. 그대가 하자는 대로 따르겠소!" 그리하여 장안군을 위해 "백승의 수레를 준비하여 제나라에 인질로 보냈다. 이에 제나라 군대가 출병하였다〔約車百乘, 質於齊. 齊兵乃出〕"라고 합니다. 원문에는 여기까지 쓰고 나서 다음과 같은 의미심장한 결론을 덧붙이고 있습니다.

자의(조나라 사람)가 그것을 듣고 말하기를 "군주의 아들은 뼈와 살을 나눈 피붙이임에도 오히려 공로 없는 존귀함과 수고하지 않는 녹봉에 의지하여 귀중한 보물을 지킬 수 없거니와 하물며 신하된 자이겠는가!" 하였다.

子義聞之曰, 人主之子也, 骨肉之親也, 猶不能恃無功之尊, 無勞之奉, 以守金玉之重也, 而況人臣乎.

자의라는 조나라 사람이 그 일의 저간의 사정을 듣고 나서 이렇게 말했습니다. "보시오. 백성의 주인인 제왕에게 있어 자손은 바로 친혈육이지만, 오로지 공로 없는 지위에만 기댈 수 없고 공로 없는 향락에만 기댈 수도 없습니다. 그랬다가는 아무리 존귀하고 황금 보배가 집안에 가득하더라도 그것을 지킬 방법이 없습니다. 하물며 우리 같은 일반 백성이 재물이 좀 있다고 해서 믿고 기댈 수 있을까요?"

이 고사를 인용한 것은 "사람이 그 친애하는 바에 편벽된다"라는 이치를 설명하기 위해서였습니다. 일단 육친의 정이나 남녀 간의 정에 얽히게 되면 심리적으로 편향이 생기는데, 더 심해지면 심리적 균형을 상실하게 됩니다. 그렇게 되면 모든 지혜나 이성이 자신의 감정으로 인해 가려져 버립니다. 바로 구양수(歐陽修)가 말한 것과 꼭 같습니다. "재앙과 환란은 항상 지극히 미세한 데서 쌓이기 마련이고, 지혜와 용기는 그 빠지는 바에 묶이는 법이라네〔禍患常積於忽微, 智勇多困於所溺〕."

어찌 국가의 대사만 그렇겠습니까? 시골 마을의 가난한 집에서도 늘 벌어질 수 있는 상황입니다. 그러니 권세 있는 집안이나 부유한 재벌 집안은 말해 무엇하겠습니까! "집안을 바로잡는〔齊家〕" 도는 "먼저 그 몸을 닦음〔先修其身〕"에 있다는 말이 정말 쉬운 일이 아님을 알 수 있습니다. 특히 지금처럼 아이를 하나만 낳는 가정에서는 어른들의 '사랑〔親愛〕', '동정〔哀矜〕', '두려움〔畏敬〕', '오만함〔敖惰〕' 및 '미움〔賤惡〕'이 한 아이에게만 집중됩니다. 장차 우리 후손들이 어떤 상황에 처할지 생각하면 참으로 두렵고 상상도 할 수 없습니다.

"천히 여기고 미워함"으로 인한 심리적 편향에 관한 고사

두 번째 "사람은 그 천히 여기고 미워하는 바에 편벽된다〔人之其所賤惡而辟焉〕"라는 말과 관련된 고사는, 바로 그 종지가 "현자를 꾸짖음〔責備賢者〕"에 있다는 공자의 저술 『춘추(春秋)』에 나오는 첫 번째 고사입니다. 『춘추』에 나타난 공자의 대의(大義)를 풀어서 설명했다는 좌구명(左丘明)

의 『좌전(左傳)』에서, 이른바 "정백이 언에서 단을 죽이다〔鄭伯克段于鄢〕"라고 했던 중요한 선례입니다.

정(鄭)나라 장공(莊公)의 생모였던 무강(無姜)은 큰아들인 장공을 낳을 때 혼절했다가 깨어나는 등 큰 고통을 겪었기 때문에 심리적으로 선입견을 가지고 큰아들을 미워했습니다. 세상에서 흔히 하는 말로 전생의 업보처럼 여겼습니다. 그래서 그녀는 둘째 아들인 공숙단(共叔段)을 총애하였고, 남편 정나라 무공(武公)이 왕위를 둘째에게 물려주기를 내심 바라고 있었습니다. 하지만 당시의 종법 전통에 의하면 반드시 장자에게 왕위를 계승해야 했습니다. "황제는 큰아들을 중히 여기고 백성들은 막내아들을 사랑하네"라는 말처럼 말이지요. 게다가 장공은 어려서부터 총명하고 재주가 있고 또 기지가 뛰어났기 때문에 자연스럽게 왕위를 계승할 수 있었습니다. 그러나 그의 생모는 마음속으로 기뻐하지도 원하지도 않았습니다.

장공이 왕위를 계승하자 모친 무강은 장공에게 동생 공숙단을 제읍(制邑)의 지방관으로 봉해 줄 것을 청했습니다. 장공은 모친의 속셈을 훤히 알고 있었기 때문에 어머니에게 이렇게 말했습니다. "그곳은 지형이 험해 윗대의 괵(虢) 숙부도 거기에서 돌아가셨습니다. 어머니, 다른 곳을 골라 보세요!" 사실 장공은 제읍이라는 행정 구역이 매우 부유한 데다 정예 군대와 풍족한 식량을 지니고 있어서 만약 동생이 그곳에 가서 모반이라도 일으키면 매우 곤란한 지경에 이르리라는 사실을 알고 있었습니다. 그래서 어머니에게는 거짓말을 해 가면서 일부러 거절했던 것입니다.

이처럼 정치적 권리를 둘러싼 암투에서는 친모자 사이라 할지라도 약간의 "성의(誠意)"나 진실조차 존재하지 않았습니다. 무강은 어쩔 수 없이 둘째를 위해 경읍(京邑)을 요구했습니다. 장공도 차마 그것은 거절할 수 없어서 그대로 해 주었지요. 그래서 사람들은 둘째인 공숙단을 경성대숙(京城大叔)이라고 불렀습니다.

제중(祭仲)이라는 대신이 장공에게 말했습니다. "도성의 담이 그 길이가 삼백 장을 넘고 높이가 일 장을 넘으면 나라의 해가 됩니다(都城過百雉, 國之害也)." 이 말은 당신이 그렇게 크고 중요한 지역을 동생에게 주어 다스리게 하는 것은 국가의 안전에 큰 문제가 된다는 뜻입니다. 그러면서 또 다른 많은 이유를 들었습니다. 다 듣고 난 장공은 진실 반 거짓 반으로 이렇게 말했습니다. "그것은 어머니 강씨가 내게 강요한 것인데 자식 된 내가 무슨 방법이 있었겠소!" 그러자 제중은, 그렇게 하더라도 당신 어머니는 만족스러워하지 않을 것이라고 말하며 이렇게 덧붙였습니다. "일찍 처리하는 것만 못합니다. 무성하게 퍼지도록 내버려 두지 마십시오. 퍼지면 도모하기 어렵습니다. 널리 퍼져 나간 풀도 이미 제거할 수 없는데 하물며 군주의 총애하는 동생이겠습니까(不如早爲之所. 無使滋蔓. 蔓, 難圖也. 蔓草猶不可除, 況君之寵弟乎)." 그러자 장공이 말했습니다. "의롭지 못한 일을 많이 행하면 반드시 스스로 죽게 된다. 그대는 잠시 기다려 보라(多行不義, 必自斃. 子姑待之)." 안심하고 두고 보라는 말입니다.

얼마 후 공숙단은 또다시 정나라 서쪽과 북쪽의 두 지역을 자신에게 달라고 요구했습니다. 그것은 나라의 반에 해당하는 것이었습니다. 종실 대신인 공자(公子) 여(呂)가 장공에게 말했습니다. "나라는 둘을 감당하지 못합니다(國不堪貳)." 이 말은 이런 뜻입니다. "하나의 나라를 둘로 나눌 수는 없습니다. 도대체 어떻게 할 생각입니까? 만약 이 나라를 당신 동생에게 넘겨줄 생각이라면 우리가 알리러 가겠습니다. 그것이 아니라면 마땅히 다른 조치를 취해야 합니다. 그렇게 하지 않으면 온 나라 백성들이 갈피를 잡지 못할 것입니다." 그러자 장공이 말했습니다. "그럴 필요 없다. 장차 스스로 이를 것이다(無庸, 將自及)." 말하자면 "안심하시오. 그럴 필요 없이 스스로 걸려 넘어지게 될 것이오"라고 하는 것입니다.

사태가 점점 심각해지자 공자 여가 다시 한 차례 말했습니다. 그러자 장공은 그에게 이렇게 말했습니다. "의롭지도 않고 가까이 친하지도 않소[不義不暱]." 이 말은 둘째는 정의 따위는 아랑곳없고 또 형인 나와도 그리 정겹고 화목하게 지내지 않는다는 것입니다. 따라서 "두터우면 장차 무너질 것이오[厚將崩]"라고 하는데 이는 "죄과가 많이 쌓일수록 무너지는 날도 더 빨라질 것"이라는 뜻입니다.

마침내 둘째 공숙단은 모든 준비가 끝나자 반란을 일으켜 형의 정권을 무력으로 탈취하려 들었습니다. 어머니도 그와 내통하기로 약속했고 거사를 일으킬 날짜도 정해졌습니다. 하지만 장공의 정보망은 정확했기 때문에 거사 직전에 군대를 출병시켜 경읍(京邑)을 쳤습니다. 백성들도 공숙단을 옹호하지 않았고 결국 왕위를 빼앗으려던 그의 계획은 완전히 실패하고 말았습니다. 공숙단은 언읍(鄢邑)으로 달아났고 장공은 다시 언을 치라는 명령을 내렸습니다. 결국 공숙단은 공(共)나라로 달아날 수밖에 없었지요. 그러자 장공은 어머니를 내궁에서 쫓아내어 영(潁)이라는 작은 지방으로 가서 살게 하라는 명령을 내렸습니다. 화가 머리끝까지 치민 장공은 이렇게 맹세했습니다. "황천에 이르지 않고는 서로 만나지 않으리라[不及黃泉, 無相見也]." 이 말은 우리 두 모자가 다 죽어야지 비로소 '지하'에서 만나게 될 것이라는 뜻이었습니다. 바꾸어 말하면 영원히 어머니를 만나고 싶지 않다는 것이었지요.

물론 생모의 삐뚤어진 마음이 그런 비극을 빚어내기는 했지만 그래도 피를 나눈 모자지간의 정은 있었을 겁니다. 이 세상에서 가장 벗어 버리기 어려운 것이 정이라고 하는데, 그 중에서도 육친의 정이 가장 힘들다고 합니다. 이른바 효도라는 것은 바로 그 지극한 정을 표현하는 말입니다. 그후 장공은 자신의 말이 지나쳤고 또 일 처리 역시 너무 심했음을 후회하여 영고숙(潁考叔)이라는 공신(功臣)의 간언을 받아들입니다. 영고숙은 '지하'로 길을 파서 장공 모자가 다시 만나게 함으로써 장공이 이전의 맹세를 번복하지 않게끔 해 주었습니다. 마침내 모자는 다시 화합하고 모자지간의 정을 회복했습니다.

『좌전』에는 여기까지 쓰고 나서 다음과 같이 말했습니다. "군자가 말하기를 영고숙은 순수한 효심이다. 그 어머니를 사랑하였고 그것이 장공에게까지 미쳤다〔君子曰, 穎考叔, 純孝也. 愛其母, 施及莊公〕." 부모에게 효도하고 공경하는 것은 인간의 애정 가운데 가장 기본적인 진심입니다. 자기 부모에게 효도하고 공경하고 나아가 다른 사람의 부모에게까지 효도하고 공경하는 것이야말로 '순효(純孝)'라고 하겠습니다.

『좌전』의 원문은 매우 정채롭고 문장도 아주 아름답습니다. 게다가 간략하고 알기 쉽기 때문에 백화로 옮겨 놓으면 오히려 순박하고 깊은 맛이 사라져 버립니다. 우리가 어린 시절에 그걸 읽을 적에는 낭랑한 목소리로 읊조리고 아예 외우기까지 했는데 한평생 쓸모가 있었습니다. 백화로 옮기면 깊이가 없어지고 보고 나면 그냥 잊어버리니 다시금 깨우쳐 주는 효과를 기대하기 어렵습니다.

공자가 저술한 『춘추』는 그의 고국인 노나라 은공(隱公) 원년이었던 주평왕(平王) 49년부터, 그러니까 서양에서는 아시리아 제국이 이스라엘을 멸망시켰던 기원전 722년부터 시작됩니다. 정나라 장공이 동생 공숙단을 치러 출병한 것이 바로 그해의 일이었습니다. 장공에 대한 공자의 비난은 오로지 '극(克)'이라는 한 글자에 표현되어 있습니다. 한 국가가 적국과 싸워 승리하였을 때에만 극이라고 말할 수 있기 때문입니다. 공숙단은 그의 친형제였습니다. 동생이 어머니의 지나친 애정으로 인해 삐뚤어지는 것을 보면서도 형이라는 사람이 왜 동생을 바로잡으려고 하지 않았습니까? 적어도 그런 비극적인 사건이 벌어지기 전에 미리 막으려는 노력은 해야 했습니다.

하지만 장공은 정치적 목적에서 일부러 동생의 방종을 부추겼으며, 또 중대한 잘못을 저지르게 그냥 내버려 둠으로써 전 국민이 그의 옳지 못함을 목도하게 만들었습니다. 게다가 동생이 마치 적이라도 된 것처럼 군사를 출병시켜 토벌함으로써 자신의 위용을 드러내었습니다. 사실 장공은 동생과 어머니에게 죄라는 올가미를 덮어씌우려고 수단을 부린 것이었습니다. 결과적으로 동생을 쫓아내고 심지어 전쟁에서 죽이기까지 했습니다. 그랬으면서도 자신은 본래 좋은 사람이며 국가의 안전이라는 대의를 위해 친형제를 죽일 수밖에 없었다고 변명했습니다. 참으로 음험하고 간사하기 짝이 없는 심보입니다. 형제간의 우애만 없었을 뿐 아니라 어머니에게도 진정한 효심이 없었습니다. 왜 사전에 어머니의 잘못을 좋은 말로 설득하지 않았습니까? 그러고도 "나라를 다스리고[治國]" "정치에 종사하는[從政]" 도덕에 합치된다고 할 수 있겠습니까?

장공은 훗날 춘추 시대 각국의 제후들에게 잘못된 풍조를 열어 주어 "나쁜 관례의 창시자"가 되었습니다. 그래서 공자는 극(克)이라는 한 글자만 가지고 그의 죄과를 지적했습니다. 이렇게 한 글자로 선악과 시비를 비평하는 것이 바로 『춘추』의 '미언대의(微言大義)' 정신인데, 이후 이천여 년 중국 역사 기록에서 자구(字句) 사용의 전범이 되었습니다.

장공 어머니의 잘못된 편애를 가리켜 공자는 끝내 "천하에는 옳지 못한 부모도 있다"라고만 말했습니다. 하지만 공자의 『춘추』에 근거하여 "사실 그대로 쓴" 좌구명은 "몸을 닦고, 집안을 바로잡는[脩身, 齊家]" 것을 제대로 못해 그 대가를 치렀던 장공과 그 어머니에 관해 상세히 기록함으로써, 후인들이 경계하고 삼가야 할 본보기로 제시했습니다. 이런 점 때문에 『좌전(左傳)』이 소위 '전(傳)'이 되었던 것입니다. 이 일은 또 "집안을 바로잡지" 못하면 "나라를 다스리기에" 부족하다는 '헌장' 같은 표본이기도 합니다.

"두려워하고 존경함"에서부터
근대의 '인간이 만든 신'에 이르기까지

　세 번째 "사람은 그 두려워하고 존경하는 바에 편벽된다〔人之其所畏敬而
辟焉〕"라는 것에 관한 역사적 실례는 적지 않습니다. 엄밀하게 연구하자고
들면 아주 복잡해서 따로 제목을 붙여도 될 정도입니다. 게다가 언급되는
학과도 아주 광범위한데, 물론 제일 중요한 것은 가장 큰 관련이 있는 철
학과 심리학, 의학 등입니다.

　하지만 한 걸음 물러나서 보다 쉽게 접근해 보겠습니다. 이른바 "두려
워하고 존경함〔畏敬〕"의 문제에는 두 가지 성분이 포함되어 있습니다. 하
나는 '두려움〔畏〕'이고 또 하나는 '존경〔敬〕'입니다. 『대학』에서 이러한 두
가지 의미를 하나의 명사로 합쳐서 부른 것은 '두려움'으로부터 '존경'으
로 옮겨 가는 심리 작용 때문입니다. 이러한 현상은 엄격하게 말하면 사람
의 심리 작용에서는 아주 보편적으로 존재하는 것입니다.

　"두려워하고 존경함"을 다른 말로 하면 뭐라 표현할 수 없는 일종의 공
포감이라고 할 수 있습니다. 특히 종교 심리학에서 그렇게 말합니다. 예를
들어 설명하자면 사람은 왜 귀신을 두려워할까요? 그 까닭은 그런 게 도
대체 진짜로 있는지 아니면 진짜로 없는지를 여러분이 모르기 때문입니
다. 그뿐 아니라 유사 이래로 사람마다 있다고 말은 하지만 정말로 본 사
람은 아무도 없습니다. 본 적이 있다고 말하는 사람이나 있다고 확실하게
믿는 사람도 실제로 파고들어 가서 보면 하나같이 뜬구름 잡는 소리나 할
뿐, 자연 과학에서 그러하듯 실질적인 증거를 제시하지는 못합니다.

　이른바 귀신이라는 것은 "하늘을 공경한다" 혹은 "하느님을 공경하여
섬긴다"와 같은 형이상을 개괄하는 말로서, 어떤 특별한 능력을 지닌 존
재가 또 있다는 것입니다. 이러한 논리에 절대로 동의하지 않는 완강한 사

람이라 할지라도 일생을 살다 보면 몸과 마음에 모종의 상황이 발생할 때에는 자신도 모르게 공포감이나 회의 같은 이상한 느낌이 들게 됩니다. 그것이 바로 "두려워하고 존경하는" 심리의 일차적 작용입니다.

사람의 생명은 태어남이 있으면 반드시 죽음이 있습니다. 누구나 마찬가지지만 평생 가장 두려워하는 것이 바로 이 죽음입니다. 아무도 자신이 언제 죽게 될지 어떻게 죽을지 죽은 다음에는 결국 어떻게 될지, 또 내생이 과연 있는지를 모르기 때문입니다. 이런 문제들이 모두 "두려워하고 존경하는" 심리와 밀접한 관계가 있습니다.

죽음에 대해서는 그만하고 삶에 대해서 이야기하도록 하지요! 자신이 일생을 살아가는 동안 어떤 변화를 겪게 될지는 아무도 알지 못합니다. 괴로움을 겪게 될까 아니면 복을 누리게 될까? 내 인생과 관련된 부모·부부·자녀·재산·권위·상사·사장·정부·국가·세계 등 어느 것 하나 내가 정할 수 있는 것이 아니며 미리 알 수도 없습니다. 그렇기 때문에 점을 치고 관상을 보고 집이나 묏자리를 고를 때 풍수를 보고, 심지어 사무실이나 침대 위치까지도 사람을 불러다가 정합니다. 이처럼 이른바 "미혹하지 않아도 믿는〔不迷而信〕" 미신(迷信) 전문가들은 어느 곳에나 있습니다. 사람의 마음속에는 늘 자신이 모르는 무슨 일이 생기지나 않을까 하는 두려움과, 재물을 얻으면 얻는 대로 잃으면 잃는 대로 근심하는 마음이 있기 때문입니다. 삶을 탐하고 죽음을 두려워하는 것 외에도 먹을 음식이 없을까 봐 근심하고, 입을 옷이 없을까 봐 근심하고, 쓸 돈이 없을까 봐 근심하는 등 가난하든 부유하든 근심을 벗어 버릴 수 있는 사람은 아무도 없습니다. 이것이 바로 '두려움'입니다.

어려서 집에 있을 때는 부모님을 두려워하고 형제자매를 두려워합니다. 학교에 들어가 공부를 할 때는 스승과 선배를 두려워합니다. 공부를 끝내고 일을 할 때는 상사와 사장을 두려워하고 심지어 동료도 두려워합니다.

집을 나서면 차를 놓치게 될까 봐 걱정하고, 날이 맑으면 비가 올까 봐 걱정하고, 비가 오면 또 날이 맑을까 봐 걱정합니다. 어떤 사람은 가난이 두렵고 모든 것을 차지하려는 희망을 잃어버릴 것이 두려운 나머지, 거리낌 없이 법을 무시해 가면서 남의 것을 훔치고 빼앗고 사람을 해칩니다. 하지만 또 어떤 사람은 도덕에 위배될까 걱정되고 법을 어길까 걱정되어 한평생을 가난하게 살아갑니다. 거의 모든 사람이 일생을 두려움 속에서 삽니다. 단지 자신이 옳다고 생각하고 자신은 즐거움을 얻었다고 위로하면서 일생을 살아갈 뿐입니다.

요컨대 인생을 자세히 들여다보면 "두려워하고 존경함" 속에서 일생을 보내지 않는 사람은 없습니다. 그렇다면 이 세상에서 가장 두려운 것은 무엇일까요? 귀신은 결코 두려운 존재가 아닙니다. 왜냐하면 아무도 본 적이 없기 때문입니다. 하느님이나 부처님이나 보살도 두려운 존재가 아닙니다. 천당과 극락세계는 우리와 너무도 멀리 떨어져 있기 때문입니다.

사실 가장 두려운 존재는 '사람'이고 더욱 두려운 존재는 '자기 자신'입니다. 특히 두려운 존재는 인간 스스로 만들어 낸 '인신(人神)'인데 우리는 그것을 '권위(權威)'라고 부릅니다. 사실 권위는 단지 헛된 이름에 불과하며 그 속에는 아무것도 없습니다. 그럼에도 불구하고 그것이 모든 것을 장악하고 지배하고 있습니다. 그것은 외롭고도 불쌍한 인위적 형상으로서 말 그대로 과인(寡人)이요 고가(孤家)인데, 사람들은 그 곁에 가까이 가고 싶어 하지 않으면서 또 가까이 가고 싶어 합니다. 아주 작아 보이지만 또 어떻게 보면 위대해 보이기도 하고, 아무튼 사람들의 자아 모순이 만들어 낸 하나의 우상입니다.

그러나 가장 훌륭한 우상은 단 한 사람의 타인도 들어 있지 않은 자아(自我)라는 것입니다. 그것이야말로 모든 사람이 마음속에 자기 스스로 만들어 놓은 하나의 우상입니다. 그것이 모든 사람의 마음속에 "두려워하고 존경하는" 느낌이 저절로 생겨나게 만듭니다. 이것이 바로 『대학』에서 "사람은 그 두려워하고 존경하는 바에 편벽된다"라는 것의 원리입니다.

지나간 역사의 일들은 관두고 제가 겪어 온 시대인 이십 세기 초부터 이야기를 시작하겠습니다. 어린 시절 처음 서양 문화에 접하면서부터 저 역시 각종 위인전을 읽고 그것을 중국 역사상의 인물과 비교하기를 좋아했습니다. 당시 독일의 빌헬름 이세와 '철혈 재상'이라는 비스마르크에 대해 읽고는 대단히 신기하고 놀라웠습니다. 그 외에도 힌덴부르크 원수나 강철왕 카네기 등 모두가 신선하기 짝이 없었습니다. 귀에 들리는 것은 이홍장(李鴻章) 및 일본 메이지 유신의 이토 히로부미(伊藤博文)에 대한 이야기였고, 우러러보는 인물은 증국번(曾國藩)과 석달개(石達開) 같은 사람이었습니다. 하지만 그런 것은 그저 소년 시절의 동경일 뿐이었습니다.

북벌 전쟁 전기에 이르면 인쇄술이 발달하여 제1차 세계 대전 전후의 원세개(袁世凱)와 장훈(張勳)에서부터 봉직 전쟁(奉直戰爭)[93]의 장군들과 혁명의 선구자 손중산(孫中山)과 황흥(黃興), 심지어 국민혁명군의 북벌 총사령관 장개석(蔣介石)의 얼굴까지도 볼 수 있었습니다. 그 하나하나가 모두 사람이 만들어 낸 '권위'였는데, 그것을 보면 '두려움'이 생겨나는 듯도 했지만 그렇다고 '존경'의 뜻까지 든 것은 아니었습니다.

그 후 이삼십 년대에 이르러 유럽의 국제 정세가 변했습니다. 이탈리아에서 일어난 파시스트 지도자인 무솔리니라는 영웅이 아주 대단했습니다. 뒤이어 등장한 독일의 지도자 히틀러 역시 아주 대단한 영웅이었습니다. 중국에는 그만한 인물이 없었으며 무솔리니도 그보다는 못했습니다. 하늘을 나는 비행기에서 폭탄을 떨어뜨리는가 하면, 자동차 외에도 기계화된 탱크 부대와 기관총과 박격포가 얼마나 무시무시했는지 모릅니다. 러시아

---

93 봉천파(奉天派)와 직예파(直隸派) 군벌(軍閥) 간에 벌어졌던 전쟁.

에서는 '시월 혁명' 이후 제3인터내셔널이 생겨났고 레닌이 신성시되었습니다. 일본의 위풍당당함은 정말 두려울 정도였는데, 도조 히데키(東條英機)와 도이하라 겐지(土肥原賢二)를 만들어 내어 세상을 떠들썩하게 했습니다. 저는 서둘러 『무솔리니 전기』니 히틀러의 『나의 투쟁』 같은 책을 찾아다 읽었습니다. 물론 당시의 미국은 착실하게 자신을 태평양 동쪽에 가둬 두고 있었기 때문에 인상이 그리 나쁘지는 않았습니다.

바꾸어 말하면 그 당시의 유럽, 예를 들어 독일이나 이탈리아에서는 무솔리니나 히틀러 같은 '인간이 만든 신[人神]'이 사람들로 하여금 "그를 두려워하게" 만들고 있었습니다. 그런데 중국 역시 그것을 흉내 내기 시작해 무슨 '구세주'니 하는 구호가 출현했습니다. 얼마 후 '인간이 만든 신'을 만들어 낸 그 동료들은 모두 내 친구가 되었습니다. 그 말은 내가 그들의 친구가 되었다는 말이기도 합니다. 하지만 나는 대단히 미안하게도 끝내 그들에게 "잘못을 솔직히 충고해 주는 친구"밖에는 되지 못했습니다. 무슨 까닭에서인지는 잘 모르겠지만 언제나 "그런 게 아니다"라는 생각만 들었습니다. 어쩌면 제가 실로 묶어 놓은 고서를 너무 많이 읽었기 때문에 "덕을 세우고[立德]" "공을 세우려면[立功]" 그래서는 안 된다고 생각했는지도 모르겠습니다.

당시 사회에는 미국인이 저술한 『연설법』이니 『인간관계론』이니 하는 책을 출판하는 것이 유행이었습니다. 그 후 항일 전쟁 초에 제 친구 소천석(蕭天石)이 『세계명인성공비결(世界名人成功秘訣)』이라는 책을 냈습니다. 저는 그 책을 본 후 그에게 말했습니다. "자네는 책을 써서 유명해지고 성공했지만 어쩌면 다른 사람들에게 피해를 입히게 될 수도 있네." 그는 나에게 서문을 써 달라고 했지만 삼십 년이나 사양하다가 우정을 생각해서 간단히 써 주었습니다.

그때부터 독일이나 이탈리아를 돌아보고 온 친구들은 무솔리니와 히틀러의 영향과 충고를 받아 정말로 힘껏 '신(神)'을 만들기 시작했습니다. 소련도 마찬가지라서 레닌은 벌써부터 신이 되어 있었습니다. 한번은 극장에 갔는데 스크린에 그 신상(神像)이 나타나자 사람들이 모두 엄숙히 기립하는 것이었습니다. 저는 소련에서 유학하고 돌아온 곁에 있던 친구 심천택(沈天澤)에게 사람들이 어쩌다 이렇게 되었냐고 살짝 물었습니다. 그 친구는 이렇게 말하더군요. "소련도 마찬가지일세. 한번은 레닌이 혼자서 영화를 보러 갔는데, 스크린에 예의 그 신상이 나타났거든. 그런데 레닌이 그 자리에 꼼짝하지 않고 앉아 있었더니 곁에 있던 한 노인이 깜짝 놀라면서 얼른 일어나라고 하더래. 일어나지 않았다가는 비밀경찰이 당신을 잡아가서 죄를 물을지도 모른다고 하면서. 그래도 레닌은 여전히 꼼짝하지 않고 그저 그 노인을 바라보며 웃기만 했다더군."

그 말을 들은 저는 말했습니다. "이제야 항우(項羽)의 말이 이해가 가는군 그래. '부귀한 자가 고향으로 돌아가지 않음은 비단옷을 입고 밤에 다니는 것과 같다'는 게 바로 그런 심리에서 나왔구먼." 그러자 제 오른쪽에서 있던 친구 엽도신(葉道信)이 말했습니다. "여보게, 자넨 여전히 순진하네그려. 내가 이십 년간 했던 혁명은 겨우 삼 개월밖에 안 된 비밀 결사 조직만 못하다네. 자네는 변경에 가 있을 무렵에 왜 자기 자신을 그럴듯하게 만들어 내지 못했나? 그랬다면 내 말이 이해될 텐데." 이 말을 한 친구 역시 소련에서 유학하고 돌아온 사람이었습니다. 근자에 무슨 '회(會)'에 가입하고 '큰형님'이 되더니 그런 소리를 하는 것이었습니다. 저는 말했습니다. "나도 맛은 봤는데, 인이 박히고 싶지 않아 빠져나왔네. 자네나 산적 두목 노릇 실컷 하게!" 제 말에 모두 한바탕 웃고 말았지요.

그러나 삼사십 년이라는 시간 동안 현대사의 일 막 일 막이 넘어가면서 신상(神像)도 하나씩 사라져 갔습니다. 마치 미신을 타도하기라도 하듯이 말이지요. 그러나 사람들은 여전히 신을 만들고 있고 여전히 개인숭배를

하고 있습니다. 마치 고가(孤家)나 과인(寡人)을 만들지 않으면 자기 혼자
서는 "넋이 나가 어찌할 줄 모르면서" "춤추고 신에게 제사 드리는" 법술
(法術)을 부릴 수 없기라도 한 것처럼 말입니다. 정말 슬픈 노릇이 아닙니
까! 이십·세기의 절반이라는 시간이 흡사 인간이 만든 신의 '신인합일(神
人合一)' 시대 같습니다.

역사적 진실로부터
"두려워하고 존경함"의 이치를 깨닫다

　참고로 고사를 하나 예로 들어 보겠습니다. 이것을 통해 "두려워하고
존경하는[畏敬]" 심리가 지닌 긍정적 측면과 부정적 측면에서의 교육적
이치를 깨달을 수 있을 것입니다.

　제(齊)나라의 현명한 재상 안영(晏嬰)이 죽은 지 이미 십칠 년이 지난 춘
추 시대 후기였습니다. 하루는 제 경공(景公)이 여러 대부(대신)들을 불러
연회를 벌였습니다. 흥이 한창 오르자 경공은 일어나서 활을 쏘았는데 그
만 과녁의 중심을 명중시키지 못했습니다. 하지만 모두들 훌륭하다고 말
했습니다. 이 말을 들은 경공은 안색이 변하더니 한숨을 내쉰 다음 활을
걸어 놓고 궁으로 돌아가 버렸습니다.

　이때 현장(弦章)이라는 대부가 들어왔습니다. 경공이 말했습니다. "안자
(晏子)가 나를 버리고 떠난 지 십칠 년이 된 지금, 더 이상은 나에게 잘못
되었다는 말을 해 줄 사람이 하나도 없고 면전에서 분명하게 내 잘못을 지
적해 줄 수 있는 사람이 없구나. 네가 보았듯이 오늘 나의 활 솜씨는 분명
히 형편없었다. 그런데도 모두 이구동성으로 훌륭하다고 말하니 이래서
야 되겠느냐?"

396 ● 대학강의 상

그러자 현장이 말했습니다. "그것은 대부들이 못나서(옳지 못해서)입니다. 그들의 '지혜가 군주의 선함을 알기에 부족하고 용맹은 군주의 안색을 범하기에 부족하기〔知不足知君之善. 勇不足以犯君之顔色〕' 때문입니다." 다시 말해 "당신을 비판할 용기가 없고 당신이 화를 낼까 두려워해서" 그렇다는 것입니다.

"하지만 수긍이 가는 점도 있습니다." 그가 덧붙였습니다. "신이 들으니 군주가 그것을 좋아하면 신하는 그것을 입고, 군주가 그것을 즐기면 신하는 그것을 먹는다 했습니다. 무릇 자벌레는 누런 것을 먹으면 그 몸이 누래지고, 푸른 것을 먹으면 그 몸이 푸르게 됩니다. 군주께서 오히려 다른 사람의 말에 유감스러워하십니까〔臣聞之, 君好之, 則臣服之. 君嗜之, 則臣食之. 夫尺蠖食黃, 則其身黃. 食蒼, 則其身蒼. 君其猶有陷人言乎〕." 즉 "황제 당신이 무슨 수로 다른 사람에게 당신을 공경하지 말라고 하겠습니까" 하는 것입니다. 경공은 그 말을 듣자 이렇게 말했습니다. "그대의 말이 옳다." (오늘 나와 그대의 대화에서는) "그대가 군주가 되고 내가 신하가 되었다〔章爲君, 我爲臣〕."

그때 마침 누가 해변에서 어업을 관리하는 사람이 생선을 공물로 진상하러 왔다고 보고했습니다. 경공은 열다섯 수레의 생선을 현장에게 내려주라고 말했습니다. 현장의 집으로 보내는 생선 마차가 큰길을 가득 메우게 되었습니다. 그러자 현장은 마차를 모는 사람에게 다가가 그의 손을 툭 치며 말했습니다. "조금 전 황제께서 활을 쏘실 때 거기에 있던 사람들은 모두 훌륭하다고 말했다. 그들은 지금의 나처럼 황제께서 상으로 많은 생선을 내리실 것을 상상했을 것이다. 예전에 안자가 살아 있을 적에 이런 일이 생겼다면 그는 틀림없이 사양하며 받으려 들지 않았을 것이다. 그는 오로지 바른말로 황제의 잘못을 바로잡을 뿐이었다. 그가 죽은 지금, 사람들은 모두 그저 아첨하고 비위 맞추는 데만 급급하다. 그 목적은 오로지 자신의 권력을 굳히고 출세하고 부자가 되는 데 있다. 그래서 황제께서 화살을 잘못 쏘셨는데도 하나같이 훌륭하다고 말했던 것이다. 내가 이제 황제를 보필하면서 무슨 공적을 세우지도 않았는데 이렇게 많은 생선을 상으로 받는다는 것은 안자의 정치 도덕을 완전히 위배하는 행동이다. 따라서 나는 황제의 상을 받지 않기로 결정했다. 너는 모든 생선을 다시 궁으로 돌려보내거라."

기록에는 이렇게 나와 있습니다. "군자가 말하기를 현장의 청렴함은 안자가 남긴 가르침이다 하였다〔君子曰, 弦章之廉, 乃晏子之遺訓也〕."

한대 유향(劉向)이 경공의 고사에 짧은 평을 썼는데, 그는 다음과 같이 말했습니다.

무릇 하늘이 사람을 생겨나게 한 것은 (그 사람을) 군주로 삼기 위해서가 아니다. 하늘이 군주를 세운 것은 (그 사람을) 그 지위에 두고자 해서가 아니다. 무릇 군주 된 자가 그 사사로운 욕심만 채우고 백성을 돌아보지 않으면, 이는 하늘의 뜻을 받들지 않음이요 그 지위에서 마땅히 해야 할 일을 잊은 것이다.

夫天之生人也, 蓋非以爲君也. 天之立君也, 蓋非以爲位也. 夫爲人君行其私欲而不顧其人, 是不承天意, 忘其位之所宜事也.

이 말의 뜻은 이러합니다. 하늘은 모든 사람을 평등하게 만들었지 결코 한 사람을 지정해서 군주나 지도자로 만들지 않았습니다. 설혹 하늘이 당신에게 기회를 줘서 당신을 군주나 지도자로 세웠다고 칩시다! 그렇다고 당신이 그 위치에 앉아서 개인의 사욕만을 채우고 백성들이 바라는 사업은 아랑곳하지 말라고 하지는 않았습니다. 만약 군주 된 사람이 그런 사람이라면, 그는 하늘의 뜻을 경건하게 받들지 않고—사실 옛사람들이 말하는 하늘의 뜻이란 바로 후인들이 말하는 운명과 기회의 대명사일 뿐입니다―군주의 지위에 있는 사람으로서 마땅히 해야 할 일을 잊어버린 것입니다. 또 이렇게 말했습니다.

현명한 군주에게는 세 가지 두려움이 있다. 첫째로 존귀한 지위에 처하게 되면 자신의 잘못에 대해 듣지 못할까 두려워한다. 둘째로 뜻을 얻으면 교만해질까 두려워한다. 셋째로 천하의 지극한 말을 들으면 행하지 못할까 두려워한다.

제 경공이 사냥을 나갔는데 산에 올라갔다가 호랑이를 만나고 연못에 내려갔다가 뱀을 만났다. 돌아와 안자를 불러 그에게 물었다. "오늘 과인이 사냥을 나갔는데 산에 올라가서는 호랑이를 만나고 연못에 내려가서는 뱀을 만났으니, 이것이 소위 상서롭지 못한 일이 아니겠는가?" 그러자 안자가 말하였다. "나라에는 세 가지 상서롭지 못한 일이 있으니 (그것들과) 함께해서는 안 됩니다. 무릇 현명한 자가 있는데도 알지 못하는 것이 첫 번째 상서롭지 못한 일입니다. 알면서도 기용하지 않는 것이 두 번째 상서롭지 못한 일입니다. 기용하되 그에게 일을 맡기지 않는 것이 세 번째 상서롭지 못한 일입니다. 소위 상서롭지 못한 일이란 이와 같은 것입니다. 지금 산에 올라가서 호랑이를 만난 것은 (산이) 호랑이의 집이기 때문입니다. 연못에 내려가서 뱀을 만난 것은 (연못이) 뱀의 구멍이기 때문입니다. 호랑이의 집에 가고 뱀의 구멍에 갔다가 그것들을 만난 것이 어찌 상서롭지 못한 일이겠습니까?"

明主者有三懼. 一曰, 處尊位而恐不聞其過. 二曰, 得意而恐驕. 三曰, 聞天下之至言而恐不能行.

齊景公出獵, 上山見虎, 下澤見蛇. 歸召晏子而問之曰, 今日寡人出獵, 上山則見虎, 下澤則見蛇, 殆所謂不祥也? 晏子曰, 國有三不祥, 是不與焉. 夫有賢而不知, 一不祥. 知而不用, 二不祥. 用而不任, 三不祥也. 所謂不祥乃若此者也. 今上山見虎, 虎之室也. 下澤見蛇, 蛇之穴也. 如虎之室, 如蛇之穴而見之, 曷爲不祥也.

이 고사들은 모두 『대학』에서 말한 "그 집안을 바로잡음이 그 몸을 닦음에 있다"에서 "사람은 그 두려워하고 존경하는 바에 편벽된다"라는 것과 관련된 경험담입니다. 이것을 통해 '깨닫는' 바가 있었으면 합니다. "두려워하고 존경하는" 심리는 연배가 위인 부모나 상관에게만 그런 것이 아닙니다. 형제나 부부간에도 그러한 편향이 잘 생깁니다. 우리는 주위에서 그런 가정을 많이 봅니다. 형이나 아우 혹은 언니나 동생이 특별나게 재능 있고 뛰어나면 "두려워하고 존경하는" 마음이 생깁니다. 심지어 부모가 자녀를 두려워하는 경우도 있습니다. 그런 사례들은 동서고금을 막론하고 결코 드문 일이 아닙니다.

사람들이 흔히 말하는 '공처가' 역시 보기 드문 일은 아닙니다. 물론 거기에는 아내가 남편을 두려워하는 경우도 포함됩니다. 비교적 유명한 고사를 들어 보겠습니다. 한 선제 시대의 곽광(霍光)이 왕실에 공을 세운 일은, 은(殷)의 이윤(伊尹)이 태갑(太甲)을 멀리 보냈던 일이나 주공(周公)이 성왕(成王)을 보필한 것 같은 역사 사적과 아주 유사하다고 하겠습니다. 하지만 그는 아내인 곽현(霍顯)을 "두려워하고 존경한" 나머지 부인의 주장을 좇아 딸을 황후로 만들려다가 결국은 패가망신하고 말았습니다.

또 수 문제(文帝) 양견(楊堅)은 그의 부인 독고(獨孤) 황후의 편견을 "두려워하고 존경하다가" 결과적으로 부부가 모두 둘째 아들 수 양제(煬帝) 양광(楊廣)의 음모에 속아 넘어가서 혼자 힘으로 창건했던 통일 국가를 망하게 하고 말았습니다.

역사적 진실로부터
"가엾고 불쌍히 여김"의 작용을 체험하다

네 번째 "사람은 그 가엾고 불쌍히 여기는 바에 편벽된다〔人之其所哀矜

而辟焉]"라는 것과 관련된 역사적 사례로는 할아버지인 한의 무제(武帝)와 증손자인 선제(宣帝) 간의 궁정(가정) 변고를 든다면 가장 좋은 설명이 될 것입니다.

기원전 92년에서 66년까지의 기간은 한 무제 유철(劉徹)의 만년에 해당하는데, 그는 총애하는 신하 강충(江充)이 이간하는 말을 믿은 탓에 한나라 역사상 유명한 유사 종교 사건인 '무고(巫蠱)'를 일으켰습니다. 무제는 자신의 아들이자 태자인 유거(劉據) 일가족을 죽였는데, 거기에는 유거의 삼남일녀를 비롯해 여러 황손·황손비·황손녀까지 포함되었습니다.

당시 그의 적출로서 증손자였던 유순(劉詢)은 아직 만 한 살이 채 못 되었는데, 왕후(王侯)와 군수(郡守) 들을 위해 설치한 '군저옥(郡邸獄)'에 갇혀 있었습니다. 그런데 정위(廷尉)[94]였던 병길(邴吉)이 그 사건의 처리에 참여하게 되었습니다. 그는 이 사건이 한 무제의 일시적인 어리석음이 빚어낸 잔혹한 행위이며 가련한 황증손 유순은 아무런 죄 없는 갓난아이임을 알았습니다. 그는 아주 가벼운 판결을 내렸으며 막 아이를 낳은 여죄수를 유순의 유모로 삼아 젖을 먹이게 했습니다.

그렇게 오륙 년이 흘렀습니다. 그 무렵 "기를 읽는다[望氣]"라고 떠들어대는 방사들이 "장안의 옥중에" 천자(天子)의 기(氣)가 있다고 말했습니다. 그 소리가 미신적이었던 한 무제의 귀에까지 전해지자 아니나 다를까 즉각 조치가 내려졌습니다. "옥에 갇힌 자들은 죄의 경중을 따지지 말고 모두 죽이라[獄繫者, 無輕重, 一切皆殺之]"라는 조서가 발표되었습니다. 명령은 황증손 유순이 갇혀 있는 감옥에도 전해졌는데 병길은 옥문을 굳게 닫고 조서를 받들기를 거절했습니다. 그는 이렇게 말했습니다. "다른 사람이 무고하게 죽어도 불가한데 하물며 황제의 증손자임에랴[他人無辜死

---

94 오늘날 법을 집행하는 부서의 장 혹은 대법원의 재판장과 같음.

者, 猶不可, 況親曾孫乎)." 그렇게 하룻밤을 버텼습니다. 날이 밝자 법을 집행하러 왔던 알자(謁者)[95] 곽양(郭穰)도 병길의 항명에 어떻게 하지 못하고 궁으로 돌아가 그대로 보고했습니다.

그 무렵 한 무제의 머리는 많이 맑아졌던 모양입니다. 한숨을 쉬며 "하늘의 뜻이로구나[天使之也]" 하고는 더 이상 추궁하지 않았습니다. 그뿐 아니라 모든 죄인을 사면한다는 조서를 내렸습니다. 병길은 유순을 그의 할머니 사량제(史良娣)의 친정으로 보내 사량제의 어머니 정군(貞君)에게 맡아 키우게 했습니다.

그 후 유순을 다시 궁으로 불러들인다는 조서가 내려왔는데, 그를 궁궐 귀퉁이에 사는 액정령(掖庭令) 장하(張賀)에게 보내 기르게 하라는 것이었습니다. 액정령은 후궁의 귀인(貴人)과 채녀(采女) 등을 관장하는 관직이었습니다. 장하는 원래 죽은 태자 유거 밑에 있던 사람이었는데 평소 태자인 유순의 할아버지가 그에게 잘 대해 주었습니다. 그는 "지난날의 은혜를 생각하고 증손자(유순)를 가엾이 여겨 매우 조심스레 봉양하였다[思顧舊恩, 哀曾孫, 奉養甚謹]"라고 합니다. 장하는 본래 그의 손녀를 유순에게 시집보낼 생각이었습니다. 그의 동생 장안세(張安世)가 이에 반대했지만 그는 단념하지 않았습니다.

마침 그의 직무와 관련된 폭실(暴室)[96]의 주관자인 색부(嗇夫)[97] 허광한(許廣漢)—그는 사마천처럼 죄를 짓고 부형(腐刑)을 받아 내시가 되었는데, 당시 그곳으로 파견되어 일을 맡고 있었다—에게 허평군(許平君)이라는 딸이 있었는데, 그 용모가 아름답고 행실이 단정했습니다. 그녀가 마음에 든 장하는 허광한에게 자신의 재산을 털어서 혼인 자금을 대 줄 터이니

---

95 전달관(傳達官).

96 궁중에서 죄를 지은 황후나 귀인을 가둬 두는 곳. 궁녀들의 진료소이기도 함.

97 관직 명칭.

그의 딸을 데려오면 어떻겠느냐고 의논했습니다.

그렇게 하겠노라 승낙한 허광한이 집으로 돌아와 아내에게 이야기했더니 아내는 노발대발하면서 말했습니다. "관상을 봐도 점을 봐도 하나같이 말하기를 내가 낳은 딸이 장차 크게 부귀해질 것이라고 했는데, 어떻게 몰락한 황손에다 지지리도 가난한 남자에게 시집을 보낸단 말입니까?" 하지만 허광한은 이미 장하에게 승낙한 터라 딸을 유순에게 시집보냈습니다. 어린 두 부부는 아주 사이가 좋았습니다. 일 년이 안 되어 아들을 낳았는데 이름을 유석(維奭)이라 했습니다. 그가 바로 훗날의 원제(元帝)입니다.

당시 유순은 허광한 형제에게 의지하여 생활하고 있었는데, 오로지 외할머니 사씨 집안만 왕래했습니다. 하지만 그는 공부에 뜻을 두었기 때문에 동해(東海) 학자 복중옹(復中翁)에게 『시경』을 배웠습니다. 기록에는 "높은 자질에다 배우기를 좋아하였지만 협객들과 어울리기, 닭싸움, 말타기도 즐겼다〔高材好學, 然亦喜游俠, 鬪鷄走馬〕"라고 합니다. 그렇게 곳곳을 돌아다녔는데, 이른바 "여러 언덕을 오르내리고 삼보[98]를 두루 돌아다녔습니다. 그런 까닭에 마을에서 일어나는 간사한 일과 정사의 득실을 두루 알게〔上下諸陵, 周遍三輔. 以是具知閭里姦邪, 吏治得失〕" 되었습니다.

그리하여 얼마 후 황제가 되자 일대의 성군이 되어 선제(宣帝)라는 묘호(廟號)를 받았습니다. 역대 황제들 가운데서도 죽은 후에 '선(宣)'이라는 시호를 얻게 되는 경우는 그리 많지 않습니다. '중흥(中興)'이라고 칭할 만해야 비로소 선(宣)이라는 글자를 사용합니다. 역사에서는 그를 다음과 같이 말합니다.

황제는 여염에서 일어났기 때문에 백성에 관한 일의 어려움을 잘 알았다. 곽광이 죽

---

[98] 수도인 장안(長安) 부근의 각 지역.

자비로소 직접 정사를 맡았다. 부지런히 정치에 힘써 닷새마다 보고를 들었다. 승상이하 모든 관리들이 제각기 직무를 받들어 일을 아뢰었다. 말을 아뢰면 그 공적과 재능을 살펴보았다. 자사나 수상의 관직을 내릴 때면 직접 만나서 물었다. 그 지내 온 바를 살펴보고 물러나 그 행한 바를 고찰하고 그것으로써 그 말을 결정하였다. 명목과 실제가 서로 부합하지 않으면 반드시 그렇게 된 까닭을 알았다. 늘 말하기를 "서민이 자신의 마을에서 편안히 살면서 탄식하고 근심하는 마음이 없는 까닭은 정치가 공평하고 송사가 이치에 맞기 때문이다. 나와 이것을 함께할 자는 오로지 이천 섬이로다!" 태수를 아전과 백성의 근본으로 여겼으니 자주 바꾸면 아래에서 불안해한다. 백성들은 그가 장차 오래 있을 것이므로 속여서는 안된다는 것을 알면 그 교화에 복종한다. 그러므로 이천 섬 가운데 잘 다스리는 자가 있으면 친서를 내려 격려하고 품계를 높여 주고 상금을 내렸다. 어떤 사람은 작위가 관내후에 이르렀다. 공경 중에 결원이 생기면 드러난 사람들 가운데서 가려 뽑아 다음으로 기용하였다. 그런 까닭에 한대의 훌륭한 벼슬아치들이 이때에 많았으므로 중흥이라고 부른다.

帝興於閭閻, 知民事之艱難. 霍光旣薨, 始親政事. 厲精爲治, 五日一聽事. 自丞相以下, 各奉職奏事. 敷奏其言, 考試功能. 及拜刺史, 守相, 輒親見問. 觀其所由, 退而考察所行, 以質其言. 有名實不相應, 必知其所以然. 常稱曰, 庶民所以安其田里, 而無歎息愁恨之心者, 政平訟理也. 與我共此者, 其惟二千石乎. 以爲太守吏民之本, 數變易則下不安. 民, 知其將久, 不可欺罔, 乃服從其敎化. 故二千石有治理者, 輒以璽書勉勵, 增秩賜金. 或爵至關內侯. 公卿缺, 則選諸所表, 以次用之. 是故漢世良吏, 於是爲盛, 稱中興焉.

여기서 황제는 한 선제를 말하고 여염(閭閻)에서 일어났다는 것은 민간 출신이라는 말입니다. "부지런히 정치에 힘써 닷새마다 보고를 들었다"라는 것은 조정 회의 때 면전에서 보고를 들었다는 뜻입니다. "말을 아뢰면 그 공적과 재능을 살펴보았다"는 보고를 들으면 그가 집행하고 실천한 공적을 고찰하였다는 말입니다. "자사(刺史)나 수상(守相)"은 성급(省級) 지방 수장에 해당하지만 당시는 사회 형태가 다르고 인구가 적어 지금처럼 복잡하지 않았습니다. "명목과 실제가 서로 부합하지 않으면 반드시 그렇게 된 까닭을 알았다"는 것은, 말하는 것과 행동하는 것이 다르면 그 근본 문제가 어디에 있는지를 알 수 있었다는 말입니다. "나와 이것을 함께할 것은 오로지 이천 섬이로다"는 군수나 성급 지방 수장에게 내리는 실물이 매달 쌀 이천 섬이었다는 것인데 다만 급에 따라 차이가 있었습니다. 여기에서는 지방 수장이 기층 정치가 잘되고 못되는 관건임을 지적한 것입니다.

사실 서한 왕조에서 한 무제 이후로 유순이 제위를 계승해 황제가 되어 황실을 중흥시킬 수 있었던 데는 병길의 음덕(陰德)이 큰 역할을 했습니다. 하지만 병길이 맨 처음 유순이라는 갓난아이를 구해 냈으며, 유모를 구하여 아이를 기르게 했고, 나중에는 곽광에게 유순을 황제 감으로 추천하기까지 했던 속사정을 유순은 전혀 모르고 있었습니다. 병길은 끝내 입을 열지 않았지요. 그는 자신의 공을 드러내지도 않았고 황제의 총애를 구하지도 않았습니다. 그저 동정심과 연민, 인자함과 정의감에서 그렇게 했을 뿐입니다.

한 선제 유순은 황제가 된 지 십일 년 뒤에야 그때 감옥 안에서 벌어진 상황을 알게 되었습니다. 늙은 궁녀 하나가 자신의 공을 자랑하느라 이십 년 전에 자신이 액정에서 황제의 보모 노릇을 했으며, 어떠어떠하게 보호하였노라고 선제에게 말했기 때문입니다. 선제는 그길로 당시의 유모를 찾아냈고 그녀를 통해 비로소 병길의 공로를 알게 되었습니다. 역사에서는 이렇게 말하고 있습니다. "선제께서 친히 만나 물어보시고 그런 후에 병길에게 오랜 은혜를 입었음을 알게 되었다. 그러나 병길은 끝내 말하지 않았으므로 그를 크게 어질다 하였다〔上親見問, 然後知吉有舊恩, 而吉終不言, 大賢之〕."

선제는 『시경』을 공부한 사람답게 그중의 한 구절을 인용하여 말했습니다. "보답을 받지 않는 덕이란 없는 법이다[無德不報]." 그리하여 병길을 '후(侯)'에 봉했습니다. 그리고 당시 자신을 보호해 준 공이 있는 사람, 그 늙은 궁녀와 유모 등에게도 많은 상을 내렸습니다. 하지만 후(侯)에 봉하려고 했을 때 그만 병길이 병으로 드러눕고 말았습니다. 한 선제는 그가 죽을까 봐 근심했습니다. 그러자 하후승(夏侯勝)이 말했지요. "음덕을 베푼 사람은 반드시 그 녹을 누린다고 했습니다. 지금 병길은 아직 보답을 받지 못했으니 죽을병이 아닐 것입니다[有陰德者, 必享其祿. 今吉未獲報, 非死疾也]." 과연 오래지 않아 병길의 병이 나았습니다.

한 무제가 임종할 때 그에게는 십삼 세 된 태자 불릉(弗陵)밖에 없었습니다. 그는 어린 아들을 대사마대장군(大司馬大將軍) 곽광과 김일제(金日磾) 및 상관걸(上官桀)에게 부탁했습니다. 이 태자가 후일의 한 소제(昭帝)였습니다. 아주 총명했으나 불행히도 명이 짧아 황제가 된 지 십삼 년 만에 죽었습니다. 게다가 아들이 없었습니다. 곽광은 대신들과 의논하여 유씨 황실에서 일 순위였던 창읍왕(昌邑王)으로 제위를 이었습니다. 하지만 일 년도 못 가서 황제의 '황음무도(荒淫無道)'를 발견하고는 그를 폐위시키기로 결의했습니다. 이때 비로소 병길은 대장군 곽광을 만나서 말했습니다.

"지금 종묘사직과 백성들의 목숨이 장군의 행동 하나에 달렸습니다. 그런데 무제의 증손자가 그 이름은 병이고 액정 외가에 있는데, 지금 나이가 열여덟아홉쯤 됩니다. 경술에 통달하였고 훌륭한 재질을 갖추고 있으며 품행이 안정되고 절도가 있습니다. 원컨대 장군께서는 큰 책략을 결정하십시오."

今社稷宗廟群生之命, 在將軍之一擧. 而武帝曾孫名病已, 在掖庭外家者, 今十八九矣. 通經術, 有美材, 行安而節和. 願將軍決定大策.

종묘사직은 유씨 천하를 말하고 경술(經術)은 『시경』, 『논어』, 『효경』 등입니다. 여기서 기록에는 "곽광은 승상 이하 대신들을 모아서 세울 것을 의논해 정하였다〔光會丞相以下, 議定所立〕"라고 합니다. 그렇게 해서 유순이 제위를 계승하여 황제가 될 수 있었던 것입니다. 그는 나면서부터 파란만장한 일들을 겪은 탓에 순수한 직업 황제는 결코 아니었습니다. 그랬기 때문에 나중에 한 황실의 '명주(明主)'가 될 수 있었습니다. 유씨네 고아를 명군(明君)으로 만들기까지의 모든 과정이 병길의 손으로 이루어졌다고도 말할 수 있을 것입니다.

곽광은 확실히 유씨 정권에 대한 한 무제의 부탁을 저버리지 않았습니다. 하지만 결국에는 자신의 딸을 황후의 보좌로 밀어 올리려던 부인 곽현이 선제의 조강지처인 허평군 황후를 모살한 일로 인해 그만 패가망신하고 말았습니다. 역사에서는 곽광을 칭찬하는 한편 그를 동정했습니다. 그에게 붙여 준 마지막 평어(評語)는 바로 '불학무술(不學無術)'이라는 네 글자였습니다.

훗날 송 진종(眞宗) 때의 구준(寇準)이 진종을 도와 전연(澶淵)의 전투에서 큰 공을 세웠는데, 정위(丁謂) 등의 동료들이 그가 황제의 목숨을 가지고 도박을 했다며 모함하는 바람에 폄적을 당했습니다. 사천(四川)을 지나다가 장영(張詠)을 만나자 구준은 자신의 일을 그에게 말하면서 공평한 평론을 부탁했습니다. 장영은 구준에게 다음의 한마디만 했습니다. "「곽광전(霍光傳)」을 꼭 읽어 보십시오." 집으로 돌아온 구준은 『한서』 「곽광전」을 꺼내 들고 쭉 읽어 내려 갔는데, 마지막 평어인 불학무술이라는 구를 보자 그만 웃으면서 말했습니다. "이것이야말로 장영이 나한테 해 주려던 욕이었구먼!"

"사람은 그 가엾고 불쌍히 여기는 바에 편벽된다"라는 말과 관련하여, 같은 이치지만 상반된 결과를 가져온 사례 역시 한 선제의 고사에서 찾아볼 수 있습니다.

한 선제 유순은 어려서 고생하던 시절의 부인(황후) 허평군이 곽현에게 모살당한 후로 대단히 상심했습니다. 그래서 허평군의 큰아들인 유석을 태자로 삼았습니다. 그뿐 아니라 일부러 후궁 가운데서 자식이 없고 사람 됨이 신중한 왕첩여(王婕妤)[99]를 뽑아서 황후로 삼고는 그녀에게 태자를 기르게 했습니다. 이후 왕첩여의 친정에서는 한 선제 이후로 계속해서 황후가 나왔습니다. 그리하여 후일 한을 찬탈했던 왕망(王莽)이라는 후손을 길러 냅니다. 역사적 사건을 들여다보면 그 원인과 결과를 명확하게 설명하기 정말 어려운 경우가 많습니다.

성인이 된 유석은 성격이 부드럽고 또 인자한 데다 유가 학술을 매우 좋아했습니다. 그의 부친 선제가 기용한 대신들이 대부분 '법치(法治)'만 중시하거나, '이치(吏治)'에 치중하여 형법이 비교적 엄한 것을 알고는 그다지 동의할 수가 없었습니다. 어느 날 그는 부친을 모신 연회에서 기회를 틈타 선제에게 말했습니다. "폐하께서 형법을 쓰심이 너무 심하시니 유생을 기용함이 마땅할 듯합니다[陛下持刑太深, 宜用儒生]." 이 말을 들은 선제는 안색이 변하더니 아주 엄숙하게 아들에게 말했습니다.

"한 왕조에 제도가 생긴 이래로 본디 패도와 왕도와 도가 섞여 있었는데, 어찌 덕교에만 맡겨 두고 주 왕조의 정치를 사용하겠느냐? 또한 속유들은 시의에 통달하지 못하고, 옛것을 옳다 하고 오늘날은 그르다 하기를 좋아하여, 사람들로 하여금 명분과 실질 사이에서 현혹되게 하고 지킬 바를 알지 못하니 어찌 일을 맡길 만하겠느냐?" 하고는 탄식하여 말하기를 "우리 (유씨) 집안을 어지럽힐 자가 태자로다" 하였다.

漢家自有制度, 本以覇王道雜之, 奈何純任德教, 用周政乎? 且俗儒不達時宜, 好

是古非今, 使人眩於名實, 不知所守, 何足委任. 乃歎曰, 亂我家者, 太子也.

"어찌 덕교에만 맡겨 두고"는 오직 도덕만 중시한다는 것입니다. "주 왕조의 정치를 사용하겠느냐"는 주 왕조의 예법을 여전히 사용하겠는가 하는 말입니다. "속유(俗儒)"는 일반적인 지식인을 가리킵니다. "시의에 통달하지 못하고"는 시세에 적합하게 변화할 줄 모른다는 뜻입니다. "옛것을 옳다 하고"는 고대의 방식을 답습하는 것을 옳다고 여긴다는 말입니다. "오늘날은 그르다 하기를" 했으니 지금의 것은 모두 틀렸다고 합니다. "명분과 실질 사이에서 현혹되게 하고"는 이론으로 머리가 어지럽게 된다는 뜻입니다. "지킬 바를 알지 못하니"는 그들은 자신이 지켜야 할 본분도 알지 못한다는 말입니다.

그때부터 선제는 태자에 대해 다소 소원해졌습니다. 그뿐 아니라 다른 아들을 태자로 세우고 싶어 했습니다. 하지만 유석은 허평군 황후의 소생인 데다 부모와 함께 힘든 평민 생활을 겪었습니다. 게다가 선제는 유석의 생모인 허평군에게 깊은 정과 의리를 품고 있었는데, 언젠가 그녀 소생의 아들을 태자로 삼겠노라고 약속한 적도 있었습니다. 그래서 끝내 태자를 바꿀 결심을 하지 못하고 그대로 유석을 태자로 삼았습니다.

선제가 죽은 후 유석이 제위를 계승하였으니 그가 바로 한 원제(元帝)였습니다. 과연 그 후로 서한 유씨 천하는 몰락하기 시작해 결국 왕망이 유가 학술을 빌려 제위를 찬탈하는 지경에까지 이르고 말았습니다. 훗날 광무제(光武帝) 유수(劉秀)가 중흥시키지 않았다면 한 왕조의 지배자는 일찌감치 다른 성(姓)으로 바뀌었을 것입니다. 이것이 바로 "사람은 그 가엾고 불쌍히 여기는 바에 편벽된다"라는 이치의 부정적인 작용입니다.

"애긍(哀矜)"을 요즘 말로 옮기면 연민과 동정이라는 뜻입니다. '긍(矜)'이라는 글자는 원래 '자기만족' 혹은 '불쌍히 여기다' 등의 여러 의미를 지니고 있습니다. 하지만 『대학』에 나오는 "애긍"은 연민과 동정의 뜻으로 쓰였습니다. 맹자가 "측은지심은 사람이라면 누구나 가지고 있다(惻隱之心, 人皆有之)"라고 한 말과 같습니다. 그것은 인성이 본디 지니고 있는 애정과 동정심입니다.

특히 여성들은 이 방면에서 남성보다 더 두드러지게 반응합니다. 그래서 어떤 사람은 소위 "아녀자의 인(婦人之仁)"이라는 용어를 곧잘 인용하곤 합니다. 하지만 "아녀자의 인"이라는 말을 함부로 곡해해서 "아무런 쓸모가 없다"는 말의 대명사로 여겨서는 안 됩니다. "아녀자의 인"을 확충시켜야 비로소 대인대의(大仁大義), 대자대비(大慈大悲)가 되기 때문입니다. 만약 여러분에게 "아녀자의 인"과 같은 인심(仁心)조차 없다면 대인대의를 빌려 와서 자기 자신을 꾸밀 필요가 없을 것입니다.

불가에서 말하는 '자비(慈悲)'는 중국 전통문화의 '인(仁)' 자와 동일한 의미입니다. 다만 불가에서는 인한 마음을 양극으로 나누어서 자비라고 부르는 것입니다. '자(慈)'는 부성(父性)적이고 남성적이고 양성적인 사랑인 데 비해, '비(悲)'는 모성(母性)적이고 여성적이고 음성적인 사랑입니다. 자비, 인애, 애긍은 모두가 본래 좋은 것입니다. 하지만 자신의 마음에 가려져서 그것이 삐뚤어진 방향으로 발전하게 해서는 안 됩니다. 만약 편애로 변해 버린다면 "제가, 치국, 평천하"는 물론이고 심지어 "수신"도 제대로 하지 못할 것입니다.

불학에서도 자비의 또 다른 측면에 대해 이렇게 말했습니다. "자비가 화와 해를 낳고 방편은 하류에서 나온다(慈悲生禍害, 方便出下流)." 이러한 이치를 인생의 실제 행위와 결합시키는 "운용의 묘미는 오로지 마음에 달려 있다(運用之妙, 存乎一心)"라는 것입니다. 요즘 사람들은 신문 한 귀퉁이나 잡지 말미에서 사랑하는 마음이니 사랑의 교육이니 하는 겉껍데기만 보고 배우고서 그저 사랑, 사랑 하며 자녀를 기르다가 결국은 자녀를

"사랑한 것"이 오히려 자녀에게 "해를 끼치고 마는" 경우가 많습니다. 그러니 여러분은 "즐겨 배우고[好學]" "신중하게 생각하여[愼思]" "명확히 판단하시기[明辨]" 바랍니다.

역사적 진실로부터
"거만하고 게으른" 심리의 배경을 이해하다

다섯 번째 "사람은 그 거만하고 게으른 바에 편벽된다[人之其所敖惰而辟焉]"라는 말의 의미에 관해 알려면 먼저 "오타(敖惰)"라는 두 글자의 뜻부터 알아야 합니다. 여기에 나온 고문 '오(敖)' 자는 바로 후세에 상용되는 '오(傲)' 자로서 '교오(驕傲)'[100]라고 할 때의 오입니다. 하지만 엄격하게 말하면 '교(驕)'가 '오(傲)'보다 더 심합니다. '오(傲)'는 내재적인 것으로, 가령 옛사람들이 "저 사람은 오골(傲骨)[101]을 지니고 있다" 혹은 "저 사람은 오기(傲氣)[102]가 있다"라고 말했을 때는 칭찬의 의미가 들어 있습니다. 그러나 '교(驕)'에는 사람을 참기 힘들게 하는 난폭한 느낌이 들어 있습니다. 만약 '교(驕)'한 데다 '오(傲)'하기까지 하다면 더 말할 필요가 없습니다.

예를 들어 우리는 아주 영광스럽고 만족스러운 일을 "자랑할 만하다[値得驕傲]"라고 말합니다. 그건 단어를 완전히 잘못 사용한 것으로서, 중국인 스스로를 문화도 없는 국민으로 전락시켜 버리는 꼴입니다. 이는 수십년 전 무성의한 번역가들이 '프라우드(proud)'라는 영어를 잘못 번역한 결과입니다. 사실 "긍지를 지닐 만하다[値得自豪]"라고 번역해야 맞습니다.

---

100 교만하다. 혹은 자랑하다.
101 오만하고 강직한 성격.
102 오만스러운 태도나 자세.

여기서 '타(惰)' 자는 물론 '나타(懶惰)'[103]의 타입니다. 하지만 엄격하게 말하면 '타(惰)'는 그다지 빠르지 않다는 뜻입니다. 불학에서 빌려 온다면 '해태(懈怠)'[104]라고 할 수 있습니다. 너무 느슨한 것이 '해(懈)'이고, 되는 대로 살면서 대충대충 일을 처리하는 것이 '태(怠)'입니다. 다시 말해 해태(懈怠)가 바로 타(惰)입니다. 그런데 '나(懶)'는 다릅니다. 이 글자는 심(心)과 뇌(賴)가 결합한 형태로서, 글자만 놓고 보더라도 '아무것도 하려 들지 않는다', '꼼짝도 않는다', '움직이려 들지 않는다'는 뜻이 있습니다. 『서상기(西廂記)』에 나오는 "이리 뒤척 저리 뒤척 도무지 침상에서 내려오질 않네〔萬轉千回懶下床〕"라는 그런 것이 바로 진짜 나(懶)입니다.

　그런데 『대학』에서는 오(傲)와 타(惰)를 함께 붙여 사용했습니다. 참으로 오묘하기 짝이 없는 조어(造語) 방법이니 '거만함〔傲〕'으로 인해 '나태한〔惰〕' 습성이 길러지는 심리를 잘 나타내 줍니다. 옛날에는 부귀한 집안의 자제들을 '세가공자(世家公子)'나 '금지옥엽'이라고 불렀습니다. 현대의 부유층 자제들은 어려서부터 가정 환경의 영향을 받아 자기도 모르는 사이에 '거만해〔傲〕'집니다. 그러다 보면 무슨 일이든 하기 '귀찮아하고〔懶〕' 결국에는 "턱으로 지시하고 기색으로 남을 부리는〔頤指氣使〕" 기질의 소유자로 변해 버립니다. 입으로 쉴 새 없이 떠들어 대면서 손을 치켜들든지 혹은 손가락 하나만 까닥거리든지 혹은 눈을 부릅뜨든지 해서 다른 사람을 부려 먹습니다. 이것이 바로 오타(傲惰)의 형상입니다. 제가 보기에 요즘의 젊은 부모들은 이른바 사랑의 교육에만 치중해서, 자기들은 거만한 자세로 앉아서 부모나 어른을 부려 먹는 아이들을 길러 내고 있습니다. 정말 "보기만 해도 두려움이 생겨서" 그저 속으로 "아멘"만 되뇌일 따름입니다.

---

103 게으르다.
104 게으름.

우리끼리 한담을 하다 보면 늘 그 중 한 사람이 이런 문제 제기를 합니다. "생각들 해 봐, 앞으로 이 사회가 어떻게 될 것 같은가?" 사실 이 문제는 모든 사람이 관심 있어 하는 것입니다. 그러고 보니 예전에 강호를 떠돌며 걸식하던 점쟁이가 했던 말이 생각납니다. "남의 집을 방문해 보면 그 사람의 팔자가 보인다." 이 말은 태어난 생년월일을 물어봐서 점을 쳐 볼 필요도 없이, 그저 문에 들어가서 사방팔방을 한번 쳐다보기만 해도 그 집이 흥할지 망할지를 알 수 있다는 뜻입니다. 앞으로의 시세와 사회 추세를 알고 싶으면 다음 세대인 아이들의 교육 문화를 보면 대략 알 수 있습니다. 그러고 보면 맹자가 한 말도 매우 일리가 있습니다.

풍요한 해에는 자제 중에 게으른 사람이 많고 흉년이 든 해에는 자제 중에 포악한 사람이 많다. 하늘이 내려 준 성질이 이같이 달라서가 아니다. 그 마음이 빠져 있는 바가 그러한 것이다.

富歲子弟多賴, 凶歲子弟多暴. 非天之降才爾殊也. 其所陷溺其心者然也.

이 말은 부귀한 가정 혹은 부유한 사회는 화려하고 사치하는 것을 좋아하고 빈둥거리기를 좋아하는 '게으른[賴]' 젊은이들을 길러 낸다는 뜻입니다. 또 사회가 고달프고 가정이 빈궁하면 젊은이들은 '난폭하고[暴戾]' 분개하는 기질로 변하기 쉽습니다. 타고난 자질에 무슨 차이가 있어서 그런 것이 결코 아닙니다. 다만 환경의 영향을 받아 심리적으로 뭔가에 탐닉하게 되었을 뿐입니다. 정말 자기 스스로 각고의 노력을 기울여 전심으로 발전할 수 있는 사람만이 "세상의 그물[世網]"에서 벗어날 수 있습니다.

어려서 읽은 글 중에서 이런 말이 있었습니다. "나라가 맑으면 재주 있는 사람이 고귀해지고 집안이 부유하면 어린아이가 교만해진다[國淸才子貴, 家富小兒驕]." "달리는 말이 힘이 없는 것은 말라서이고 사람이 풍류가 없는 것은 오로지 가난하기 때문이네〔馬行無力皆因瘦, 人不風流只爲貧〕."
비록 짧은 말이기는 하지만 만약 여러분이 "하나를 들으면 두셋을 알 수
있는" 사람이라면 맹자의 말과 그 의미가 같다는 것을 알 수 있을 겁니다.
이런 것만 보더라도 『대학』에서 말하는 "거만하고 게으른〔敖惰〕" 심리 상
태가 그리 간단한 것이 아님을 알 수 있습니다.

이제 역사적 사례를 들어서 "거만하고 게으른" 심리로 인한 긍정적인
상황과 부정적인 상황을 보여 드리겠습니다.

먼저 인용하는 고사는 여러분도 잘 아는 월(越)나라 대부 범려(范蠡)의
이야기입니다. 그는 월왕 구천(句踐)을 도와 오(吳)나라를 멸하고 나라를
되찾은 다음, 표연히 배를 타고 바다로 떠났다가 제(齊)나라에 도착했습
니다. 이름도 '치이자피(鴟夷子皮)'로 바꾸고 해변에서 농사를 지었는데,
몸소 밭 갈고 씨를 뿌리면서 "고생하며 서로 힘을 합해 부자가 자산을 일
구었다〔苦身戮力, 父子治産〕"라고 합니다. 부지런히 일해 재산을 모은 결과,
그는 얼마 안 가서 수십만의 재산을 가진 부자가 되었습니다. 제나라 사람
들은 그에게 경영하고 치부하는 경제적 재능이 있음을 알고서 나라의 재
상(財相)이 되어 달라고 했습니다. 범려는 감개에 차서 이렇게 말했습니다.

"집에 있으면서 천금의 재물을 모으고 관직에 있으면서 경상의 지위에 이르니, 이는
평범한 사람이 도달할 수 있는 극치이다. 오래도록 존귀한 이름을 받으면 상서롭지 못
하다."

居家則致千金. 居官則至卿相. 此布衣之極也. 久受尊名, 不祥.

그리하여 사직하고 나서 "그 재물을 다 흩어서 친구와 고향 사람들에게
나눠 주었다. 그런 다음 귀중한 보물을 품에 안고 사잇길로 떠나가서 '도'
지방에 머물렀는데, 스스로를 '도주공'이라 칭했다〔盡散其財, 分與知友鄕

黨. 而懷其重寶, 閒行以去, 止於陶, 自稱陶朱公〕"라고 합니다. 그곳에서 다시 아들과 함께 농사와 목축에 종사하면서, 싸게 사서 비싸게 파는 장사도 겸 했는데 "십 분의 일의 이득만 취했다〔逐什一之利〕"라고 합니다. 하지만 또 얼마 안 가 "많은 재물을 모으게〔貲累巨萬〕" 되어 세상 사람들이 모두 도주 공의 이름을 들먹거렸습니다.

그는 도 지방에서 아들을 하나 낳았는데 편의상 그 아들을 '막내아들'이 라고 부르기로 합시다. 그 무렵 초나라에 있던 그의 둘째 아들이 무슨 일 인지 몰라도 사람을 죽여 사형을 언도받게 되었습니다. 도주공은 그 이야 기를 듣자 이렇게 말했습니다. "사람을 죽였으니 죽는 것이 직분이다(법에 따라 목숨으로 보상하는 것이 마땅하다). 하지만 내 들으니 천금 같은 자식을 저잣거리에서 죽게 하지는 않는다 하였다〔殺人而死, 職也, 然吾聞千金之子, 不死於市〕." 그러고는 막내아들에게 초나라로 가서 상황을 살펴보고 오라 고 시켰습니다. "이에 황금 천 일[105]을 싸서 갈색 그릇(낡고 찢어진 회색 가 방)에 담아 소가 끄는 수레에 싣고는〔乃裝黃金千鎰, 置褐器中, 載以一牛車〕" 막내아들에게 출발하라고 했습니다.

그러자 큰아들이 반대하면서 반드시 자기가 초나라로 가서 동생을 보고 오겠다는 것이었습니다. 하지만 도주공은 허락하지 않았습니다. 그러자 큰아들은 이렇게 말했습니다. "집에 장자가 있으면 '가독'[106]이라고 합니 다. 지금 동생이 죄를 지었는데 어른께서는 (저를) 보내지 않고 어린 동생 을 보내려 하십니다. 이는 제가 못나서 그렇습니다〔家有長子曰家督, 今弟有 罪, 大人不遣, 乃遣小弟. 是吾不肖〕." 그러고는 스스로 목숨을 끊으려 했습 니다. 일이 이렇게 되자 도주공의 아내가 말했습니다. "당신은 굳이 막내 를 초나라로 보내려고 하는데, 틀림없이 둘째의 목숨을 구해 낸다는 보증

---

105 중량의 단위로 스물네 냥을 가리킨다.
106 한 집안을 감독하는 사람이라는 뜻으로 맏아들을 일컫는 말이다.

도 없지 않습니까? 그보다 먼저 큰아들이 죽게 생겼으니 어떻게 한단 말입니까?"

아내와 큰아들의 이중 압력에 못 이긴 도주공은 어쩔 수 없이 큰아들을 초나라로 보냈습니다. 그는 편지 한 통을 큰아들에게 써 주면서 초나라에 가거든 그의 오랜 친구 장생(莊生)에게 전해 주라고 했습니다. 아울러 수레에 싣고 가는 천 일의 황금도 장생에게 건네주고 "그가 하자는 대로 따르고 삼가 더불어 다투는 일이 없도록 하라[聽其所爲, 愼無與爭事]"라고 아들에게 분부했습니다. 큰아들은 하직 인사를 하고 집을 나섰는데, 별도로 자기 돈 '수백 금'을 더 지닌 채 길을 떠났습니다.

큰아들은 초나라에 도착하자 장생을 찾아갔습니다. 그는 성 바깥 교외의 초가집에 살고 있었는데 한눈에 봐도 아주 가난해 보였습니다. 하지만 큰아들은 부친 도주공의 뜻을 좇아 편지와 천 일의 황금을 모두 그에게 건네주었습니다. 편지를 읽고 난 장생은 이렇게 말했습니다. "알았네. 자네는 서둘러 집으로 돌아가게. 절대로 초나라에 머무르면서 소식을 기다리지 말게. 자네 동생이 감옥에서 나오더라도 어떻게 된 연유인지 물을 필요도 없네. 얼른 떠나게." 장생의 말을 들은 도주공의 큰아들은 하직 인사를 하고 나올 수밖에 없었습니다. 하지만 집으로 돌아가지 않고 몰래 초나라의 모처에 머물러 있었습니다. 그는 자기가 별도로 가지고 왔던 황금으로 초나라의 정치 요직에 있는 인사에게 연줄을 대어 동생을 구해 내려고 했습니다.

장생이라는 사람은 비록 초나라에서 가난하게 살고 있었지만 청렴하고 곧기로 온 나라에 그 명성이 자자했습니다. "초왕 이하 모든 사람이 그를 스승으로 존경했다[自楚王以下, 皆師尊之]"라고 합니다. 그가 비록 오랜 친구 도주공이 보낸 천금을 받기는 했지만 결코 자신이 그 금을 가지려던 것은 아니었습니다. 오랜 친구의 아들 목숨을 구한 다음에 천금을 전부 돌려 보내야 그것이 친구에 대한 진정한 우정이라고 생각하고 있었습니다. 그래서 황금을 받자 그의 아내에게 이렇게 말했습니다. "이것은 주공의 금이오. 아프다 하여 훈계를 지키지 않는 것과 같소. 나중에 다시 돌려줄 것이니 건드리지 마시오〔此朱公之金. 如有必病不宿誠. 後復歸, 勿動〕." 장생이 한 말은 이런 뜻입니다. "주공이 천금을 보낸 것은 병이 위급하다고 아무렇게나 의사에게 몸을 내맡기는 것과 같소. 일이 끝난 후에 전부 되돌려 줄 것이니 손대지 마시오." 하지만 도주공의 큰아들은 그의 뜻도 모르고 이 노인네도 "별다른 수가 없으리라〔殊無短長也〕"라고 생각했습니다. 부친의 명령도 있고 해서 그대로 따르긴 했지만 내심 아까운 생각이 들었습니다.

기회를 노리던 장생은 초왕을 찾아가 한담을 나누다가 짐짓 이렇게 말했습니다. "어젯밤에 별자리를 살펴보았더니 천상(天象)에 변고가 있었는데, 장차 초나라에 재난이 발생할 것이니 어찌합니까?" 이 말을 들은 초왕이 말했습니다. "그렇다면 좋은 일을 해서 재난을 없애고 복을 빌도록 합시다!" 그리하여 초왕은 법을 집행하는 관리에게 사람을 보내 형법과 관련된 중대한 사안의 집행을 잠시 중지하라고 통지했습니다.

이 소식을 도주공의 큰아들이 연줄로 대었던 인사가 듣고서 그에게 말해 주었습니다. "당신 동생이 사면되었소. 틀림없이 곧 감옥에서 나오게 될 것이오." 도주공의 큰아들은 그 말을 듣자 물었습니다. "당신이 어떻게 아십니까? 어떻게 그토록 자신하십니까?" 그러자 그 사람이 말했습니다. "왕이 곧 대사면령을 발포하실 것을 나는 알 수 있소. 왜냐하면 그는 매번 크게 사면하기 전에 꼭 그런 조짐을 보이기 때문이오."

도주공의 큰아들은 그 말을 듣자 부친이 장생에게 보낸 천 일의 황금이 아까웠습니다. '어차피 큰 사면을 내리면 동생이 감옥에서 나오게 될 터인데 어찌 천금의 재물을 낭비하는 꼴이 아니겠는가?' 생각할수록 속이 상해서 다시 장생을 찾아갔습니다. "장생이 놀라며 말하였다. 자네는 떠나지 않았는가[莊生驚曰, 若不去也]." 그러자 그는 이렇게 말했습니다. "분부를 따르지 않아서 죄송합니다. 워낙 동생의 일이 안심이 되지 않아서요. 이제 크게 사면할 것이라는 말을 들었기에 인사하고 떠나려고 왔습니다." 그 말을 들은 장생이 말했습니다. "그래! 자네가 준 황금은 그 방에 그대로 있네. 얼른 가지고 돌아가게." 고지식하고 염치없는 이 주씨네 큰 공자는 자기 손으로 직접 황금을 옮겨 싣고 떠났습니다.

장생은 다음 날 곧장 초왕을 찾아가 말했습니다. "왕께서 대사면이라는 좋은 일을 하여 재난을 피하고자 하심은 가합니다. 하지만 바깥에서는 이미 이런 노래가 떠돌고 있습니다. 노래의 내용인즉, '도주공이 많은 황금으로 왕을 매수하며 암암리에 부탁하였으므로 왕의 대사면은 도주공의 아들을 위한 것이다'라고 합니다." 초왕은 이 말을 듣자 크게 노하더니 당장 도주공의 아들을 법에 따라 처결하라는 명령을 내렸습니다. 그런 다음에 대사면을 단행했습니다. 결국 도주공의 큰아들은 동생의 시신을 수습하여 집으로 돌아가는 수밖에 없었습니다.

그가 집으로 돌아오자 모친과 집안 식구들은 크게 통곡했습니다. 하지만 도주공은 오히려 웃으며 말했습니다. "나는 그 애가 초나라로 가면 틀림없이 동생이 죽게 되리라는 것을 알고 있었다. 그 애가 동생을 사랑하지 않아서가 결코 아니다. 그 애에게는 '차마 하지 못하는 바가 있기[顧有所不能忍者也]' 때문이다. 그 애는 어려서부터 나와 함께 힘들게 농사를 짓고 장사를 했다. 그 애는 생활고를 너무 잘 알기 때문에 돈을 목숨처럼 아낀다. 그래서 천금을 헛되이 버린다고 생각하면 아까워 견디지를 못한다. 내가 막내를 초나라에 보내려 했던 까닭은, 그 애는 태어나면서부터 부유한 환경에서 자란 탓에 최고급 수레를 타고 명마와 명견을 기르면서 돈 쓰는 것을 아무렇지 않게 생각하기 때문이다." 그러고는 이렇게 덧붙였습니다. "재물이 어디에서 나는지를 어떻게 알겠는가. 그러므로 쉽게 버리고 아까

위하지 않는다. 전일에 내가 막내를 보내고자 했던 까닭은 그 애는 재물을 버릴 줄 알기 때문이었다. 하지만 큰아들은 그렇게 할 수 없기 때문에 마침내 그 동생을 죽이고 만 것이다. 일의 이치가 그러하니 슬퍼할 것 없다. 나는 밤낮으로 죽어서 돌아올 것을 기다리고 있었다[豈知財所從來, 故輕棄之, 非所惜客. 前日吾所爲欲遣小子, 固爲其能棄財故也. 而長子不能, 故卒以殺其弟. 事之理也, 無足悲者. 吾日夜固以望其喪之來也]."

역사에는 이처럼 도주공이 이룩한 산업과 재산은 물론이고, 그가 세 차례나 옮기고—다른 곳으로 이사 가서 살고—세 차례나 흩어진 경력이 기록되어 있습니다. 그 모두가 범려 자신이 말한 명언인 "큰 명성 아래에서는 오래 살기 어렵다[大名之下, 難以久居]"라는 원칙에 근거하고 있습니다. 명성과 돈은 인생에서 좋은 일이 아닙니다. 하지만 세상 사람들은 필사적으로 명리(名利)와 권위(權位)를 추구하기 때문에 아무리 말해 봤자 소용없습니다. 오직 명리와 권세 속에서 직접 굴러 본 사람만이 그러한 사실을 잘 알고 있습니다. 그러나 이미 "시신에 온기만 남아 있는" 때에 이르렀으니 비록 깨달아 본들 태양은 벌써 서산으로 넘어가 버렸습니다. 국가를 위해 큰 공적을 세웠을 뿐 아니라 처신의 도리를 잘 알고 있었던 범려는 참으로 훌륭한 인물이었습니다. 천고에 우뚝 솟았던 정통의 도가 인물이라 하겠습니다.

도주공의 고사를 인용한 것은 "거만하고 게으른[敖惰]" 심리 상태를 설명하기 위해서였습니다. 고생하여 집안을 일군 자제들은 근검절약하는 습성이 몸에 배어 자칫 인색함으로 기울기 쉽고, 부귀한 가정에서 태어난 자제들은 재물을 함부로 낭비하는 거만하고 게으른 습성으로 기울기 쉽다고 도주공은 친절하게 설명해 주었습니다. 물론 다 그렇다고 할 수는 없습니다. 많은 예외가 있을 수 있지요.

제 자신의 인생 체험에서 재물만 가지고 말해 보겠습니다. 참으로 가난하고 어렵던 시절에는 수중에 땡전 한 푼 없고 밥 한 그릇 얻어먹지 못하던 때도 있었습니다. 하지만 천금을 마구 뿌려 대면서 재물이 어디에서 나는지 그 끝을 모르던 때도 있었습니다. "마음먹은 대로 맞아떨어지지 않는 것이 없이" 장사로 이득을 얻던 때가 있는가 하면, 하룻밤 사이에 모든 것이 뒤집어져서 빈털터리가 되어 두 손 털고 일어서던 때도 있었습니다. 그래서 저는 늘 이렇게 말하며 웃습니다. "여러분의 경제학은 교과서에서 배운 것이지만 나는 인생 경험에서 얻었다"라고 말입니다. 성공의 경험만 있어서는 그저 절반밖에 안 됩니다. 실패의 경험도 있어야 비로소 만점이라고 말할 수 있습니다.

사실 세상에서 가장 어려운 것이 돈입니다. 옛말에도 "한 푼의 돈이 영웅을 죽음으로 몰아간다〔一錢逼死英雄漢〕"라는 말이 있습니다. 자본이 있어서 그것을 밑천으로 돈을 벌려면 총명해야 하고 거기다 운도 따라 주어야 합니다. 하지만 오직 근검절약으로 모은 것이라야 기초가 튼튼합니다. 그런데 돈을 번 후에 돈을 쓰는 것이 더 어렵습니다. 때에 맞게 쓰고 분수에 맞게 쓰고 타당하게 쓰기란 결코 쉬운 일이 아닙니다. 그뿐 아니라 재물은 여러분 개인의 것이 아니라 인류 사회 전체의 것임을 반드시 알아야 합니다. 설사 당신에게 재물이 생겼다 해도 그건 일시적인 사용권을 지니게 된 것일 뿐입니다. 결국은 당신에게 영원히 속하지 않고 한때 지배할 뿐입니다.

도주공에 관한 이 글은 제가 열두 살 반이 되던 때에 부친의 가르침으로 읽었습니다. 하지만 이 글을 진정으로 이해하게 된 것은 '불혹'의 나이를 넘기고 나서였습니다. 그래서 감상을 이기지 못해 저도 모르게 쓸데없는 말을 자꾸 늘어놓고 말았습니다.

"거만하고 게으른〔敖惰〕" 심리와 관련해서는 동한 시대 마원(馬援)의 「계형자엄돈서(誡兄子嚴敦書)」라는 문장도 들 수 있습니다. 후일 민국(民

國) 20년[107]에 중학교 국어 교과서에서 본 듯한데 여러분도 읽어 보셨을 터이니 길게 설명하지는 않겠습니다. 마원의 일생은 참으로 대단했지만 노년에는 결국 사람들에게 배척당해 역사상 고명한 광무제 유수에 의해 좌천되었습니다. 그 밖에도 역사를 통해 "사람은 그 거만하고 게으른 바에 편벽된다"라는 이치를 이해하려면, 『구당서(舊唐書)』에 기록된 초당(初唐) 개국 공신들의 후손에 대해서만 읽어 보더라도 알 수 있습니다. 가령 방현령(房玄齡), 두여회(杜如晦), 서세적(徐世勣) 등의 전기를 읽어 보면 "가벼운 가죽옷에 살진 말을 향유하던 오릉(五陵)의 귀공자들"의 결말을 볼 수 있습니다. 이것만 보더라도 『대학』의 "거만하고 게으른 바에 편벽된다"라는 학문 수양의 도가 얼마나 중요한 것인지를 알 수 있습니다. 질문이 나왔네요.

"'거만하고 게으른 바에 편벽된다'라는 말은 더 많은 측면에서 이해해야 하지 않을까요? 예를 들어 우리 반의 어떤 친구는 아주 총명하고 지혜로워서 확실히 다른 사람보다 뛰어난 데가 있습니다. 하지만 자부심이 지나친 데다 이상까지 너무 높아 '재주를 믿고 남을 깔보고' '다른 사람들과 잘 어울리지 못하는' 성격이 되어 버렸습니다. 거의 모든 사람과 잘 지내지 못하고 어떤 일에도 그냥 넘어가려 들지 않으며 오로지 자신의 근심 속으로만 침잠해 버립니다. 이런 심리 상태도 '거만하고 게으른 바에 편벽된다'라는 상황이 아닐까요?"

네, 아주 정확한 말입니다. 하나를 들으면 그 나머지를 아는 분이군요. "거만하고 게으른 바에 편벽된다"라는 말의 의미에 대해서는 여러 측면으로 이해해야 합니다. 그런 다음에 "허물을 보고서 인을 안다(觀過而知仁)"라는 말처럼 그것으로 자신의 심리 행위를 반성해야 합니다. 비단 "거만

---

107 1931년에 해당된다.

하고 게으른 바에 편벽된다"라는 것만 그런 것이 아닙니다. 앞에서 말했던 몇 가지 심리 문제들도 마찬가지로 한 가지 측면으로만 이해해서는 안 됩니다. 이처럼 자신이 아는 바와 행하는 바를 확충시키고 또 다른 사람에게까지 영향을 미치고 감화시킬 수 있다면, 이것이야말로 중국 전통문화에서 말하는 진정한 '유행(儒行)'의 도에 합치된다 하겠습니다.

만약 한 걸음 더 나아가 말한다면 증자가 『대학』에서 지적했던 "친애하고, 천히 여기고 미워하고, 두려워하고 존경하고, 가엾고 불쌍히 여기고, 거만하고 게으른" 바는 본디 사람에게 심리적 편향을 조성하기 가장 쉬운 방향들입니다. 앞에서 제가 말씀드린 것은 모두 대략적인 설명에 불과했고 사실상 아주 단순화시킨 것이었습니다.

중국 문자학에 근거하여 설명한다면 증자가 언급한 이 다섯 명사에는 긍정적인 방향과 부정적인 방향이라는 양방향을 비롯하여 다방면에 걸친 내용들이 포함되어 있습니다. 그뿐 아니라 하나의 글자가 하나의 개념을 포괄하고 있습니다. 두 글자가 하나의 문제만을 내포하는 것이 결코 아닙니다. 즉 친(親)·애(愛)·천(賤)·오(惡)·외(畏)·경(敬)·애(哀)·긍(矜)·오(敖)·타(惰)의 모든 글자가 서로 다른 심리 상태, 서로 다른 의식 형태의 심리 현상을 포함하고 있습니다. 두 글자 혹은 여러 글자가 하나의 개념만을 나타내는 것이 결코 아닙니다. 이것이 바로 금문(今文)과 고문(古文)의 차이점입니다.

옛사람들은 어린 나이에 공부를 시작하였는데 제일 먼저 소학(小學)을 배웠습니다. 여기에서 말하는 소학은 오늘날의 소학교(小學校)가 아닙니다. 소학이란 먼저 한자 하나하나의 구체적인 뜻을 공부하는 것을 말합니다. 이 글자는 왜 이런 구조로 쓰였는가? 이 글자는 무슨 개념을 나타내는가? 먼저 개념이 존재하고 음성과 결합시켜서 하나의 글자로 만들어진 타 민족의 문자와는 다릅니다. 그래서 과거 우리가 공부할 때는 글자를 익히는 것으로부터 시작했습니다.

전통적인 가르침을 통해 알게 된 바에 따르면 상고 시대 인류 문자의 구조에는 세 가지가 있었습니다. 첫째는 오른쪽으로 써 나가는 방식으로, 예를 들어 범문(梵文) 같은 것이 그러한데 형성(形聲)을 위주로 했습니다. 둘째는 왼쪽으로 써 나가는 방식으로 '모세의 글' 즉 고대 히브리어가 그러했는데, 이미 없어져서 전해지지 않습니다. 셋째는 아래로 써 내려가는 방식으로 중국 문자가 그러한데, 방괴자(方塊字)이고 육서(六書) 즉 여섯 종류의 구성 방식을 포괄하고 있습니다.

고문 소학(小學)이 변화 발전하다가 한대에 이르러 고문(古文)과 고자(古字)를 연구하고 고증하는 학문이 생겨났는데, 이것을 '훈고(訓詁)'학이라고 불렀습니다. 글자에 발음 기호를 붙여 주고 나아가 고금 방언의 독음 차이를 개괄하기 위해 점차 한자의 병음(拼音)[108] 방법을 발명했습니다. 이른바 '반절(反切)'이라는 병음법은 동진(東晉) 전기에 범어로 된 불경을 번역하기 위해 고안되었는데, 범문(梵文)의 특성인 형성(形聲)의 방법을 채용한 '절운(切韻)' 같은 이치를 만들어 내기 시작했습니다. 다시 말하면 서역에서 온 고승 구마라집 법사와 그의 중국 제자들이 창조해 낸 성과라고 할 수 있습니다.

이런 쓸데없는 말은 모두 질문에 대한 보충 설명이었습니다.

자기 자신, 부모, 지도자에게 주는 계시

이제 다시 『대학』의 본 주제로 돌아갑시다. "소위 그 집안을 바로잡음은

---

[108] 음소를 결합하여 한 음절로 만드는 것.

그 몸을 닦음에 있다"라는 구절과 관련해서 "수신(脩身)"의 다섯 가지 심리 문제를 설명하느라 시간을 지체했습니다. 그런데 설명하면 할수록 점점 더 주제에서 멀어지는 듯 느껴집니다.

사실 원본 『대학』 그 자체에는 일관된 순서가 있어서, 그 서술된 이치가 한 단계 한 단계 앞으로 나아가고 있습니다. 하지만 『대학』 첫머리에서 말한 '지(知)'의 학문과 "지극히 선한 데서 머무른다〔止於至善〕"라는 '지(止)'의 수양과 실천에서 시종 벗어나지 않았습니다. 그렇기 때문에 증자는 바로 이어서 다음과 같은 가장 중요한 결론을 내렸습니다.

그러므로 좋아하면서도 그 나쁨을 알고, 미워하면서도 그 아름다움을 아는 사람은 천하에 드물다. 그러므로 속담에 이런 말이 있으니 "사람은 그 자식의 악함을 알지 못하고, 그 모종의 충실함을 알지 못한다" 하였다. 이것을 일러 몸이 닦이지 않으면 그 집안을 바로잡지 못한다고 하는 것이다.

故好而知其惡, 惡而知其美者, 天下鮮矣. 故諺有之曰, 人莫知其子之惡. 莫知其苗之碩. 此謂身不脩, 不可以齊其家.

이 말은 누구든지 자신의 가족이나 자녀를 아무리 사랑한다 하더라도 사랑하는 동시에 그들이 부정적인 나쁜 점과 나쁜 습관을 지니고 있다는 사실도 반드시 알고 있어야 한다는 뜻입니다. 바꾸어 말하면 여러분이 자기 가족이나 자녀를 미워하는 경우에도 그들에게 훌륭한 면이 있다는 사실을 알아야 한다는 말입니다. 사랑하거나 미워하는 자신의 사사로운 감정에만 의거해 한쪽으로 기울어서는 안 됩니다. 하지만 사람은 원래 가련하고 슬픈 존재라서 자신의 주관적 선입견에 따라 일체를 부정해 버리는 경우가 많습니다. 사람에게 가장 어려운 일이 바로 자기 자신을 돌이켜 살

펴보고 반성하는 일이기 때문입니다.

그래서 증자는 한탄하며 말했습니다. "자신의 주관적 선입견에 속지 않고 눈을 들어 천하를 바라볼 수 있는 사람은 참으로 적구나!" 그러나 절대 "없다"라고 말하지는 않았습니다. "너무 적구나"라고 말했을 뿐입니다. 그래서 그는 당시 백성들의 속담도 인용했습니다. 보통 사람들은 자녀에게 나쁜 습성이 숨어 있음을 알지 못합니다. 그건 마치 자기가 심은 곡식의 싹이 날마다 얼마만큼 자라는지 알지 못하는 것과 같습니다.

물론 증자가 인용한 것은 춘추 전국 시대의 속담입니다. 그래서 "언왈(諺曰)"이라고 밝혔는데, '언(諺)'은 바로 토속의 언어라는 뜻입니다. 후세의 농촌 사람들이 하는 말 가운데 "자식은 자기 자식이 좋고 마누라는 남의 마누라가 좋다"라는 말이 있습니다. 앞 구절이 옛 속담의 뜻과 비슷하지만 한결 질펀하고 시원시원합니다. 하지만 증자는 대유학자라 이런 속된 말을 인용할 수 없었을 겁니다. 저야 원래 막돼먹고 또 농촌 출신이라 거리낌 없이 막 사용하지만요.

증자가 인용한 속담의 두 번째 구절 "그 모종의 충실함을 알지 못한다"라는 표현이 아주 재미있습니다. 여러분이 농촌에서 자랐다면 이 말의 뜻을 알 수 있을 것입니다. 농부들은 매일같이 날이 새기도 전에 자리에서 일어나 자기 땅을 한번 둘러보는데, 자기가 심은 벼나 보리는 노상 그 모양으로 자라지 않아서 너무 초조합니다. 그런데 우연히 고개를 돌려 사방을 둘러봤더니 다른 사람이 심은 것은 보기에도 예쁘고 또 쑥쑥 자라는 것 같아서 김이 팍 새고 맙니다. 하지만 사실은 다른 사람이 그 사람 곡식을 봤더라도 마찬가지 느낌을 받았을 것입니다.

왜 그럴까요? 그것은 날마다 가까이서 지켜보기 때문에 정확하게 보지 못해서입니다. 그러므로 모든 일은 냉정한 눈으로 곁에서 지켜봐야만 정확하게 파악할 수 있는 법입니다. 속담에도 "직접 일에 맞닥뜨린 사람은

헤매고 곁에서 지켜보는 사람은 분명하다"라는 말이 있는데, 사람을 보는
데 있어서도 그 이치가 똑같습니다. 또 이런 속담도 있습니다. "장모는 사
위가 볼수록 사랑스럽다"라고 하는데 과연 그럴까요? 그것은 아마 "친애
하는 바에 편벽된" 자기 딸의 영향을 은연중에 받아 "사위 집 말뚝에 대고
절하고 싶은" 심정이기 때문일 것입니다.

다시 말하지만 『대학』에서 말하는 다섯 가지 "수신, 제가"의 방향은 결
코 현대의 부부 중심 핵가족에 대한 것이 아닙니다. 그것은 고대 종법 사
회에서 형성된 대가정, 대가족에 대한 것입니다. 바꾸어 말하면 여기에서
말하는 "수신, 제가"의 도는 작은 것에서부터 확대되어 크게는 국가 지도
자인 왕후장상이 갖추어야 할 학문과 수양이기도 합니다. 요즘에 맞게 말
한다면 정부나 정당 단체, 상공업 기업체나 회사의 지도자들은 '경영학'을
말하기 전에 먼저 자신의 '수신'을 생각해야 합니다.

우리는 소위 '가(家)'라는 말이 한 개인이 다른 이성과 밀접히 결합하여
물질생활과 정신생활을 공동으로 영위해 나가는 것을 상징하는 말임을 알
아야 합니다. 남녀가 부부 관계로 변하면 자녀가 생겨 그들은 부모가 됩니
다. 부모와 자녀가 있으면 당연히 형제자매도 형성됩니다. 공자가 『역경』
「서괘전(序卦傳)」 하편에서 말한 것과 같은 이치입니다.

천지가 생긴 후에 만물이 생겼고, 만물이 생긴 후에 남녀가 생겼다. 남녀가 생긴 후
에 부부가 생겼고, 부부가 생긴 후에 부자가 생겼다. 부자가 생긴 후에 군신이 생겼고,
군신이 생긴 후에 상하가 생겼다. 상하가 생긴 후에 예의가 베풀어졌다. 부부의 도는 오
래가지 않으면 안되므로 항으로 받는다.

有天地, 然後有萬物. 有萬物, 然後有男女. 有男女, 然後有夫婦. 有夫婦, 然後有
父子. 有父子, 然後有君臣. 有君臣, 然後有上下. 有上下, 然後禮義有所錯. 夫婦之
道, 不可以不久也, 故受之以恒.

그러나 사회학이라는 또 다른 관점에서 보면 사람은 모두 사회의 구성원입니다. 그런데 사람은 생활해야 하고 생활하기 위해서는 반드시 사람과 사람끼리 서로 도와야 합니다. 그 결과 사람들이 모여서 일하는 사회가 형성되었습니다. 그런데 가(家)라는 관계를 사회의 기본 구성원으로 간주해서는 안 됩니다. 그것은 단지 전체 사회 구성원들의 사적인 관계일 뿐입니다. 이런 이론이 발전하여 사회적 공유(公有)니 공존(共存)이니 공향(公享)이니 하는 개념도 나왔습니다. 하지만 그 속에 담긴 의미가 아무리 훌륭하다 해도 사람이 중심이 되는 세상에서는 그런 이론도 결국은 가(家)를 중심으로 작용할 수밖에 없습니다. 그것은 사람에게는 정욕도 있고 이지(理智)도 있어서 무심무지(無心無知)한 광식물이나 일반 동물과는 달리 완전히 기계적으로 제한하고 관리할 수가 없기 때문입니다.

그렇기 때문에 사람의 사회에는 언제나 가(家)를 주체로 하는 구조가 존재해 왔습니다. 하지만 철학적 논리로 보면 그런 구조 역시 단지 하나의 구체적 상징에 불과합니다. 그렇긴 해도 구체적 상징인 이들 가(家)와 가(家)의 연합과 집적으로 하나의 사회가 형성됩니다. 바꾸어 말하면 가(家)는 사회의 기본 단위이고 그것이 확대되어 사회가 되므로, 사회가 바로 하나의 대가정인 셈입니다. 가(家)와 사회가 다시 확대 결합하면 더 큰 결합체를 형성하는데, 그것이 바로 '국가'입니다. 구학문이건 신지식이건, 이렇게 말하건 저렇게 말하건 간에 "왜곡된 진리는 천 가지요 올바른 진리는 한 가지"입니다. 제가 볼 때 『역경』「서괘전」에서 말한 내용은 세월이 흘러도 항상 새롭기 때문에 그 어떤 것도 그 이치 그 학설에서 벗어나지 못합니다.

원본 『대학』에서 말한 '가(家)'라는 개념은 대가정, 대가족이라는 뜻을 내포하고 있어서 서양 후기 문화에서 말하는 사회와 그 성격이 같습니다. 동시에 『대학』에서 말하는 "수신제가의 도"라는 것이 가정과 사회단체뿐만 아니라, 나아가서는 정부·정당·회사 등에 있어서 지도력의 문제와 지도자의 학문 수양을 가리킨다는 사실을 알아야 합니다.

가령 한 개인이 사회적으로 지도자의 위치에 있다면, 그를 따르는 사람이 두 명 혹은 그보다 더 많든지 심지어 수천수만이 되더라도 그가 짊어진 책임은 바로 그 사회의 가장이라는 임무입니다. 하지만 자신이 소속된 가정이라는 혈연관계와는 약간의 차이가 있습니다. 그것은 자신이 이끌어 가야 할 사람들이 사방 각지에서 왔기 때문에 출신 배경, 가정 교육, 문화 정도, 심지어 종교 신앙 등이 제각기 다르기 때문입니다. 특히 중국 민족은 수천 년에 걸친 문화의 다양한 영향을 받아 더욱 복잡합니다.

제가 미국에 있을 때에는 화교 사회의 동포들에게 늘 이렇게 말하곤 했습니다. "우리 민족의 습성은 두 사람이 함께 있으면 세 갈래로 의견이 갈라지는 것이다." 그뿐 아니라 우리 스스로도 비판하듯이 "내부적인 다툼에서는 전문가이지만 외부적인 다툼에서는 문외한(內鬪內行, 外鬪外行)"이니, 참으로 부끄럽고도 절박한 악습이 아닐 수 없습니다.

그래서 상고 시대 전통문화는 벌써부터 우리에게 이렇게 가르쳐 왔습니다. 지도자가 된 사람의 삼 대 임무는 바로 "군주가 되어 주고, 어버이가 되어 주고, 스승이 되어 주어야(作之君, 作之親, 作之師)" 하는 것입니다. 아울러 "부모를 마주 대하는 것처럼(如臨父母)", "갓난아이를 보호하는 것처럼(如保赤子)" 해야 합니다. 반드시 자기 자신이 학문과 수양을 이룩해야만 이 사회의 장관 혹은 사장이 될 수 있고, 또 동시에 이 사회의 부모가 될 수 있습니다. 더욱 중요한 것은 이 사회의 대스승이 될 수도 있다는 사실입니다. 자신을 따르는 사회 구성원들을 인내심을 가지고 교육하고 기르되, 마치 부모나 보모가 아이를 대하듯 해야 합니다.

교육을 책임지는 위치에 있는 사람이라면 반드시 학생의 지도자, 부모, 보모와 같은 학식 수양과 심정을 지녀야만 됩니다. 단지 '경사(經師)' 노릇만 하면서 지식만 전수해 주어서는 안 됩니다. 반드시 그와 동시에 '인사(人師)'가 되어 유형무형으로 학생이나 부하를 지도하여 하나의 온전한 사람으로 만들어야 합니다. 물론 한 사람의 학생을 지도하여 마침내 그가 '완인(完人)'이나 '진인(眞人)'이 되게 할 수 있다면 그 자신은 '성인사(聖人師)' 혹은 '천인사(天人師)'라고 불리기에 부족함이 없을 것입니다!

앞에서 말한 이러한 대원칙이 이해된다면 여러분은 다음의 사실을 알 수 있을 것입니다. 우리는 어떤 사람을 대하든지, 즉 대가정이라는 사회단체와 우리가 접촉하는 상하 좌우 전후의 모든 사람을 상대로 언제 어디서고 "친애하는 바에 편벽되고, 천히 여기고 미워하는 바에 편벽되고, 두려워하고 존경하는 바에 편벽되고, 가엾고 불쌍히 여기는 바에 편벽되고, 거만하고 게으른 바에 편벽되는" 상황이 아주 쉽사리 생깁니다. 이와 관련된 고사를 열거하거나 현대 사회에서 일어나는 예로 설명하자고 들면, 텔레비전과 컴퓨터를 동원하여 연출해야 할 것이고 그나마도 반평생 혹은 일평생에 걸친 작업이 될 것입니다. 우리는 그냥 이쯤에서 끝을 내고 다음 문장을 계속해서 살펴보도록 하겠습니다.

제6편

집안을 가지런히 하고
나라를 다스리다

37

수신의 도가 제가에 있다는 것에 대하여

소위 나라를 다스림이 반드시 그 집안을 바로잡음에 있다는 것은, 그 집안을 가르치지 못하면서 다른 사람들을 가르칠 수 있는 사람은 없기 때문이다. 그러므로 군자는 집을 나서지 않고서도 나라에 가르침을 이룬다.

효는 군주를 섬기는 것이고, 제는 어른을 섬기는 것이고, 자는 백성들을 부리는 것이다. 「강고」에 말하기를 "어린아이를 보호하듯이 한다" 하였으니, 마음에 진실로 구하면 비록 딱 들어맞지는 않더라도 멀지 않을 것이다. 자식 기르는 것을 배운 뒤에 시집가는 사람은 없다.

한 집안이 인하면 한 나라에 인이 흥하고, 한 집안이 사양하면 한 나라에 사양함이 흥하고, 한 사람이 탐하고 어그러지면 한 나라가 난을 일으키니, 그 기틀이 이와 같다. 이것을 일러 한 마디 말이 일을 그르치며, 한 사람이 나라를 안정시킨다고 하는 것이다.

요순이 천하를 인으로써 거느리자 백성들이 그를 따랐고, 걸주가 천하를 포악함으로써 거느리자 백성들이 그를 따랐으니, 그 명령하는 바가 자기가 좋아하는 바와 반대되면 백성들이 따르지 않는다. 그러므로 군자는 자기에게 선이 있은 뒤에 다른 사람에게 선을 구하며, 자기에게 악이 없어진 뒤에 다른 사람의 악을 비난하는 것이다. 자기 자신에게 간직하고 있는 것이 어질지 못하고서 남을 깨우칠 수 있는 사람은 없다. 그러므로 나라를 다스림이 그 집안을 바로잡음에 있는 것이다.

『시경』에 말하기를 "복숭아꽃이 예쁘고 그 잎은 무성하구나. 그 아가씨 시집가니 그 집안 식구에게 마땅하네" 하였으니, 그 집안 식구에게 마땅한 후에야 나라 사람들을 가르칠 수 있는 것이다. 『시경』에 말하기를 "형에게도 마땅하고 아우에게도 마땅하다" 하였으니, 형에게 마땅하고 아우에게 마땅한 후에야 나라 사람을 가르칠 수 있는 것이다. 『시경』에 말하기를 "그 위의가 어그러지지 않는지라 이 사방 나라를 바르게 한다" 하였으니, 그 부자와 형제 된 자가 족히 본받을 만한 후에야 백성들이 본받는 것이다. 이것을 일러 나라를 다스림이 그 집안을 바로잡음에 있다는 것이다.

所謂治國必齊其家者, 其家不可敎, 而能敎人者, 無之. 故君子不出家, 而成敎於國.

孝者, 所以事君也. 弟者, 所以事長也. 慈者, 所以使衆也. 康誥曰, 如保赤子, 心誠求之, 雖不中, 不遠矣. 未有學養子, 而後嫁者也.

一家仁, 一國興仁. 一家讓, 一國興讓. 一人貪戾, 一國作亂, 其機如此. 此謂一言僨事, 一人定國.

堯舜率天下以仁, 而民從之. 桀紂率天下以暴, 而民從之. 其所令反其所好, 而民不從. 是故君子有諸己, 而後求諸人. 無諸己, 而後非諸人. 所藏乎身不恕, 而能喩諸人者, 未之有也. 故治國在齊其家.

詩云, 桃之夭夭, 其葉蓁蓁. 之子于歸, 宜其家人. 宜其家人, 而后可以敎國人. 詩云, 宜兄宜弟. 宜兄宜弟, 而后可以敎國人. 詩云, 其儀不忒, 正是四國. 其爲父子兄弟足法, 而后民法之也. 此謂治國在齊其家.

『대학』을 연구할 때, 앞에서 이미 말했듯이 수신제가(修身齊家)의 단계

에 이르면 '내명(內明)'의 학문 수양으로부터 '외용(外用)'의 발휘로 전환해 나아가야 합니다. 그러나 그러기 위해서는 공자로부터 말미암은 유가와 그를 계승한 증자와 자사, 심지어 맹자에 이르는 과거의 역사 문화를 더 잘 이해하고 있어야 합니다. 그들은 삼천 년 동안 내려온 종법 사회의 윤리 전통을 시종일관 받들어 계승하였으며 인도주의적인 인본 사상을 발전시켰습니다.

중국 상고 사회는 예치를 위주로 했다

대가정의 가족은 바로 인간 사회를 이루는 기본이요 마치 작은 나라의 축소 모형과도 같습니다. 또 그것은 예의로써 다스리는 예치(禮治)를 중시하고 법으로써 다스리는 법치(法治)는 중요시하지 않았습니다. '예(禮)'는 문화적 교양이며 도덕적 본보기를 통한 감화입니다. 반면에 '법(法)'은 시공간적 환경에 적응하기 위해 인위적으로 만들어 놓은 규범입니다. 그것을 통해 사람들의 행동을 관리하고 사람과 사람, 사람과 사회 사이에서 벌어지는 이해관계의 충돌을 조정합니다. 주나라 이전에 중국 문화의 정치 목표는 예치를 위주로 했으며 법치는 단지 예치의 부족한 부분을 보조해 주는 작용을 할 뿐이었습니다. 만약 예치와 법치를 비교해 연구 토론하고자 한다면 문제는 그리 간단치 않습니다. 반드시 인류 사회 발전사와 인류 경제 발전사 같은 학문과 종합적으로 연구해야 합니다.

제가 지금 예치와 법치의 문제를 언급하는 것은, 유가라는 전통 학문의 주된 뜻이 인간 본위의 '인륜(人倫)'의 도에서 출발하여 '위정(爲政)'의 원리 원칙에까지 미친다는 사실을 여러분에게 이해시키고자 해서입니다. 이른바 "수신, 제가, 치국, 평천하"의 일관된 도리도 그 범주를 벗어나지 않습니다. 예치와 법치의 문제를 언급한다는 것은 정술(政術)이나 정법(政法)을 운용하는 법칙에 대해 이야기하려는 것이 결코 아닙니다. 이러한 이치를 이해해야만 원본 『대학』과 『중용』 등의 정수를 이해하고 배울 수 있습니다.

아울러 우리가 알아야 할 것은 종법 사회의 가족을 위주로 하는 전통문화가 하 왕조 때부터 시작되었다는 사실입니다. 요순(堯舜) 이래의 '공천하(公天下)'가 하 왕조 때에 이르러 한순간에 '가천하(家天下)'로 변하였고, 주·진 이후로는 하나의 성씨와 하나의 가족으로 대표되는 국가 천하 즉 대가장(大家長)이 제왕(帝王)으로 일컬어지는 제도가 확립되었습니다. 이러한 제도와 관습이 이천여 년 동안 유지되어 오다가 이십 세기 초에 이르러서야 비로소 서양의 후기 민주주의 사상과 결합했습니다. 맹자가 "백성이 제일 존귀하고 나라는 그다음이고 군주는 또 그다음이다〔民爲貴, 社稷次之, 君爲輕〕"라고 한 말과 완전히 일치합니다. 그러나 우리의 문화, 사상, 관습 속에는 지금까지도 여전히 종법 사회 제왕의 '대가족(大家族)'이라는 어두운 그림자가 남아 있습니다.

민국 30년[109]에 저는 농촌에서 올라온 예닐곱 명의 농민들이 손에는 노란 깃발을 들고 등에는 큰 칼자루를 메고 성도(成都)의 황성(皇城)으로 쳐들어와서 황제의 보좌에 올라 스스로 천자(天子)라 일컫는 일을 본 적이 있습니다. 이는 실제로 있었던 일입니다. 당시의 군벌이나 정객(政客) 학자들 가운데는 조조(曹操)가 말했듯이 '몇 명이나 황제라 칭했고 몇 명이나 제왕이라 칭했던가'라는 사상을 가진 사람들이 적지 않았을 것입니다.

지금부터 칠십여 년 전에 청 왕조의 유로(遺老)였던 한 사람은 저에게 이렇게 말했습니다. "보게! 국민당 혁명군이 북벌(北伐) 전쟁에서 성공했

---

109 1941년에 해당됨.

는가? 그들은 북벌 전쟁의 성공이 바로 정치 남벌(南伐)임을 깨닫지 못하고 있네." 그 당시 저는 아직 젊었기에 모르는 부분은 곧 물었습니다. "정치 남벌이라는 것이 무엇입니까?" 그러자 그가 말했습니다. "벼슬을 하고 법을 경시하고 뇌물을 받아먹고 부패하고 무능하고 총애받기 위해 서로 싸우고 권력을 다투고, 어느 것 하나 청나라 이전의 전제 정치 시대와 다를 바가 없네. 단지 겉모습만 달라졌을 뿐이지. 거기다 그들은 전제 정치 시대처럼 수준이 높지도 못하네. 그때는 그나마 점잖고 고상하기나 했었지. 자네 부친께서 자네에게 공부는 하되 벼슬은 하지 말라 한 것은 옳은 말씀이야. '한 대의 탐관오리의 죄는 아홉 대의 노동으로 갚아야 한다[一代贓官九代牛]'라는 말처럼 정말 무서운 것이라네."

솔직히 말해 그분의 말씀은 수십 년 동안 제 기억에서 늘 새롭게 다가옵니다. 세상사는 수없이 반복되는 것이지만 그 맛은 갈수록 없어집니다. 장문도(張問陶)가 "한 편의 역사가 너무도 케케묵었구나, 상하 천 년이 우습게도 쳇바퀴 돌듯 하였네[一編靑史太陳陳, 上下千秋笑轉輪]"라고 읊었던 것과 꼭 같습니다. 거의 한 세기 동안의 혁명, 백여 년의 세월이 반복과 반복으로 점철된 것이 예전과 똑같아 정말로 숨이 막힐 지경입니다.

민주를 이야기하려면 자기 자신부터 시작해야 한다

또 우리가 알아야 할 것은 서양 후기 문화인 민주 자유 사상이 아시아로 들어오면서 중국 고유의 전통문화와 충돌하다가 점차 상호 교통과 이해를 거쳐 결합되었다는 사실입니다.

1950년대 이후의 미국식 민주 선거를 보면, 국가 지도자의 자리에 오르기 위해 경쟁하다 보니 서로의 결점을 폭로하고 심지어 인신공격도 서슴

지 않는 것을 볼 수 있습니다. 특정 후보의 청년 시절 학업 성적이니, 연애 시절의 이야기니, 심지어 부부간의 문제 등을 텔레비전으로 끌고 나와 풍자하면서도 그러한 행위야말로 민주주의의 표본이라고 공인하는 모습을 봅니다. 무척 흥미진진하긴 합니다만 과연 이 세상에 흠 없이 완벽한 성현이 얼마나 있는지 묻고 싶습니다. 그러고 보면 삼대(三代) 이후로는 고상한 성품을 지닌 사람은 있어도 천지를 발각 뒤집어 놓을 정도의 재능을 가진 사람은 없는 듯합니다. 만약 재주와 덕행과 학식을 고루 겸비한 데다 웅대한 뜻과 높은 기개를 가진 사람을 찾고자 한다면, 그런 사람은 아마 인상파 화가의 그림 속에서나 찾을 수 있을 것입니다. 게다가 그런 것은 다른 사람에게 성현이 되라고 요구하는 행위일 뿐, 자기 자신이 성현이 되라고 요구하는 행위가 결코 아닙니다. 어찌 되었든 현대의 미국식 민주 선거가 보여 준 트집잡기 병이 마치 B형 독감처럼 한때 매우 유행한 것은 사실입니다.

하지만 결국에는 공자 학파의 『대학』과 『중용』의 도처럼 명백하고 투철하지 못했습니다. 『대학』과 『중용』의 도는 다른 사람에게 요구하는 것이 아니라 개개인으로 하여금 자신이 도달해야 할 학식과 수양의 목표를 깨닫게 합니다. "마음에 진실로 구하면 비록 딱 들어맞지는 않더라도 멀지 않을 것이다[心誠求之, 雖不中, 不遠矣]." "진실로 마음을 다해[誠心]" 자기 자신에게 요구하십시오. 그러면 비록 완전하게 이루지는 못할지라도 멀지 않을 것이며, 결국에는 목적지에 도달할 수 있을 것입니다.

그렇다면 원본 『대학』의 "나라를 다스림이 반드시 그 집안을 바로잡음에 있다[治國必齊其家]"라는 것에 관해서는 어떻게 말할 수 있을까요? "소위 나라를 다스림이 반드시 그 집안을 바로잡음에 있다는 것은, 그 집안을 가르치지 못하면서 다른 사람들을 가르칠 수 있는 사람은 없기 때문이다. 그러므로 군자는 집을 나서지 않고서도 나라에 가르침을 이룬다[所謂治國

必齊其家者, 其家不可教, 而能教人者, 無之. 故君子不出家, 而成教於國〕."

이 구절에서는 먼저 '교(敎)' 자를 이해해야 합니다. 전통 문자학의 해석에 따르면 교(敎)란 곧 '효(效)'입니다. 이 글자에는 교화(敎化)나 교육(教育)과 효과(效果)라는 의미가 내포되어 있습니다. 그러므로 증자가 말한 것은, 개개인이 자신의 학문과 수양을 토대로 외용(外用)을 발휘하고자 한다면 반드시 제 집안을 다스리는 것에서부터 시작해야 한다는 뜻임을 알 수 있습니다. 또 이 '제(齊)' 자 역시 잘 이해해야 하는데, 전통 문자학의 해석에 따르면 평등, 균형, 한편으로 치우치지 아니함, 엄숙하고 조용함 같은 의미가 들어 있습니다.

만약 여러분이 성인(成人)에서 대학(大學)의 단계로 들어가서 "치지, 물격, 성의, 정심, 수신"이라는 내명(內明)의 학문까지 이미 완성하였다면, 당연히 자신의 가르침으로 집안사람들에게까지 영향을 미쳐 그들로 하여금 사람됨과 처세의 올바른 방향을 알게 하고, 나아가 온 가족이 화목하고 행복할 수 있을 것입니다. 예를 들어 자신의 가족조차 교화시키지 못하면서 다른 사람을 위해 일을 도모한다거나, 모든 사람을 교화시키겠다고 말한다면 그건 절대로 불가능합니다. 그러므로 진실로 학문과 수양을 갖춘 군자라면 자기 집 대문 밖을 나서지 않고서도 온 사회와 나라에 교화 및 교육의 효과를 일으키게 될 것입니다.

이상은 『대학』 원문을 쉬운 구어로 설명해 보려는 시도였습니다. 하지만 지금의 저는 『예기(禮記)』에서 말한 "성성이가 말을 할지언정 들짐승 수준을 벗어날 수 없고, 앵무새가 말을 할지언정 날짐승 수준을 벗어날 수 없다〔猩猩能言, 不離走獸. 鸚鵡能言, 不離飛禽〕"라는 것과 똑같습니다. 저 역시 사람의 말을 배운 앵무새에 불과합니다. 설명을 하면서도 다른 한편으로는 등에 식은땀이 흐르고 마음속으로 부끄럽기 짝이 없습니다. "나는 할 수 없는 바로다"라는 말이 딱 맞습니다.

그래서 저는 불교의 법도를 따르며 도를 수양하는 사람들이나 어떤 종교든 그것을 믿고 따르는 친구들에게 늘 이런 말을 합니다. "먼저 자네부터 겸허해지게. 너무 자주 '나는 부처님을 배워 중생을 제도하고 세상 사람들을 구원할 테야'라고 말하지 말란 말일세. 자네 가족은 중생의 한 사람이 아닌가? 세상 사람들이 아니냐고! 가족에게조차 영향을 미치지 못하면서 중생을 제도하고 세상 사람들을 구원하겠다니 그것이 가능한 일이겠는가? 어쩌면 자네는 가능할지도 모르겠네만 나는 정말로 내가 그렇게 못한다는 게 부끄러울 뿐이네." 그렇기 때문에 한평생 감히 남의 스승임을 자처하지 못했습니다. 저에게 배우려는 학생이 있다는 것도 생각할 수 없는데, 하물며 감히 여러분의 스승이라 자인할 수 있겠습니까!

　그러므로 우리는 더욱 『중용』에서 "공자께서는 요순을 조종으로 삼아 기술하고 문무의 법을 본받으셨다〔仲尼祖述堯舜, 憲章文武〕"라고 말한 것의 의미를 이해해야 합니다. 이 구절은 공자가 떠받들고 널리 알리고자 했던 전통문화의 성격을 자사가 설명해 놓은 대목입니다. 즉 공자는 요순의 덕으로 교화시킬 것을 표준으로 삼았으며, 도덕에 다가간 주 문왕과 무왕의 헌장(憲章) 제도를 모범으로 삼았다는 뜻입니다.

　요순에 관한 대략적인 역사 배경은 앞에서 이미 말한 바 있습니다. 지금부터는 주나라 문왕에 관한 역사 자료를 살펴보도록 하겠습니다. 문왕이 "제가, 치국"의 경로에 어떤 영향을 미쳤는지 안다면, 전통 유가에서 일컫는 "치국, 제가"의 모범이 어떤 것인지 확실히 이해할 수 있을 겁니다.

38

주나라 왕실의 치국제가에 관한 고사

희주(姬周) 가문의 유래는 사료에 따르면 기원전 2357년부터 시작되었다고 합니다. 그러나 고대사 연구가 목적이 아니기 때문에 자세히 논하지는 않겠습니다. 지금부터 살펴보려는 것은 상(商) 왕조의 마지막 군주였던 주왕(紂王)에 이어 일어난 주(周) 문왕과 무왕이 주 왕조 팔백여 년의 봉건 제도를 확립하였고 전통 역사 문화의 기반을 닦았다는 사실과, 아울러 공자로부터 "찬란하다 문이여[郁郁乎文哉]"라고 칭송받았던 주 왕조 윗대의 가계에 관한 것입니다.

주나라가 일어난 시기는 대략 기원전 1320년경에서 1250년 사이였는데, 서양에서는 같은 시기에 모세가 히브리인을 이끌고 이집트를 탈출한 뒤 시나이 산에 올라 십계명을 받음으로써 유대교가 시작되었습니다. 히브리인은 팔레스타인의 옛 영토를 정복하였고 또 페니키아인이 식민지 시대를 열었습니다. 주 왕조의 조상이자 역사상 현명한 군왕으로 알려진 고공단보(古公亶父)와 계력(季歷)[110]의 일은 공교롭게도 그 백여 년을 전후하여 일어났습니다. 기원전 1123년에 주 왕조가 일어나기까지의 고사들

---

110 주 문왕의 아버지.

은 모두 기록에 의거하였지만, 여기에서는 한 단락만 가지고 집중적으로 설명하고자 합니다.

주나라 왕실은 요순시대에 백성들을 위하여 농업 발전에 공로가 컸던 후직(後稷)의 후손이었습니다. 하(夏)나라 말에 이르러 정치가 쇠퇴하고 농업 발전을 중시하지 않자, 공직을 잃게 된 후직의 아들 불줄(不窋)이 세상을 피해 당도한 곳은 당시에 문화적으로 매우 낙후했던 융(戎)·적(狄) 사이의 땅이었습니다. 바로 지금의 감숙성(甘肅省) 홍화현(弘化縣) 일대입니다.

불줄의 손자 공유(公劉) 때에 이르자, 그는 비록 문화 수준이 낙후한 곳에 살지만 조상이 물려준 농업 발전의 정신을 다시 일으키고자 했습니다. 기록에는 "밭 갈고 씨 뿌리는 데 힘썼는데 토질에 적합하도록 하였다〔務耕種, 行地宜〕"라고 합니다. 그리하여 농업이 위수(渭水) 이남 지역에까지 널리 보급되게 되었는데 "농업을 일으켜 그것을 실행하는 사람은 자산이 생기고 거기에 사는 사람은 재물을 축적하게 되었다. 백성들이 그 선한 행위에 의지하고 그를 공경하였으니, 이주하여 그에게 귀의하는 사람이 많았다. 주나라의 도가 흥하는 것이 여기에서 시작되었으므로 시인들은 노래로 그 덕을 추억하였다〔取材用, 行者有資, 居者有蓄積, 民賴其慶, 百姓懷之, 多從而保歸焉. 周道之興自此始, 故詩人歌樂思其德〕"라고 했습니다.

다시 팔구 대가 지난 후 고공단보에 이르게 되었는데 바로 은(殷) 왕조가 몰락하기 시작하던 시기였습니다. 그는 선조 공유의 농업 발전 정책을 다시 일으키려 했습니다. 이른바 "덕을 쌓고 의를 행하니 백성들이 모두 그를 받드는〔積德行義, 國人皆戴之〕" 상황이 벌어지게 된 것입니다. 그러나 당시 문화적으로 낙후되었던 서북쪽 융적 지역의 소수 민족 훈육(薰育)이 고공단보의 땅으로 쳐들어와 "재물을 노략질하려 들었다"라고 합니다. 고공단보가 재물을 나누어 주었지만 거기에 만족하지 못한 그들은 후에 다시 공격해 왔습니다. 그리하여 "토지와 백성들을 뺏고자 하니 백성들이 모두 분개하여 맞서 싸우고자 했다[欲得地與民. 民皆怒, 欲戰]"라고 합니다. 그러자 고공단보는 이렇게 말했습니다.

백성이 있어 군주를 세우는 것은 장차 그들을 이롭게 하기 때문이다. 지금 융적이 공격하여 싸우고자 하는 것은 우리의 토지와 백성 때문이다. 백성들이 나에게 있든 그에게 있든 무엇이 다르겠는가? 지금 백성들은 나로 인해 싸우고자 하지만 다른 사람의 아버지와 아들을 죽여서 그들의 군주가 되는 일을 나는 차마 하지 못하겠다.

有民立君, 將以利之. 今戎狄所爲攻戰, 以我地與民. 民之在我, 與其在彼, 何異. 民欲以我故戰, 殺人父子而君之, 予不忍爲.

다시 말해 이런 뜻입니다. 백성들이 있고 그들이 한 군주를 옹립하는 까닭은 그 군주가 백성들을 위해 복리를 도모할 수 있기 때문이라는 것입니다. 지금 융적이 우리를 침략하고자 하는 까닭은 우리가 토지와 백성을 지니고 있기 때문입니다. 백성들이 내가 있는 이곳에 있든 그가 있는 그곳에 있든 그저 잘살기만 하면 됐지 그게 무슨 상관이 있느냐는 말입니다. 지금 백성들은 나와의 관계를 생각해서 싸우기를 원하지만 전쟁을 하게 되면 많은 사람을 죽여야 하고, 나를 옹호하기 위해 전쟁을 한다면 그것은 곧 나를 위해 다른 사람의 부형과 자제를 죽인 후에 다시 나더러 그들의 군주 노릇을 하라는 것인데, 나는 진실로 차마 그러한 일을 행할 수 없다는 것입니다.

그리하여 고공단보는 그의 선조 불줄을 본받아, 일가 측근들과 몰래 세상을 피해 지금의 섬서성(陝西省) 양산(梁山) 서남쪽의 기산(岐山) 자락에 정착했습니다. 그러나 그 사실을 알게 된 백성들은 늙은이를 부축하고 어린아이의 손을 잡아끌면서 융적을 떠나 기산까지 쫓아와서는 예전처럼 그를 옹호하여 받들었습니다. 또 인근 주변에 있던 무리들도 고공의 어진 명성을 흠모하여 모두 그에게로 귀의했습니다. 그리하여 고공은 어쩔 수 없이 문화를 전파하고 융적의 낡은 풍습을 개혁하고 성곽과 집들을 건설하고 지역을 분할하여 백성들에게 나누어 주어 편히 살도록 했습니다. 그와 동시에 관제와 직책을 세워 국가의 초보적 모습을 갖추어 나갔습니다. 그런 까닭에 역사에서는 그를 주나라의 '태왕(太王)'이라 칭합니다.

그런데 우리는 이 단락의 고사를 통해 동서양의 역사 변천 과정이 비슷하다는 사실을 발견할 수 있습니다. 고공단보의 동쪽 이주와 모세의 이집트 탈출은 모두 상고 시대 역사에서 가장 뜻깊고 흥미로운 일이 아닐 수 없습니다. 그러나 후세에 건립된 민족 국가의 사상과는 매우 큰 이념적 차이가 있습니다. 이 점에 대해서도 올바른 인식이 필요한데 다음에 다시 설명하겠습니다. 이제 또 한 단락의 역사 기록을 보도록 하겠습니다.

고공의 큰아들은 태백이라 하였고 둘째는 우중이라 하였다. 태강 부인이 막내 계력을 낳았다. 계력은 태임을 처로 맞이하였다. 모두 현명한 부인이었다. 태임이 창을 낳았는데 성스럽고 상서로운 기운이 감돌았다. 고공이 말하기를 "우리 대에 틀림없이 흥할 사람이 있으니 창이로다!" 하였다. 큰아들 태백과 우중은 고공이 계력을 세워 왕위를 창에게 물려주고 싶어 하는 것을 알고, 이에 두 사람이 남쪽 오랑캐의 땅으로 도망하여 몸에 문신을 하고 머리카락을 잘라 왕위를 계력에게 양보하였다.

고공이 세상을 떠나자 계력이 즉위하니 그가 바로 공계였다. 공계가 고공의 유지를 잘 받들어 힘써 의를 행하자 제후들이 순종하여 따랐다. 공계가 세상을 떠나자 아들 창이 즉위하니 그가 바로 서백(훗날의 문왕)이었다.

古公有長子曰太伯, 次曰虞仲. 太姜生少子季歷. 季歷娶太任, 皆賢婦人. 生昌, 有聖瑞. 古公曰, 我世當有興者, 其在昌乎. 長子太伯和虞仲, 知古公欲立季歷以傳昌, 乃二人亡如荊蠻, 文身斷髮, 以讓季歷. 古公卒, 季歷立, 是爲公季. 公季脩古公遺道, 篤於行義, 諸侯順之. 公季卒, 子昌立, 是爲西伯.

세 어머니들의 훌륭한 자태

고공에게는 현명한 부인 태강(太姜)이 있었는데, 그분이 바로 계력(季歷) 등 삼형제의 어머니였습니다. 태강은 용모가 아름다웠을 뿐 아니라 성품이 정숙하고 온화하며 매우 지혜로운 여인이었습니다. 아들들을 잘 가르쳐 장성하도록 언제나 부족함이나 잘못됨이 없었습니다. 그래서 고공은 국가 대사를 논할 때도 반드시 태강과 상의했습니다. 고공이 천도하여 다른 곳으로 옮겨 갈 때에도 그녀는 고생을 원망하거나 불평하지 않고 지아비를 순종하여 따랐습니다.

계력이 왕위에 오르고 그 역시 현명한 아내 태임(太任)을 맞아들였는데, 문헌의 기록에 따르면 그녀는 용모가 단정하고 성품이 올바르며 덕행을 행함에 있어 과실을 범치 않았습니다. 몸에 태기가 있자 바로 태교를 행하였으니, 이른바 "눈으로는 악한 모습을 보지 않고, 귀로는 음탕한 소리를 듣지 않고, 입으로는 오만한 언사를 내뱉지 않았다[目不視惡色, 耳不聽淫聲, 口不出傲言]"라고 합니다. 그리하여 문왕을 낳게 되었습니다.

문왕 또한 어진 아내가 있었는데 그녀의 이름은 태사(太姒)였습니다. 『사기(史記)』「주본기(周本紀)」에 따르면 "무왕(武王)은 어머니가 같은 형제 열 명이 있었는데, 어머니는 태사라 하였고 문왕의 정실이었다"라고 합니다. 『열녀전(列女傳)』에도 태사에 대한 기록이 남아 있는데, "열 명의 아들을 낳아 몸소 가르쳤다. 어려서부터 장성함에 이르기까지 도리에 어긋난 일을 한 적이 없었다. 문왕이 왕위를 계승하자 그들을 가르쳐 마침내 무왕과 주공의 덕을 완성하였다"라고 했습니다.

주나라 왕실은 고공단보, 계력, 문왕 삼대에 걸쳐 모두 현모양처가 있어서 왕실의 흥함을 도왔습니다. 그러므로 주나라 칠팔백 년의 종실 왕조가 형성될 수 있었던 것은 모두 그 조상들이 "제가, 치국"의 덕으로써 교화시켰기 때문이지, 우연히 긴 칼을 휘둘러 전쟁으로 천하를 얻은 것이 결코 아니었습니다. 그렇기 때문에 후세 사람들이 남의 아내를 높여서 '태태(太太)'라고 부르는 것은, 모범으로 삼을 만한 주나라 왕실의 '태' 자가 들어가는 세 분의 현모양처의 전고에서 비롯한 것이지, 아무렇게나 습관적으로 부르는 호칭이 아닙니다.

태백이 왕위를 양보한 유풍

"제가, 치국"의 도와 형제간에 왕위를 양보한 아름다운 유풍에 대해 알고 싶다면, 칠백 년 후에 『사기(史記)』에 기록된 「오태백세가(吳太伯世家)」의 고사를 살펴봐야 합니다.

태백과 그 아우 중옹(仲雍, 우중虞仲)은 막내 계력(季歷)에게 왕위를 계승하게 하려는 부친 고공단보의 뜻을 받들기 위해, 당시 문화적으로 낙후한 지역인 남쪽 오랑캐 땅—곧 지금의 강소(江蘇), 무석(無錫), 소주(蘇州) 일대를 말합니다—으로 달아났습니다. 그리고 머리를 자르고 문신을 함으로써 자신은 쓸모없는 인물이며 숨어 살기를 원한다는 뜻을 나타냈습니다. 그래서 스스로를 '구오(句吳)'라 불렀습니다. 후에 주 무왕이 땅을 주고 제후로 봉해 오나라의 시조가 되었습니다. 태백이 죽고 아들이 없자 아우 중옹이 그 뒤를 이었는데, 그들 형제가 다섯 대를 이어 내려갔습니다. 주 무왕이 은(殷)나라를 무너뜨린 후 태백과 중옹의 후손을 찾아내어 제후로 봉했습니다.

춘추 시대에 이르자 오왕 수몽(壽夢)이 우뚝 일어섰습니다. 그는 아들 넷을 두었는데, 기록에는 "큰아들은 제번(諸樊)이라 하였고 둘째는 여제(餘祭)라 하였으며 셋째는 여매(餘昧)라 하였고 막내는 계찰(季札)이라 하였다. 계찰이 현명하여 수몽이 그를 세우고자 하였으나 사양하니, 이에 큰 아들 제번을 세워 국사를 담당하게 하였다"라고 했습니다.

만형 제번은 부왕 수몽의 상복을 벗은 후 선친의 뜻을 받들어 계찰에게 왕위를 물려주고자 했습니다. 그러나 계찰은 극구 사양하였으며 "그 집을 버리고 농사를 지었다"라고 합니다. 자진하여 농촌으로 내려가 농사를 지으며 평민이 된 것입니다. 만형 제번이 죽자 둘째 여제가 왕위를 계승하였지만, 그들 형제는 여전히 계찰이 왕위를 계승하기를 바랐습니다. 여제가 세상을 뜨자 셋째 여매가 왕위를 계승했습니다.

여매가 죽자 사람들은 선친과 형제들의 뜻을 받들어 막내 계찰에게 왕위를 주고자 했습니다. 더 이상 사양할 수 없게 되었음을 안 계찰은 아예 그들을 피해 도망쳐 버렸습니다. 계찰이 오나라에서 분봉 받은 땅이 연릉(延陵)이었기 때문에 후세 사람들은 그를 '연릉계자(延陵季子)'라 불렀습니다. 계찰이 왕위 계승을 피해 숨어 버리자 오나라 백성들은 할 수 없이 여매의 아들 요(僚)를 오나라 왕으로 삼았습니다. 전제(專諸)가 요왕을 살해한 역사상 유명한 이야기는 바로 이 대목에서 나왔습니다.[111] 때는 이미 주 왕실의 정권이 쇠약하기 그지없었던 이른바 춘추 말기로 접어들던 시기였습니다.

그런데 둘째형 여제가 집권할 때 계찰이 왕명을 받들고 노나라에 사신으로 간 적이 있었는데, 간 김에 "주나라의 음악을 들어 보기를 청했다"라

---

111 계찰이 숨어 버린 후 여매의 아들 요(僚)가 왕위를 계승하자 제번의 장남 광(光)이 불만을 품었다. 이에 자객 전제(專諸)를 요리사로 변장시켜 생선 뱃속에 칼을 숨겨 왕을 죽이게 하고 스스로 왕위에 올랐다. 이 왕이 바로 오왕 합려(闔閭)이다.

는 역사상 유명한 고사가 있습니다. 사실은 계찰이 주나라 이래의 역사 문화 변천에 대해 평론한 대목인데 참으로 멋들어집니다.

주나라 말기의 최고의 문화 대사 계찰

더욱 흥미로운 것은 계찰이 제(齊)·정(鄭)·위(衛)·진(晉) 등 여러 제후국들을 방문했을 때의 일입니다. 계찰은 당시 사 대국의 이름난 재상과 유명한 정치가들에게 세밀하고 철저한 제안과 건의를 던졌는데, 그의 명언들은 당시와 후세에 지대한 영향을 끼쳤기 때문에 특별히 이 자리에서 소개하고자 합니다.

계찰이 노나라를 떠나 제나라에 사신으로 갔다. 안영에게 말하기를 "그대는 속히 땅과 정권을 바치시오. 땅이 없고 정권이 없으면 이에 어려움을 면할 것이오. 나라의 정권은 장차 돌아갈 곳이 있을 것이니, 돌아갈 곳을 얻지 못하면 어려움이 그치지 않을 것이오" 하였다. 그리하여 안영은 진무우에게 정권과 땅을 바침으로써 죽음의 화를 면하였다.

季札去魯, 遂使齊, 說晏平仲曰, 子速納邑與政. 無邑無政, 乃免於難. 齊國之政將有所歸, 未得所歸, 難未息也. 故晏子因陳桓子以納政與邑, 是以免於欒高之難.

"그대는 속히 땅과 정권을 바치시오"는 당신은 빨리 분봉 받은 땅과 정권을 내놓으라는 뜻입니다. "땅이 없고 정권이 없으면 이에 어려움을 면할 것이오"는 분봉 받은 토지와 재산 그리고 권력이 없다면 죽음의 화를 면할 수 있다는 것입니다. "나라의 정권은 장차 돌아갈 곳이 있을 것이니, 돌아갈 곳을 얻지 못하면 어려움이 그치지 않을 것이오"는 제나라의 정권은 보아하니 다른 사람에게 넘어갈 것 같습니다. 만약 넘어갈 곳을 찾지 못한다면 아마도 정권을 다투는 싸움은 여간해서는 끝나기 어려울 것이라는 뜻입니다.

제나라를 떠나 정나라에 사신으로 갔다가 정자산을 만났는데 오래도록 사귄 것 같았다. 자산에게 말하기를 "정나라는 정치를 함에 있어서 오만하오. 장차 어려운 일이 닥칠 것이며 정치가 반드시 그대에게 미칠 것이오. 그대가 정치를 한다면 예로써 신중하게 하시오. 그러지 않으면 정나라는 장차 실패할 것이오" 하였다.

去齊, 使於鄭, 見子産, 如舊交. 謂子産曰, 鄭之執政侈. 難將至矣, 政必及子. 子爲政, 愼以禮. 不然, 鄭國將敗.

정자산은 정나라의 현명한 재상입니다. "오래도록 사귄 것 같았다"라는 말은 만나자마자 오랜 친구처럼 느껴졌다는 뜻입니다. 계찰이 자산에게 한 말은 이런 뜻입니다. "정나라는 정치를 함에 있어서 너무 잘난 체합니다. 아마도 곧 정변이 일어날 텐데 결국에는 당신에게 정권을 맡길 것입니다. 당신이 만약 집권한다면 마땅히 신중하게 행하고 문화 도덕의 교화에 치중해야 할 것입니다. 그렇게 하지 않는다면 정나라는 아마도 망하게 될 것입니다"라는 말입니다.

자산은 계찰의 충고를 마음에 새기어 당시 위태로운 정나라의 정세를 바로잡은 훌륭한 재상이 되었습니다.

정나라를 떠나 위나라로 갔다. 거원, 사구, 사어, 공자형, 공숙발, 공자조에게 말하기를 "위나라의 여러 군자들은 근심이 없구나" 하였다.

去鄭, 適衛. 說籧瑗史狗史魚公子荊公叔發公子朝曰, 衛多君子, 未有患也.

위나라에서 진나라로 가던 중 숙[112]에 머무르게 되었다. 종소리를 듣고 말하기를 "이상하구나! 내가 그 소리를 들어 보니, 말은 잘하지만 덕이 없으니 반드시 죽음이 가해질 것이다. 그 사람은 군주에게 죄를 얻어 여기에 있거늘 염려가 부족하여 또 모반을 하려는가? 그 사람이 여기에 있는 것은 마치 제비가 장막에 둥지를 튼 것과 같다. 군주가 빈소에 있는데 음악을 연주할 수 있는가!" 하였다. 마침내 그곳을 떠났다. 손문자는 그 말을 듣고 죽을 때까지 음악을 듣지 않았다.

自衛如晉, 將舍於宿. 聞鐘聲曰, 異哉. 吾聞之, 辯而不德, 必加於戮. 夫子獲罪於君以在此, 懼猶不足, 而又可以畔乎. 夫子之在此, 猶燕之巢於幕也. 君在殯, 而可以樂乎. 遂去之. 文子聞之, 終身不聽琴瑟.

그는 이렇게 말한 것입니다. "이상하구나! 내가 그 소리를 들어 보니 입으로 이론은 많이 떠벌리지만 실제 정치의 도덕성은 형편없으니 아마도 죽음을 면치 못할 것 같다. 진나라의 신하 손문자는 이미 진나라 제후의 노여움을 사서 이곳으로 피신 왔거늘 반성을 해도 부족할 판에 어찌 다른 모략을 꾀하는가? 반역이라도 하려는 것인가? 손 선생이 이곳으로 피신한 것은 마치 제비가 천막에 둥지를 튼 것처럼 위태롭기 짝이 없다. 하물며 진나라 군주가 막 세상을 떠나 아직 장례도 치르지 않았는데, 어떻게 종을 치고 북을 두드려 음악을 연주할 수 있단 말인가!" 그리하여 계찰은 진나라로 가지 않았습니다. 손문자는 다른 사람을 통해 계찰이 자신을 비판한 말을 전해 듣자 남은 여생 동안 음악을 전혀 듣지 않음으로써 부끄러움과 참회의 뜻을 나타냈습니다.

진나라에 이르러 조문자, 한선자, 위헌자에게 말하기를 "진나라는 세 집안으로 모여

---

112 하북성(河北省) 복양현(濮陽縣) 북부에 있는 지명.

들 것이오" 하였다. 그곳을 떠나 숙향에게 말하기를 "그대는 힘써야 하오. 군주는 오만하고, 훌륭하고 많은 대부들은 모두 부유하니 정치가 장차 세 집안의 손에 있게 될 것이오. 그대는 곧은 사람이니 반드시 스스로 어려움에서 벗어나기를 생각하시오" 하였다.

適晉, 說趙文子韓宣子魏獻子曰, 晉國其萃於三家乎. 將去, 謂叔向曰, 吾子勉之, 君侈, 而多良大夫皆富, 政將在三家. 吾子直, 必思自免於難.

이런 뜻입니다. 진나라에 이르러 조문자, 한선자, 위헌자에게 "진나라는 세 집안으로 모여들 것이오" 하였는데 훗날 과연 그의 말대로 한(韓)·위(魏)·조(趙) 세 집안이 진을 나누었습니다. 그곳을 떠나 숙향에게 당신은 특별히 조심해야 한다고 말합니다. 진의 제후는 어리석고 교만한 데 비해 정권을 장악한 대신들은 모두 상당한 실력을 갖추고 있으니, 조만간에 진나라 정권은 세 제후의 손으로 넘어간다는 것입니다. 당신은 충직한 사람이니 사전에 만반의 준비를 하여 이번 정변의 희생양이 되지 말라고 했습니다.

그뿐 아니라 계찰은 사신으로 떠났다가 오나라로 돌아오는 도중에 다시 서(徐)나라에 들러서 "검을 서나라 군주 묘 곁의 나무에 걸어 둔[掛劍徐君墓樹]" 아름다운 일화를 남기기도 했습니다. 『사기』에는 다음과 같이 기록되어 있습니다.

계찰이 처음 사신으로 떠나면서 북쪽으로 서나라를 지나갔다. 서나라 군주는 계찰의 칼이 마음에 들었으나 감히 말을 하지 못하였다. 계찰 또한 마음속으로 그런 사실을 알고 있었지만, 사신의 신분으로 여러 나라를 방문해야 했기 때문에 그에게 바치지 못하였다. 돌아올 때 다시 서나라에 이르렀으나 서나라 군주는 이미 세상을 떠났다. 이에 계찰은 그의 보검을 풀어 서나라 군주의 묘에 서 있는 나무에 묶어두고 떠났다. 종자가 묻기를 "서나라 군주는 이미 죽었는데 누구에게 주시는 것입니까?" 하자 계찰이 대답하였다. "그렇지 않다. 처음에 내 마음이 이미 그것을 허락하였는데, 어찌 죽음 때문에 내 마음을 배반하겠느냐!"

季札之初使, 北過徐君. 徐君好季札劍, 口弗敢言. 季札心知之, 爲使上國, 未獻. 還至徐. 徐君已死, 於是乃解其寶劍, 繫之徐君冢樹而去. 從者曰, 徐君已死, 尙誰予乎. 季子曰, 不然, 始吾心已許之, 豈以死倍吾心哉.

그것이 바로 계찰의 고상한 지조였습니다. 친구가 죽었다는 상황의 변화 때문에 자신의 처음 마음을 저버리지 않는 그런 사람이었던 것입니다. 친구의 마음을 헤아리고 그와의 의리를 지킬 줄 알았거늘 하물며 군신, 부자, 형제간은 어떠했겠습니까? 그 학문과 수양이 이러한 경지에 이르렀다면 진선미(眞善美)의 완벽한 사람이라 할 수 있지 않을까요?

오 태백(吳太伯)과 계찰 사이에서 벌어졌던 왕위 양보의 결론에 관해서는, 태사공(太史公) 사마천이 쓴 「오태백세가」에 아래와 같은 평론이 기록되어 있습니다.

공자께서 말씀하시기를 "태백은 덕에 이르렀다고 할 만하다. 세 번이나 천하를 사양하여 백성들이 칭송할 수가 없었다" 하였다. 나는 춘추의 고문을 읽다가 중국이 남쪽 오랑캐 땅의 오나라와 형제였음을 알게 되었다. 연릉계찰의 인한 마음은 의를 사모함이 무궁하다. 은미한 부분을 보고서도 그 깨끗함과 탁함을 알았다. 오호라! 또한 정말로 사물을 널리 바라보는 군자였다.

孔子言, 太伯加謂至德矣. 三以天下讓, 民無得而稱焉. 余讀春秋古文, 乃知中國之虞, 與荊蠻句吳兄弟也. 延陵季子之仁心, 慕義無窮. 見微而知淸濁. 嗚呼. 又何其閎覽博物君子也.

공자께서는 오태백의 덕행은 그 고상함이 가히 극치에 이르렀다고 할 수 있다고 했습니다. 그는 일생동안 세 번이나 천하를 통치할 수 있는 왕위를 사양하였으니 진실로 백성들로 하여금 무슨 말로 칭송해야 할지 모르게 만들었다는 것입니다. 공자는 춘추의 고문을 읽다가 중국이 남쪽 오랑캐 땅의 오나라와 형제였음을 알게 되었고, 연릉계찰의 인하고 의로운 마음은 사람들로 하여금 한없는 존경과 흠모의 정을 자아내게 한다고 했습니다. 특히 사리를 관찰하고 판단함에 있어 섬세하고 투철해, 지극히 작은 것을 가지고도 옳음과 그름을 정확히 판단할 수 있었다는 것입니다. 공자는 말합니다. 그는 어떻게 이처럼 멀리 바라보는 식견을 지닐 수 있었는가? 그것은 그가 인정과 물리에 깊이 통달한, 참된 학문을 지닌 군자였기 때문이라고 말합니다.

우리는 계찰이 살았던 시대를 통해 "세상이 어지러울수록 현명한 인재들이 많이 나온다〔亂世多賢〕"라는 역사적 사실을 확인할 수 있습니다. 바로 그 춘추 시대 말기의 반세기 동안에 공자를 비롯하여 그의 제자들과 안자, 자산, 거백옥(蘧伯玉), 연릉계찰에 이르는 많은 현인군자들이 모두 태어났습니다. 다만 "어질고 현명한 자가 마땅히 있어야 할 자리에 있지 못하고〔賢者不在其位〕", "능력 있는 자가 마땅히 담당해야 할 직책을 맡지 못했던〔能者不當其職〕" 아쉬움을 남기기는 했지만, 그들은 중국 문화사에서 불후의 업적과 자손 대대로 전해질 풍류를 남겼으며 후세 이천 년 동안의 문화 사상에 지대한 영향을 끼쳤습니다.

이 외에도 그 시기에 두 번째로 성공한 아마추어 외교 대사로 자공(子貢)이 있었습니다. 그가 노나라의 국난을 구하고자 오(吳)·월(越)·진(晉)나라에 사신으로 가서 종횡무진의 외교술을 펼친 일은 매우 유명합니다. 자공과 계찰은 중국 외교사에서 가장 성공적인 모델이었다고 하겠습니다. 후세의 소진(蘇秦)과 장의(張儀)는 감히 계찰이나 자공과 함께 거론할 수조차 없을 정도입니다.

효도, 공경, 자애의 도리

우리는 『대학』의 이른바 "나라를 다스림이 반드시 그 집안을 바로잡음에 있다〔治國必齊其家〕"라는 이치를 깊이 있게 연구하기 위해, 적지 않은 시간을 할애하여 「주본기(周本記)」 및 「오태백세가(吳太伯世家)」의 자료를 인용하면서 『대학』 본문에서 말한 "그 집안을 가르치지 못하면서 다른 사람들을 가르칠 수 있는 사람은 없다. 그러므로 군자는 집을 나서지 않고서도 나라에 가르침을 이룬다"라는 구절에 내포된 뜻을 설명했습니다. 공자가 조종으로 삼아 기술했던 요순의 공천하(公天下) 시기 및 하·상·주 이래의 가천하(家天下) 시기에 "제가, 치국"의 핵심이 담겨 있는 곳이기도 합니다. 지금부터는 역사적 사실을 가지고 자세한 설명을 하는 것이 더욱 정확할 것 같습니다. 그렇게 하면 바로 뒤이어 나오는 "효는 군주를 섬기는 것이고, 제는 어른을 섬기는 것이고, 자는 백성들을 부리는 것이다〔孝者, 所以事君也. 弟者, 所以事長也. 慈者, 所以使衆也〕"라는 이치가 자연스럽게 이해될 것입니다.

"효(孝)·제(弟)·자(慈)"와 관련된 사실을 설명하기에 앞서 우리가 알아야 할 것이 있습니다. 주 왕조 초기의 태백과 중옹 두 형제는 진실로 "어진 자에게 왕위를 양보한다"라는 미덕을 실천하기 위해 사람이 그 부모에게 마땅히 행해야 하는 효도와 부양의 도리를 저버리면서까지 집을 뛰쳐나왔고, 문화적으로 낙후된 오랑캐 땅으로 달아나 숨어 지내면서 머리카락을 자르고 문신을 하여 자신이 쓸모없는 사람임을 나타내었습니다. 이는 바로 옛사람들이 "부모에게 효성을 다하는 마음을 옮겨서 군주에게 충성을 다한다〔移孝作忠〕"라고 말했던 군주 섬기는 도리입니다.

개인적으로 보면 고공단보는 태백과 중옹의 아버지였고 그들 부자간에 실덕(失德)이나 불화 따위는 전혀 없었습니다. 다만 고공단보는 한 나라의 군주라는 위치에 있었기 때문에 "천하는 모든 백성의 것이다(天下爲公)"라는 입장에서 보자면 태백과 중옹 형제는 자기 아들인 동시에 신하의 신분이었습니다. 그들은 아버지를 위하고 군주를 위하는 현명하고 지혜로운 길을 잘 알고 있었습니다. 어차피 세상을 등질 수 없다면 오로지 한 가지 방법, 곧 그 자리를 피하고 사람을 피하는 방법만이 종법 사회의 군신 부자간의 갈등과 번뇌에서 벗어날 수 있는 길임을 알았던 것입니다.

이른바 "나아감과 물러남과 존재함과 멸망함의 기제를 알되, 그 올바름을 잃지 않는 사람(知進退存亡之機, 而不失其正者)"만이 "알고 머무른 후에 정함이 있을 수 있으며(知止而后有定)" 그런 후라야 "효는 군주를 섬기는 것이다(孝者, 所以事君也)"라는 말을 실제로 행할 수 있습니다. 당·송 이후의 유학자들이 "충신을 구하려면 반드시 효자 집안에서 찾아야 한다"라는 논리를 내세웠던 것은, 어쩌면 이러한 관점에서 출발해서 효와 충의 정의를 그저 '작은 충(小忠)'과 '작은 효(小孝)'라는 개인적인 범주로 제한하지 않았기 때문일지도 모르겠습니다.

마찬가지로 앞에서 인용했던 태백과 중옹 형제의 고사나, 세 형들이 차례로 그에게 왕위를 계승시키고자 했지만 거듭 양보했던 계찰의 고사를 통해 "제는 어른을 섬기는 것이다(弟者, 所以事長也)"라는 이치를 설명할 수 있습니다.

"자는 백성을 부리는 것이다(慈者, 所以使衆也)"라는 구절의 요점에 관해서는, 고공단보가 세상을 피하여 기산에 머무르기 전에 말했던 "백성이 있어 군주를 세우는 것은, 장차 그들을 이롭게 하기 때문이다"와 "백성들이 나에게 있든 그에게 있든 무엇이 다르겠는가? 지금 백성들은 나로 인해 싸우고자 하지만, 다른 사람의 아버지와 아들을 죽여서 그들의 군주가 되는 일을 나는 차마 하지 못하겠다"라는 것을 진정으로 이해할 수 있다면 '자(慈)'의 이치를 깨달을 수 있을 것입니다.

이 단락 끝 부분에서 『대학』은 「강고」에 나오는 "어린아이를 보호하듯이 한다(如保赤子)"라는 구절을 인용하고 아울러 "마음에 진실로 구하면 비록 딱 들어맞지는 않더라도 멀지 않을 것이다. 자식 기르는 것을 배운 뒤에 시집가는 사람은 없다(心誠求之, 雖不中, 不遠矣. 未有學養子, 而後嫁者也)"라는 설명을 덧붙였습니다. 그런데 마지막 구절에서 저는 증자에 대한 농담 한마디를 하지 않을 수 없습니다. "증자는 정말 시대에 뒤떨어진 옛날 사람"이라고 말이지요. 그는 이천년 후인 지금과 장차 다가오는 시대에는 대부분의 아가씨들이 "먼저 자식 기르는 것을 배운 뒤에 시집가는" 것을 생각지도 못했습니다. 심지어는 미혼인 사람들을 대상으로 자식을 양육하는 법을 전문적으로 가르치는 기관이 생겨나고 있으니 말입니다. 증자가 더 이상은 "지금이 옛날보다 못하다"라고 탄식하지 않기를 바랄 뿐입니다.

왕위 양보와 천하 통일

우리는 『대학』의 "나라를 다스림이 반드시 그 집안을 바로잡음에 있다(治國必齊其家)"를 설명하면서, 공자가 거듭 요순과 주 문왕의 조상을 추앙하며 했던 말을 인용했습니다. 그는 특히 주 문왕의 큰아버지인 태백과 둘째아버지 중옹이 "왕위를 양보했던" 위대한 행동에 대해 감탄을 아끼지 않았습니다. 그래서 역사의 사실을 인용하여 대대로 본받아야 하는 본보기임을 역설한 것입니다.

그렇다면 공자의 뜻은 과연 후세의 모든 사람들이 오태백 형제를 본받아 반드시 왕위를 양보해야만 진정한 군자라고 일컬을 수 있다는 것이었을까요? 애석하게도 공자는 물론이고 그의 제자들 가운데 어느 누구도 거기에 대해 명확하게 설명하지 않았습니다. 그저 감탄하고 흠모하여 "높은 산을 우러러보고 큰길을 걸어갈[高山仰止, 景行行止]" 뿐이었습니다.

왕위를 양보하는 행위는 중국 상고 시대 공천하(公天下) 혹은 가천하(家天下)의 역사에서 군주제 시대의 진정한 민주주의의 표현인 동시에 정치 도덕의 최고 덕행이기도 했습니다. 하지만 왕위를 양보한다는 그것이 "높이 성인의 경지까지 밀어 올려서[高推聖境]" 삼대 이전의 정치적 정서를 요구하는 것이라면, 삼대 이후에 벌어진 일들은 거론할 필요도 없을 것입니다. 주·진 이후의 사람들이 모두 고공단보의 "그곳을 떠남" 혹은 오태백과 계찰 같은 성현들의 "은둔하면서 근심하지 않음"을 본받아야 했다면, 진·한 두 왕조는 아마도 일찌감치 흉노(匈奴)에게 귀의했을 것입니다. 수·당 초기 역시 마찬가지로 일찌감치 돌궐이나 오랑캐에게 중국 땅을 내주어야 했을 것입니다. 위진 남북조 시대의 '오호난화(五胡亂華)'는 별다른 까닭 없는 소동에 불과했던 것일까요?

사실 왕위를 양보한다는 최고의 원칙은 꼭 그런 것만은 아닙니다. 그것의 주요 요지는 "제가(齊家)"의 범위 안에서 "아버지는 자상하며 아들은 효도하고 형은 우애로우며 아우는 공손하다"라는 예절 행위에 국한되어 있습니다. 결코 한 국가를 통치하는 군주나 지도자들에게 요구한 것이 아니었습니다. 우리가 좀 더 냉철하게 역사를 살펴본다면 진·한 이후부터 명·청에 이르기까지 거의 모든 독재자의 가정에서 부자지간, 형제지간, 부부지간에 왕위 쟁탈로 인한 혈육 간의 싸움이 벌어졌고 심지어 그로 인해 패가망국의 길로 접어들었던 경우가 이루 헤아릴 수 없다는 사실을 발견할 것입니다.

오늘날 "왕위를 양보하는" 이러한 정신과 참된 수양을 진정한 민주 정치와 민선 정치 단체 혹은 대기업의 총수들이 실행한다면 더할 나위 없이 숭고한 정치적 덕성이 될 것입니다.

만약 통일 대국의 지도 이념을 알고 싶다면 사마천이 당요(唐堯)·우순(虞舜) 등 삼대 이전의 왕도 정치를 논한 부분을 참고해야 할 것입니다. 물론 진·한 이후의 천하 통일이 아무렇게나 적당히 이루어졌다는 뜻은 아닙니다. 다만 읽어 볼 가치가 충분한 데다 깊이 생각하고 잘 판단해 본다면 장차 큰 도움이 될 것입니다. 사마천은 이렇게 썼습니다.

옛날 순임금과 우임금이 일어났을 적에는 선행과 공덕을 수십 년간 쌓아 그 덕이 백성에 두루 미쳤고 정사를 대신 처리하면서 하늘의 뜻을 헤아렸다. 그런 후에 왕위에 올랐다. 탕왕과 무왕은 설과 후직으로부터 시작해서 인을 닦고 의를 행한 지 십여 대 후에 나왔는데 서로 약속하지 않았어도 그에게로 모여든 제후가 팔백이었지만 그래도 (모반은) 안 된다고 말하였다. 그런 후에 (걸왕과 주왕을) 내쫓고 죽였다. 진나라는 양공이 일어나고 문공·무공·헌공·효공으로 계승되면서 점차 두각을 나타내었는데, 조금씩 여섯 나라를 잠식해 들어갔다. 백여 년 후 시황제 때에 이르러는 만조백관을 그 앞에 나란히 세울 수 있었다. 덕으로써 행함은 순·우·탕·무와 같고 힘을 사용함은 진나라와 같다. 대개 통일이란 이처럼 어렵다.

昔虞, 夏之興, 積善累功數十年, 德洽百姓, 攝行政事, 考之于天, 然後在位. 湯, 武之王, 乃由契, 后稷脩仁行義十餘世, 不期而會孟津八百諸侯, 猶以爲未可, 其後乃放弑. 秦起襄公, 章於文, 繆, 獻, 孝之後, 稍以蠶食六國, 百有餘載, 至始皇乃能並冠帶之倫. 以德若彼. 用力如此. 蓋一統若斯之難也.

요순의 선양이 어려운 일이었다는 것과 함께 진나라가 "천하는 통일하는 것이 이처럼 어려웠다"라고 말했습니다. 그런데 유방(劉邦)은 말 위에서 천하를 얻기는 했지만 말 위에서 천하를 다스릴 수는 없었다고 스스로 인정했습니다. 그렇기 때문에 상고 시대에는 도(道)와 덕(德)으로 천하를 다스렸지만, 전국 시대 이후의 역대 제왕들은 패(覇)와 술(術)로 천하를 다스리거나 천하를 놓고 다투었습니다.

이른바 '패(霸)'란 무력과 권위를 가리키고 '술(術)'은 방법과 수단을 가리킵니다. 만약 그들이 "명명덕(明明德)"과 "친민(親民)"을 출발점으로 삼았더라면 역사상 빛나는 훌륭한 군주가 되었을 것입니다. 서양의 마틴 루서 킹이 말했듯이 수단과 방법을 가리지 말고 최고의 도덕적 목표를 달성해야 했습니다. 하지만 말로는 쉬운 것 같아도 예로부터 지금까지 과연 몇 사람이나 실천할 수 있었습니까? 그렇기 때문에 수단을 부려서 자기 자신을 속이고 남을 속이는 행위가 대단히 위험하다는 것입니다.

유방은 일개 망나니로 천하를 얻었는데, 장시간에 걸친 초나라와 한나라의 분쟁으로 즉위할 때 이미 나이 예순을 바라보는 인생의 황혼기에 접어들었습니다. 게다가 배우지 못하여 지식이 없었기에 이렇다 할 만한 공적을 남기지 못했습니다. 하지만 그런 집안에서 출중한 자손이 두 사람 태어났으니 바로 문제(文帝)와 경제(景帝)였습니다.

그들이 어려서부터 처했던 환경과 받아 온 교육은 문제와 경제를 일대의 군왕으로 만들기에 부족함이 없었고 한나라의 국력을 튼튼히 다지는 기초가 되었습니다. 그들이 있었기에 무제(武帝)가 우뚝 일어설 수 있었고, 두 세대에 걸쳐 여러 차례 흉노족을 토벌함으로써 한나라 육십 년 동안의 굴욕적인 외교 정책을 말끔히 청산할 수 있었습니다. 또 진·한 이래의 변경 문제도 해결하였는데, 남으로는 월남을 멸하고 북으로는 고조선을 정벌하여 중국 초기의 판도를 확정지었습니다. 이것이 바로 역사에서 소위 '한당성세(漢唐盛世)'라 일컬어지는 한 효무제(孝武帝) 유철(劉徹)의 업적입니다.

무제 자신은 미신을 숭상했을 뿐 아니라 고집도 센 사람이었습니다. 그의 미신 숭배에 관해서는 사마천이 「효무본기(孝武本紀)」의 첫 부분에 "특히 귀신에게 제사 지내기를 좋아했다"라고 쓰고 있습니다. 이어지는 많은 구절에도 무제가 신선이 되기를 구했다는 등의 내용이 나오는데, 그랬기 때문에 원유산(元遺山)의 시에 "한 무제에게 신선이 오지 않았네[神仙不到 秋風客]" 같은 구절이 들어 있는 것입니다.

그 밖에 유학을 존중하고 서역으로 가는 길을 개척하였으며 대원(大宛)을 정벌하는 등의 업적 가운데 어느 하나라도 교만하고 고집 센 그의 성격이 이룩해 내지 않은 것이 없었습니다. 그의 그 고집 때문에 한나라의 태평성대가 가능했고, 그의 그 고집 때문에 서한(西漢) 몰락의 씨앗이 뿌려졌습니다. 진정으로 역사를 이야기하려는 사람은 반드시 깊이 있는 연구를 통해 스스로 깨달은 무엇인가가 있어야 합니다. 이것이야말로 『대학』이 보여 주는 최고의 방증입니다.

39

나라를 다스리는 주인이 되는 원칙

증자는 『대학』을 저술해 공자의 가르침을 계승하였는데, 하·상·주 이후의 종법 사회적인 가천하(家天下)를 위주로 하되 "나라를 다스림이 반드시 그 집안을 바로잡음에 있다〔治國必齊其家〕"라는 구절을 중심으로 기술했습니다. 특히 주 왕조 시대 「강고」 편에 나오는 "어린아이를 보호하듯이 한다〔如保赤子〕"라는 구절을 인용하여 위정자들이 나라를 다스리는 목표와 신념으로 삼았습니다. 이는 전 국민을 대하는 위정자들 마음의 중심에 반드시 "어린아이를 보호하듯이" 하는 인자한 마음이 있어야지, 공허한 구호만을 외치며 자기를 기만해서는 안 된다는 훈계입니다.

그러나 역대로 나라의 정권을 잡고 정치를 했던 지도자들은 그렇게 하지 못했습니다. 어떤 이들은 재능과 덕의 한계로, 또 어떤 이들은 당시의 사회 환경의 제약을 받아 그런 마음이 있었건 없었건 간에 실행하지 못했습니다. 그래서 증자는 "마음에 진실로 구하면 비록 딱 들어맞지는 않더라도 멀지 않을 것이다. 자식 기르는 것을 배운 뒤에 시집가는 사람은 없다〔心誠求之, 雖不中, 不遠矣. 未有學養子, 而後嫁者也〕"라는 명언을 제시하여 격려사로 삼았습니다.

자신을 아는 것과 남을 아는 것

그런 다음에 증자는 위정자나 어떠한 사회단체를 주관하는 책임자 혹은 지방 정부의 책임을 맡은 지도자들이 반드시 지녀야 할 도덕적 원칙으로 "남을 아는 지혜〔知人之智〕"와 "자기 자신을 아는 명철함〔自知之明〕"을 제시했습니다. 게다가 이 대원칙은 시대의 제약을 받지 않습니다. 어떠한 정치 이념 혹은 유물론이나 관념론 같은 사상 논리는 더더욱 아니며, 인치(人治) 혹은 법치(法治) 같은 다스리는 방법이나 전제 정치 혹은 민주 정치 같은 정치 이념과도 다른 것입니다.

그것은 바로 『대학』에서 "한 집안이 인하면 한 나라에 인이 흥하고, 한 집안이 사양하면 한 나라에 사양함이 흥하고, 한 사람이 탐하고 어그러지면 한 나라가 난을 일으키니, 그 기틀이 이와 같다. 이것을 일러 한마디 말이 일을 그르치며, 한 사람이 나라를 안정시킨다고 하는 것이다〔一家仁, 一國興仁. 一家讓, 一國興讓. 一人貪戾, 一國作亂, 其機如此. 此謂一言僨事, 一人定國〕"라고 말한 이치입니다.

만약 우리가 증자가 말한 이 몇 마디의 명언을 가지고 역사 논문의 제목으로 삼는다면, 중국 이천여 년의 역사만 논의하더라도 거의 이백만 자에 달하는 전문 서적이나 소설로 쓸 수 있을 것입니다.

지금부터는 진·한 이후의 역사를 간단하게 살펴보겠습니다. 한나라는 한 문제(文帝)가 근검절약을 제창하면서부터 일이십 년 사이에 사회가 풍요로워졌고 그로 인해 백성들도 편안히 생업에 종사할 수 있게 되었습니다. 역사상 추앙받는 문경(文景) 시대를 이루었던 것입니다. 그랬기 때문에 한 무제(武帝) 때에 이르자 드디어 한 왕실의 위풍을 유감없이 발휘하고 국토를 확장시킬 수 있었습니다.

그 뒤를 이어 한 선제(宣帝)가 유가·도가·법가를 병행하여 벼슬아치들을 정돈하고 왕도와 패도가 공존하는 유씨 천하 특유의 이상을 실행함으로써, 비로소 한 왕실 전기(前期)의 대한(大漢)이라는 규모를 형성할 수 있었습니다.

한 원제(元帝) 때에 이르러 왕망(王莽) 부류 유생들의 정치 기풍이 자라기 시작했는데, 이른바 "한 사람이 탐하고 어그러지면 한 나라가 난을 일으키고[一人貪戾, 一國作亂]" "한마디 말이 일을 그르치니[一言僨事]" "그 기틀이 이와 같다[其機如此]"라는 식이었습니다.

중국 이천여 년 역사상 비교적 칭송할 만하고 "제가, 치국"을 이루어 낸 모범적인 인물을 들라고 한다면, 제 짧은 식견으로는 아마도 동한(東漢) 중흥의 장본인인 광무제 유수(劉秀) 한 사람밖에 없는 것 같습니다. 그는 비록 농촌 출신이었지만 유학자였으며 『시경』의 문화 교육에 대해 지대한 관심이 있었고, 또 스스로 터득한 바도 있었습니다. 그의 문장은 간결하면서도 세련되었는데, 비록 짧은 몇 편의 조서(詔書)밖에는 남아 있지 않지만 동한 이후의 한문(漢文)을 계발시키는 서곡으로 충분했습니다.

동한 말기에는 천하가 위(魏)·촉(蜀)·오(吳) 세 나라로 나뉘었으나, 조조(曹操) 부자는 철학성이 풍부한 문학적 자질로 '건안칠자(建安七子)'[113]의 문학적 풍조를 이끌어 나갔으며 후세에도 지대한 영향을 미쳤습니다. 사실 조조가 제왕으로서 이루어 낸 업적이라고 해 봤자 어디 그가 중국 문단에서 지니는 영원한 가치와 비교가 됩니까! 그가 있었기에 위(魏)·진(晉) 초기에 노자(老子), 장자(莊子), 역학(易學)의 '삼현지학(三玄之學)'이 일어날 수 있었습니다. 젊은 학자들 예컨대 왕필(王弼)의 『노자』 주해서와 곽상(郭象)의 『장자』 주해서가 나오게 된 것도 모두 조씨 부자의 철학성

---

113 후한(後漢) 헌제(獻帝)의 건안 연간에 조조 부자를 중심으로 활약하였던 일곱 명의 문장가를 말한다. 공융(孔融), 진림(陳琳), 왕찬(王粲), 서간(徐幹), 완우(阮瑀), 응창(應瑒), 유정(劉楨)을 가리킨다.

풍부한 문학적 영향을 받아서였다고 말하지 않을 수 없습니다.

게다가 역사상 "효도로써 천하를 다스린다[以孝道治天下]"라는 선전 구호를 내걸었던 시대는 공교롭게도 정치가 가장 엉망이었던 진(晉)나라 때였습니다.

위진 남북조 시대의 송(宋)·제(齊)·양(梁)·진(陳)·수(隋), 심지어 당나라 초기의 문학은 화려하고 부드러운 것이 마치 위진 남북조 시대의 역사와 그 모습이 같았습니다. "동풍이 힘이 없어 온갖 꽃이 시들어 버린[東風無力百花殘]" 듯한 패배의 정국은 실로 어지럽기 짝이 없었습니다. 그러나 위진 남북조 문학의 멋스러운 기풍은 당의 개국 황제 이세민(李世民)에게까지 영향을 끼쳤습니다.

중국 역사에서 가장 내세울 만한 시대는 바로 한 왕조와 당 왕조입니다. 그런데 이씨의 당나라는 어떻게 해서 건국 초부터 자신만의 독특한 풍격을 지닐 수 있었던 것일까요? 그 공은 당 태종 이세민 개인에게 돌리지 않을 수 없습니다. 이른바 당시(唐詩)나 서법(書法), 심지어는 당 왕조 초기에 일대를 풍미한 인재들이 이루어 낸 정치 풍조에 이르기까지 그 모든 것이 당 태종의 영향을 받아 이루어진 것이라 해도 과언이 아닙니다.

중국의 서법을 예로 들어 말한다면 당 초기의 우세남(虞世南)과 그 후의 안진경(顏眞卿), 유공권(劉公權), 배휴(裴休) 같은 대가들도 이세민의 운치를 따라갈 수 없을 정도였습니다. 더구나 그의 시와 문장은 남조 이래의 일인자가 분명했습니다. 그랬기 때문에 당대(唐代)의 문학이 예로부터 지금까지 찬란하게 빛나고 있는 것입니다. 이는 "윗물이 맑아야 아랫물도 맑다"라는 이치와도 맥락이 같습니다.

당 태종은 또 철학을 좋아하여 불경도 깊이 연구하였는데, 그 결과 중국의 선종(禪宗)이 성당(盛唐) 이후로 크게 성행하여 일본에까지 영향을 미쳤고 동남아 각국으로 보급되기도 했습니다. 지금까지도 뭇 사람들이 헤아리고 추측해 보지만 여전히 그 단서조차 발견하지 못하고 있으니, 설두(雪竇) 선사가 말한 것과 꼭 같습니다.

쇠약해지던 운문산[114]에 철선을 띄우니	潦倒雲門泛鐵船
강남 강북에 다투어 머리를 내미네	江南江北競頭看
가련하게도 얼마나 많은 낚시꾼들이	可憐多少垂鉤者
망망한 그곳에서 낚싯대를 잃어버렸던가	隨例茫茫失釣竿

어지러웠던 당 말 오대 후기에 "진교(陳橋)에서 변란을 일으킨 군사들이" "황제의 황포를 몸에 걸쳐 주었다"라는 조(趙)씨의 송(宋) 왕조가 출현하게 됩니다. 유감스럽게도 송 왕조를 세운 송 태조 조광윤(趙匡胤)과 그의 동생 송 태종 조광의(趙匡義) 형제는 문학을 좋아하는 군인 겸 학자 출신의 인물이었습니다.

그중에서도 특히 송 태조 조광윤이 출중했습니다. 그는 군사를 이끌고 전쟁을 하던 이십여 년 동안에도 몸은 비록 전쟁터에 있으나 손에서 책을 놓지 않고 즐겨 읽었습니다. 그리하여 결국은 "문을 고수하는 허약한 군주〔守文弱主〕"의 형세가 되어 버렸습니다. 그의 문인 성향으로 말미암아 조씨의 삼백 년 천하는 요(遼)·금(金)·원(元) 등 오랑캐 나라와 공존하는 유약한 정치를 고수할 수밖에 없었습니다. 그 말은 중국 역사에서 또 하나의 남북조 시대가 출현했다고 말할 수 있을 만큼 진정한 의미의 천하 통일이 아니었다는 뜻입니다. 그러니 한·당 두 시대와 그 영광을 나란히 견줄 수는 없습니다.

그러나 삼백 년 동안 남송과 북송 조정은 문인 학자들을 중용하고 재상

---

114 운문종(雲門宗)은 선종 오종(五宗) 가운데 하나이다. 개조(開祖)인 후한(後漢)의 문언(文偃) 선사가 광동성(廣東省) 운문산(雲門山)에 살았으므로 운문종이라 불렀다.

들을 예우했습니다. 유학자와 도학을 존중하는 분위기는 과거 어느 시기와도 견줄 수 없을 정도였습니다. 그리하여 오대유(五大儒)라 불리는 주렴계(周濂溪), 장횡거(張橫渠), 정이(程頤), 정호(程顥)와 주희(朱熹) 같은 인물들이 출현하여 송대 유학 특유의 '이학(理學)'을 형성하고 불가 및 도가와 더불어 그 세력을 견주게 되었던 것입니다.

　다만 애석한 것은 삼백 년 조씨 왕조의 거의 모든 황제들이 한결같이 "문을 고수하는 허약한 군주"였다는 사실입니다. 송은 해마다 북쪽의 오랑캐 나라에 조공을 바치는 큰 치욕을 겪어야 했습니다. 이것을 가지고 "한 집안이 사양하면 한 나라에 사양함이 흥한다(一家讓, 一國興讓)"라는 구절의 좋은 교훈으로 오해해서는 안 될 것입니다. 송의 유학자들은 『대학』과 『중용』을 결사적으로 강론하기는 했지만 사실상 "한 사람이 나라를 안정시킨다(一人定國)"라는 역사적 성과를 거두게끔 지도하지 못했으므로 윗대 성현들을 뵐 낯이 없을 것입니다!

　뒤이어 몽고족이 세운 원(元) 왕조가 거의 백 년 동안 중국을 통치하였는데, 당시의 몽고는 문화 수준이 낮았고 변방의 소수 민족들이 숭배하던 라마교(喇嘛敎)를 신봉했습니다. 그리하여 원 왕조가 통치했던 팔십여 년 동안은 라마 승려들이 몽고족과 함께 중국을 다스렸으며, 그로 말미암아 당·송 이래 유·불·도 삼가의 문화적 기초는 거의 만신창이가 되어 그 빛을 잃어버렸습니다.

서장에 사신으로 간 선종 대사

　다행스럽게도 곧이어 스님 출신 황제인 주원장(朱元璋)이 나타나 원 왕조의 정권을 뒤엎고, 몽고족으로 하여금 자신들의 본래 자리였던 초원으로 돌아가게 했습니다. 주원장은 생활고를 해결하고자 중노릇을 했던 터라 종교에 대해, 특히 불교에 대해서는 그다지 문외한이 아니었습니다. 그래서 주원장이 명(明) 왕조를 세우고 즉위하던 초기에 불교를 신봉했던 동남아 지역과 서장(西藏, 티베트)에 단 한 명의 선종 대사를 사신으로 보내서 협상한 후부터 서쪽 변방 지대가 잠잠하게 되었고, 그 나라들은 기꺼이 신하로 복종하며 따르게 되었습니다.

영락제(永樂帝)는 즉위한 후 이전 방법을 답습하였는데, 할리마(哈立麻) 라마를 대보법왕(大寶法王)에 봉한다는 칙령을 내려 마찰 없이 무사히 지낼 수 있었습니다. 서장에 현존하는 밀교(密敎) 가운데 대수인(大手印)과 대원만(大圓滿) 같은 법문은 모두 송·원·명 시기에 선종의 불법을 수입하여 들여온 것과 아주 밀접한 관련이 있습니다. 하지만 그 오묘한 이치는 참으로 "지혜로운 자에게만 털어놓을 수 있고 우매한 자와는 논할 수 없는" 것입니다. 불경에서 말하기를 "말할 수 없음이로다! 말할 수 없음이로다!" 하였는데, 과연 그렇지 않습니까! 질문이 또 나왔습니다.

"명나라 초기에 주원장이 서쪽 변방을 안정시키고자 사신으로 보낸 스님은 누구였습니까? 역사에는 거기에 관한 명확한 기록이 없는데 말씀해 주시겠습니까?"

네, 중국의 과거 역사는 대부분 스스로 유학자라 일컫는 대학자들이 편찬을 맡아 왔습니다. 그들은 일종의 선입견을 지니고 있었는데 불가나 도가 혹은 자기가 잘 모르는 부분이 나오면 아무런 거리낌 없이 그 부분을 삭제해 버렸습니다. 맹자가 말하기를 "책에 있는 것을 완전히 믿는 것은 책이 없는 것만 못하다[盡信書, 則不如無書]"라고 했던 이유가 바로 여기에 있습니다.

명(明)나라 초 홍무(洪武) 3년과 4년 사이에 주원장은 금릉(金陵)[115]에 위치한 천계사(天界寺)의 각원혜담(覺源慧曇) 선사에게 서장에 사신으로 가서 그 지역을 안정시켜 주기를 부탁했습니다. 혜담 선사는 본적이 절강성(浙江省) 대주(臺州)인 사람이었고 세속의 성은 양(楊)씨였습니다. 십육세에 출가하여 스님이 되었는데, 항주(杭州)에 있는 중천축사(中天竺寺) 소은대흔(笑隱大訴) 스님 밑에서 참선을 하고 도를 깨쳤습니다. 도를 깨달은 후에 그는 이렇게 말했습니다. "오로지 분명해지기를 바랐거늘 오히려 얻는 것이 더디어졌구나[只爲分明極, 翻令所得遲]." 소은 스님이 묻기를 "네가 깨달은 것은 어떤 이치냐?" 하자 그는 양손을 펼치며 말했습니다. "어림 반 푼도 아니 됩니다." 그는 서장에 머무는 동안 대단한 존경을 받았으며 후에 그곳에서 입적했습니다. 주원장은 몹시 슬퍼하며 종륵(宗泐) 선사 등에게 부탁해서 혜담 선사가 천계사에 머물 때 사용했던 의발을 잘 수습하고 우화대(雨花臺) 왼편에 탑을 세워 경의의 뜻을 표하게 했습니다.

종륵 선사 역시 주 황제가 우러러 존경하는 선사 중의 한 분이셨습니다. 일찍이 그에게 환속하여 관직을 맡아 달라고 권한 바 있었지만 선사는 응하지 않았습니다. 후에 재상 호유용(胡惟庸) 사건에 연루되자 주원장은 그를 고향인 봉양(鳳陽)으로 좌천시켜 삼 년 동안 불사를 건축하게 했습니다. 하지만 주 황제는 의문이 생길 때마다 그를 매우 보고 싶어 했습니다. 그래서 한번은 시를 지어 그에게 보냈습니다. "종륵 선사께서 여기를 떠나가셨으니 그 누구에게 선을 물으리오. 아침저녁으로 그리워하였더니 마치 내 눈앞에 있는 듯합니다[泐翁去此問誰禪, 朝夕常思在目前]." 그리하여 그를 다시 남경으로 소환하여 천계사에 머물게 했습니다.

주원장과 영락제 이후로 명 왕조 삼백여 년 동안의 후대 황제 중에는 제대로 된 군주가 거의 없었습니다. 그뿐 아니라 대부분 주 황제처럼 마음속에 극도의 자기 비하 심리가 있어서 유생들을 경시하고 관리들을 멸시하

---

115 지금의 남경(南京).

여, 명나라 삼백여 년의 정권이 사내도 아니고 계집도 아닌 내시들의 수중에서 놀아나게 된 것입니다. 『대학』에서 말했듯이 "한 사람이 탐하고 어그러지면 한 나라가 난을 일으키니〔一人貪戾, 一國作亂〕"와 같으니 어찌 비극이라 하지 않겠습니까!

저는 『송사(宋史)』를 읽을 때면 북송 초기의 훌륭한 재상 안수(晏殊)의 시구처럼 "어찌할 수 없이 꽃은 떨어지는데, 눈 익은 제비가 돌아오는구나〔無可奈何花落去, 似曾相識燕歸來〕"라고 하는 느낌이 들곤 하는데, 『명사(明史)』를 읽을 때는 그와는 판연히 다른 "흩날리는 바위와 허물어지는 구름에, 놀란 파도는 해안을 때려, 수많은 무더기의 눈보라를 말아 올리네〔亂石崩雲, 驚濤拍岸, 捲起千堆雪〕"라는 느낌이 듭니다. 조씨의 송 왕조와 주씨의 명 왕조는 모두 삼백 년간 집권했는데, 그 끝은 둘 다 비극으로 막을 내렸습니다.

이틈왕(李闖王)[116]은 매산(煤山)에서 목매어 죽은 숭정제(崇禎帝)를 보고 혀를 차며 말했다고 합니다. "그대는 나라를 망하게 한 군주가 아니거늘, 신하들은 모두 나라를 망하게 한 신하로다〔君非亡國之君, 而臣皆亡國之臣也〕." 그런데 혹자는 그 말이 숭정제가 자결하기 전에 혼자 중얼거린 말이었다고 합니다. 그 말을 누가 했든 간에 실로 공정한 평론이 아니라 잘못을 다른 사람에게 돌리려는 말에 불과합니다. 명 왕조는 비록 뛰어난 군주가 없기는 했어도 천하가 하나로 통일된 중국이었습니다. 그에 비하면 송 왕조는 특히 북송 초기에 문치(文治)의 측면에서는 군신 모두 훌륭했지만, 국토의 반만 통일했다는 점에서는 명 왕조에 비해 크게 뒤떨어졌습니다.

명 왕조 후기에 만주족이 동북에서 일어났는데 서기로 계산하면 십육 세기 후반에서 십칠 세기 중엽이 됩니다. 물론 삼백 년 전 '반청 복명(反淸

---

116 명 말의 무인 이자성(李自成)은 반란군 지도자로 세력을 키워 자칭 틈왕(闖王)이 되었다. 하지만 만주군의 원조를 받은 오삼계(吳三桂)에게 패해 서쪽으로 달아나서 죽었다.

復明)'[117]을 외쳤던 민족의식만 논하지 않고 중화 문화인 화하(華夏) 문명이라는 각도에서 본다면 한(漢)·만(滿)·몽(蒙)·회(回)·장(藏) 심지어 많은 소수 민족들까지도 오천 년 전 황제(黃帝)를 전후한 시기에는 그 근본을 찾아보면 한집안이었습니다. 그러한 인식은 이미 민국 초기부터 형성되기 시작했습니다.

하지만 십육 세기 무렵의 동북 지방 만주족은 소수 민족 중 한 파에 불과했습니다. 만주족이 동북에서 나라를 세우던 초창기에는 물론 막 걸음마를 떼고 적응하는 단계였지만, 그들은 유형무형 중에 이미 중원의 문화를 받아들이고 있었습니다. 다만 수준이 낮고 여전히 배우고 적응하는 단계였을 뿐입니다.

명 왕조가 위기에 처했던 마지막 순간에 공교롭게도 오삼계(吳三桂)는 만청(滿淸)의 무력을 이용하여 이틈왕에게 반격하려는 망상을 품었습니다. 그리하여 '황태극(皇太極)'[118]의 고아와 과부가 십만여 명의 팔기군(八旗軍)[119]을 이끌고 마치 정의로운 군대인 양 쉽사리 산해관(山海關)을 넘어 북경으로 들어와서 사억 인구의 중국을 근 삼백여 년 동안 통치하게 된 것입니다. 이 역사의 한 장면을 보면 저는 문득 당나라 시인의 시가 생각납니다. "흙먼지는 일으킨 사람에게 돌아가기 마련이고 세상은 태반이 도둑에게 속하네〔塵土十分歸擧子, 乾坤大半屬傔傓兒〕." 만약 『사기』의 필법을 사용한다면 이렇게 말할 수 있을 것입니다. "비록 사람이 저지른 일이라 하더라도 어찌 하늘이 준 운명이 아니겠는가!" 이상하게도 "어지러운 때에 영웅은 없고 풋내기만 이름을 떨칠 뿐"입니다!

그리하여 만주족이라는 소수 민족의 통치에 순응할 수 없었던 명 왕조

---

117 청을 타도하고 명을 회복시키자.

118 청(淸) 태종(太宗) 홍타이지.

119 만주족의 군사 조직.

의 유신(儒臣)들은 "중국과 오랑캐의 분별[華夷之辨]"과 "만주족과 한족의 분리[滿漢之分]"를 높이 외치며 민족주의를 제창하였는데, 청 조정 이백여 년의 정권에 때론 두드러지게 때론 드러나지 않게 시종일관 투쟁했습니다. 후에 손중산(孫中山) 선생이 우뚝 일어나서 혁명을 고취하며 국내외에서 분주히 활동한 결과 마침내 신해혁명(辛亥革命)의 성공을 거두었는데, 그때에 가서야 비로소 만청(滿淸) 최후의 정권을 뒤엎을 수 있었습니다. 그 후로 "다섯 민족의 화합[五族共和]"을 제창하며 중화 민족의 나라를 다시 건립했습니다.

사실 솔직히 말하면 초기에 만주족이 중국으로 들어와 정권을 잡을 수 있었던 것은 순전히 기회를 타고 일어난 시대적 요행이었지, 결코 만주족의 무력이나 다스림에 무슨 특별하게 뛰어난 부분이 있었던 것은 아니었습니다.

청 조정으로부터 얻은 역사적 교훈

우리가 만약 역사의 교훈과 경험을 겸허하게 받아들여 "지난날을 거울삼아 앞날의 일을 알고자 한다면" 다음 몇 가지를 특별히 유의하시기 바랍니다.

첫째, 지난 이삼천 년 동안 중국의 내우외환은 그 핵심이 변경 지역의 정치와 방어 문제에 있었음을 확실히 알아야 합니다. 지리적으로 중국을 살펴보면 동쪽에서 서쪽까지 이른바 만(滿)·몽(蒙)·서역(西域)·번장(番藏) 등의 문제가 역사의 시공간에서 삼천 년 동안이나 지속되어 왔고 지금에까지 이르고 있습니다. 그 속에는 문화, 민족, 종교 문제가 모두 포함되어 있습니다. 북쪽에서 남쪽으로 이어지는 해안 지역의 해상 방위 역시 대단히 중요한 문제였는데, 거기에 대해서는 나중에 다시 상세히 논의하기로 하겠습니다. 원 왕조의 몽고족과 명 말의 만주족이 국경을 침입한 사건은 삼천여 년의 중국 역사상 변방 문제를 다스리는 데 있어서 실패작이었습니다. 후세 사람들은 더 이상 그런 전철을 밟지 않기를 바랍니다.

둘째, 만주족이 국경을 넘어 들어온 것과 관련된 전략상의 문제는 사실 과거 역사상 처음으로 시도된 획기적인 사건이었다고 하겠습니다. 만주족이 산해관(山海關) 바깥인 동북 땅에서 궐기했던 초기, 즉 만주족이 몽고 각 부족을 정복하던 시기에 관해 연구하려고 한다면 확실히 간단한 문제는 아닐 것입니다. 그렇다 하더라도 산해관을 넘어 들어온 만주족이 무력으로 중국을 통일했다고 말한다면 그것은 완전히 틀린 말입니다. 만주족이 중국을 통일하는 데 사용했던 무력이라고는 일종의 대리전쟁이라는 전략이 다였습니다. 팔기(八旗)의 병력은 그야말로 전투를 지휘하고 감독하는 역할만 담당했을 뿐입니다.

정확히 말하면 만주족은 몽고 군사와 한족 당사자를 이용해 대리전쟁을 치르면서 가만히 앉아 일이 성사되는 것을 지켜보고만 있었습니다. 손 하나 까닥하지 않고 중국을 통일했던 것입니다. 예를 들어 홍승주(洪承疇)를 비롯해서 오삼계(吳三桂), 상가희(尚可喜), 경정충(耿精忠)의 삼번(三藩)은 모두 한족 군사였습니다. 후세 사람이 애산(崖山)에서 옛일을 생각하며 읊은 시에 "큰 공로를 세웠던 거장 장홍범, 오랑캐 자식이 아니라 한족의 자식이었네[鑴功奇石張洪範, 不是胡兒是漢兒]"라는 시구와 같은 맥락입니다.

셋째, 만주족이 중국 국경을 넘어 들어올 무렵에 그들의 지도층은 중국 문화 중에서 『삼국지연의』와 노자 『도덕경(道德經)』의 영향을 가장 많이 받았고 유가 사상은 아직 본격적으로 받아들이지 않았습니다. 『삼국지연의』라는 이 소설은 일본에서조차 도요토미 히데요시(豊臣秀吉)나 도쿠가와 이에야스(德川家康) 같은 막부의 실력자에게 영향을 끼쳤습니다. 나관중(羅貫中) 선생의 영향력은 참으로 시공을 초월한다고 하겠습니다. 그러나 중국 땅으로 들어온 이후에는 순치제(順治帝)부터 시작하여 강희제(康熙帝), 옹정제(雍正帝), 건륭제(乾隆帝)에 이르는 백여 년 동안 모두가 불교의 선종과 율학(律學)의 영향을 많이 받았습니다. 이 부분은 중국 문화사의 기적이라고도 할 만하지만 일반 역사학자들은 무시하거나 경시하고 지나쳐 버립니다.

비유를 들어 말해 보겠습니다. 서한(西漢)의 '문경지치(文景之治)'가 황제(黃帝)와 노자(老子)의 도가 문화 사상을 중용한 결과임은 모두 잘 알고 있습니다. 후세 사람들은 그것을 일컬어 "안으로는 황제와 노자의 사상을 사용하고[內用黃老]" "겉으로는 유교 사상을 내세웠다[外示儒術]"라고 말합니다. 그렇다면 만주족의 청 왕조는 강희제, 옹정제, 건륭제 삼대에 걸쳐 "안으로는 불교 선종을 사용하고[內用禪佛]" "겉으로는 유가 사상을 내세웠다[外示儒家]"라고 말할 수 있습니다. 이것은 분명한 사실입니다. 하지만 안타깝게도 후세 사람들이 선불(禪佛)에 대한 지식이 없다 보니 사실을 꿰뚫어 보지 못하고 자신의 편견에 속아 넘어간 것입니다.

만약 여러분이 앞에서 말씀드린 중요한 사실들을 이해했다면 청 왕조는 초기 백 년 동안, 심지어 그 후 백여 년까지도 한·당·명 왕조처럼 이른바 역사상 가장 큰 골칫거리인 외척(外戚), 여화(女禍), 환관(宦官), 번진(藩鎭)[120] 등에 의한 국가적 혼란이 일어나지 않았음을 발견할 수 있을 것입니다. 그것이 과연 우연한 행운이었을까요? 물론 청 말엽의 자희(慈禧) 태후나 이연영(李蓮英), 청 왕조 내내 지속된 반청 복명 운동, 그리고 되도록이면 어두운 면만을 폭로시킨 『청조궁위내막(清朝宮闈內幕)』같은 소설을 가지고 시비를 따지려 든다면 할 말이 없겠지만 말입니다.

---

120 당·송 시대 지방 관서의 명칭. 번진의 장관인 절도사는 관내의 군사, 행정, 재정의 삼권을 장악하여 당나라 조정의 지배에서 떨어져 나가 독립적인 군벌이 되었다.

그뿐 아니라 가장 중요한 것은, 우리가 역사의 반증을 통해 알 수 있듯이 한·당 이래 중국 국토의 면적과 지경(地境)이 가장 확장된 때가 바로 청 왕조였다는 사실입니다. 내몽고와 외몽고, 서역(西域), 신장(新藏)을 통일 중국의 영토에 포함시킴으로써, 해당화 잎 모양을 한 지금의 중국 지도가 나오게 된 것도 이 시기가 이루어 낸 걸작품이라 하겠습니다. 이는 확실히 역대의 그 어떤 것도 초월한 일등 공로라고 할 만합니다!

그와 동시에 강희제 때부터 잡을 듯 놓을 듯, 조일 듯 풀 듯 온 천하에 엄밀한 법률 제도의 그물을 펼치기 시작했는데, 옹정제는 즉위 후 그 그물을 거두어들여 벼슬아치들의 작태와 재정 문제를 정돈함으로써 건륭제 이래 근 백 년에 걸친 태평성세의 기초를 닦았습니다. 그리하여 전국의 모든 백성들과 지식인들은 문장의 화려함, 사부(詞賦)의 풍류, 공명(功名)의 경지에 심취하게 되었습니다. '건가(乾嘉)'[121] 시대의 젊은 지식인들 사이에서는 "무료한 일을 하지 않는다면 무엇으로써 이 짧은 인생을 보내리오"라는 우스갯소리가 나돌기도 했습니다. 건륭제 또한 득의양양하게 손수 춘련(春聯)[122]을 지었는데, "세상에는 봄기운이 완연하고 문치는 나날이 그 빛이 찬란하다[乾坤春浩蕩, 文治日光華]"라고 소리 높여 외친 것도 지나친 과장이나 허풍만은 아니었던 듯합니다. 단지 그가 잊은 것이 있다면, 그러한 성과를 달성할 수 있었던 것이 조상의 음덕으로 말미암은 것이지 온전히 자신의 힘만으로 이룩한 공로가 아니었다는 사실입니다.

그러나 역사와 인생은 어차피 인과의 법칙을 뛰어넘을 수 없는 법입니다. 이백여 년 후에 만주족은 과거의 어느 날처럼 고아와 과부가 봇짐을 짊어지고 마차에 올라 침울하게 관문을 나서야만 했습니다. 가여운 이는 마지막 황제 부의(溥儀)뿐이었습니다. 하지만 그의 이야기는 모두가 잘 알

---

121 건륭제(乾隆帝)와 가경제(嘉慶帝).

122 음력설에 붙이는 대련(對聯).

고 있으니 쓸데없는 사족은 붙이지 않겠습니다.

계속해서 현대사에 관해 이야기하려면 그건 이십오사(二十五史)를 연구하기보다 훨씬 더 복잡합니다. 현대사는 반드시 청 왕조의 건가(乾嘉) 시기로 거슬러 올라가서 그 원인을 찾아야 합니다. 그와 동시에 서양 문화사와도 연계시켜서 연구해야 하는데, 십오 세기 이후의 서양 문명의 변화 발전과 십칠 세기 이래의 서양의 항해술, 상공업, 과학 기술, 정치, 경제 등의 혁명적인 문명이 어떻게 점차적으로 동양과 중국에 그 영향을 미쳤는지 살펴보아야 합니다. 아직은 동서 문화가 완전히 하나로 융합되지 못하였지만, 전체 인류 문화를 통합시키려는 추세가 이미 역력하며 그리하여 미래의 우주 문명 시대를 맞이할 준비를 하고 있습니다. 옛 사람이 말하기를 "앞날을 멀리 생각지 아니하는 사람은 반드시 가까운 근심이 있으리〔人無遠慮, 必有近憂〕"라고 했습니다. 학문을 하든 정치를 하든 어떤 경우에도 근시안적인 안목으로 경솔하게 행동해서는 절대 안 됩니다.

네, 질문이 또 나왔습니다.

"그런데 '나라를 다스림이 반드시 그 집안을 바로잡음에 있다〔治國必齊其家〕'라는 큰 주제를 설명하기 위해 '한 집안이 인하면 한 나라에 인이 흥한다〔一家仁, 一國興仁〕' '한 사람이 탐하고 어그러지면 한 나라가 난을 일으킨다〔一人貪戾, 一國作亂〕' '한마디 말이 일을 그르치며 한 사람이 나라를 안정시킨다〔一言僨事, 一人定國〕' 같은 작은 단락을 살펴보면서, 무엇 때문에 두서없이 여기저기에서 역사를 인용해 와서 '옛날이야기를 하신' 것입니까? 역사의 진실한 흐름을 작은 단락 하나하나와 일일이 대조시켜 가면서 설명하신 것도 아니지 않습니까?"

사실은 시간과 정력의 한계로 요점만 간단명료하게 제시했던 것입니다. "하나를 들으면 두셋을 안다"라고 했는데, "생각한 후에 얻을 수 있는〔慮而后能得〕"가는 전적으로 여러분들의 지혜에 달렸습니다! 그런데 무엇 때문에 과거의 가천하(家天下) 전제 군주 시대에 "나라를 다스림이 반드시 그 집안을 바로잡음에 있다"라는 이치를 그토록 강조했는가 하는 문제와 관련해서 문득 생각나는 것이 있어 말씀드리겠습니다.

그러니까 수 왕조 말기에 이세민이 그의 부친 이연에게 모반을 일으킬 것을 은근히 종용하던 무렵이었습니다. 결국 이연은 돌아가는 시세에 내몰려 아들 이세민에게 이렇게 말하고 말았습니다. "내가 밤새도록 네 말을 곰곰이 생각해 봤더니 크게 일리가 있더구나. 이제 집안이 망하고 목숨을 잃는 것도 네게 달렸고, 집안을 일으키고 나라를 세우는 것도 역시 네게 달렸다!" 이세민의 건의가 있었기에 당 왕조의 삼백 년 천하가 가능했습니다. 이런 경우가 "한마디 말이 일을 그르치며 한 사람이 나라를 안정시킨다"라는 것의 좋은 본보기가 되겠지요. 물론 반대로 생각하면 "한 사람이 탐하고 어그러지면 한 나라가 난을 일으킨다"라는 것의 예가 될 수도 있습니다. 이씨 황제들이 얼마나 잘 "나라를 다스리고 집안을 바로잡았는가" 하는 문제는 잠깐 보류하도록 하지요.

사실 봉건적인 제왕 시대이건 개명한 민주 시대이건, 나라를 다스리는 사람이나 가족 또는 회사를 거느리고 있는 사람은 물론이고 사업을 해 보겠다는 뜻을 지니고 있는 사람에게는 "집안이 망하고 목숨을 잃는" 위험이 늘 따라 다닙니다. 물론 "작은 가정을 일으키고 나라 전체를 이롭게 할" 가능성도 동시에 지니고 있습니다. 그러므로 "한 사람이 탐하고 어그러지면 한 나라가 난을 일으킨다" "한마디 말이 일을 그르치며 한 사람이 나라를 안정시킨다"라는 원칙의 수양에 대해 깊이 생각하지 않을 수 없습니다.

원래 "탐하고 어그러짐〔貪戾〕"은 개인의 심지(心志)로부터 발전되어 나오는 행위의 어두운 일면입니다. '탐(貪)'이라는 글자에 포함된 심리나 행위는 밝은 면과 어두운 면을 모두 지니고 있어서 짧은 시간에 다 설명할 수가 없습니다. 앞으로 혹시 심성(心性)이나 내명(內明)의 학문에 대해 설

명할 기회가 오면 그때 다시 말씀드리겠습니다. "일을 그르친다"라는 말
은 사람이 말을 할 때 삼가고 신중해야 한다는 것을 가리킵니다. 사실 "한
사람이 탐하고 어그러지면 한 나라가 난을 일으킨다"와 "한마디 말이 일
을 그르친다"라는 두 가지에 관해서는, 역사상으로나 현실 생활의 경험상
으로나 그 사례가 대단히 많습니다. 여러분께서는 "알고 멈춘 후에야 정
함이 있다"라는 이치와 함께 스스로 반성하는 생활의 중요함을 명심하시
기를 바랍니다.

40

법치와 치법

다음 단락은 "나라를 다스리는 것"과 관련해서 법치(法治)와 인치(人治)의 공통 요지를 설명하고 있습니다. 증자는 상고사의 경험을 인용하여 설명했습니다.

요순이 천하를 인으로써 거느리자 백성들이 그를 따랐고, 걸주가 천하를 포악함으로써 거느리자 백성들이 그를 따랐으니, 그 명령하는 바가 자기가 좋아하는 바와 반대되면 백성들이 따르지 않는다.

堯舜率天下以仁, 而民從之. 桀紂率天下以暴, 而民從之. 其所令反其所好, 而民不從.

매우 쉬운 고문이므로 더 이상 설명할 필요 없이 읽어 보기만 하면 그 뜻을 이해할 수 있을 것입니다. 계속해서 말합니다.

그러므로 군자는 자기에게 선이 있은 뒤에 다른 사람에게 선을 구하며, 자기에게 악이 없어진 뒤에 다른 사람의 악을 비난하는 것이다. 자기 자신에게 간직하

고 있는 것이 어질지 못하고서 남을 깨우칠 수 있는 사람은 없다. 그러므로 나라를 다스림이 그 집안을 바로잡음에 있는 것이다.

是故君子有諸己, 而後求諸人. 無諸己, 而後非諸人. 所藏乎身不恕, 而能喩諸人者, 未之有也. 故治國在齊其家.

이것은 나라를 다스리는 요지를 설명하고 있습니다. 과거의 군주 시대이건 후세의 민주 시대이건 어떻게 백성들을 통치할 것이며 어떻게 법령을 제정할 것인가 하는 등, 정치와 법령을 구상할 때는 반드시 자기 자신과 가족으로부터 출발해야 합니다. 그 모든 것이 인정과 물리에 완전히 들어맞아야 비로소 시행될 수 있기 때문입니다.

가령 통치할 방법과 제정한 법령을 자기 자신이나 가족에게 적용해 보았는데, 모두가 관용의 여지도 없고 견디기 힘들다고 느꼈다고 쳐 봅시다. 그런데도 그것을 다른 사람이나 백성들에게 지키라고 요구한다면 아마 절대로 시행되지 못할 것입니다. 그렇기 때문에 "나라를 다스림이 그 집안을 바로잡음에 있다〔治國在齊其家〕"라고 말하는 것입니다. 결코 이해하기 어려운 이치가 아닙니다.

어째서 "천하를 포악함으로써 거느리는데도 백성들이 그를 따랐는가"

그런데 저는 이 구절을 육칠십 년간이나 읽었지만, 그것으로 현실 세상을 비춰 보면 도무지 이해가 가지 않았습니다. 예를 들어 우리가 동서양의 역사를 읽다 보면 어떤 나라 혹은 어떤 민족이 오랜 세월 폭정을 견디어

내는 모습을 볼 수 있습니다. 어떻게 그럴 수 있었을까요? 결국에는 "독재자가 죽고 폭정이 종식"된 후에야 반격이 일어나고 개혁이 이루어졌습니다. 앞에서 말한 "걸주가 천하를 포악함으로써 거느리자 백성들이 그를 따랐다"라는 것과 똑같은 상황이 벌어졌던 것입니다.

현대사만 하더라도 이탈리아의 무솔리니와 독일의 히틀러를 중심으로 한 파시스트가 자행한 사건들을 우리는 직접 보고 들었습니다. 하지만 당시 얼마나 많은 사람들이 그 미친 풍조에 경도되었으며, 또 얼마나 많은 사람들이 그들을 숭배했습니까? 심지어는 요즘에도 그들을 동경하고 모방하려는 사람들이 있으니 그건 도대체 무엇 때문일까요? 참으로 백 번을 생각해도 이해할 수 없는 일이었습니다.

그런데 세상을 오래 살다 보니 그제야 그것이 인성 철학적인 문제임을 알게 되었습니다. 자연 과학이나 사회 과학으로는 깊이 있게 이해할 수 있는 문제가 아니었던 것입니다. 설사 사회 과학에서 출발하더라도 결국에는 '철학적 과학' 문제로 돌아가기 때문에, 많은 시간을 들여 장황하게 설명한다 한들 끝낼 수가 없습니다. 그러니 제가 구태여 고생을 사서 할 필요가 있을까요? 앞으로 현자가 나타나 명확하게 잘 설명해 줄 날이 오겠지요.

다시 본론으로 돌아와서, 과거 '가천하(家天下)'의 전제 군주 시대에는 『대학』에서 말한 것처럼 "그 명령하는 바가 자기가 좋아하는 바와 반대"되더라도 백성들이 복종하고 받아들일 수밖에 없었습니다. 하지만 실제로는 과거의 역사만 그랬던 것이 아닙니다. 십칠 세기 이후 유럽을 시작으로 하여 이백여 년간이나 '민주'와 '인권'을 소리 높여 외쳤던 서양, 심지어 전 세계에서 가장 민주적이고 인권을 잘 보장한다고 자인하는 미국에서조차 실상은 얼마나 많은 법령이 국민이 좋아하는 바와 반대되는지 모릅니다. 그러나 그들은 묵묵히 준수할 뿐 완벽하게 고치려 들지 않습니다.

자세히 살펴보면 동서고금을 막론하고 선악미추(善惡美醜)는 모두 똑같습니다. 단지 서로 다른 시대와 서로 다른 지역의 사람들이 선악미추의 외형을 다르게 꾸미고 장식했을 뿐입니다.

제가 잠시 미국에 가 있을 때가 있었는데, 그 이삼 년 동안에 그들 사회의 각 계층을 유심히 살펴보았더니 미국인들이 가장 싫어하는 대상은 바로 변호사였습니다. 다음으로 가장 두려워하는 대상은 의사와 약이었습니다. 민주주의와 문명의 나라로 불리는 미국 역시 노자가 말한 "법령이 점점 밝아질수록 도적이 많이 나오는(法令滋彰, 盜賊多有)" 사회였던 것입니다. 법령이 얼마나 많은지 각 주마다 입법 기관이 있는데 어떤 것은 연방 법률과 서로 저촉되기도 합니다. 법관들이 법률을 해석하는 데 있어서도 과거 중국의 탐관오리처럼 잘못을 범하는 때가 있기 때문에 무고한 죄를 뒤집어쓰는 경우도 적지 않습니다. 그렇기 때문에 법의 허술한 구멍을 잘 빠져나가는 변호사라는 직업이 존재하는 것입니다. 그들은 마치 중국 명·청 시대의 교활한 관리나 악덕 소송 대리인처럼 소송을 의뢰한 당사자를 패가망신하게 만들기도 합니다. 특히 세법 분야와 관련해서는 세금을 추징하는 경우가 많은데, 탈세하는 경우는 그보다 더 비일비재합니다. 이것이 바로 미국식 민주 인권의 현주소입니다. 더 말해 무엇하겠습니까?

미국 의학계의 법령은 정말 입이 딱 벌어집니다. 의사의 진료나 약품에 관한 비용은 상상하기 어려울 정도로 비쌉니다. 진료 시간을 예약하려고 해도 한두 달 기다리기가 일쑤여서 진료받기도 전에 환자가 사망하는 경우도 흔합니다. 하지만 의사들이 환자들에게서 진료비를 쥐어짜 내는 것은 간접적인 방법일 뿐입니다. 실제로는 의약 법령을 들고 직접 정부 위생성이나 보험 회사의 문을 두드립니다. 개인이 돈을 내어 의사나 병원의 진료를 받는 것은 엄두도 내지 못합니다. 간접적으로 돈을 받건 직접적으로 돈을 받건 의료 행위 자체가 국민의 재산을 탈취하여 자기 소유로 만드는 것입니다. 하지만 그들은 "법에 의거하였기" 때문에 자신들이 인류를 고난에서 구제한다는 의약의 기본 원칙을 철저히 위반하고 있다는 것을 인정하지 않습니다.

과거 칠팔십 년 이전의 중국 농촌에는 요즘 사람들이 이른바 봉건 시대의 의원과 약방이라고 말하는 곳이 있었습니다. 하지만 제가 본 바에 따르면 현대 서양이나 미국의 의사 및 약국과는 완전히 상반되는 모습이었습니다. 그 당시는 의원이 만약 거드름이나 피우면서 환자 진료하는 시간을 질질 끌었다가는 당장 환자 가족이나 사람들에게 욕을 먹었습니다. 약국은 정월 초하루에도 절대로 문을 닫아서는 안 되었습니다. 그것이 천여 년을 이어 내려온 풍속이자 관습이었습니다. 한밤중은 물론이고 정월 초하루나 섣달그믐이라 할지라도 의원을 불러 진료를 받거나 약방에서 약을 살 수 있었습니다. 꾸물거리거나 미적거리는 일은 일체 없었습니다. 그랬다가는 바로 사람들에게 욕을 먹고 외면당하기 때문입니다.

민간에서는 조상 대대로 전해지는 비법이나 치료법을 아는 사람이 다른 사람을 치료해 주고 주위 사람들의 존경을 받았는데, 그것은 너무나 자연스러운 일이었습니다. 물론 처방이 잘못되어서 사람이 죽는 수도 간혹 있었지만 그런 경우는 아주 드물었습니다. 미국식 민주 법령이 인명을 보호한다는 명분으로 그런 무면허 의사를 법으로 옭아매는 것과는 판연히 달랐습니다.

저는 미국에서 엉터리 처방을 받은 환자들을 수시로 봤습니다. 하지만 절대로 손을 내밀지 않았습니다. 심지어 이렇다 저렇다 말도 꺼내지 않았습니다. 자칫 잘못했다가는 저들의 법령에 걸릴 판이라 언감생심 꿈도 꾸지 않았습니다. 새로운 약이건 오래된 약이건, 혹은 국내 약이건 외국 약이건 구분 없이 가격을 매겨 국민의 부담을 덜어 주었던 국가는, 제가 알기로는 1980년대 이전의 중국밖에는 없습니다. 비록 완전하지는 않았지만 당시 역사상 참으로 보기 드문 선정(善政)이었습니다.

요컨대 우리는 미국식 민주 인권하의 법치와 관련하여 표면적인 몇몇 현상만 간략히 언급함으로써 "그 명령하는 바가 자기가 좋아하는 바와 반대되는데도" 백성들이 여전히 복종하는 현상이 아주 흔한 일임을 설명했습니다. 일반적으로 외국에서 와서 그 나라에 오래 살거나 교민이 된 사람들은 심리적으로 자신은 손님이라는 잠재의식이 늘 작용하기 때문에 그 사회를 깊이 있게 관찰하지 않습니다. 따라서 민주 법치를 내세우는 그 사회에도 여전히 수많은 비문명적인 어두운 부분이 존재한다는 사실을 그다지 느끼지 못합니다. "나무만 보고 숲은 보지 못한다"면 안 되겠지요!

하지만 그들은 어차피 역사 문화가 젊은 국가입니다. 청년 시절에는 흔히 자만하고 모든 것을 무시하는 잘못을 범하기 쉬운 법입니다. "잘못을 알면 반드시 고치니 그보다 더 훌륭할 수가 없다"라는 말처럼, 장차 그들 속에서 웅대한 재략을 갖춘 지도자가 나타나서 세계 각 민족, 각 국가와 서로 협력하여 인류 복지를 도모하기를 바랍니다.

그러고 보니 생각나는 일이 있습니다. 1985년 겨울, 그러니까 제가 미국에 도착한 지 사 개월이 채 안 된 어느 날의 일이었습니다. 백악관 재무부의 차관급 인사가 친구의 소개로 저를 방문했는데, 한담을 나누다가 문득 미국에 대한 감상을 묻는 것이었습니다. 그래서 저는 이렇게 대답했습니다. "제가 이 나라에 막 왔을 때는 거의 매일 집을 보러 다녔습니다. 싸게는 한 채에 십만 달러짜리 집에서부터 이백만 달러짜리 집까지 거의 이백여 채의 집을 둘러봤지요. 하다못해 집에 들어가는 것도 마루로 올라간 다음에 방으로 들어가는 법이니 좀 더 두고 봐야 하지 않겠습니까?"

당시 저는 어느 사회 복지 단체에 왕래하느라 상당히 바빴기 때문에 미국에 대해 깊이 생각해 보지 않았습니다. 하지만 그는 집요하게 질문을 해왔습니다. 그래서 저는 생각나는 대로 이렇게 말했습니다. "제가 초보적으로나마 관찰한 바에 따르면 지금(1986년) 이 나라는 다음 세 마디로 표현할 수 있을 것 같습니다. '가장 부유한 국가, 가장 빈궁한 사회, 동시에 세계에서 가장 많은 부채를 짊어진 국가.' 하지만 걱정 없습니다. 국력이 강하지 않습니까!"

그는 제 말을 듣자 자리에서 벌떡 일어나더니 제 손을 잡으며 말했습니다. "대단하십니다. 정말로 예리한 관찰력이십니다! 저희는 선생님께서 미국에 오래 계셔 주시기를 바랍니다." 그래서 제가 말했지요. "그저 생각나는 대로 해 본 말이니까 신경 쓰지 마십시오. 저야 어차피 지나가는 손님이니 이 나라에 와서 합법적으로 머무를 수만 있으면 다행이지요. 잠시지만 마음 놓고 지낼 수 있으면 그것만으로 감사할 따름입니다! 언제 오셔도 환영이니까 자주 오셔서 중국차도 마시고 중국요리도 맛보신다면 그 또한 즐거움이 아니겠습니까." 그러고는 피차 즐겁게 웃고 헤어졌습니다.

법령 제정의 기본 원칙

이제 다시 본론으로 돌아가서, 법령을 제정하고 반포하는 데 있어서 기본 원칙에 대해 『대학』에서는 어떻게 말하였는지 살펴보도록 하겠습니다.

그러므로 군자는 자기에게 선이 있은 뒤에 다른 사람에게 선을 구하며, 자기에게 악이 없어진 뒤에 다른 사람의 악을 비난하는 것이다. 자기 자신에게 간직하고 있는 것이 어질지 못하고서 남을 깨우칠 수 있는 사람은 없다.

是故君子有諸己, 而後求諸人. 無諸己, 而後非諸人. 所藏乎身不恕, 而能喩諸人者，未之有也.

정치에 종사하는 권력자 혹은 입법자는 명령을 발포하거나 법령을 제정하려고 할 때, 자신 역시 기층 민중의 한 사람이라는 사실을 절대로 잊어서는 안 됩니다. 다시 말해 자기도 그 명령이나 법령을 지켜야 하는 당사자라는 사실을 명심해야 한다는 뜻입니다. 다만 현재 처한 입장이나 경우가 다를 뿐입니다. 만약 내가 그런 명령을 받았다면 과연 실행할 수 있을 것인가? 다른 사람을 나라고 가정했을 때 내가 생각하기에도 뭔가 미심쩍고 타당하지 못하다면, 내키는 대로 명령을 내리거나 법을 제정하여 다른 사람에게 그것을 준수하라고 요구해서는 안 될 것입니다.

사실 『대학』의 언급은 몇 구절에 불과하지만 그 속에는 매우 넓고도 중요한 의미가 내포되어 있습니다. 법률과 정치적 명령의 제정에 관한 법리(法理) 문제인 동시에 법철학적 문제이기도 합니다. 원래 인류 사회는 법이 없는 '무법(無法)' 사회였는데 "사람이 법을 제정하고 명령 역시 사람이 만들어 내었다"라고 합니다. 전통문화의 측면에서 보면 삼대에서 서주 시기까지는 예치(禮治) 사회였습니다. 이른바 예치 사회의 최우선 원칙은 교화였습니다. 당시에는 관(官)과 사대부만이 문화, 지식, 교육을 소유하고 있었기 때문입니다.

참고로 말씀드리자면, 일반 백성들을 점잖게 불러서 '서민(庶民)'이라고 하지만 툭 까놓고 말하면 하나같이 무지몽매한 사람들입니다. 그래서 속된 말로는 '세민(細民)'이라고도 부르는데 여기서 '세(細)' 자는 '작다〔小〕'는 뜻입니다. 그러니까 '세인(細人)'은 곧 '소인(小人)'이라는 말입니다. 그런데 이 글자의 독음은 지금의 객가어(客家語)[123]나 광동어로 발음해야 고음(古音)과 일치합니다. 그렇게 보면 이른바 서민은 세민의 변음(變音)일

뿐 다른 의미는 전혀 없습니다. 예치(禮治)란 상층 계급의 사대부들에게만 요구된 것이 아니라 일반 서민들의 교화도 포함하는 것이었습니다. 이른 바 "교화하지 않고서 잘못을 책망하는" 경우에 그 책임은 사대부에게 있지 전적으로 서민에게만 있는 것이 아닙니다. 바로 이것이 예치 문화의 가장 중요한 정신입니다.

동주로 접어든 이후 진시황의 선조인 진 양공(襄公) 시대를 경계로 하여 상앙(商鞅)의 변법이 시작되면서부터 법치를 주장하는 법가들이 그 예봉을 드러냈습니다. 그 덕분에 진시황은 제왕 정권을 건립할 수 있었는데, 법치에 주력하고 법령을 엄밀하게 하여 역사상 진법(秦法)은 엄하다는 말이 생겼습니다.

하지만 제왕 정치 체제에서의 법치란 황제를 제외한 모든 사람에게 적용되는 것이었습니다. 황제 자신은 특권을 지니고 있어서 자신이 반포한 법률의 제재를 받지 않았습니다. 황제는 "말을 내뱉으면 그 말이 바로 경전이 되고 법이 되는" 이상한 존재였습니다. 예를 들어 진·한 이래의 많은 개국 황제들을 보면 이전 왕조의 법에 의거하면 그들은 본래 거의가 도적이나 반역자 출신입니다. 하지만 일단 천하를 손에 넣고 보좌에 오른 다음에는 또다시 법령을 제정하고 반포함으로써 법에 따라 백성들을 관리합니다.

일찍이 춘추 시대 말기의 장자(莊子)는 이런 말을 했습니다. "갈고리를 훔친 사람은 죽임을 당하고 나라를 훔친 사람은 제후가 된다. 제후의 문하에서 인의가 나온다[竊鉤者誅, 竊國者侯. 侯之門, 仁義出焉]." 그런데 당대(唐代)의 역사를 보면 개국 공신 서세적(徐世勣)의 독백이 나오는데, 장자의 명언에 대한 주석으로 꼭 맞다고 하겠습니다.

---

123 광동(廣東), 광서(廣西), 복건(福建), 강서(江西) 등지에서 사용하는 방언.

내 나이 열세 살 때에는 무뢰배였는데, 사람을 만나면 죽였다. 열너덧 살 때에는 곤경에 처하여 도적이 되었는데, 마땅치 못한 일이 생기면 사람을 죽였다. 열예닐곱 살 때에는 훌륭한 도적이 되었는데, 전쟁에 나가서 사람을 죽였다. 스무 살 때에는 대장이 되었는데, 군사를 움직여 사람들을 죽음에서 구해 내었다.

我年十三時爲亡賴賊, 逢人則殺. 十四五爲難當賊, 有所不慊則殺人. 十七八爲佳賊, 臨陣乃殺之. 二十爲大將, 用兵以救人死.

역대의 거의 모든 영웅이 예외가 아니었는데 단지 서세적만이 솔직하게 말했을 뿐입니다. 만약 법률적 관점에서 그의 죄상에 대해 판결을 내린다면 아마도 이렇게 말할 수 있을 것입니다.

교양을 갖추지 못한 한 무뢰한 아이가 아무렇게나 내키는 대로 살인죄를 저질렀습니다. 열너덧 살이 되어서는 조금 달라지기는 했지만 자신을 부당하게 대하는 사람을 만나게 되면 그만 화가 나서 그를 죽여 버렸습니다. 열예닐곱 살이 되면서 이전의 나쁜 행실을 버리고 올바른 길로 돌아왔는데, 전쟁터에서 적을 죽이는 경우에만 살인을 했습니다. 스무 살에 정식으로 군대에 들어가서 공을 세워 대장이 되었는데, 그때부터는 오히려 군사들을 이용해 사람을 구해 내었습니다. 열세 살에서 열네 살 시기에는 나이가 어리고 배움이 없었기 때문에 설사 피살자와 관계있는 원고가 고소하더라도 법적 근거를 제시할 수 없습니다. 가정과 사회가 마땅히 그 책임을 져야 합니다. 게다가 지금은 자신의 잘못을 솔직히 인정하고 새사람이 되었으니 판례에 따라 그 죄를 묻지 않습니다. 열일곱 살부터 스무 살까지는 의병으로 참가하여 공을 세웠고 마침내 대장에 봉해져 전쟁터에서 많은 적을 죽였습니다. 그러므로 마땅히 누차에 걸친 전공(戰功)을 헤아려 법에 따라 영국공(英國公)에 봉하고 그의 충성심을 기려야 합니다. 이상이 판결의 내용입니다.

한(漢) 왕조 건국 초기의 일입니다. 유방은 군사를 이끌고 진(秦)의 수도였던 함양(咸陽)에 입성해서는 군사를 패상(灞上)으로 돌려보낸 후 함양의 노인들을 다 모으고 이렇게 말했습니다. "어르신네들이 가혹한 진나라의 법 때문에 고생하신 것이 오래되었습니다. 이제 제가 어르신들과 세 가지 법만 약속하겠는데 살인한 사람과 남에게 상해를 입힌 사람, 도둑질한 사람만 벌을 주고 나머지 법은 모두 없애도록 하겠습니다."

하지만 그것은 아직 천하를 평정하지 못한 유방이 민심을 모으기 위해 전략상 취했던 조치일 뿐입니다. 정식으로 한의 황권을 건립한 이후에도 여전히 당시의 세 가지 법으로만 국가를 다스렸던 것은 결코 아니었습니다. 한 왕조가 건국 초기에 사용한 법률은 여전히 진법(秦法)을 답습한 것이었는데, 다만 백성들을 위해 조금 수정했을 뿐입니다. 예를 들어 한의 개국 승상이었던 소하(蕭何)나 조참(曹參)은 원래 진나라의 현급(縣級) 관리였습니다. 그들은 어려서부터 진나라의 법을 배웠으며 또 그 법을 집행한 경험이 있었습니다. 그러니 굳이 말하자면 그들은 법가 출신 즉 법가의 제자였다고도 할 수 있습니다. 제나라나 노나라의 유생들처럼 시와 예를 중시하는 사람이 아니었습니다.

한 문제가 제위를 계승하면서 변화가 일어났습니다. 사람의 몸을 중시했던 문제는 기존의 잔혹한 형법을 그냥 보아 넘기지 못해 형량을 줄이고 수정하라는 명령을 내렸습니다. 그랬기 때문에 역사상 "한 문제가 신체에 가하는 형벌을 없애는" 덕정(德政)을 폈다는 명성을 얻게 된 것입니다. 하지만 그의 아들 한 경제는 즉위한 후 부친의 관대한 정책에 폐단이 있음을 발견하고 다시 꽉 조이고 법치를 강화했습니다. 후대 역사에서는 '문경지치(文景之治)'라 하여 칭송하지만 사실 한 경제에게는 "엄정하고 가혹했다"라는 완곡한 비판을 덧붙여야 합니다. 뒤를 이었던 한 무제 역시 법치를 매우 중시했습니다. 예를 들어 이릉(李陵)이 흉노에게 패배하고 투항했던 사건에 관해 그를 변호하려 했던 사마천은 무제의 분노를 사서 결국 궁형(宮刑)에 처해졌습니다. 생각해 보십시오. 사마천은 얼마나 억울했겠습니까! 한나라의 법이 진나라에 비해 조금도 더 관대하지 않았음을 보여주는 예라고 하겠습니다.

그래서 한 선제는 이렇게 말했습니다. "한 왕조의 제도는 본시 패(霸), 왕(王), 도(道)가 섞인 것이니 어찌 덕교(德教)를 펴며 주(周)의 정치를 사용하겠는가!" 솔직한 말이었습니다. 법에 의거한 다스림을 중시하는 것이 바로 패도(霸道)의 방식입니다. 왕도(王道)의 예치(禮治)와 도가(道家)의 '자검(慈儉)'은 그때그때 쓸 수 있는 훌륭한 약이기는 하지만, 중병이나 급한 증상을 치유하기에는 확실히 어려운 점이 있습니다.

우리가 역대의 법령이나 법률에 대해 알고자 해도 대부분은 이미 고증해 볼 수가 없습니다. 다만 『당률(唐律)』, 『명률(明律)』, 『대청율례(大淸律例)』는 아직 없어지지 않아서 연구해 볼 가치가 있다고 생각합니다. 사실은 이러한 문헌을 통해 당시 사회와 관련된 각종 상황을 알 수 있는 것이지, '법률' 학과목만 들여다본다고 어떻게 알 수 있겠습니까?

이십 세기 이래 중국은 수천 년 지속되었던 전제 정치를 뒤집어엎기 위해서 오로지 서양의 문화, 서양의 법률만을 열심히 배웠습니다. 초기에는 일본처럼 유럽의 '대륙법 체계'를 위주로 하여 배우다가 차츰 영국을 중심으로 한 '해양법 체계'의 정신도 참고하고 있습니다. 이집트·인도·아랍·로마·바빌로니아·유대·페르시아·그리스 등의 법체계는 학술상의 것으로만 여기고 실제로 채용하지는 않습니다. 게다가 우리 전통 법체계의 우수하고 훌륭한 정신은 아예 쳐다보지도 않습니다. 반세기 이상에 걸친 변화를 겪었지만 여전히 혼란스럽기 짝이 없습니다. 요컨대 이십 세기 말까지도 중국은 법제나 정치 체제 면에서 뭐라 단정 지을 수 없는 국면에 처해 있다고 하겠습니다. 아무리 생각해도 골치 아픈 부분입니다.

법령 문제를 이야기하다 보니 그와 관련된 한탄만 늘어놓게 되는군요. 생각해 보니 논의의 범위가 자꾸만 넓어지고 있어 이쯤에서 매듭지어야 할 것 같습니다. 하긴 그래 봤자 잠자리 한 마리가 수면을 스친 것처럼 미약하기 짝이 없는 논의였습니다만, 그래도 계속했다가는 "꾀꼬리 두 마리가 푸른 버드나무 가지에 앉아 울고 있고, 한 떼의 백로는 푸른 하늘로 올라가네〔兩個黃鸝鳴翠柳, 一行白鷺上靑天〕"라는 두보의 싯구처럼 이야기가 어디까지 계속될지 모르니까요!

좋은 일을 얼마나 많이 해야
진짜 수행이고 진짜 학문인가

간단하면서도 빠른 방법을 사용해서 "자기 자신에게 간직하고 있는 것이 어질지 못하고서 남을 깨우칠 수 있는 사람은 없다"라는 이치를 설명해 보겠습니다. 여러분도 아시다시피 많은 사람들이 겸손하게 저를 선생님이라고 불러 주지만 사실 제가 다른 사람의 스승이 될 만한 자격이나 있습니까!

한번은 시골에서 오랜 기간을 경찰로 지낸 분이 저를 찾아왔는데, 이야기를 하다 보니 대화가 업무를 집행하는 고충으로 흘러갔습니다. "선생님! 저는 정말로 조기에 은퇴하고 선생님 곁에서 일하고 싶습니다. 청소든 차 심부름이든 다 괜찮습니다." 그래서 제가 말했습니다. "선생은 참으로 성실한 군자입니다. 힘들고 고통스럽지만 지역 사회를 위해 좋은 일을 하는 것이야말로 진짜 수행이고 진짜 학문입니다."

그의 말은 다음과 같았습니다.

"중앙의 각 부서에서 명령을 발포해서 성(省)급으로 하달되면 '시달한 명령을 다음과 같이 조치했습니다' 같은 틀에 박힌 용어를 덧붙여서 다시 현(縣)급 정부로 하달합니다. 그러면 거기에 또 의견을 덧붙이거나, 혹은 그냥 그대로 향진(鄕鎭)의 관청이나 경찰소로 하달해서 우리 경찰들에게 엄격하게 집행하라고 요구합니다. 하지만 높은 자리에 앉아 있는 나리들은 애당초 현장에서 뛰는 사람이 아니기 때문에 교육 수준이야 어떻든지 간에 각 지역의 상황이 모두 다르다는 것을 도무지 모릅니다. 현실은 전혀 고려하지 않은 채 탁상공론만으로 법을 제정하고 조문을 고쳐 놓고는 우리더러 집행하는 것입니다.

생각해 보십시오. 그런 법이나 조문이 어떻게 먹혀들겠습니까? 만약 그런 법령을 들고 국민들에게 몽둥이를 휘둘렀다가는 될 일도 안 됩니다. 저부터도 그다지 내키지 않고요. 하긴 때로는 좋은 방법이 있긴 합니다. 하달된 법령이나 명령을 여러 측면에서 자세히 연구해 보면 상부의 모순을 발견할 수 있거든요. 시간이 많고 정력이 넘치고 거기다 승진하고 싶은 생각이 없다면 그대로 상부에 따지고 들면 됩니다. 그러지 않으면 내버려 두고 상관하지 말든지. 어쨌든 윗물이 맑아야 아랫물도 맑을 게 아닙니까!

도대체 왜 이런 일이 생기는지 아십니까? 상부의 법령이라는 것이 그 내부에서 서로 의사소통이 이루어지지 않기 때문입니다. 예를 들어 경제부에서 하달된 법령이 교육부나 농림청에서 반포한 법령과 서로 모순되거나 저촉되는 경우에 우리 같은 기층 간부들은 어떻게 그 법령을 집행하라는 말입니까!"

그는 계속 말을 이었습니다.

"게다가 사법적 측면에서 말하면 법원의 지명 수배령이라는 것이 또 웃기는 일입니다. 말하자면 당신네 지역에 흉폭한 건달이 있으니 내버려 두지 말고 반드시 체포해서 재판에 부치라는 겁니다. 우리가 위험을 무릅쓰고 고생고생해서 그 사람을 체포해서 법원에 넘깁니다. 그러면 법정의 심리(審理) 재판이라는 것이 무슨 '민주'니 '인권'이니 들먹거리고, 어떤 때는 그 사람의 심리가 비정상이라거나 정신병 증상이 있다면서 가볍게 판정을 내리고는 겨우 한두 해 가두어 놓았다가 다시 풀어 줍니다. 그러면 어떻게 되는지 아십니까? 그 사람은 칼이나 총을 품고 저를 찾아옵니다. 다리를 꼬고 앉아서 칼끝으로 사무실 책상을 쿡쿡 찌르면서 이렇게 말하지요. '노형, 이 몸이 좀 한가해져서요! 나에게 베푼 호의를 어떻게 갚아야 할지 우리 같이 생각해 봅시다!'

선생님! 사람들은 우리를 국민의 보호자라고 합니다. 하지만 입법부나 사법부나 집행부의 어르신네들이 그토록 관용이 넘치는 것은 우리더러 나쁜 사람들과 원한을 맺으라는 것이 아니고 무엇입니까? 자기들이야 관대하고 인자하다는 칭찬을 듣겠지만 그 때문에 낭패 보는 건 바로 우리지요. 대관절 어떻게 하는 것이 훌륭한 것인지 말씀 좀 해 주세요."

그는 이렇게 덧붙였습니다.

"과거 역사도 생각해 보면 마찬가지인 것 같아요."

그래서 제가 말했지요. "맞습니다. 역사의 흥망성쇠를 살펴보면 마치 동일한 판본을 계속해서 새로 찍어내는 것 같습니다. 예를 들어 송(宋) 왕조의 왕안석(王安石)은 공부도 많이 한 인물이었습니다. 하지만 당시의 사회 환경에 대한 이해가 깊지 않았기 때문에 그가 구상한 변법 개혁안은 지나치게 이상적이었습니다. 그러니 그가 집무실에서 제정한 법령이 시정에 적합할 리가 없었습니다. 거기다 법령이 하달된 후에는 그것을 집행해야 할 관리와 중하층 백성들이 곡해하기까지 했습니다. 그러니 왕안석 개인의 실패는 물론이고 북송 왕조도 그 후 쇠퇴의 길을 걸어야 했습니다. 물론 주요 원인은 당시 황제였던 신종(神宗)의 성급한 성격에 있었습니다. 역사가 그에게 '신(神)'이라는 시호를 내려 준 데는 비난의 의미가 들어 있는 것입니다. 당연하지 않습니까!"

그는 그 외에도 많은 이야기를 했습니다. 저는 그의 풍부한 식견에 놀랐고, 그가 "이름을 밝히기 싫어하는" 훌륭한 공무원이라는 것을 알고는 존경하는 마음을 억누를 수 없었습니다. 만약 제가 경찰이었다면 그 사람처럼 잘할 수 있었을까 싶었습니다. 소설『포공안(包公案)』에 나오는 남협(南俠) 전소(展昭)나『칠협오의(七俠五義)』에 나오는 북협(北俠) 구양춘(歐陽春)이나, 혹은『시공안(施公案)』에 나오는 황천패(黃天霸)가 아닌 다음에는 그렇게 할 수 없을 것입니다. 하지만 저는 그와의 대화를 통해 법령이나 정책이 민심에 맞느냐 맞지 않느냐가 얼마나 중요한 문제인지를 알게 되었습니다. 또 역사에서 말하는 관리 통치의 중요함도 이해하게 되었는데, 기층 간부의 자질이 정권의 유지와 얼마나 큰 관계가 있는지 알게 되었습니다.

간단히 말하면 그런 일을 통해 저는『대학』에서 "자기에게 선이 있은 뒤에 다른 사람에게 선을 구하며, 자기에게 악이 없어진 뒤에 다른 사람의 악을 비난하는 것이다. 자기 자신에게 간직하고 있는 것이 어질지 못하고서 남을 깨우칠 수 있는 사람은 없다. 그러므로 나라를 다스림이 그 집안을 바로잡음에 있는 것이다"라고 말한 의미가 무엇인지를 알게 되었습니다.

하지만 "자기에게 선이 있은 뒤에 다른 사람에게 선을 구하며" "자기 자신에게 간직하고 있는 것이 어질고서 남을 깨우치는" 행위가 말은 쉬워도 실천하기는 어렵습니다. 사람은 원래 하나같이 강한 주관과 완고한 습성을 지니고 있기 때문에 어떤 때는 뻔히 알면서도 죄를 짓고 죽을 때까지 그것을 고치지 않습니다. 그렇기 때문에 공자는 제자들에게 학문과 수양을 할 때에는 "마음대로 하지 말라. 반드시 그래야 한다고 하지 말라. 자기 생각을 고집하지 말라. 내가 아니면 안 된다고 하지 말라〔毋意, 毋必, 毋固, 毋我〕"의 '사무(四毋)'를 경계하는 것이 가장 중요하다고 말했습니다.

그렇다면 도대체 어떻게 해야 사무(四毋)의 경지까지 수양할 수 있을까요? 그 대답으로는 『대학』에 나오는 수양의 단계에 관한 말을 인용할 수 있을 것 같습니다. "알고 멈춘 뒤에야 정함이 있고〔知止而后有定〕" 정한 뒤에는 "흔들리지 않고, 편안하고, 생각하고, 얻을 수 있는〔靜, 安, 慮, 得〕" 단계에까지 도달하면 됩니다!

41
『시경』은 어떻게 말하고 있는가

여태 많은 이야기를 했지만 아직도 우리의 논의는 "나라를 다스리려면 반드시 먼저 그 집안을 바로잡아야 한다〔治國必先齊家〕"라는 구절에 머물러 있습니다. 어떤 사람은 『대학』 원문이 논리적인 조리(條理)가 전혀 없이 뒤죽박죽이라고 비판합니다. 지금 살펴보는 대목을 예로 들어 보겠습니다. '치국과 제가'의 관계를 설명한 부분은 그런 대로 조리가 있다고 하겠습니다. 하지만 법령 문제를 이야기하다가 난데없이 남녀 혼인 문제를 불쑥 끄집어내었고, 또 두 단락이 연결되는 곳에서 아무런 설명도 하지 않아 참으로 모호하기 짝이 없다는 것입니다. 예를 들어 명·청 두 왕조에서 실시했던 팔고문(八股文)의 작문법에 의거해서 『대학』이 단락의 문장을 검토했다면, 아마도 과거 낙방은 떼어 놓은 당상이었을 것입니다.

사실 춘추 전국 시대 제자(諸子)들의 글은 당시 사람들의 문장 이해 방식에 적합하게 쓰여졌기 때문에, 어느 때는 한두 구가 하나의 단락이 되고 바로 뒤이어서 또 다른 내용이 전개되기도 합니다. 예를 들어 장자의 글은 특히 더 자유분방합니다. 하지만 그의 글이 대단히 아름답고, 또 그가 고대의 이름난 현자인 까닭에 사람들이 감히 비평하지 못할 따름입니다. 비평은커녕 오히려 "문장의 기세가 웅장하고 크며, 문장에 담긴 이치와 지향은 심오하다[汪洋恢恍, 理趣幽深]"라고 말합니다.

제가 보기에는 증자가 『대학』을 저술하면서 '치국과 제가'의 이 단락에서 연결시켜 주는 말을 하나 빼먹은 것 같습니다. 하지만 고문의 작문 습관에서는 바로 뒤이어서 "시경에 말하기를[詩云]"하고 나오면 그것은 본 문제와 밀접한 관련이 있는 다른 어떤 것을 거기에 적용시켜 설명하겠다는 뜻을 나타냅니다. 그렇다면 본 문제와 밀접한 관련이 있다는 그것은 과연 무엇일까요? 바로 후세 사람들이 말하는 "남녀가 혼인하여" 가정을 이루는 문제입니다. 현대인들이 흔히 말하는 결혼 문제와 가정 문제인 것입니다.

이 단락의 의미를 이해하기 위해 우리는 먼저 증자가 인용한 『시경』의 시구 세 곳의 뜻을 알아보도록 하겠습니다. 그런 다음에 그 내용을 좀 더 상세히 살펴보겠습니다.

"그 집안 식구에게 마땅하네"의 깊은 뜻

첫 번째 "복숭아꽃이 예쁘고 그 잎은 무성하구나. 그 아가씨 시집가니 그 집안 식구에게 마땅하네[桃之夭夭, 其葉蓁蓁. 之子于歸, 宜其家人]"라는 네 구는 『시경』「국풍(國風)」의 '도요(桃夭)' 세 번째 수에 나오는 시구입니다. 사실 증자가 이 시구를 인용한 것은 마지막 구인 "의기가인(宜其家人)" 때문이었습니다. 첫 번째 수와 두 번째 수의 마지막에도 똑같은 두 구가 있는데 다만 "의기실가(宜其室家)" "의기가실(宜其家室)"처럼 글자가 약간 다릅니다. 그래서 후세 사람들은 결혼식을 축하하는 고사성어로 "의실의가(宜室宜家)"라는 축하의 말을 건넵니다.

원시(原詩)의 "복숭아꽃이 예쁘고 그 잎은 무성하구나"라는 것은 시집가는 아가씨가 젊고 아름다운 외모를 지녔을 뿐 아니라 겉으로 드러나지 않는 재능과 훌륭한 덕성을 지니고 있다는 뜻입니다. "지자(之子)"라는 두 글자는 현대어로 옮기면 '그 아이'쯤 됩니다. 그러니까 마지막 두 구는 이런 뜻입니다. "그 여자아이가 시집을 갔는데, 틀림없이 그 가정에 아주 잘 맞을 것이다. 그런 훌륭한 며느리를 데려갔으니 그 집은 잘될 것이다."

어쩌면 여러분은 이렇게 물을지도 모르겠습니다. '도요(桃夭)'의 간단한 두 구절에 정말 앞에서 말한 것 같은 그런 뜻이 담겨 있습니까? 그것이 바로 『예기(禮記)』 「경해(經解)」편에서 말하는 "부드러우면서도 많은 내용을 담고 있는 것이 시의 가르침이다〔溫柔敦厚, 詩教也〕"라는 말의 이치입니다. 시가(詩歌)는 모두 구어이기 때문에 짓기도 쉽고 읊기도 아주 편합니다. 하지만 훌륭한 시가는 그 내용이 정말 어렵습니다. 예를 들어 '도요(桃夭)'의 두 구절에 담긴 의미를 설명하려고 든다면 최소한 한두 시간은 설명해야 할 것입니다. 그러면 주제에서 너무 벗어나게 되므로 "훌륭한 독서법은 너무 깊이 파고들지 않는 것이다〔好讀書, 不求甚解〕"라는 도연명(陶淵明)의 방식을 배우도록 합시다.

여러분은 그냥 후세 문학 작품에서 습관적으로 사용하는 "복숭아꽃 오얏꽃처럼 농염하다〔艶如桃李〕"의 이미지만 생각하고, "얼음이나 서릿발처럼 차갑다〔冷若冰霜〕"라는 반대의 이미지는 떠올리지 마십시오. 그렇게만 한다면 '예쁜 복숭아꽃'과 그 무성한 꽃잎이 함께 어우러지는 모습이 참으로 보기 좋다고 느끼실 것입니다. "모란꽃이 좋기는 하다만 그래도 초록 꽃잎이 지탱해 주는 편이 낫겠네"라는 말도 있지 않습니까. "아름다움이 그 속에 있구나〔美在其中矣〕"라는 문학적 경지를 깨달을 수 있습니다.

두 번째 "형에게도 마땅하고 아우에게도 마땅하다〔宜兄宜弟〕"라는 구절은 증자가 『시경』 「소아(小雅)」 '요소(蓼蕭)'에서 인용한 것입니다. 사실 경학(經學) 전문가의 연구에 따르면 이 네 수의 시는 섭정 육 년째가 된 주공

(周公)의 "은택이 사방에 미치고 중국과 오랑캐를 통일하여〔澤及四海, 統一華夷〕", "멀리 있는 사람까지 포용하고〔懷遠人〕", "만방을 부드럽게 어루만지는〔柔萬邦〕" 성덕(盛德)에 감사한 제후들이 연회를 벌였는데, 그 자리에 모인 제후들이 서로 시기하거나 질투하지 않고 모두 한 형제처럼 친하고 사랑하였다는 의미를 담고 있습니다. 이 시를 읽은 독자는 "성왕과 주공을 그리워하는 마음이 사라지지 않게〔成周一會, 儼然未散〕" 됩니다.

하지만 증자가 여기에서 이 구절을 인용한 것은 쌍관(雙關)[124]의 기법입니다. 치국평천하(治國平天下)의 범주에서 말하면 "만방을 부드럽게 어루만지고" "멀리 있는 사람까지 포용하는" 성과를 거두었지만 그것을 가정의 범주에 적용하면 형제자매, 골육 친척 사이에 서로 사랑하고 존중하는 화목함과 안락함을 가리킵니다.

세 번째 "그 위의가 어그러지지 않는지라 이 사방 나라를 바르게 한다〔其儀不忒, 正是四國〕"라는 두 구는 『시경』「국풍」의 '시구(鳲鳩)'에 나옵니다. "불특(不忒)"에는 올바른 마음이 변치 않는다는 뜻이 있습니다. 그러니까 이 구절은 정권을 잡은 사람이 성의(誠意)와 정심(正心)의 첫 마음을 죽을 때까지 변함없이 지킬 수 있어야 자기 자신을 바르게 하고 다른 사람들을 바르게 할 수 있다는 뜻입니다. 가정에서도 그렇고 치국평천하에서도 마찬가지입니다. 그래야만 자기 자신을 세우고 다른 사람을 세울 수가 있으며 천하 사람들을 올바르게 이끌어 나갈 수가 있습니다.

---

124 하나의 말이 두 가지 뜻을 가짐.

부드러우면서도 많은 내용을 담고 있는 시의 가르침

"시경에 말하기를[詩云]" 하고서 『시경』에서 인용한 구절에 대해 이미 설명하였기 때문에 나중에 번거롭게 해설을 집어넣을 필요는 없을 것입니다. 그런데 『대학』은 물론이고 『중용』, 『논어』, 『맹자』의 사서(四書)에서 "시경에 말하기를[詩云]" "선생께서 말하기를[子曰]" 같은 구절을 자주 만나게 되는 것은 왜일까요?

첫째, 증자 당시에 역사적 경험을 담고 있는 문헌이 후대처럼 그렇게 많지 않았기 때문입니다. 당시는 공자가 쓴 『춘추』도 막 세상에 나왔던 때였습니다. 이른바 각국의 사료인 『국어(國語)』 및 『좌전(左傳)』, 『공양(公羊)』, 『곡량(穀梁)』의 춘추삼전(春秋三傳)도 아직 유행하기 않았기 때문에, 이전 사람들의 역사 경험을 인용하고자 할 때 『상서』 같은 사료를 제외하면 『시경』에 수집된 자료가 가장 적당했습니다. 그렇기 때문에 "옛것을 인용해서 지금의 현상을 설명하려고" 할 때면 "시경에 말하기를" "선생께서 말하기를" 같은 말이 나올 수밖에 없었지요! 후세 학자들은 그것을 두고 한 술 더 떠서 "육경은 모두 역사[六經皆史也]"라고 주장했습니다.

둘째, 시는 역사상 수많은 복잡한 사실과 거기에 얽힌 감정들을 농축시키고 정련해서 그 정수를 짧은 글로 구성해 낸 것이기 때문에 그 속에 담긴 내용과 의미가 무궁합니다. 하지만 그렇다고 해서 무지막지하게 욕을 하거나 자기 마음대로 비평하거나, 혹은 생각 없이 추켜세우거나 하지는 않았습니다. 예를 들어 모두가 시성(詩聖)이라고 칭송하는 당대(唐代)의 두보가 쓴 「촉의 재상 제갈량[蜀相諸葛亮]」을 보십시오.

삼고초려에 못이겨 천하를 위한 계책을 세우고　　　　三顧頻煩天下計
두 황제를 위해 노심초사했던 늙은 신하의 마음이여　　兩朝開濟老臣心

군사를 움직였으나 승전하지 못하고 먼저 세상을 떠나　　　出師未捷身先死

후세 영웅들로 하여금 눈물이 옷깃을 적시게 하는구나　　　長使英雄淚滿襟

얼마나 심금을 울리는 시입니까! 하지만 그중에서도 압권은 어느 부분
일까요? '빈번(頻煩)' '개제(開濟)'라는 네 글자에 바로 제갈량 일생의 운명
과 통곡이 담겨 있다고 하겠습니다. 시인 두보는 제갈량의 생애가 너무나
허망하게 느껴졌고 그래서 너무 안타까웠습니다. 제갈량은 본래 "남양에
서 몸소 농사를 지으며, 어지러운 세상에서 구차히 생명이나 보전할 뿐,
제후들에게 명성이 알려지기를 원치 않았던〔躬耕於南陽, 苟全性命於亂世,
不求聞達於諸侯〕" 사람이었습니다. 그러니 얼마나 맑고 한가롭고 자유로운
생활이었겠습니까!

그런데 하필이면 유비라는 사람한테 걸려들어 세 번씩이나 자신의 초막
을 찾아와 사람을 귀찮게 구는 것이었습니다. 한 번도 아니고 세 번에 걸
쳐서 빈번(頻煩)하게 찾아오니, 결국은 그에게 당시의 형국을 보건대 장차
천하가 삼분(三分)될 것임을 말해 주고 말았습니다. 그리하여 불행하게도
유비에게 이끌려 산을 내려왔고 정을 물리치지 못해 그를 한 번 도와주게
되었습니다. 주인 유씨는 원래 그렇게 뛰어난 인물은 아니었지만 그래도
수단껏 제갈량을 붙들어 앉혔고, 죽기 직전에는 자기 아들을 그에게 맡기
기까지 했습니다.

그런데 유비의 아들 아두(阿斗)는 정말 멍청이었습니다. 하지만 군주와
신하의 신분이 이미 정해진 터라 어찌해 볼 수가 없었지요. 유비를 도와
나라를 세웠던 제갈량은 다시 그 아들 아두를 도와 "나라 안을 안정시키
고 외침을 물리치며〔安內攘外〕" "정치적 식견으로 세상 사람들을 구제해야
〔經綸濟世〕" 했습니다. 아버지를 도와 개국을 하고 거기다 그 아들까지 가
르치며 돕느라 늙은 신하는 자신의 기력을 다 바쳤지만 결국은 그 모든 노

력이 수포가 되었습니다.

자신의 속마음을 밝히느라 "여섯 차례나 기산으로 출정했고〔六出祁山〕", "죽을 때까지 그만두지 않았습니다〔死而後已〕." "군사를 움직이기는 했어도 승전하지 못할 것〔出師未捷〕"은 이미 알고 있었습니다. 그것은 말하자면 제갈량이 스스로 죽을 장소를 택했던 책략이었습니다. 그래서 그 내막을 아는 사람들은 끝내 "눈물이 옷깃을 적시게〔淚滿襟〕" 됩니다. 제갈량의 일생이 "때를 만나지 못했고〔不遇其時〕" 거기다 "만난 사람도 그다지 훌륭하지 못했던〔遇人不淑〕" 것 때문에 통곡을 하게 되는 것이지요.

이런 식으로 시를 이해하고 나면 '시교(詩敎)'는 "부드러우면서도 많은 내용을 담고 있다〔溫柔敦厚〕"라는 말이 무슨 의미인지 알 수 있을 것입니다. "당신은 정말 불쌍하구려! 나 두보보다 훨씬 비참하지 않소!"라고 해서는 안 됩니다. 만약 그렇게 썼다면 그건 '울부짖음'이라고 해야지 '시'라고 부를 수는 없겠지요!

42

돌을 깎아 하늘을 받친 것은 모성 때문이었다

이제 다시 『대학』에서 인용하고 있는 첫 번째 시 "복숭아꽃이 예쁘고 그 잎은 무성하구나(桃之夭夭, 其葉蓁蓁)"라는 구절로 돌아가서 이야기를 시작하겠습니다.

중국 문화에서 유가를 대표하는 이른바 만세의 사표인 공자는 인류 사회를 어떻게 보았을까요? 여러분도 아시다시피 그는 일찍이 "먹고 마시고 남녀가 만나는 것, 인간의 큰 욕망은 거기에 있다(飮食男女, 人之大欲存焉)"라는 명언을 남겼습니다. 그가 저술한 『역경』「서괘전」 하편에서는 그런 이치를 더욱 분명하게 설명하고 있습니다. "천지가 생긴 후에 만물이 생겼고, 만물이 생긴 후에 남녀가 생겼다. 남녀가 생긴 후에 부부가 생겼고, 부부가 생긴 후에 부자가 생겼다(有天地, 然後有萬物. 有萬物, 然後有男女. 有男女, 然後有夫婦. 有夫婦, 然後有父子)." 바꾸어 말하면 공자는 한평생 인도(人道)를 다함으로써 천도(天道)를 밝혀야 한다고 말했지만, 인류 사회의 현실이라는 측면에서 보면 "천도는 멀고 인도는 가깝다(天道遠, 人道邇)"라고 생각했던 것입니다.

훗날 도가를 대표한 장자도 이렇게 말했습니다. "이 세상 바깥의 것은 존재하기는 하지만 논하지 않겠다(六合之外, 存而不論)." 공자와 유사한 점이 있다고 하겠습니다. 그래서 공자는 『시경』을 편집하면서 제1부에 해당하는 「국풍」의 맨 첫머리에 남녀 간의 정을 읊은 '관저(關雎)'를 집어넣었습니다. "꾸욱 꾸욱 물수리 강가에서 울고 있네. 아리따운 요조숙녀 군자의 좋은 짝이지〔關關雎鳩, 在河之洲. 窈窕淑女, 君子好逑〕." 그런데 "찾아도 못 찾으니〔求之不得〕", "자나깨나 생각나고〔寤寐思服〕", "이리 뒤척 저리 뒤척〔輾轉反側〕"한다지 뭡니까! 요즘의 애정 가요와 비교해 조금도 뒤지지 않으니, 옛사람들은 대부분 '성인(聖人)'이고 후세 사람들은 대부분 '쓸데없는 사람〔剩人〕'이라고 어떻게 말하겠습니까.[125]

"어머니가 있는 것만 알다"에서 "여자는 집안을 주관하다"로 변하다

요점만 말하면 인류 사회라고 하는 이 세상은 남자가 절반이고 여자가 절반으로 남녀는 평등합니다. 여자는 남자의 갈비뼈로 만든 존재가 아니며 따라서 남자의 영원한 부속물도 아닙니다. 그것은 분명하고도 뚜렷한 전통문화의 기본 원리입니다. 하지만 동서양의 인류 문화는 자고이래 종교학 및 윤리학 등의 학설이나 사회 관념이 형성되면서 "남자를 중시하고 여자를 경시하는" 남성 중심의 사회로 변해 버렸습니다.

사실 중국의 전통문화는 상고 시대의 기록에서 보면 아주 공평했습니다. 원시 사회는 "어머니가 있는 것만 알고 아버지가 있는 것은 알지 못했다〔只知有母, 不知有父〕"라고 합니다. 원래는 모성 중심의 사회였던 것입니다. 하지만 남자와 여자는 타고난 생리가 달랐습니다. 여성의 생리 주기

---

125 '聖人(성인)'과 '剩人(잉인)'은 중국어 발음이 같다.

및 가장 중요한 임신과 육아 시기에는 음식을 구하러 나간다거나 다른 용무를 볼 수 없었기 때문에 자연히 남성의 도움과 보살핌을 받아야 했습니다. 그것이 점차 관습으로 굳어지면서 남녀가 결합하여 함께 생활하는 '가(家)'를 형성하게 되었습니다.

가(家)가 형성되면서 점차 "남자는 바깥을 주관하고 여자는 집안을 주관하는〔男主外, 女主內〕" 초보적인 관습이 자리 잡았습니다. 그런 다음에는 먹고 살아가기 위해 수확하고 저장하고 점유하고 개발하는 등의 행위에 대해서도 자연히 알게 되었습니다. 그렇게 해서 후세에서 말하는 이른바 사유 재산 혹은 가정 경제라는 기본 형태가 갖추어졌습니다. 이것은 유물사관과도 합치되는 원리입니다.

하지만 여기에는 인성의 심리 변화라는 요소를 포함시키지 않았으며 인류 사회 발전의 자연적 규율과 필연적 규율은 고려하지도 않았습니다. 보다 종합적인 인류 사회의 변화 발전의 과정 및 그 속에 내재된 법칙에 관해서는 일찍이 공자의 『역경』「서괘전」에 과학적이고 논리적으로 설명되어 있습니다.

중국 전통문화에서는 원시 시대의 모계 중심 사회인 모성 사회를 '씨(氏)'라는 간단한 용어를 사용하여 불렀습니다. 천황씨(天皇氏), 지황씨(地皇氏), 인황씨(人皇氏)에서부터 시작해서 유소씨(有巢氏), 수인씨(燧人氏), 복희씨(伏羲氏), 신농씨(神農氏)를 거쳐 황제유웅씨(黃帝有熊氏)에 이르기까지가 그러합니다. 황제는 그 어머니가 헌원(軒轅)의 언덕[126]에서 낳았기 때문에 '헌원'이라고 부릅니다. 희수(姬水)에서 자랐기 때문에 또 '희(姬)'를 성으로 삼았습니다. 황제 이후로는 전욱고양씨(顓頊高陽氏), 제곡고신씨(帝嚳高辛氏)라고 부릅니다.

---

126 지금의 하남(河南) 신정(新鄭).

요임금에 이르러 인류 사회의 문명이 점차 발전하면서 비로소 모계 중심의 관습이 변하기 시작했으며, 땅을 봉해 주면서부터 '당요(唐堯)' 내지는 '우순(虞舜)'이라고 고쳐 부르게 되었습니다. 그러니까 요순 이후부터 남성 중심의 족성(族姓) 풍속이 자리 잡기 시작했다고 말할 수 있습니다. '씨(氏)'가 바로 '성(姓)'이라고 여기는 관점은 한대 유가들에 의해 확립되었는데, 그때부터 남존여비 사상이 시작되었으며 모계 중심의 씨는 왜곡되고 말았습니다.

사실 중국 역대 정부에서 관습적으로 사용하던 것들은 모두 상고 시대 전통문화의 관습을 그대로 따른 것이었으며, 그것은 마지막 청 왕조에서도 마찬가지였습니다. 남자에게는 성(姓)을 붙이고 여자에게는 씨(氏)를 붙이며, 남자는 정(丁)이라 부르고 여자는 구(口)라고 부르던 것이 후에 점차 혼용되어 모모 '성씨(姓氏)'의 인정(人丁) 혹은 인구(人口)라고 부르게 되었던 것입니다. 사실 그러한 호칭의 구분은 계급 관념에서 나온 것이 아니라 논리적 분류였을 뿐입니다.

만일 더 거슬러 올라간다면 호메로스의 서사시 「오디세이아」와 「일리아드」 또는 굴원의 「이소」처럼 옛날부터 전해지는 신화까지 끌고 와야 역사의 뿌리를 설명할 수 있습니다. 예를 들어 전통적인 고대 신화 가운데 하나로 황제(黃帝)와 치우(蚩尤)의 전쟁에 관한 것이 있습니다. 후세에 '전쟁의 신'이라고 불리는 치우가 '부주산(不周之山)'을 머리로 들이받아서 "하늘은 북서쪽으로 내려앉고(天塌西北)" "땅은 남동쪽으로 꺼졌는데(地陷東南)", 그 사건으로 인해 북서쪽은 높고 사막이 많으며 남동쪽은 낮고 해양이 많은 현재 중국의 지세(地勢)가 형성되었다고 합니다.

이 대목에서 우리 모두를 감동시키는 노할머니 여와씨(女媧氏)가 등장하는데, 그 광경을 보다 못해 "돌을 깎아 하늘을 받쳤다(煉石補天)"[127]라는 것입니다. 여와를 '씨(氏)'라고 부르는 것으로 봐서 모계 중심 사회였음을 알 수 있습니다. 사람들이 살아가야 할 위대한 천지에 치명적인 결함이 생겼는데, 사람도 신도 아니었던 그 노할머니가 나서서 손을 씀으로써 인류를 재난에서 구해 냈습니다. 여와씨야말로 인류의 모성을 대표하는 가장 위대한 영광이요 공덕이라 하겠습니다.

그러고 보니 이야기가 너무 멀리까지 와 버렸군요. 그렇다면 제가 왜 먼 원시 시대로까지 거슬러 올라가서 모계 중심 사회에 대해 이야기했을까요? 제가 말하고 싶은 것을 간단히 요약하면 다음과 같습니다. 중국의 문화 전통이 오천 년간이나 계속해서 유지될 수 있었던 것은 대부분 과거 역사에서 여성들의 위대한 희생 및 "모욕을 참고 힘든 일을 짊어지는[忍辱負重]" 공로 덕분이었습니다. 바꾸어 말하면 여성들은 중국 전통의 사회 문화에 대해 "돌을 깎아 하늘을 받쳤던" 여와씨와 같은 공덕을 지니고 있다고 하겠습니다. 하지만 이것은 과거에 그러했다는 말이지, 앞으로 어떨지는 저 역시 여러분과 마찬가지로 알 수 없습니다.

그런데 전통의 역사 문화를 살펴보면, 예를 들어 황제에서 시작하여 하·상·주 삼대에 이르기까지 역사를 보면 여성에 대해서는 남존여비적인 남성 중심 관념에 따라 대부분 부정적인 면만을 기록해 놓았습니다. 어머니의 가르침에서 힘을 얻었다는 기록은 거의 찾아보기 어려운데, 유일하게 상(商)의 탕(湯)이 나라를 다시 중흥시킨 이야기에만 그 어머니의 가르침에서 힘을 얻어 혁명을 성공시켰다는 내용이 나옵니다. 나머지 대부분의 기록은 여자가 일으킨 재앙으로 집안이 박살나고 나라가 망하는 내용을 힘주어 묘사한 것들입니다.

예를 들면 하(夏)의 걸(桀)이 매희(妺喜)를 총애하여 나라를 망하게 하였

---

127 '연석보천(煉石補天)'을 글자 그대로 해석하면 "돌을 녹여 구멍 난 하늘을 메웠다"이지만, 본문에서는 치우가 부주산을 들이받아서 하늘을 받치던 기둥이 무너졌는데 여와씨가 돌을 다듬어 그것으로 무너진 하늘을 떠받쳤다는 내용이므로 "돌을 깎아 하늘을 받쳤다"로 해석하였다.

다거나, 상(商)의 주(紂)가 달기(妲己)를 총애하여 나라를 망하게 하였다거나, 주(周)의 유왕(幽王)이 포사(褒姒)를 총애하여 나라를 망하게 하였다는 등이 그런 경우입니다. 하기야 걸, 주, 유왕도 후세의 당 명황(明皇)[128]에 비하면 아무것도 아니었습니다.

장생전에서 맹세하던 일 부질없이 추억하노니	空憶長生殿上盟
조국 강산에 대한 정은 중요하고 미인은 가벼운 법	江山情重美人輕
화청지의 물과 마외의 흙[129]	華淸池水馬嵬土
옥을 씻기도 향기를 묻기도 결국은 한 사람이었네	洗玉埋香總一人

아름다운 여자와 아름다운 남자는 천지와 부모와 자연이 빚은 예술품의 하나로서 그 자체로는 결코 선악을 논할 수 없습니다. 평범한 백성은 물론이고 일개 제왕이라 할지라도 아름다운 여자로 인해 결국에는 나라가 망하고 집안이 거덜 났다면 그것은 남자 자신이 별 볼 일 없는 인간이기 때문입니다. 그런데 전적으로 여자를 희생양으로 삼는 것은 공평치 못한 처사가 아닐 수 없습니다!

하지만 서주(西周)의 고공단보(古公亶父)가 기산(岐山)으로 동천(東遷)한 후 주 문왕과 무왕이 흥기하기까지의 역사는 그런 대로 공정하게 기록되어 있습니다. 주 왕조 초기의 삼태(三太)[130]를 한껏 칭찬한 이외에도 주 무왕의 현비(賢妃) 읍강(邑姜)에 대해 다음과 같이 기록했습니다.

그녀는 태공망(太公望)의 딸이었는데 "집안을 현명하게 다스리고 무왕

---

128 당 현종(玄宗). 젊은 시절에는 훌륭한 정치를 펼쳤으나 노년에 이르러 아들 수왕(壽王)의 비(妃)였던 양귀비(楊貴妃)에 빠져 나라를 혼란스럽게 만들었다.

129 화청지는 양귀비가 목욕하던 연못의 이름이고, 마외는 양귀비가 죽어 묻힌 곳이다.

130 고공단보의 후비 태강(太姜), 문왕의 생모 태임(太任), 문왕의 후비 태사(太姒)를 말함.

을 잘 보좌하였다. 임신을 해서는 서 있을 때 한쪽으로 기우듬히 서지 않고, 앉아 있을 때 비스듬히 앉지 않고, 웃을 때 소리 내지 않고, 혼자 있을 때에도 거만하지 않고, 화가 나더라도 욕하지 않았다〔賢於治內, 輔佐武王. 有任, 立不跛, 坐不差, 笑不喧, 獨處不倨, 雖怒不罵〕"라고 합니다. 그렇게 해서 태자 송(誦)을 낳았는데 그가 바로 훗날의 주 성왕(成王)이었습니다. 그런 까닭에 공자는 "치국, 제가"의 중요성에서 여성의 공로를 소홀히 여기지 않았으며, 아울러 주(周) 초 '희씨 집안' 어머니들의 위대한 가르침과 자태를 한껏 칭송했습니다. 주 무왕의 혁명이 성공하고 주 왕조가 흥기할 수 있었던 것은 그에게 열 명의 훌륭한 현신(賢臣)이 있었기 때문이라고 극찬했는데, 그중에 한 사람은 여성이었습니다.

그런데 주 무왕의 혁명이 성공하여 주나라 정권이 들어선 이후로 예전부터 전해지던 도통(道統) 문화, 즉 지금 우리가 전통문화라고 말하는 것들을 정리하기 시작했습니다. 그 일을 맡은 사람이 바로 주 무왕의 동생 주공(周公)이었습니다. 후세의 소위 삼례(三禮)[131] 가운데 『주례(周禮)』는 주공 희단(姬旦)이 모아서 편찬한 것을 반포했다고 합니다. 물론 어쩌면 많은 부분이 다른 사람에 의해 이루어졌고 나중에 다시 공자의 개편을 거쳐 완성되었을 수도 있습니다. 이러한 문제는 고고학 전문가들이나 다루는 일이고 저야 "예악에 늦게 나아간〔後進於禮樂〕" 야인(野人)이니만큼 더 깊이 들어가지는 않겠습니다.

어찌됐든 공자의 견해를 따르자면, 주 초에 주공이 "예를 제정〔制禮〕"하면서부터 중국인은 비로소 진정으로 완전한 문화 체계를 지니게 되었습니다. 그래서 공자는 주 왕조를 일러 "찬란하다 문이여〔郁郁乎文哉〕"라고 정중하게 찬양했던 것입니다. 삼례(三禮)는 정치, 사회, 경제 전반에 걸친

---

131 『주례(周禮)』, 『의례(儀禮)』, 『예기(禮記)』를 말함.

의례(儀禮)를 규정한 것이었으므로 말하자면 헌법 같은 대원칙이었습니다. 그뿐 아니라 혼인이나 상례 같은 의례 이외에도 남자가 성년이 되면 치르는 관례(冠禮) 및 혼례(婚禮), 여자의 계례(笄禮) 등 상당히 자질구레한 것까지 체계적으로 규정해 놓고 있었습니다. 하지만 우리가 삼례를 "즐겨 배우고[好學], 자세히 물어보고[審問], 신중하게 생각하고[愼思], 명확히 판단[明辨]"해 본다면 그 속에 포함된 생리, 물리 및 인간과 자연과의 관계 같은 학문이 결코 진부한 구닥다리가 아님을 알게 될 것입니다.

'삼종사덕'의 시대적 의의

돌이켜 보면 과거에 우리가 타도하려고 했던 공자의 사상 속에는 여성에 관한 문제도 있었습니다. 오사 운동 당시에 여권 운동을 하던 사람들은, 여자는 모름지기 '삼종(三從)' '사덕(四德)'을 지녀야 한다는 말만 나오면 목청을 높여 타도를 외쳤습니다. 그뿐 아니라 덮어놓고 그 죄를 공자의 사상에다 뒤집어씌웠습니다. 사실 그 말은 모두 『예기』와 『의례』에 나옵니다. 게다가 삼종과 사덕에는 여성을 무시하거나 억누르려는 뜻이 조금도 없습니다.

이른바 "어려서는 아버지를 따르고, 시집을 가서는 남편을 따르고, 남편이 죽으면—혹은 늙어서는—아들을 따른다[在家從父, 出嫁從夫, 夫死從子]"라는 것을 삼종(三從)이라고 하는데, 여기에 잘못된 것이 뭐가 있습니까? 만일 '따른다[從]'는 말을 요즘 유행하는 법률 용어인 '책임지다[負擔]'로 바꾸어 놓고 생각해 보면 그야말로 여성에 대한 존중이 아니고 무엇입니까! 여자가 결혼하기 전에는 마땅히 그 부모가 생활과 교육을 책임져야 한다는 것이 뭐가 틀렸습니까? 결혼한 이후에는 남편 된 사람이 마땅히 그 아내의 모든 생활과 안전을 책임져야 한다는 것이 또 뭐가 틀렸습니까? 설마하니 남편이 아내에게 의존해서 살아야 한다는 것은 아니겠지요? 남편이 죽은 후에는 당연히 아내의 부모도 늙었을 것이니 자녀의 보살핌을 받지 않으면 어떻게 하겠습니까?

물론 요즘이야 정부에서 실시하는 사회 복지가 책임집니다. 하지만 사내대장부 혹은 자녀가 되어서 부모 부양의 책임을 전적으로 사회에다 전가시킨다면 좀 그렇지 않습니까! 그럴 경우 특히 부모 자녀 간의 감정적인 부분은 아마도 말이 아닐 것입니다. 다른 사람이나 일반 대중을 위한 복지 차원의 양로(養老)는 좋은 일이지만, 그것이 단지 자기 자신을 위한 것이라면 그것은 민주의 본래 의미에 맞지 않습니다. 그저 개인의 자유를 위한 이기주의적인 그 무엇이라고밖에 할 수 없지요.

물론 제 생각이 틀렸을 수도 있습니다. 하지만 그 배경이 상고 시대 사회였다는 사실을 염두에 두고 생각해 보십시오. 삼천 년 전인 당시는 교육도 보급되지 않았던 시기였고, 특히 여성은 근본적으로 교육을 받을 수 없었습니다. 거기다 상고 시대는 전적으로 인력에만 의존하는 원시적인 농업 경제 사회였고, 여성에게는 자유로이 독립해서 살아갈 능력이 없었습니다. 그렇다면 결혼하기 전에는 아버지를 따르지 않는다면 누구를 따라야 한다는 말입니까? 시집을 간 후에는 또다시 장기 식권을 얻어 내야 했으니 남편을 따르지 않으면 어떻게 해야 한다는 말입니까? 남편이 죽으면 아들을 따라야 한다는 것은 너무 분명한 사실이라서 길게 말할 필요도 없습니다.

다만 남편이 죽고 아들은 아직 어려서 "어머니가 아버지의 직분까지 겸해" 자녀를 부양해야 하는 경우라면, 그럴 때는 도대체 누가 누구를 따라야 하는 걸까요? 한번 생각해 보십시오. 만약 여러분 가운데 '따른다'는 말을 단지 복종이나 맹종의 뜻으로 해석하는 사람이 있다면, 그 사람은 아직 한자의 의미도 깨우치지 못한 것이니 공 선생님한테 가서 더 배워야 할 것입니다.

　지금부터는 "부덕(婦德), 부언(婦言), 부용(婦容), 부공(婦功)"의 사덕(四德)에 대해 말씀드리겠습니다. 이것은 여성의 인격과 인품을 양성하고 교육하는 데 있어서 목표가 되지만, 단지 여성에게만 해당되는 것이 아니라 남자에게도 똑같은 교육이 필요합니다. 어떤 사람이 덕성에 문제가 있다면 그런 사람은 남녀를 불문하고 다른 사람의 환영을 받지 못합니다. 말이 거칠거나 혹은 인정머리 없이 말하거나 혹은 당치 않은 말을 자꾸 하는 등 사람들이 흔히 구덕(口德)이 없다고 말하는 그런 것도 물론 안 됩니다. 그런데 '부용(婦容)' 항목을 두고 흔히 아름다운 외모라고 오해하는 사람들이 많습니다. 고문은 원래 간략한 것이라 이른바 '용(容)'은 평소의 '몸가짐[儀容]'이 정결한 것을 말합니다. 경박한 행동으로 사람들의 웃음거리가 되어서는 안 됩니다. '부공(婦功)' 항목을 놓고 과거 어떤 책에서는 '공(功)' 자를 '홍(紅)' 자로 읽었는데, 그것은 수를 놓거나 바느질을 하거나 베를 짜는 기술을 가리키는 말이었습니다. 특히 농업 경제 중심의 농촌 사회에서는 가정 경제를 충실히 꾸려 나가는 것이 아주 중요했습니다. 제가 생각하기에는 예전 여성들의 사덕 가운데서 부공 항목은 현대와 미래 사회의 여성들에게 더욱 중요할 것입니다.

　이십 년 전의 일입니다만 제 친구의 딸아이가 대학을 졸업하고 외국에 사는 화교 청년과 결혼을 했습니다. 그들이 출국하기 전에 저에게 인사를 하러 왔는데, 저는 친구의 딸에게 이렇게 말했습니다. "네가 출국해서 해야 할 제일 중요한 일은 공부하는 것이다. 너더러 공부해서 박사 학위나 석사 학위를 따라는 말이 아니고 혼자 힘으로 살아갈 수 있는 기술을 배우라는 것이다. 여자니까 회계학을 공부하는 것도 좋겠지. 지금은 시대가 변했고 특히 결혼 제도는 파산 직전이라고 할 수 있다. 애정이라는 건 그저 빵이나 쌀밥에 불과할 뿐이다. 그러니 현대 여성은 어려서부터 혼자 힘으로 살아갈 수 있는 능력을 키워야 자신은 물론이고 부부 관계도 유지시킬 수 있다. 이것이 바로 부공(婦功)의 중요성이다." 친구의 딸아이는 나중에 제 말대로 했고 과연 기대를 저버리지 않았습니다.

농업 경제를 위주로 했던 전통 사회에서는 정부가 명문화해 규정하지는 않았지만 자연스럽게 풍속으로 형성되어서 특히 어린아이의 교육에서 부공 방면에 치중하는 것이 지극히 당연한 것으로 여겨졌습니다. 길게 설명할 것 없이 남송 시인 범성대(范成大)의 「전가(田家)」 시를 보면 당시 강남 농촌 사회의 진솔한 교육 실상을 엿볼 수 있습니다.

낮에는 밭매고 밤에는 삼 삼고	晝出耘田夜績麻
농가의 여인네들은 집안일에 바쁘네	村莊兒女各當家
어린 손자는 밭 갈고 베 짜는 건 몰라도	童孫未解供耕織
뽕나무 그늘에서 오이 심는 것 배운다네	也傍桑陰學種瓜

청 말의 명신 증국번(曾國藩) 같은 사람도 그렇게 높은 관직에 있으면서 집안의 딸과 며느리들에게 매일 삼(麻)은 얼마나 삼아야 하는지, 베는 얼마나 짜야 하는지, 혹은 신발 밑창은 얼마나 만들어야 하는지를 일일이 엄격하게 규정해 놓았습니다. 그런 예는 이루 헤아릴 수 없으니 더 말할 필요도 없을 것입니다.

43

치국제가하려면 현명한 여성이 있어야 한다

『대학』에서 "나라를 다스림이 그 집안을 바로잡음에 있다〔治國在齊其家〕"라는 말을 설명하면서 "그 아가씨 시집가니 그 집안 식구에게 마땅하네. 그 집안 식구에게 마땅한 후에야 나라 사람들을 가르칠 수 있다〔之子于歸, 宜其家人, 宜其家人, 而后可以教國人〕"라는 구절을 맨 먼저 제시한 것은 바로 전통문화『주례』의 정신에 따른 것입니다.

요컨대 하나의 가족, 하나의 가정에는 무엇보다 먼저 부덕(婦德)을 갖춘 여주인이 있어야 그 가정의 부자와 형제들이 각기 '마땅함〔宜〕'을 얻을 수 있습니다. 그렇게 되면 당연히 그 가정의 남자들은 바깥으로 나가 사업에 전념할 수 있습니다. 집안을 돌봐야 할 걱정이 없을 뿐 아니라 현명한 내조라는 도움도 받을 수 있는 것이지요!

그런데 마지막 구절인 "그런 후에야 나라 사람들을 가르칠 수 있다〔而后可以教國人〕"라는 결론으로 보아, 이 글은 가천하(家天下) 시기의 제왕의 가정 및 왕후장상 내지는 권세가의 가정에 대한 것임을 알 수 있습니다. 상고 시대는 "대부 위로는 형벌을 가하지 않고〔刑不上大夫〕" "평민 아래로는 예를 따지지 않던〔禮不下庶人〕" 봉건 사회였기 때문에 상부의 지도층에 대한 요구가 더욱 강조되었던 것입니다. 이른바 "춘추 시대에는 현자를 책망한다〔春秋責備賢者〕"라는 말이 바로 그것입니다.

'부덕'에서 '모의천하'에 이르기까지

사실 동양 문화에서는 주·진 시기에 공자가 『주례』의 문화를 추대하면서 "집안을 바로잡은 후에 나라를 다스린다〔齊家而後治國〕"라든지 부덕(婦德)과 모의천하(母儀天下)의 이념을 중시하기 시작했을 뿐 아니라, "속세에 들어온 후에 세속을 떠났던" 인도의 성자 석가모니 역시 세상을 다스리는 전륜성왕(轉輪聖王)을 추대하여 부처와 동등하다고 했습니다. 그러면서 그는 세상을 다스리는 전륜성왕은 반드시 '칠보(七寶)' [132]를 모두 갖추어야 한다고 강조했습니다. 하지만 그중에서도 제일 중요한 보물은 바로 '여보(女寶)'입니다. 현명하고 후덕한 후비(后妃) [133] 말입니다. 이른바 '윤보(輪寶)'는 이중의 의미를 지니고 있는데, 하나는 현대의 정밀한 과학 기술을 바탕으로 한 육해공(陸海空) 무기를 말합니다. 다른 하나는 역사라고 하는 거대한 수레바퀴를 가리킵니다. 그러니까 사람들이 흔히 "운이 좋다"고 하는 것과 '천명(天命)'이라는 것을 뜻합니다. '상보(象寶)'와 '마보(馬寶)'는 물자의 교류와 전쟁에 사용되는 빠른 교통수단을 가리킵니다. 그리고 '주보(珠寶)'는 재정 경제가 극히 발달된 부와 재산을 가리킵니다.

하지만 지금까지 말한 네 가지 보물은 모두 물질문명에 속합니다. 인사(人事)라는 측면에서 말한다면 무엇보다 먼저 현명한 덕과 지혜를 갖춘 후비(后妃)인 '여보(女寶)'가 있어야 합니다. 그다음으로는 이재에 밝은 재정

---

132 윤보(輪寶), 상보(象寶), 마보(馬寶), 주보(珠寶), 여보(女寶), 주장신보(主藏臣寶), 주병신보(主兵臣寶)를 말함.

133 황후(皇后)와 비빈(妃嬪).

경제 전문가인 '주장신보(主藏臣寶)'가 반드시 있어야 합니다. 일본 사람들은 재정 대신을 대장상(大藏相)이라고 부르는데 여러분은 그 출전이 불학(佛學)이라는 사실을 알고 계십니까? 그 밖에 중요한 것으로는 용병(用兵)에 뛰어나며 대중을 통솔하여 가는 곳마다 대적할 자가 없는 대원수인 '주병신보(主兵臣寶)'가 있습니다.

그럼에도 불구하고 인도의 고대 역사를 보면 그런 사적을 찾아보기가 어렵습니다. 역사적으로 유명한 아소카왕이나 공작왕(孔雀王)의 후비들에 대해서도 믿을 만한 역사 기록이 남아 있지 않습니다. 중국의 이십육사(二十六史)만 해도 주 왕조 초기의 사대(四代)에 걸친 현명한 후비에 대한 기록을 제외하면, 진·한 이후로는 그 시대의 비교적 현명한 후비들에 대한 기록이 매우 드뭅니다. 개국 황제들의 경우만으로 이야기하더라도 한 광무제(光武帝)의 음(陰) 황후와 주원장의 마(馬) 황후 이외에 예를 들어 이세민의 장손(長孫) 황후 같은 사람도 마땅히 그다음 자리에 올려놓아야 맞습니다.

그중에서도 주원장의 마 황후는 기본적으로 교육을 받아 본 적이 없는 시골 아낙네 출신이었습니다. 하지만 그녀의 덕행은 역대의 현명한 황후들을 능가했습니다. 주원장이 황제 자리에 오르자 그녀는 다음과 같은 말로 조심스럽게 경고했습니다.

> 부부 관계를 유지하기는 쉽지만 군신 관계를 유지하기는 어렵습니다.
>
> 夫婦相保易, 君臣相保難.

주원장의 개성을 이해하여 조심스레 충고하는 그녀가 얼마나 현명하고 훌륭합니까! 월왕(越王)의 사람됨이 "환난을 함께할 수는 있어도 안락을 함께할 수는 없다(只可共患難, 不可以共安樂)"라고 문종(文種)에게 경고했던 범려(范蠡)의 말에 비해 훨씬 더 깊이가 있습니다. 그녀는 힘든 인생 역정을 통해 인성의 어두운 측면에 대해서도 잘 알고 있었던 것입니다. 하지만 주원장과 동고동락한 아내로서 그 남편을 깊이 사랑하고 있었기에, 그가 의기양양해하며 황제의 보좌에 오르려는 찰나에 눈물을 흘리며 그런 역사적 명언을 던졌습니다. 짧은 열 글자이지만 역사에 유명한 명신들의 문장에 비해 훨씬 힘이 넘치니 참으로 고귀한 명언이라 하겠습니다.

두 번째로 인용된 시를 봅시다. 첫 번째 "그 집안 식구에게 마땅한 후에야 나라 사람들을 가르칠 수 있는 것이다〔宜其家人, 而后可以敎國人〕"라는 구절에 이어서 "형에게 마땅하고 아우에게 마땅한 후에야 나라 사람을 가르칠 수 있는 것이다〔宜兄宜弟, 而后可以敎國人〕"라는 구절입니다. "형에게 마땅하고 아우에게 마땅하다"의 출전과 내용에 대해서는 앞에서 이미 설명한 바 있기 때문에 재론하지 않겠습니다. 하지만 증자가 "나라를 다스림이 그 집안을 바로잡음에 있다"라는 구절을 설명하면서 이 대목을 인용한 까닭은 가정에서 형제자매 간에 서로 총애를 경쟁하고 다투는 것을 말하기 위해서였습니다. 특히 그것이 권력이나 재물을 놓고 다투는 것일 때에는 형제자매 간이라 할지라도 길가는 낯선 사람보다 훨씬 못했습니다.

형제간에 서로를 죽이는 일은 역사 속에 너무나 많이 기록되어 있습니다. 초당(初唐) 개국 시기의 '현무문(玄武門) 사건'이라든지, 송조(宋朝) 개국 시기의 조광윤 형제의 촛불 그림자와 도끼 소리라는 뜻의 '촉영부성(燭影斧聲) 사건'이라든지, 청대(淸代) 옹정제의 제위 찬탈 미스터리 등은 그 일례일 뿐입니다. 평범한 일반 백성의 가정이라 할지라도 그 집이 다소 부유해서 땅이라도 몇 마지기 있거나 혹은 다 쓰러져 가는 낡은 집이 몇 채 있다면, 형제자매 간에 재산을 나눠 가지려고 치열하게 싸우는 경우는 비일비재합니다.

만약 "사해 안의 모든 사람은 형제〔四海之內皆兄弟也〕"라는 관념을 확장해서 현대 사회의 정당·사회단체·기업체·체인점 등의 동지와 동업자들이 형제자매처럼 "한 마음 한 덕(同心一德)"으로 서로를 존중하고 아낄 수 있다면 좋겠지만, 그건 물 위에 그려 놓은 꽃무늬나 어린아이가 불어 놓은 비눗방울보다 훨씬 얻기 어려운, 그저 광고에나 등장하는 아름다운 소리일 뿐입니다.

그렇기 때문에 증자는 글로 써서 후손들에게 충고하고 권하는 수밖에 없었습니다. 치국 제가의 도에서 유가가 강조하는 교육의 중점은 무엇보다 먼저 "그 집안 식구에게 마땅한(宜其家人)" 현모양처가 있어야 한다는 것이었습니다. 그와 동시에 형제자매, 동서나 시누올케 사이가 "형에게 마땅하고 아우에게 마땅(宜兄宜弟)"해야 한다는 것뿐이었습니다. 특히 현대인들에게는 "사해 안의 모든 사람은 한집안(四海爲家)"이라는 개념이 이미 형성되기 시작했습니다.

개인의 이해관계 때문에 형제자매 또는 친구 사이에 지나치게 다투는 경우를 보면 저는 늘 그 사람들에게 "한 번 만나면 그때마다 늙는 법, 얼마의 시간을 형과 아우로 지낼 수 있는가(一回相見一回老, 能得幾時爲弟兄)"라는 우리 옛 조상들의 말을 들려줍니다. 한 걸음 물러나고 한 수 물러 주면 그만큼 복을 받게 됩니다. 하기야 말이 쉽지 평상시 "알고 멈추고(知止)" "뜻을 성실히 하는(誠意)" 수양을 하지 않았다면 일이 닥쳤을 때 그렇게 하기란 결코 쉽지 않습니다.

'위정'은 '정치'와 같지 않다

이어서 세 번째 시를 보겠습니다. "나라를 다스림이 그 집안을 바로잡음에 있다(治國在齊其家)"라는 단락의 마지막에 "그 위의가 어그러지지 않는지라 이 사방 나라를 바르게 한다〔其儀不忒, 正是四國〕"라는 명언을 가지고, 그 위에 인용한 "그 집안사람에게 마땅하다〔宜其家人〕"와 "형에게 마땅하고 아우에게 마땅하다〔宜兄宜弟〕"라는 말이 단지 아내와 형제자매에게 일방적으로 그렇게 하라고 요구하는 것만이 아님을 설명했습니다.

진정으로 아내와 형제자매들이 서로 화목하고 평안하게 잘 지내게 하려면 자기 자신의 품행과 덕성, 수양과 교화의 영향을 받아 그렇게 되도록 해야 됩니다. 그것은 바로 『대학』 첫머리에서 "뜻이 성실해진 뒤에야 마음이 바르게 되고, 마음이 바르게 된 뒤에야 몸이 닦이고, 몸이 닦인 뒤에야 집안이 바로잡힌다〔意誠而后心正, 心正而后身脩, 身脩而后家齊〕"라고 말했던 효과가 발휘되는 것입니다.

"그 위의가 어그러지지 않는다〔其儀不忒〕"라는 말은, 자기 자신이 "뜻을 성실하게 하고, 마음을 바르게 하고, 몸을 닦는〔誠意, 正心, 脩身〕" 표본이 되어, 시종일관 겉과 속이 같고 한 번이라도 말과 행동이 서로 어긋나는 실덕이 없는 것을 말합니다. 그렇게 되면 자연히 "이 사방 나라를 바르게 하고〔正是四國〕" 온 나라 사람들에게 감화를 미칠 수 있게 될 것입니다.

그렇기 때문에 마지막 결론에서는 이렇게 말했습니다. "그 부자와 형제 된 자가 족히 본받을 만한 후에야 백성들이 본받는 것이다. 이것을 일러 나라를 다스림이 그 집안을 바로잡음에 있다는 것이다〔其爲父子兄弟足法, 而後民法之也. 此謂治國在齊其家〕." 하지만 여러분이 조심해야 할 것이 있습니다. 여기에 사용된 '법(法)' 자가 법률(法律)의 법을 가리키는 것이 아니라 '본받는다'는 의미로 쓰였다는 사실입니다. 그 말은 만일 여러분이 어떤 일을 해낸다면, 여러분의 부자(父子)나 형제로 하여금 그 일을 본받게 한 후라야 차차 백성들로 하여금 본받게 할 수 있다는 뜻입니다. 이것이 바로 유학에서 말하는 '위정(爲政)'의 도리입니다.

'위정(爲政)'은 자기를 바로잡은 연후에 남을 바로잡는 교화입니다. 군주 된 도리나 어버이 된 도리에서 말미암는 동시에 스승 된 도리까지 겸함으로써 백성들을 감화시키는 그것은 정치가 아닙니다. '정치(政治)'는 법에 의거해서 백성을 관리하고 다스리는 기능입니다. 만약 글자만 보고 대강 뜻을 짐작한다면 위정이나 정치나 똑같은 명사로 별 차이가 없는 것처럼 생각될 것입니다. 사실 그 둘은 큰 차이가 있습니다.

동주 이전 강태공 여망이 제나라를 다스린 것이나 후대의 관중이 제나라를 다스린 것을 보면, 두 사람은 진정한 대정치가였으며 위정의 풍모도 약간 지니고 있었습니다. 그 밖에 주공의 아들 백금(伯禽)이 노나라를 다스린 것 역시 비교적 위정의 덕화(德化)를 중시했습니다. 하지만 그로 인해 노나라는 춘추 전국 말기에 시종 유약한 신세를 면하지 못했습니다. 그러던 것이 진나라가 망하고 한 왕조가 일어서면서 전통의 유가 문화를 끝까지 보존하고 있던 동로(東魯)의 유생들이 양한(兩漢)에 그 영향을 미쳤고 마침내 후세에까지 전해지게 되었습니다. 제로(齊魯) 문화가 계발됨으로써 제자백가의 말이 세상에 퍼지게 되었는데, 그 속에 담긴 이치는 실로 심사숙고할 가치가 충분합니다.

그래서 문화는 인류의 영혼이라고 말합니다. 특히 국가나 민족의 경우에는 절대로 그 영혼을 훼손시켜서는 안 됩니다. 역사에 길이 남을 문화 대업은 훼손시키면서 후세 어느 한 사람의 말은 금과옥조로 여기는 일은 절대 있어서 안 됩니다. 그랬다가는 틀림없이 자신의 경솔함을 뉘우치며 후회막급의 여한을 남기게 될 것입니다.